Die Frage, ob gesellschaftliche Modernisierungsprozesse überhaupt den Versprechungen der Moderne gerecht werden, ist bereits ein Grundthema der Klassiker der Soziologie. Seit der Mitte unseres Jahrhunderts verschärft sich diese Thematik zu der Frage, ob gesellschaftliche Krisen und Katastrophen lediglich Übergangserscheinungen und Anomalien eines »normalen« Entwicklungsgangs der (westlichen) Gesellschaften in die Moderne sind oder ob sie einen Umschlag, einen Zivilisationsbruch anzeigen, der in den Rationalisierungs- und Bürokratisierungsprozessen der Moderne von vornherein angelegt ist. Inzwischen ist die Ambivalenz der Moderne nicht nur ein Thema der Soziologie, sondern – zumindest in den westlichen Industriegesellschaften – auch die Erfahrungsgrundlage einer allgemeinen Krisenstimmung, und der massenmediale Diskurs der Moderne verlangt nach Propheten und Therapeuten, die sagen sollen, wie es weitergehen kann. Von der Soziologie, die sich von Anfang an als Krisenwissenschaft par excellence verstanden hat, können und sollen weder Prophezeiungen noch Belehrungen erwartet werden; aber sie kann sich nicht der Frage entziehen, über welches theoretische Interpretationspotential sie am Ende des 20. Jahrhunderts für eine überzeugende Zeitdiagnose verfügt.

Modernität und Barbarei

Soziologische Zeitdiagnose am Ende des 20. Jahrhunderts

Herausgegeben von
Max Miller und
Hans-Georg Soeffner

Suhrkamp

Die Deutsche Bibliothek – CIP-Einheitsaufnahme
Modernität und Barbarei :
Soziologische Zeitdiagnose am Ende
des 20. Jahrhunderts /
hrsg. von Max Miller und Hans-Georg Soeffner. –
1. Aufl. – Frankfurt am Main : Suhrkamp, 1996
(Suhrkamp-Taschenbuch Wissenschaft ; 1243)
ISBN 3-518-28843-1
NE: Miller, Max [Hrsg.] ; GT

suhrkamp taschenbuch wissenschaft 1243
Erste Auflage 1996

Druck: Wagner GmbH, Nördlingen
Printed in Germany
Umschlag nach Entwürfen von
Willy Fleckhaus und Rolf Staudt

1 2 3 4 5 6 – 00 99 98 97 96

Inhalt

Vorwort der Herausgeber 9

Max Miller und Hans-Georg Soeffner
Modernität und Barbarei. Eine Einleitung 12

Jan Philipp Reemtsma
Das Implantat der Angst 28

Zygmunt Bauman
Gewalt – modern und postmodern 36

Kommentare:
Wolfgang Bonß
Gewalt als gesellschaftliches Problem 68
Gertrud Nunner-Winkler
Gewalt – ein Spezifikum der Moderne? 81

Shmuel N. Eisenstadt
Barbarei und Moderne 96

Kommentare:
Bernhard Giesen
Die Struktur des Barbarischen 118
Lars Clausen
Barbarei und Eisenstadt 130

Hans Mommsen
Modernität und Barbarei. Anmerkungen aus zeithistorischer Sicht 137

Kommentare:
Alois Hahn
Dialektik der Aufklärung Revisited 156

Uta Gerhardt
Charisma und Ohnmacht. Bemerkungen zur These der Verwilderung der Herrschaft als Dynamik der Barbarei 175

Ralf Dahrendorf
Widersprüche der Modernität 194

Kommentare:
Cora Stephan
Vom Segen der Formen 205
Johannes Weiß
Antinomien der Moderne 211

Niklas Luhmann
Jenseits von Barbarei 219

Kommentare:
Johannes Berger
Entfernung von der Truppe. Realanalytische Grenzen des Konstruktivismus in der Soziologie 231
Wolf-Dieter Narr
Jenseits der Barbarei? 246

Claus Offe
Moderne »Barbarei«: Der Naturzustand im Kleinformat? 258

Kommentare:
Karl-Siegbert Rehberg
Ambivalente »Filter« 290
Dieter Senghaas
Auswege aus der Barbarei 306

Ulrich Beck
Wie aus Nachbarn Juden werden. Zur politischen Konstruktion des Fremden in der reflexiven Moderne 318

Kommentare:
Hans Joas
Modernität und Krieg 344
Jan Philipp Reemtsma
Die Königstochter hat den Frosch nicht geküßt 353

M. Rainer Lepsius
Modernität und Barbarei. Schlußbemerkungen 359

Hinweise zu den Autorinnen und Autoren 365

Vorwort der Herausgeber

Die Beiträge dieses Bandes gehen auf eine Konferenz zurück, die von der Sektion »Soziologische Theorien« der Deutschen Gesellschaft für Soziologie und vom Hamburger Institut für Sozialforschung organisiert wurde und vom 5. bis 7. Mai 1994 in den Kammerspielen der Stadt Hamburg und an der Universität Hamburg stattfand. In der Einladung zu dieser Konferenz schrieben die Herausgeber des vorliegenden Bandes:

»›Fin de siècle‹ – dieses Stichwort bezeichnete am Ende des neunzehnten Jahrhunderts eine Krisenstimmung, die Hugo von Hofmannsthal im *Brief des Lord Chandos* (1900) als eine Sprach- und Interpretationskrise erlebte: ›Die abstrakten Worte, deren sich doch die Zunge naturgemäß bedienen muß, um irgendwelches Urteil an den Tag zu geben, zerfielen mir im Munde wie modrige Pilze.‹ Am Ende des zwanzigsten Jahrhunderts scheint Hofmannsthals Sprach- und Interpretationskrise ein allgemeines Signum der Zeit zu sein. Wie läßt sich dieses Jahrhundert fortschreitender Modernisierungsprozesse und zugleich unfaßlicher Formen von Inhumanität und Barbarei verstehen?

Revolutionäre Veränderungen in der ehemals kommunistischen ›zweiten Welt‹ dokumentieren eindrucksvoll die Überzeugungskraft der drei zentralen institutionellen Prinzipien der Moderne: demokratischer Verfassungsstaat, Marktwirtschaft und Staatsbürgergesellschaft. Zugleich zeigen die Verwerfungen einer bislang unvollkommenen Modernisierung in den Ländern der ›ersten Welt‹ das Doppelgesicht der Moderne: Massendemokratie schließt Massenmanipulation nicht aus, ein ungezügelter Markt vernichtet unersetzliche Lebensgrundlagen, und die Staatsbürgergesellschaft ist nicht immun gegen Nationalismus und Fundamentalismus. Und in dem Maße, in dem das zwanzigste Jahrhundert von den Ländern der ›ersten Welt‹ geprägt bleibt, scheint es für die Länder der ›dritten‹ und ›vierten Welt‹, die immer tiefer in Armut, Elend und Krieg versinken, überhaupt keine Modernisierungspfade mehr zu geben.

Umweltzerstörung und – wie von Hannah Arendt vorausgesagt – Heimatlose, Entrechtete und Flüchtlinge sind am Ende dieses Jahrhunderts zu seiner hervorstechendsten Signatur geworden.

Ist Barbarei die niemals ausgeschlossene Kehrseite der Moderne, oder ist die Moderne ein unvollendetes Projekt, und welche Leitlinien zur Fortentwicklung dieses Projektes lassen sich bereits erkennen?

Die Frage, ob gesellschaftliche Modernisierungsprozesse überhaupt den Versprechungen der Moderne gerecht werden, ist bereits das Grundthema von Klassikern der Soziologie. In der Mitte dieses Jahrhunderts verschärft sich diese Thematik zur Frage, ob gesellschaftliche Krisen und Katastrophen lediglich Übergangserscheinungen und Anomalien eines ›normalen‹ Entwicklungsganges der (westlichen) Gesellschaften in die Moderne sind oder ob sie einen Umschlag in den Zivilisationsbruch indizieren, der in den Rationalisierungs- und Bürokratisierungsprozessen der Moderne von vornherein angelegt ist. Gegen Ende dieses Jahrhunderts ist die Ambivalenz der Moderne nicht nur ein Thema der Soziologie, sondern zumindest in den westlichen Industriegesellschaften die Erfahrungsgrundlage einer allgemeinen Krisenstimmung, und der massenmediale Diskurs der Moderne verlangt nach Propheten und Therapeuten, die sagen sollen, wie es weitergehen kann. Von der Soziologie, die sich von Anfang an bis in die Gegenwart als Krisenwissenschaft *par excellence* verstanden hat, können und sollen weder Prophezeiungen noch Belehrungen erwartet werden; aber sie kann sich nicht der Frage entziehen, über welches theoretische Interpretationspotential sie am Ende des zwanzigsten Jahrhunderts für eine überzeugende Zeitdiagnose verfügt. – Diese Frage soll im Zentrum der vorgeschlagenen Konferenz über ›Modernität und Barbarei‹ stehen.«

Über 300 Wissenschaftlerinnen und Wissenschaftler deutscher und ausländischer Universitäten folgten dieser Einladung. Auf der Konferenz wurden sieben Vorträge gehalten, denen jeweils zwei vorbereitete Kommentare als Einleitung in die allgemeine Diskussion folgten. Alle sieben Vorträge sind im folgenden abgedruckt. Was die Kommentare betrifft, wollten drei Koreferenten ihren Beitrag nicht veröffentlichen. An ihrer Stelle haben freundlicherweise Uta Gerhardt, Wolf Dieter Narr und Dieter Senghaas Kommentare für den Tagungsband verfaßt. Von der Podiumsdiskussion am Ende der Tagung konnten lediglich die einleitenden Schlußbemerkungen von M. Rainer Lepsius in den Tagungsband aufgenommen werden. Die Herausgeber danken allen Autoren dieses Bandes herzlich für ihre Mitarbeit.

Die Tagung wurde vom Hamburger Institut für Sozialforschung, von der Hamburger Behörde für Wissenschaft und Forschung und von der Fritz Thyssen Stiftung finanziell unterstützt. Entscheidend für die Planung und Durchführung der Tagung war eine erfreuliche und produktive Kooperation zwischen Jan Philipp Reemtsma (Hamburger Institut für Sozialforschung) und den Herausgebern dieses Bandes. An der Veröffentlichung der Tagungsbeiträge arbeiteten Birgitta Altin und Andreas Reckwitz vom Institut für Soziologie der Universität Hamburg mit. Den genannten Institutionen und Personen sei an dieser Stelle nochmals herzlich gedankt.

Über die Tagung »Modernität und Barbarei – soziologische Zeitdiagnose am Ende des 20. Jahrhunderts« wurde in den Medien ausgiebig berichtet. In fast allen Kritiken wurde die Tagung als ein für die Sozialwissenschaften in Deutschland herausragendes wissenschaftliches und kulturelles Ereignis gewürdigt. Selten hat in den letzten Jahren eine soziologische Tagung soviel Aufmerksamkeit über die fachspezifische Öffentlichkeit hinaus auf sich gezogen.

Max Miller und Hans-Georg Soeffner
Modernität und Barbarei
Eine Einleitung[1]

Die Geschichte des Begriffs *modern*[2] umfaßt mindestens eineinhalb Jahrtausende. Spätestens seit dem 5. Jahrhundert drückt dieser Begriff mit wechselnden Inhalten immer wieder aus, inwiefern sich eine Epoche als das Resultat eines Übergangs von der Vergangenheit der Antike zum Neuen der Gegenwart begreift. Erst mit den Perfektionsidealen und Fortschrittsideen der philosophischen Aufklärung verlieren die klassischen Werke der antiken Welt ihre Suggestivkraft als Bezugs- und Kontrastpunkt für das jeweils Moderne. Im Verhältnis zum Gestern ist das Neue nunmehr modern gemessen an der durch die moderne Wissenschaft inspirierten Vorstellung vom unendlichen Fortschritt der Erkenntnis und eines Fortschreitens zum gesellschaftlich und moralisch Besseren. Im Laufe des 19. Jahrhunderts entsteht dann schließlich aus der Romantik jenes radikalisierte Bewußtsein von *Modernität*, das sich aus allen historischen Bezügen löst, sich traditionellen Werten entgegensetzt, den Wechsel und das Experiment inthronisiert und in einem rasanten Willen zum Sich-selbst-Überholen kulminiert. In diesem Sinne läßt Adorno, der die Moderne mit den Augen Baudelaires und der avantgardistischen Kunst sieht, die Moderne um 1850 beginnen (Adorno 1970).

La modernité drückt für Baudelaire, dem Urheber dieses Wortes, das Bewußtsein von einer Moderne aus, die sich von zentralen Ideen der »Moderne der Aufklärung« distanziert.[3] So schreibt

1 Die Autoren danken Andreas Reckwitz vom Institut für Soziologie der Universität Hamburg für hilfreiche Anregungen bei der Konzipierung dieses Textes.

2 Vgl. dazu Hans Ulrich Gumbrecht, »Modern, Modernität, Moderne«, in: Brunner/Conze/Koselleck (Hg.), *Geschichtliche Grundbegriffe*, Bd. 4, Stuttgart 1978, S. 93-131; Jürgen Habermas, *Der philosophische Diskurs der Moderne*, Frankfurt am Main 1985, und ders., *Die Moderne – ein unvollendetes Projekt*, Leipzig 1990.

3 Baudelaire gebrauchte das Wort »Modernität« (im Unterschied zu

Baudelaire in einer Rezension über die Kunstwerke der Weltausstellung, die im Jahre 1855 in Paris stattfand, folgendes über die »moderne Idee des Fortschritts«: »Wer sich Licht verschaffen will über die Geschichte, muß vor allem dieses Fanal der Arglist auslöschen. Diese groteske Idee, die auf dem fauligen Grund des modernen Dünkels erblüht ist, hat jeden seiner Pflicht entbunden, jede Seele ihrer Verantwortung enthoben, dem Willen alle Bande abgestreift, in der die Liebe zum Schönen ihn gefangen hielt. [...] Diese lächerliche Selbstgefälligkeit ist das Zeichen eines bereits allzu offenkundigen Verfalls«[4]; und wenig später schreibt Baudelaire in sein Tagebuch: »Welcher Begriff wäre törichter als der des Fortschritts, da doch der Mensch, wie jeder Tag aufs neue beweist, immer dem Menschen ähnlich und gleich, das heißt immer ein Wilder bleibt.«[5] Baudelaire bezog diese Kritik nicht nur auf die Idee des Fortschritts, angewandt auf die schönen Künste, sondern – wie Werner Ross in seinem Baudelaire-Portrait darlegt (Ross 1993, S. 170 ff.) – auch auf die »›Barbarei‹ des Fortschrittsglaubens«, wie er in den Ideen Napoleons III. und in den sozialistischen und liberalen Ideen der damaligen Opposition in Frankreich triumphierte. Im Begriff der *Modernität* war somit von Anfang an die Frage nach einer »Ambivalenz der Moderne« (Bauman 1992) angelegt – eine Frage, die dann am Ende des 20. Jahrhunderts, nach Auschwitz und angesichts der »drohenden Unbewohnbarkeit des Planeten Erde«, auch im Bewußtsein einer weiten Öffentlichkeit unabweisbar geworden ist: Ist die Moderne gleich »Fortschritt« oder gleich »Barbarei« oder beides zugleich?

In dieser Frage sind bereits drei mögliche grundlegende Antworten enthalten, die in den Sozialphilosophien und Gesell-

»Moderne«) in dem 1859/60 entstandenen großen Essay »Der Maler des modernen Lebens«. Wie Hugo Friedrich (1956, S. 56) notiert, entschuldigte sich Baudelaire für die Neuheit dieses Begriffes, den er jedoch benötige, »um das Besondere des modernen Künstlers auszudrücken: die Fähigkeit, in der Wüste der Großstadt nicht nur den Verfall des Menschen zu sehen, sondern auch eine bisher unentdeckte geheimnishafte Schönheit zu wittern«.

4 Charles Baudelaire, »Über die Methode der Kritik. Die moderne Idee des Fortschritts in ihrer Anwendung auf die schönen Künste«, in: ders., *Sämtliche Werke und Briefe*, hg. von F. Kemp und C. Pichois, München 1983, Bd. 2, S. 233.

5 Charles Baudelaire, »Tagebücher«, in: ebd., Bd. 6, München 1991, S. 208.

schaftstheorien seit dem 19. Jahrhundert bis zur Gegenwart dann auch im einzelnen entfaltet worden sind.

Die erste Antwort lautet: *Zivilisierung ist das Prinzip der modernen Gesellschaft, Barbarei ihr Gegenprinzip.* Die Idee eines für die moderne Gesellschaft konstitutiven und kontinuierlichen Zivilisierungsfortschrittes ist die *grand récit* (Lyotard) der Moderne. Auch wenn die Klassiker der Soziologie das harte Wort des »Barbaren« vermeiden, so erscheinen ihnen vormoderne, vorindustrielle Gesellschaften doch als traditionale Gesellschaften, in denen die Entwicklung einer formalen und materialen Rationalität noch aussteht. Die moderne Gesellschaft präsentiert sich in dieser Sichtweise als das Ergebnis eines »okzidentalen Rationalisierungsprozesses« (Max Weber), welcher die Wirtschaft, die Politik, das Recht, die Wissenschaft, ja die gesamte Lebensführung des einzelnen durchdringt.

Vor allem in den Evolutionstheorien des 19. Jahrhunderts findet sich eine ungebrochene Kontrastierung von modernen und entwickelten Gesellschaften einerseits und andererseits vormoderntraditionalen und »zivilisationsdefizienten« Gesellschaften. So stellt *Herbert Spencer* dem Typus der vormodernen und »despotischen« Gesellschaft den Typus der modernen, »industriellen« Gesellschaft gegenüber, in der Markt, Demokratie, Pluralismus und Individualismus an die Stelle eines übermächtigen autoritären politischen Systems treten; und im Dreistadiengesetz von *Auguste Comte* entsprechen dem »theologischen« und »metaphysischen« Stadium der Vormoderne eine militärische und feudale Herrschaft, während sich erst im darauf folgenden Stadium der »positiven Wissenschaften« die industrielle Zivilisation ausbreiten kann. Für die Selbstdeutungen der modernen Industriegesellschaften ist somit die Differenz zwischen zivilisierter Moderne und zivilitätsdefizienter und in diesem Sinne »barbarischer«, in geographischer oder historischer Ferne liegender Vormoderne von Anfang an konstitutiv.

Diese Selbstbeschreibung der modernen Gesellschaft blieb keineswegs ein Gedanke des 19. Jahrhunderts, der inzwischen obsolet geworden wäre. Beispielsweise kehrte er wieder in den Modernisierungstheorien der Nachkriegszeit[6], in denen davon

6 Vgl. dazu den kritischen Überblick von Wolfgang Zapf, »Modernisierung und Modernisierungstheorien«, in: ders. (Hg.), *Die Modernisierung moderner Gesellschaften*, Frankfurt am Main 1991, S. 23-39.

ausgegangen wird, daß man an den westlichen Gesellschaften ablesen könne, welche Bedingungen für ein sich selbst tragendes Wirtschaftswachstum und eine demokratische politische Ordnung erforderlich seien und wie diese Bedingungen mit Hilfe einer entsprechenden Entwicklungspolitik auf die Gesellschaften der Dritten Welt zu übertragen sind. Diese Theorien scheiterten in ihrer praktischen Umsetzung nicht zuletzt an der eigenen Selbstüberheblichkeit, die letztlich in der Dichotomie von traditioneller und moderner Gesellschaft gründet.

Eine ausgefeilte Neuformulierung des Theorems der Moderne als Zivilisationsprozeß hat zuletzt *Norbert Elias* (1978) vorgelegt. Der grundlegende Zivilisierungsgewinn der Moderne liegt nach Elias nicht in Rationalitätsfortschritten auf der Ebene gesellschaftlicher Funktionssysteme (Wirtschaft, Politik, Recht, Wissenschaft etc.) sondern auf einer elementaren Ebene in der Domestizierung des psychischen Affekthaushaltes im einzelnen Individuum. Mit der Entwicklung moderner Gesellschaften wird eine allmähliche Pazifizierung der ungebundenen Aggressivitätstriebe, des »Barbaren in uns allen«, möglich. Die Fortschrittserzählung von Elias ist somit wesentlich zurückgenommener als diejenige von Comte oder Spencer: die Moderne zeichnet sich dadurch aus, daß sie ein destruktives Potential zähmt.

Nicht in allen frühen soziologischen Zeit- und Gesellschaftsdiagnosen wird von einem Begriff der modernen Gesellschaft ausgegangen, der frei von allen Ambivalenzen ist. Bereits *Karl Marx, Max Weber* oder *Émile Durkheim* rechnen der modernen Gesellschaft die inhumanen Kosten ihrer Modernisierungsprozesse vor: Ausbeutung und Entfremdung, Sinn- und Freiheitsverlust im »ehernen Gehäuse der Hörigkeit«, Anomie und Demoralisierung. Aber erst dann, wenn nicht nur solche Kosten – denen ja auch, jedenfalls bei den drei genannten Autoren, unzweifelhafte Gewinne an Produktivkraftentwicklung (Marx), formaler Rationalität (Weber), Individualisierung und moralischer Autonomie (Durkheim) gegenüberstehen – analysiert und erklärt werden, sondern wenn eine grundlegende Ambivalenz, eine paradoxe Grundstruktur der Moderne angenommen wird, schlägt die Metaerzählung des modernen Zivilisierungsprozesses um in die Metaerzählung einer die Moderne durchziehenden Barbarei.

Die zweite grundlegende Antwort auf die Frage nach dem Verhältnis von Moderne und Barbarei lautet somit: *Barbarei ist die niemals ausgeschlossene Kehrseite der Moderne.* Gerade weil die moderne Gesellschaft auf einen Zivilisierungsprozeß hin angelegt ist, weil in ihr nach einer Verdrängung des vormodern Barbarischen gestrebt wird, gerade weil sich ihre Rationalität als eine Rationalität der Weltbeherrschung, als instrumentelle Vernunft begreift, ist die moderne Gesellschaft nicht immun gegen Inhumanität und Barbarei. Zivilisationsbrüche sind in den Rationalisierungs- und Bürokratisierungsprozessen der Moderne von vornherein als Möglichkeit angelegt.

Diese Interpretation des Verhältnisses von Moderne und Barbarei wird von *Max Horkheimer* und *Theodor W. Adorno* in der *Dialektik der Aufklärung* (1969/1944) radikalisiert.[7] Die moderne Vernunft, angetreten den Mythos auszumerzen, wird selbst zum Mythos. Als neuzeitliche Wissenschaft und Technik übt sie Herrschaft über die äußere und innere Natur des Menschen aus und zwingt die Welt in ihre abstrakten, immer gleichen Kategorien. Die Moderne der Aufklärung erscheint als totalitär: »Furchtbares hat die Menschheit sich antun müssen, bis das Selbst, der identische, zweckgerichtete, männliche Charakter des Menschen geschaffen war« (Horkheimer/ Adorno 1969, S. 47). In der Moderne wird immer wieder aufs neue der Odysseus der homerischen Erzählung an den Schiffsmast gebunden und gezwungen, seiner eigentlichen Natur zu entsagen. Die moderne Vernunft »schneidet das Inkommensurable weg« (ebd., S. 23). Die klassische Metaerzählung des modernen Zivilisierungsprozesses hat sich hier diametral umgekehrt: die zivilisierende Moderne erscheint in ihrem Kern als Barbarei.[8]

7 Die Analysen von Michel Foucault und gegenwärtig auch von Zygmunt Bauman lassen sich als eine Fortführung dieser kritischen Interpretation verstehen. Wenn für Foucault Maßnahmen der geplanten Humanisierung sich als Ausdruck von Normalisierung und Disziplinierung darstellen und wenn sich für Bauman Formen der modernen Ordnungsstiftung als Formen der Gewalt erweisen, so steht dies in der Tradition der von Adorno und Horkheimer betriebenen Deutung der zivilisierenden Moderne als Barbarei.

8 Für Horkheimer und Adorno waren folglich kritische Gesellschaftstheorie und soziologische Zeitdiagnose hinsichtlich ihrer normativen Grundlagen auf die Aporetik des Begriffs des (mit einer instrumentellen Vernunft) »Nichtidentischen« verwiesen. Adorno hat diese Denkfigur in seiner *Negativen Dialektik* (Frankfurt am Main 1966) brillant durchdekliniert und gerade dadurch einen »Abgrund« der Einsicht in

Barbarei kann also entweder als das Gegenprinzip oder aber, entgegengesetzt, als das geheime Grundprinzip der modernen Gesellschaft erscheinen. Aber damit sind noch nicht alle Interpretationsmöglichkeiten durchgespielt. Eine dritte mögliche grundlegende Antwort auf die Frage nach dem Verhältnis von Moderne und Barbarei lautet: *Das Projekt der Moderne erfüllt sich genau darin, daß sich die Moderne ihres Potentials an Barbarei bewußt wird und es in einem Zivilisierungsprozeß zu überwinden trachtet.* Es ist dies die Antwort, die bereits in Baudelaires Begriff der *Modernität* angelegt ist. Modernität impliziert eine Selbstdistanzierung der Moderne, ohne sie – das heißt ihre Zivilitätsstandards – preiszugeben.

Unübersehbar treten in der Gegenwart auch in modernen Gesellschaften zivilitätsfeindliche Erscheinungen auf, die sich aus bestimmten Struktureigenschaften dieser Gesellschaften herleiten lassen – so der im ehemaligen Jugoslawien zur Zeit stattfindende Völkermord, aber auch fremdenfeindliche Ausschreitungen und Mordanschläge in Deutschland. Die Kritik an zivilitätsfeindlichen Elementen in modernen Gesellschaften setzt jedoch genau jenes Ideal der Zivilität[9] voraus, das sich in den historischen und gesellschaftlichen Prozessen, die der neuzeitlichen Moderne zugrundeliegen, allererst herausbildete. Der Zivilisierungsprozeß der Moderne, in dessen Verlauf die Moderne ihre kritischen Maßstäbe aus sich selbst entwickelt, beinhaltet somit im Prinzip Selbstkritik und damit auch die Möglichkeit, destruktive Potentiale der modernen Gesellschaft zu erkennen und entsprechend zu handeln.

Zur Selbstkritik der Moderne gehört, daß die »charismatische Verklärung der ›Vernunft‹« (Max Weber) ein Ende genommen hat

die Unlösbarkeit der normativen Probleme seines Ansatzes aufgetan. Jeder identifizierende bzw. objektivierende Zugriff auf das »Nichtidentische« mußte zwangsläufig unwahr sein. Mit dieser paradoxen Selbstbezüglichkeit mußte sich jedoch jede weitere theoretische und empirische Arbeit an einer kritischen Gesellschaftstheorie und soziologischen Zeitdiagnose selbst blockieren. Es war, wie Lukács schon früh erkannte, eine Theorienbildung im »Grand Hotel Abgrund«. Und in der Tat, ein anderer Philosoph dieses Jahrhunderts war da viel konsequenter, wenn er sagte: »Wovon man nicht sprechen kann, darüber muß man schweigen.«

9 Vgl. dazu das von Dieter Senghaas in seinem Beitrag in diesem Band dargestellte »zivilisatorische Hexagon«.

und die Spekulationsinstrumente der Fortschrittsidee, Philosophien und utopisch-innerweltliche Theologien, »zwei Arten der phantastischen Literatur« (Borges), ihre Überzeugungskraft verloren haben. Eine ausgenüchterte Moderne erhält so die Chance, durch die Analyse der Geschichte ihrer eigenen Irrtümer das Erreichbare zu erkennen. In diesem Sinne ist wohl auch der Satz zu verstehen, mit dem *Jürgen Habermas* seine unter dem Titel *Die Moderne – ein unvollendetes Projekt* (1990) herausgegebene Sammlung von Aufsätzen abschließt: »Die Hoffnung auf Emanzipation der Menschen aus selbstverschuldeter Unmündigkeit und erniedrigenden Lebensumständen hat ihre Kraft nicht verloren, aber sie ist geläutert durch das fallibilistische Bewußtsein und die historische Erfahrung, daß schon viel erreicht wäre, wenn eine Balance des Erträglichen für die wenigen Begünstigten erhalten bleiben – und vor allem auf den verwüsteten Kontinenten hergestellt werden könnte« (Habermas 1990, S. 241).

Aufschlußreich daran, daß die Moderne Barbarisches innerhalb ihrer eigenen Mauern erkennt, ist nicht so sehr, daß Barbarei die niemals ausgeschlossene Kehrseite der Moderne ist, sondern daß sich in der Moderne ein Begriff der Barbarei entwickelt, der selbstreflexiv genug ist, um ihn nicht auf »die anderen«, sondern auf sich selbst anzuwenden. Eine Gesellschaft, die das Barbarische in sich wittert und zu identifizieren versucht, ist bereits auf dem Weg einer fortschreitenden Zivilisierung. Wenn allerdings das Sensorium für Zivilitätsverletzungen zu einer neuen Jagd nach den Barbaren in der eigenen Gesellschaft führt, dann würde sich dieses Sensorium wiederum selbst als barbarisch erweisen[10] – Adorno hätte dann wohl gesagt, es sei dies schon von Anfang an gewesen.

Selbstdistanzierung und Selbstkritik der Moderne sind nicht zu verwechseln mit einer postmodernen Kritik. Die Kritik des »Projekts der Moderne« wird von einer *postmodernen* Kritik radikalisiert zur Auffassung von einer unaufhebbaren Pluralität und Relativität eines möglichen Wissens, in deren Sog auch noch die postmoderne Analyse selbst gerät. Träfe sie zu, wäre sie auch schon wieder falsch, denn in einer unaufhebbaren Vielfalt und Vieldeutigkeit der Stimmen müßte sich ja der Eindeutigkeits- und Wahrheitsgehalt einer postmodernen Analyse selbst denunzieren. Mit ihrer Chimärenwelt aus sich selbst erzeugender Zeichen und

10 Die gegenwärtig geführten Auseinandersetzungen um *political correctness* liefern hier leider eine Vielzahl an Beispielen.

Diskursbühnen, vor allem aber mit ihrer Rede vom »Ende der Geschichte« hat die Postmoderne die »krisenhafte Lage des Projekts der Moderne« (Habermas) bis zur Agonie überspitzt. Sahen die ernüchterten Protagonisten des Projekts der Moderne die Gefahr, daß es durch immer knapper werdende Sinnressourcen dahinwelken werde, so glaubten die Vertreter einer Postmoderne, man könne die aus ihrer Sicht törichte Rede von »Sinn« und »Bedeutung« an dem (trivialen) Nachweis von Sinnillusionen und Bedeutungsüberschüssen ersticken lassen. Schnell genug brachte jedoch das Weltgeschehen die Kategorie »Geschichte« nachhaltig wieder in Erinnerung. Es zwang erneut die Frage auf nach der Bedeutung des Vergangenen für die Gegenwart und die Zukunft. Die ernüchterte historisch-praktische Vernunft setzt ihre Arbeit am Projekt der Moderne fort, und dieses Projekt überlebt nun, eher als gedacht, sein schon vergreist geborenes Kind, die Postmoderne – so wie die Geschichte ihrerseits die Rede vom Ende der Geschichte überdauert.

Es war dieses Bewußtsein von Modernität, von Kritik und Selbstkritik der Moderne, das auf der Hamburger Tagung in allen Beiträgen zum Ausdruck gelangte. Wie ein roter Faden zog sich durch alle Beiträge die Auffassung, daß Moderne und Modernisierung eine Geschichte anhaltender Spannungen seien und Zivilisierung der erfolgreiche Umgang mit solchen unabweisbaren Spannungen. Unter welchen Bedingungen können jedoch Formen einer Konfliktbewältigung in Barbarei umschlagen und unter welchen Bedingungen kann sich Zivilität durchsetzen? In welchen Formen präsentiert sich überhaupt moderne Barbarei?

In seinem einleitenden Beitrag zur Hamburger Tagung skizziert *Jan Philipp Reemtsma* mögliche theoretische Ausgangslinien für eine Beschreibung von Formen moderner Barbarei. Seit den Katastrophen der europäischen Kriege im 17. Jahrhundert ist Angst vor der Barbarei unkontrollierter Gewalt das grundlegende Motiv für ein staatliches Gewaltmonopol als Voraussetzung für Ordnung und Sicherheit, Gewaltlosigkeit und Zivilisation. Bereits an Hobbes' *Leviathan* läßt sich jedoch eine Obsession der Moderne im Umgang mit dem Problem der Gewalt erkennen: die Auffassung, nur aufgrund von Zwang könne der Staat sein Sicherheitsversprechen halten – eine Gleichsetzung von Macht und Gewalt, die als ein Implantat der Angst auch tief in das sozialwissenschaftliche Denken seit Hobbes eingedrungen ist. Unsere historische Erfahrung – so Reemtsma – zeigt jedoch, daß die in einem solchen Staat konzentrierte Gewalt selbst barbarisch werden kann.

Zygmunt Bauman stellt in seinem Beitrag die Wirkungsweise der Gewalt in der modernen und in der postmodernen Gesellschaft einander gegenüber. Die klassische Moderne, die durch das Streben nach einem systematischen Aufbau von sozialer Ordnung und nach einem Ausschluß von Unbestimmbarkeit gekennzeichnet ist, begreift sich selbst als ein zivilisiertes Zeitalter, in dem Barbarei, verstanden als unkontrollierte Gewalt, erstmals im Keim erstickt wird. Tatsächlich verschwindet auf diese Weise die Gewalt jedoch keineswegs. In Gestalt des »legitimen«, zivilisierenden und ordnungsstiftenden Zwangs der modernen Institutionen, insbesondere des Staates, wirkt sie lediglich in anderer Form fort. Im postmodernen Zeitalter kehrt nun jedoch, so Bauman, die unkontrollierbare Gewalt in das Zentrum der Gesellschaft zurück. Die Mechanismen der »moralischen Neutralisierung«, insbesondere der Ästhetisierung der sozialen Welt im Sinne eines Erlebnisfeldes, sowie die ungelösten Probleme der postmodernen Ich-Identität, die teilweise geradewegs in den Neotribalismus münden, lassen mitten in den Privatsphären neue Formen der Gewalt und damit der Barbarei in privatisierter Form entstehen.

Wolfgang Bonß weist in seinem Kommentar auf eine Doppeldeutigkeit innerhalb Baumans Diagnose des Gewaltpotentials der postmodernen Gesellschaft hin. Einerseits neige Bauman zu einem »verfallsgeschichtlichen« Szenario der Zunahme von Gewaltsamkeit, andererseits bleibe bei ihm die in seinem eigenen Ansatz angelegte Möglichkeit unausgeschöpft, daß gerade die postmoderne Identität, die im Gegensatz zur klassisch-modernen nicht mehr auf »Eindeutigkeit« ausgerichtet ist, Gewaltbereitschaft umgekehrt vermindern könnte. *Gertrud Nunner-Winkler* hält Baumans generelle Identifizierung von moderner Ordnungsstiftung und Gewalt für unhaltbar. Da ordnendes Handeln ein universales Merkmal jeder Vergesellschaftung darstellt, ist ein kritischer Begriff der Gewalt darauf angewiesen, zwischen illegitimer und legitimer Ordnungsstiftung systematisch unterscheiden zu können. Weiterhin müssen Mechanismen und Ursachen moderner Gewaltfreisetzung erklären können, weshalb moderne Gesellschaften die Potentialität für Barbarei sehr unterschiedlich bewältigt haben. Hier spielen Dimensionen in der Wirklichkeit eine Rolle, die – so Nunner-Winkler – durch Baumans Konzept einer »Dialektik der Ordnung« und seine Analyse von Formen moderner und postmoderner Identitätskonstruktionen nicht hinreichend erschlüsselt werden.

Unter welchen Bedingungen neigen moderne Gesellschaften zur Barbarei? *Shmuel N. Eisenstadt* versucht, diese Frage aus der Perspektive einer komparativ orientierten historischen Soziologie zu beantworten. Er definiert Barbarei als Prozesse der Exklusion eines Bevölkerungsteils aus der Gesellschaft und stellt die Frage, unter welchen Bedingungen moderne Gesellschaften zu Abgrenzung und Eindeutigkeit im Sinne von Exklusion und damit zur Barbarei und unter welchen Bedingungen sie zum Pluralismus neigen. Das kulturelle Projekt der Moderne beruht auf dem Gedanken der rationalen Gestaltbarkeit der natürlichen und sozialen Welt. Dieses Projekt konkretisiert sich auf politischer Ebene mit der Bildung der verfassungsdemokratischen Institutionen der Nationalstaaten, die sich die Inklusion aller Bürger zum Ziel setzen. Das Ziel der Inklusion schlägt jedoch in reale Exklusion und damit Barbarei um, sobald das kulturelle Projekt der Moderne einerseits und die primordialen Identitäten, vor allem der Ethnizität, andererseits aus dem Gleichgewicht geraten: Dann findet entweder eine Ethnisierung oder aber eine jakobinische Totalpolitisierung statt, die beide gleichermaßen exkludierend wirken. In jenen Nationen, in denen sich traditional-primordiale und modern-universalistische Kollektividentitäten in der Balance befinden, sind hingegen pluralistische, nicht-barbarische Zustände zu erwarten.

Bernhard Giesen wendet sich in seinem Kommentar der Paradoxie zu, daß die Moderne die universelle Inklusion will und teilweise doch neue Exklusionen und neue Gewalt schafft: Die politischen Zentren setzen ihre modernen Ordnungsprojekte notfalls auch totalitär durch. Die hochmoderne Medienöffentlichkeit betreibt eine inklusionsorientierte Dauermoralisierung des »Entfernten« und befördert damit bei den Zuschauern umgekehrt eine Entmoralisierung des »Nächsten«, der alltäglichen Lebenswelt. *Lars Clausen* verweist in seinem aus der Theoriegeschichte der historischen Soziologie schöpfenden Beitrag auf die Zerrüttung peripherer Gesellschaften durch die politischen Zentren der Weltgesellschaft sowie auf die barbarisierende Folge der Säkularisierung, nach der die Menschen generell als »tötbar« und alle jene Sinnentwürfe als hinfällig erscheinen, die über Macht- und Eigeninteressen an einem Hier und Jetzt hinausgehen.

Hans Mommsen nähert sich dem Thema, unter welchen Bedingungen die moderne Gesellschaft in Barbarei umschlägt, aus der Perspektive des Zeithistorikers, für den sich die moderne Barbarei im nationalsozialistischen Holocaust konkretisiert. Mommsen wirft die Frage auf, ob die systematische Ermordung der Juden als geplantes Ergebnis oder »akzidentielles« Ereignis begriffen werden muß und kommt zu dem Schluß, daß es zu einfach wäre, die Shoah unilinear als lediglich »logische« Praxis aus der Theorie der nationalsozialistischen Rassenideologie deduzieren zu wollen. Erst eine situationistische Analyse zeige, wie sich der bürokratisierte und technisierte Massenmord vielmehr aus einer kumulativen Radikalisierung der jeweiligen unter Handlungsdruck verantwortlichen Akteure und innerhalb der sich ausbildenden Freiräume für gewohnheitsmäßige Gewalt ungeplant *und* unausweichlich zugleich ergeben hat.

Alois Hahn formuliert Skepsis gegenüber Mommsens situationsanalytischer Methode und verweist statt dessen auf die Notwendigkeit, die kontextübergreifenden ideologischen Strukturzusammenhänge, die den Nationalsozialismus und dessen Verbrechen ermöglicht haben, im Blick zu behalten. Gerade Horkheimers und Adornos *Dialektik der Aufklärung* sei weiterhin einer solchen Ursachenforschung dienlich, indem sie die Paradoxie der Moderne aufzeigt, die darin besteht, daß die Moderne ihre eigenen Vernunftgrundlagen notwendigerweise aufzehrt und damit der Barbarei Raum gibt. *Uta Gerhardt* reformuliert Mommsens These soziologisch als eine Theorie unintendierter Handlungsfolgen. Allerdings, erst wenn man den Nationalsozialismus als Beispiel für den sich in den Paternalismus veralltäglichenden charismatischen Herrschaftstypus betrachtet, wird erklärbar, so Gerhardt, wie sich situativ und ungeplant die moralische Anomie ausbilden konnte, die die Grundlage für den Massenmord legte.

Ralf Dahrendorf wirft die Frage auf, warum sich im 20. Jahrhundert bestimmte Gesellschaften, anders als die deutsche Gesellschaft, als weitgehend immun gegenüber Fundamentalismus und Totalitarismus erwiesen haben. Für Dahrendorf belegen die Beispiele von Großbritannien und den Vereinigten Staaten, daß sich zumindest bis in die jüngste Vergangenheit hinein eine stabile »offene Gesellschaft« gerade auf dem Boden einer Kombination von modernen universalistischen *und* vormodernen, das heißt demokratisch nicht kontrollierten Institutionen sichern ließ. Die ständestaatlichen Traditionen Großbritanniens ebenso wie der Einfluß der sozial kontrollierenden sekundären Assoziationen in den USA, also Institutionen einer »unvollständigen Moderne«, haben den Regeln einer liberal-demokratischen »Bürgergesellschaft« gerade nicht widersprochen, sondern diese zuallererst ermöglicht.

Cora Stephan weist darauf hin, daß in Deutschland ein Mißtrauen gegenüber allem bloß »Formalen«, gegenüber den modernen universalistischen Institutionen ebenso wie gegenüber den Zivilitätsregeln des Zusammenlebens, eine politisch-soziale Kohäsion wie in den klassischen Verfassungsdemokratien lange Zeit erschwert hat und weiterhin erschwert. *Johannes Weiß* stellt im Anschluß an Dahrendorfs Beitrag die These auf, daß sich in der entzauberten Moderne eine barbareivermeidende, offene Gesellschaft nur dann aufrechterhalten läßt, wenn diese dazu bereit ist, die Antinomien der modernen Kultur nicht gewaltsam aufzulösen, sondern zu ertragen. Insbesondere der Widerspruch zwischen dem modernen Universalismus der Gleichheit und dem ebenso modernen Recht auf Differenz müsse »ausgehalten« werden.

Niklas Luhmann behandelt die Frage nach dem Verhältnis von Barbarei und Moderne als ein Thema der Beziehungen zwischen Semantik und Gesellschaftsstruktur. Die altgriechische Unterscheidung von »Hellenen« und »Barbaren« repräsentiert das allgemeine, asymmetrische Differenzschema von »Inklusion« und »Exklusion«, wie es für stratifikatorisch differenzierte Gesellschaften kennzeichnend ist. Die moderne, funktional differenzierte Gesellschaft hebt diese Unterscheidung auf: hier soll schließlich niemand mehr ausgeschlossen, vielmehr eine »All-Inklusion« vollzogen werden. Aber diese All-Inklusion erweist sich, so Luhmann, als eine bloße Selbstbeschreibung der modernen Funktionssysteme. In Wahrheit finden sehr wohl Exklusionen statt; in manchen Fällen – Luhmann nennt hier als Beispiele die Favelas südamerikanischer Großstädte und die Siedlungen, welche die Stillegung des Kohlebergbaus in Wales hinterlassen hat – werden bestimmte Personen sogar aus sämtlichen Funktionssystemen ausgeschlossen, während der systemische Inklusionsbereich, davon unberührt, stabil weiteroperiert. Luhmanns Blick in die Zukunft ist düster: Es scheint als würde Inklusion/ Exklusion die Leitdifferenz des nächsten Jahrhunderts werden und die »Barbarei« der Exklusion damit zum Normalfall der modernen Gesellschaft.

Johannes Berger wirft Luhmann vor, in seiner Analyse eine Semantisierung der Soziologie zu betreiben und damit die gesellschaftliche Realität in das Reden über sie aufzulösen. Die begriffshistorische Vorgehensweise ist nach Berger nicht in der Lage, eine Erklärung für die realen Exklusionsprozesse der modernen Gesellschaft zu liefern. Für *Wolf-Dieter Narr* belegt Luhmanns Analyse prinzipielle Schwächen nicht nur des systemtheoretischen Ansatzes, sondern überhaupt gegenwärtiger Gesellschaftstheorien. Die Sozialwissenschaften müßten mehr Realitätsnähe und zugleich gesellschaftliche Distanz gewinnen, um unverkürzt kritisieren und phantasieren zu können.

Claus Offe setzt sich in seinem Beitrag das Ziel, die barbarischen Phänomene der westlichen Gegenwartsgesellschaften begrifflich präzise zu erfassen und zu erklären. Barbarisches Handeln definiert Offe als dezivilisiertes Handeln, durch das eine Gruppe innerhalb der eigenen Gesellschaft hinter bisherige kollektive Zivilitätsstandards zurückfällt. Paradoxerweise werden für die zivile Gesellschaft die Mitglieder einer derartigen Gruppe dadurch zu Barbaren, daß sie andere als Barbaren ansehen und inhuman behandeln. Daß sich in den Gegenwartsgesellschaften solche Prozesse der Dezivilisierung beobachten lassen, sei auf das Zusammenspiel dreier Ursachenkomplexe zurückzuführen: die Marginalisierung einer neuen Unterklasse von Nicht-Teilnahmeberechtigten; die Entstehung ethnischer Minderheiten als Folge von Migrationsprozessen; schließlich das Gefühl der Überforderung auf Seiten der Deklassierten gegenüber den modernen Universalitätsstandards, begleitet von einer Aufzehrung der eingelebten lebensweltlichen Zivilitätsregeln durch die modernen Funktionssysteme. Die modernen Institutionen, so Offe, garantieren dergestalt die Regeln der Zivilität formal und gleichzeitig schwächen sie sie möglicherweise material.

Karl-Siegbert Rehberg sieht in Offes Überlegungen ein eindimensionales Bild der Wirkung moderner Institutionen. Diese stellen nicht allein Garanten der Zivilität dar, sondern haben gleichzeitig ihren Charakter als höchst gefährliche Zwangsapparaturen nicht verloren, deren Handeln selber unter bestimmten Umständen bereits Zivilitätsmaßstäben widersprechen kann. *Dieter Senghaas* kehrt Offes Frage nach den Bedingungen für Prozesse der *De*zivilisierung um und untersucht, unter welchen Bedingungen in einer modernen Gesellschaft zivile, das heißt gewaltfreie Formen der Konfliktbewältigung zu erwarten sind. Senghaas gelangt so zu einem »zivilisatorischen Hexagon«, welches staatliches Gewaltmonopol, Rechtsstaatlichkeit, Affektkontrolle, Partizipation, soziale Gerechtigkeit und das Bestehen einer Konfliktkultur als notwendige Voraussetzungen von Zivilität annimmt.

Die politisch-kulturelle Konstruktion von »Fremden« als »Feinde« ist für *Ulrich Beck* eine wesentliche Voraussetzung für barbarisches Handeln. Die moderne Kategorie des »Fremden« transzendiert, wie bereits von Simmel gesehen, die Ordnungsdifferenz von Innen und Außen. Der Fremde ist »nah« und »entfernt« zugleich und repräsentiert auf diese Weise gewissermaßen die »Ambivalenz als Existenz«. Während sich in der einfachen Moderne Hiesige und Fremde noch eindeutig unterscheiden ließen, ist Becks Analyse zufolge in der Phase der reflexiven, das heißt sich detraditionalisierenden Moderne das Fremdsein zum allgemeinen Merkmal menschlicher Existenz generalisiert. Um die Unsicherheit, die sich möglicherweise aus diesem verallgemeinerten Fremdsein ergibt, zu kompensieren, wird nun teilweise versucht, die Abgrenzungslogik der Identität über eine Konstruktion von Feindbildern künstlich weiterzuführen. Der Kampf um das eigene Leben der Individuen, der alltägliche Individualismus scheinen jedoch, so Beck, wirksame Mittel gegen die Feindsuggestion darzustellen.

Hans Joas begreift Becks Theorie der »reflexiven Modernisierung« als notwendigen, allerdings begrifflich noch klärungsbedürftigen Schritt für die ausstehende Transformation der klassischen Modernisierungstheorie. Deren Unzulänglichkeit liege nicht zuletzt darin, daß sie einen zentralen Aspekt moderner Barbarei, Krieg und Gewalt, kaum behandelt hat und deshalb auch die Rolle des Krieges bei der Entstehung der Moderne und die innere Prägung der Modernisierung durch die Erfahrungen von Krieg und Bürgerkrieg bislang nicht erhellen konnte. *Jan Philipp Reemtsma* kritisiert demgegenüber Becks Hypostasierung des eigenverantwortlichen Individuums: Das »Individuum« sei keine ahistorische Größe, vielmehr bestehe in der Hochmoderne die Möglichkeit, daß sich das klassisch moderne, selbst- und umweltkontrollierende Subjekt auflöst und Platz macht für ein »Nachfolgemodell« noch unabsehbarer Form.[11]

In seinen Schlußbemerkungen zur Hamburger Tagung gibt *M. Rainer Lepsius* zu bedenken, ob nicht in den Tagungsbeiträgen die Begriffe »Moderne«, »Modernität« und »Barbarei« zu unbestimmt geblieben seien, um die zentrale Frage: »Was sind die sozialen Kontexte, die eine größere oder geringere Immunisierung gegen barbarische Zustände ermöglichen?« auf eine theoretisch überzeugende und empirisch gehaltvolle Weise beantworten zu können. Aber wenn überhaupt irgendwo, so wurde auf der Hamburger Tagung ein Anfang gemacht, und für das Weitere gilt auch hier das Wort Baudelaires: »Au fond de l'Inconnu pour trouver du *nouveau*!«[12]

Literatur

Adorno, Theodor W., *Negative Dialektik*, Frankfurt am Main 1966.

–, *Ästhetische Theorie*, Frankfurt am Main 1970.

Baudelaire, Charles, *Sämtliche Werke und Briefe*, hg. von F. Kemp und C. Pichois, Bd. 2, München 1983.

Bauman, Zygmunt, *Moderne und Ambivalenz. Das Ende der Eindeutigkeit*, Hamburg 1992.

Beck, Ulrich, »Erwiderungen«, in: *Mittelweg 36. Zeitschrift des Hamburger Institut für Sozialforschung*, August/September 1994.

Elias, Norbert, *Über den Prozeß der Zivilisation. Soziogenetische und psychogenetische Untersuchungen*, 2 Bde., Frankfurt am Main 1978.

Friedrich, Hugo, *Die Strukturen der modernen Lyrik. Von Baudelaire bis zur Gegenwart*, Hamburg 1956.

Gumbrecht, Hans Ulrich, »Modern, Modernität, Moderne«, in: Brunner/

11 Ulrich Beck hat auf die Kommentare von Hans Joas und Jan Philipp Reemtsma »Erwiderungen« formuliert, die abgedruckt sind in: *Mittelweg 36, Zeitschrift des Hamburger Instituts für Sozialforschung*, August/September 1994, S. 37-42.

12 Aus Baudelaires im Jahre 1859 veröffentlichtem Gedicht »Le Voyage«, in: ders., *Sämtliche Werke und Briefe*, a.a.O., Bd. 3, München 1975, S. 339.

Conze/Koselleck (Hg), *Geschichtliche Grundbegriffe*, Bd. 4, Stuttgart 1978.
Habermas, Jürgen, *Der philosophische Diskurs der Moderne*, Frankfurt am Main 1985.
–, *Die Moderne – ein unvollendetes Projekt*, Leipzig 1990.
Horkheimer, Max, und Theodor W. Adorno, *Dialektik der Aufklärung. Philosophische Fragmente* (1944), Frankfurt am Main 1969 .
Ross, Werner, *Baudelaire und die Moderne. Portrait einer Wendezeit*, München 1993.
Zapf, Wolfgang, »Modernisierung und Modernisierungstheorien«, in: ders. (Hg.), *Die Modernisierung moderner Gesellschaften*, Frankfurt am Main 1991.

Jan Philipp Reemtsma
Das Implantat der Angst

»Modernität und Barbarei«: die Wahl des Titels dieser Tagung mag verwundern. »Modernität und Barbarei«, das klingt seltsam wenig balanciert. Die Titelwörter sind auf ganz unterschiedliche Weise theoretisch aufgeladen. Ist das erste gewissermaßen überdeterminiert durch eine Reihe von Modernisierungstheorien, Theorien der Moderne, ganz unterschiedliche Auffassungen über Datierungen und über das, was die Moderne bzw. Modernität denn eigentlich ausmache, so ist das zweite theoretisch klar unterdeterminiert. Eine Theorie der Barbarei oder der Barbarisierung gibt es nicht, ja, »Barbarei« ist gar kein soziologischer Begriff, sondern ein Wort, das zwar eine lange Geschichte hat, aber keine Theoriegeschichte, die seinen Kontext auch nur einigermaßen eindeutig bestimmte. »Barbarei« bezeichnet nichts ohne weiteres Bestimmbares, sondern eher ein diffuses Ressentiment.

Dennoch ist das Wort »Barbarei« von der Mehrheit der Vortragenden in den eigenen Vortragstitel übernommen oder durch ein Äquivalent ersetzt worden (»Gewalt« bei Zygmunt Bauman). Es scheint wenigstens eine Herausforderung in dem seltsam untheoretischen Wort zu stecken, eine Herausforderung, die angenommen wird. Ich will nicht darüber spekulieren, ob dies vor einigen Jahren auch der Fall gewesen wäre, oder ob nicht vielmehr weltpolitische Entwicklungen dazu beigetragen haben, das Wort »Barbarei« doch für ganz aussagekräftig zu halten. Ich möchte vielmehr ein paar Gedanken auf die Überlegung verwenden, ob die – trotz aller Bereitschaft, mit dem Wort umzugehen – vorhandene Asymmetrie in der theoretischen Grundierung der Titelwörter ihr Fundament in der Sache hat.

Es läßt sich das Wort Barbarei kaum verwenden, ohne dabei Gewalt zu assoziieren. Barbarei ist nicht nur »irgendwie« chaotisch, schrecklich, etwas, das »hereinzubrechen« pflegt, sondern sie ist vor allem ein Zustand unkontrollierter Gewalttätigkeit. Die Moderne nun ist vom Thema der Gewalt einerseits besessen, andererseits hat sie beträchtliche Formulierungsschwierigkeiten dabei. Wenn wir das moderne politische Denken bei Thomas

Hobbes beginnen lassen (bei wem sonst?), dann kann man diese Verbindung von modernem und gewaltfixiertem Denken besonders gut deutlich machen. Das Motiv des Menschen, so Hobbes, aus dem Naturzustand herauszutreten, sei die Furcht vor dem gewaltsamen Tode. Die Gleichheit aller Menschen – eines der zentralen Problemthemen der Moderne – begründet er mit der Fähigkeit eines jeden Menschen, jeden anderen zu töten. Da Hobbes' Mutter bei der Nachricht, daß die spanische Armada sich England nähere, mit ihrem Sohn vor der Zeit niederkam, kennzeichnete Hobbes die Umstände des eigenen Eintritts in die Welt so: Meine Mutter »did bring forth Twins at once, both Me, and Fear« (Hobbes 1984/1651, S. XI). Der Naturzustand, den Hobbes ausdrücklich nicht als empirische Hypothese über einen vergangenen oder gegenwärtig auf der Welt anzutreffenden Zustand verstanden wissen will (obwohl er, ähnlich wie später Klopstock und Kant, von Berichten über die Irokesen fasziniert gewesen sein muß), ist die allgegenwärtige Gefahr, in die Barbarei zu stürzen: »Man kann die Lebensweise, die dort, wo keine allgemeine Gewalt zu fürchten ist, herrschen würde, aus der Lebensweise ersehen, in die solche Menschen, die früher unter einer friedlichen Regierung gelebt haben, in einem Bürgerkrieg abzusinken pflegen« (ebd., S. 97). Der Krieg sei aber *jede* Situation, in der man nicht »*sicher*« (ebd., S. 96) sein könne vor dem Hereinbrechen der unkontrollierten Gewalt.

Barbarei ist Motiv und stets in den Blick zu nehmende Gefahr für den Bau des Leviathan, für die Konzentration aller Macht und Gewalt in *einer* Hand. Das Buch spricht vom Staat, besessen ist es von der Barbarei. Hobbes' *Leviathan* ist so etwas wie ein Modell für den modernen Umgang mit dem Problem der Gewalt (die erst der Moderne zu einem *Problem* wird). Sie ist dauernd gleichzeitig an- und abwesend. Niklas Luhmann spricht von der »Temporalisierung« der Gewalt, die er eine »bürgerliche Technik« nennt (Luhmann 1988, S. 66). Der Ausdruck läßt sich auf die Hobbesschen Vorstellungen anwenden, duldet aber Verallgemeinerung: Gewalt ist immer das, was »vorher« war, der Gründungsakt des jeweiligen Systems, und das, was nun »hinter uns liegt« – *und* es ist das, was immer droht, was *vor* uns liegt, und gerade noch abgewendet werden kann. Dem entspricht die bekannte historische Zeitschranke, welche die Aufklärung zieht: das »dunkle Mittelalter« (und die »Nazi-Barbarei« war der »Rückfall ins finsterste

Mittelalter«). Ein anderes Denkmodell ist nicht an Zeitlichkeit, sondern an Räumlichkeit orientiert: »weit hinten in der Türkei«. Die Gewalt ist in begrenzten Zonen zu Hause, und es ist an uns, die Zonen enger zu machen. Eine der Zonen ist das Schlachtfeld; eine andere die »zivilisierte Welt« in Abgrenzung zur »noch nicht« zivilisierten, und wo, durchaus im Auftrage dieser zivilisierten Welt, noch mit barbarischen Mitteln dreingeschlagen wird, so ist das ebenso »dort draußen« wie gleichermaßen »noch« der Fall.

Das sind die Grundzüge eines Porträts, das die europäische Moderne von sich entwirft – es ist die Reaktion auf die respektive Verarbeitung der katastrophischen Krisen des 17. Jahrhunderts. Das Porträt wird trotz aller folgenden Krisen bis 1914 für ähnlich gehalten. Die Risse, die dieses Selbstbild angesichts der Schützengräben von Verdun erhält – der Barbarei jetzt und hier, *intra muros* und technisch *up to date* –, führen nicht zu einem anderen Autoporträt, aber doch zu Versuchen, sich dem Bereich zu nähern, der im noch herrschenden Selbstbild der temporalen oder lokalen Aussparung anheimfiel. Wo die Zivilisation selber zum Problem wurde, konnte ihr Zusammenhang mit der »anderen Seite« in den Blick genommen werden. Das erste Modell ist noch nahe am Hobbesschen Schema: die Barbarei »bricht herein«, wenn man nicht aufpaßt. Die »Zivilisation«, so nennt man sich, ist eine permanente Anstrengung, die nicht gelockert werden darf: so lesen sich Freud und Elias. Die Zivilisation ist eine dünne Decke, auf der man vorsichtig gehe, daß man sie nicht beschädige.

Nun läßt und ließ sich der Verdacht nicht abweisen, daß die Sache komplizierter sei, und dieser Verdacht schlich sich in das Modell selbst ein. Bei Freud wie bei Elias (und bei Thomas Mann) begegnen wir dem Verdacht, die zivilisatorischen Anstrengungen selbst könnten auf Dauer überfordernd sein – »müde seiner selbst«, heißt es im *Felix Krull*, sinke der moderne Mensch ins Urtümliche, sagen wir: Barbarische zurück. Hier deutet sich die Gedankenfigur eines *switch* an, der die Hobbessche Trennung von Sicherheit und Gefahr demontiert – es könnte die Anstrengung, sich Sicherheit zu verschaffen, selbst äußerste Gefahr heraufbeschwören. Diese Gedankenfigur liegt auch der Theorie vom Widerspruch zwischen Produktionsverhältnissen und Produktivkräften aus der Marxschen Tradition zugrunde, aber auch der Denunziation der Phrase bei Karl Kraus und Walter Benjamin –

man zieht in den Gaskrieg, »um bis aufs Messer zu kämpfen« –, auch einiges bei Günter Anders ist nach dieser Figur gebildet. Wenn man ein Bild will, wäre es das einer auseinanderklaffenden Schere: der Mensch ist – moralisch, institutionell, gesellschaftlich, intellektuell – zunehmend weniger auf der Höhe seiner Fertigkeiten. Die Vernunft bleibt hinter dem Verstand zurück.

Diese Modelle taugen dazu, bestimmte soziale Katastrophen zu beschreiben, vor anderen versagen sie. Ein drittes Modell ist wohl zum ersten Mal in den »Philosophischen Fragmenten«, später umbenannt in *Dialektik der Aufklärung*, skizziert worden: eine »Kippfigur«. Nicht das Gegenteil – vernachlässigt, provoziert, gehegt, geheckt – gewinnt Macht über die Zivilisation, sondern etwas wird sein eigenes Gegenteil. Nicht hat der Leviathan die Kontrolle verloren, sondern er selbst, die in ihm konzentrierte Macht und potentielle Gewalt wird unmittelbar mörderisch, und dem Massenmord dienen die zivilisatorischen Tugenden Umsicht, Triebaufschub, Disziplin, Arbeitsteilung. Das Barbarische ist nun nicht nur mehr das, was »vor« oder »jenseits« der Zivilisation lauert, sondern auch das, was sie selber hervorbringt, nicht im Kollaps, sondern *en marche*.

Nachdem dieses Denkmodell zunächst vielleicht notwendigerweise ein isolierter, scheinbar nicht anschlußfähiger Entwurf zu sein schien, ist es doch in das sozialwissenschaftliche Denken eingedrungen – ich verweise etwa auf Zygmunt Bauman, und wir werden ihm in einigen Beiträgen auf dieser Tagung begegnen.

Die Trennung von Macht und Gewalt – das heißt, daß unter dem Schutz des staatlichen Gewaltmonopols um die Macht im Staate gestritten werden kann – war für Hobbes ein ebenso großer wie steter Quell der Beunruhigung, wie auch alle Versuche, der Macht des Leviathan Grenzen zu setzen. Die Ideen der Gewaltenteilung, des Schutzes von Wohnung und Eigentum vor staatlichem Zugriff sowie die Prinzipien der Rechtsstaatlichkeit gehörten für ihn ebenso zu den »Dingen, die einen Staat schwächen oder zu seiner Auflösung beitragen«, wie die Vorstellung, daß jemand freiwillig – aus Gewissensgründen – tue, wozu er genauso gut gezwungen werden könnte, denn was einer freiwillig tut, kann er auch unterlassen (Hobbes, 1984/1651, S. 245 ff.). Macht, die auf Zustimmung und nicht auf Zwang beruht, war für Hobbes wertlos. Mehr noch: gefährlich. Dies ist nicht nur eine Hobbessche Obsession. Auch sie ist tief in das sozialwissenschaftliche Denken eingedrungen – ich denke natürlich an die klassische Staatsdefinition Max Webers: »ein politischer Anstaltsbetrieb [...], wenn und insoweit sein Verwaltungsstab erfolgreich das Monopol legitimen physischen Zwanges für die Durchführung der Ordnungen in Anspruch nimmt« (Weber 1922, S. 29), und auch die Rede von der »Chance, Gehorsam für einen Befehl zu erhalten«, gehört hierhin. Nicht Unterstützung, sondern Gehorsam. Wer nur Unterstützung für einen Vorschlag erhält, nicht aber fähig wäre, diese freiwillige Unterstützung im Falle ihrer Verweigerung mit Gewaltmitteln zu erzwingen, wäre also ohnmächtig, und zwar auch dann, wenn er alles bekäme, was er wollte.[1] Diese Gleichsetzung von Macht mit (potentieller) Gewalt hat Hannah Arendt überzeugend kritisiert (Arendt 1993, S. 36 ff.). Der Kern ihrer Argumentation ist, daß Macht, die nur auf Gewalt beruhte, gar nicht denkbar sei – sie braucht immer Unterstützung und Freiwilligkeit, und sei es durch noch so wenige. Die Gleichsetzung von Macht und Gewalt zeigt sich bei Hobbes und allen seinen Nachfolgern als Implantat der Angst vor dem »Rückfall in die Barbarei« (»Anarchie«: Max Weber) in die theoretische Konstruktion.

Dieses Implantat der Angst vor der Barbarei infolge des Zerfalls staatlicher Macht (über die mich zu mokieren ich keinerlei historische und politische Gründe wüßte) hat sein Gegenstück in einer weiteren Obsession der Moderne: der Fetischisierung des Konsenses als letzem und eigentlichem Ziel all unserer Bemühungen, wie wir sie exemplarisch bei Kant in der Erörterung der »Antinomie des Geschmacks« finden: »Worüber es erlaubt sein soll zu streiten, da muß Hoffnung sein, unter einander überein zu kommen« (Kant 1994/1790, § 56). Nun ist der Konsens *eines* der möglichen Ziele eines Streits; ebenso (und keineswegs weniger legitim) kann ein Streit (eine Diskussion) dazu dienen, den Dissens zu vertiefen, ein Problem zum Verschwinden zu bringen, Zeit zu verbringen und so weiter. In einer Disputation klüger zu werden kann auf vielerlei Weise geschehen; mit dem Kontrahenten am Ende übereinzustimmen ist nur eine der vielen Möglichkeiten dazu. Die Verabsolutierung eines der möglichen Zwecke einer

1 Man hat den Eindruck, daß manche staatsterroristischen Exzesse vor allem darauf zielen, jedes Element von Freiwilligkeit aus dem Verhältnis Staat–Bürger herauszuprügeln. Vgl. Jan Philipp Reemtsma, »Das Heer schätzt den Menschen als solchen«, in: ders., *u. a. Falun. Reden und Aufsätze*, Berlin 1992, S. 189 ff.

Auseinandersetzung zu ihrem eigentlichen Wesen ist, wo sie den öffentlichen Raum beherrscht, Ausdruck der Angst vor der Politik. Politik ist die Bildung von Koalitionen auf Zeit. Diese Koalitionen sind Zweckverbände wechselseitiger Unterstützung zur Erringung von Macht zur Verwirklichung der selbstgesetzten Zwecke. Diese Koalitionen setzen zwar einen internen begrenzten Konsens voraus, sind aber nicht dazu da, diesen Konsens allgemein zu machen, sondern Ziele durchzusetzen. Daß sie ihre Ziele erreichen werden, ist ebensowenig ausgemacht, wie daß der die Koalition stiftende Konsens andauert. Koalitionen sind keine Banden, man kann die Teilnahme an ihnen aufkündigen (und wo Koalitionen zu Banden werden, verlassen sie tendenziell den öffentlichen Raum und damit den Raum, in dem Politik stattfindet). Politik ist also vor allem durch eines gekennzeichnet: Unsicherheit, und sie ist so eine ständige Bedrohung des Hobbesschen Sicherheitsversprechens. Es ist bei Besessenheit durch den Sicherheitsgedanken konsequent, daß Hobbes einen Staat konstruiert hat, innerhalb dessen keine Politik stattfindet. Daß durch einen solchen Staat die Barbarei gleichfalls exzessiv werden kann, ist *unsere* historische Erfahrung.

Unser Jahrhundert hat einige Versuche gesehen, Politik abzuschaffen. Die Massenmorde der Nationalsozialisten hatten auch (ich betone: auch) den Sinn, das Phantasma einer Volksgemeinschaft Wirklichkeit werden zu lassen, in der ein Handeln im Konsens durch biologische (ethnische) Normierung sozusagen vorabgesichert sein sollte. Der nationalsozialistische Kampf gegen die Politik bestand darin, Gruppen zu definieren und zu kennzeichnen, Gruppen Einheit und Einheitlichkeit verhindernder »Schädlinge«, die vernichtet werden müßten. (Hierhin gehört Carl Schmitts Definition des Politischen, die beste Kennzeichnnung des anti-politischen Affekts, denn Politik besteht eben darin, daß ich mir meines Koalitionspartners nie »sicher« sein kann.)

Der Gulagsozialismus verstand sich als Politik zur Herstellung einer konsensuellen Gesellschaft – und produzierte die Figur des Abtrünnigen, des stets den Konsens der eigenen Koalition (Partei) gefährdenden Verräters. Beide Akte der Barbarei durch den Leviathan, beide Versuche der Abschaffung von Politik durch den Massenmord sind in der ihnen zugrunde liegenden Art des antipolitischen Affekts verschieden. Der »Schädling«, den der Nationalsozialismus phantasiert, ist Mitglied einer vorab definierten

Gruppe, der vernichtet werden muß, damit Homogenität und Konsens sich gleichsam natürlich ergebe; der »Verräter« des Gulagsozialismus ist der Parteigänger, der Koalitionspartner von gestern, der den bereits erreichten Konsens zerstört und damit das große Ziel gefährdet. Daher das Wüten des Nationalsozialismus gegen möglichst klar zu definierende Gruppen (und die administrative Mühe der Definition und Selektion); daher auch die Ubiquität des Verdachts im Gulagsozialismus.

Wenn der Geburtsschein der Moderne angesichts der Katastrophen der europäischen Kriege des 17. Jahrhunderts die Angst war und in ihr immer neue Versuche gemacht wurden, ihrer Herr zu werden, indem man das Barbarische hinter temporale und territoriale Grenzen verbannte, gleichwohl aber so sehr in seinem Bann stand, daß die Gewalt in das theoretische Fundament wirkungsreicher Gesellschaftsentwürfe eingebaut wurde, so stehen wir am Ende des 20. Jahrhunderts vor quantitativ wie qualitativ neuen Massakern, die eben auch etwas zu tun haben mit einer mörderischen Wendung jener Ängste. Dieser Befund führt zu der gewiß nicht kleinen Frage, welche Rück- und Langwirkungen die Gewaltexzesse der modernen Zivilisationsbarbareien dieses Jahrhunderts haben werden oder können, zumal die alten Ängste (siehe den Zerfall des Staates Jugoslawien) nicht an Aktualität verloren haben.

Einem, der nur eine Einleitung zu den eigentlichen Vorträgen spricht, ist es erlaubt, mit einer solchen Frage zu schließen, ihr allenfalls einen Hinweis anzuschließen. Ich möchte auf den Unterschied zwischen der klassischen Schauergeschichte und dem modernen Horrorfilm hinweisen. Beide Male handelt es sich um eine Thematisierung von Gewalt und Angst, doch in eben ganz unterschiedlicher Weise. Die Schauergeschichte, die *gothic novel* – so ihre Kurzcharakteristik im *Ulysses*: »The mystery was unveiled. Haines was the third brother. The lonely house by the graveyard is unhabited. A curse is on it. It is haunted. Murderer's ground« –, ist die Verbindung von Schrecken und Geheimnis. Das Böse, die Barbarei, die Gewalt ist abwesend anwesend. Dieses Muster paßt zu den meisten sozialwissenschaftlichen Entwürfen von Hobbes bis heute. Möglicherweise ist die kollektive Imagination aber einen fatalen Schritt weiter. Der Horrorfilm stellt zwar oft die alten Muster der Schauergeschichte nach (so: »Freitag der Dreizehnte«, »Poltergeist«), aber die Aufmerksamkeit des Zuschauers wird vom Geheimnis auf die Präsentation des Schreckens *ad oculos* gezogen, und schließlich gibt es genug Filme des unmotivierten Schreckens, des Massakers ohne Geheimnis »dahinter«. Nach dem Kollaps eines Sicherheitsversprechens, das selber eine Triebkraft monströsester Verbrechen geworden ist, bleibt eine gedoppelte Angst zurück. Vielleicht ist sie nicht mehr in wirklichkeitskonkurrente Entwürfe zu übersetzen. Dann wäre die kollektive Imagination des »chain saw massacres« mit der Feststellung dessen, was dort der Fall ist und anderswo der Fall sein kann, den Sozialwissenschaften voraus, die suchen, was dahintersteckt.

Literatur

Arendt, Hannah, *Macht und Gewalt*, München 1993.

Hobbes, Thomas, *Leviathan*, Frankfurt am Main 1984 (zuerst 1651).

Kant, Immanuel, *Kritik der Urteilskraft*, Frankfurt am Main 1994 (zuerst 1790).

Luhmann, Niklas, *Macht*, Stuttgart 1988.

Reemtsma, Jan Philipp, »Das Heer schätzt den Menschen als solchen«, in: ders., *u. a. Falun. Reden und Aufsätze*, Berlin 1992.

Weber, Max, *Wirtschaft und Gesellschaft*, Tübingen 1922.

Zygmunt Bauman
Gewalt – modern und postmodern

> »Wir können, was wir wollen, und es fragt sich nur noch, was wir wollen; am Ende unseres Fortschrittes stehen wir da, wo Adam und Eva gestanden haben; es bleibt uns nur noch die sittliche Frage.«
>
> Max Frisch

So gut wie alle Autoren, die sich mit dem Phänomen der Gewalt auseinandersetzen, müssen erkennen, daß der Begriff entweder zu vage oder zu strikt definiert wird – oder beides. Zudem machen sie bei anderen Theoretikern eine erstaunliche Unwilligkeit oder Unfähigkeit aus – wenn sie diese nicht gar selber an den Tag legen –, diese Verwirrung aufzulösen und die Dinge klar darzustellen. In den Texten, die sie lesen, stoßen sie vor allem aber auf eine Vielzahl von Untertreibungen und Halbwahrheiten, betretenes Schweigen und andere Zeichen von Verschämtheit. Gewalt muß irgend etwas an sich haben, das es ihr ermöglicht, sich allen Begriffsnetzen, so sorgfältig diese auch geknüpft sein mögen, zu entziehen. Und dieses »etwas« existiert tatsächlich. Es ist nichts anderes als unsere moderne Ambivalenz, mit der wir Macht, Zwang und Gewalt begegnen.

Von Anfang an ging es der Moderne darum, die Welt dazu zu zwingen, anders zu sein, als sie ist. Darum, immer mehr machterzeugende Energie anzuhäufen und deren Vorräte immer verschwenderischer und immer häufiger zu gebrauchen, um die Dinge in der Welt hin und her schieben zu können und einigen davon mehr Raum zu geben als anderen. Und darum, immer einen Schritt weiter zu sein als die Wirklichkeit, immer mehr Handlungsmittel zur Verfügung zu haben, als für die gegenwärtigen Handlungsziele nötig sind, immer mehr Energie bereit zu haben, als es angesichts der bereits erkannten Bedürfnisse notwendig erscheint (schließlich stellt Energie nichts anderes dar als das reine »Können«, die Fähigkeit etwas zu tun – gleichgültig, was dies sein mag). Ohne Zwang kann die Moderne ungefähr so gut leben, wie ein

Fisch ohne Wasser. Der hellsichtige französische Historiker Krzysztof Pomian nannte Europa einmal eine Zivilisation der Grenzüberschreitungen, der »Transgression«, die gekennzeichnet ist durch »schwindenden Respekt gegenüber Grenzen, Hindernissen, Verboten«, eine Zivilisation, die davon ausgeht, daß »Grenzen [...] dazu da [sind], überschritten zu werden«, und für die gilt: »Nicht nur daß sie Grenzüberschreitungen toleriert, solange sie marginal bleiben; sie provoziert sie geradezu« (Pomian 1992, S. 30 ff.). Um die Welt hinter der Grenze so zurechtzubiegen, daß sie eine »bessere« Form erhalte, um die Grenze selber schließlich weiter zurückzudrängen – damit das Territorium, in dem die Welt die richtige Form hat, größer werde –, ist Macht erforderlich. Ohne Macht gäbe es kein *Ordnungsstreben*, und ohne dieses ist die Moderne kaum lebensfähig, sobald die quasi »automatischen« Mechanismen der Reproduktion sozialen Lebens zusammengebrochen sind, ihre Anerkennung verlieren oder entfernt wurden.

Die Moderne hat, wie John Law jüngst bemerkte, »ein Monster ausgebrütet: die Hoffnung oder Erwartung, alles könnte rein sein; die Erwartung, wenn alles rein sei, wäre es besser, als es gegenwärtig ist. Dabei haben wir die Tatsache verdrängt, daß das, was für manche besser sein mag, für andere fast mit Sicherheit schlechter ist; daß das, was für manche besser, einfacher, reiner ist, prekärerweise auf der Arbeit und sehr häufig auf dem Leid und dem Elend von anderen beruht.« (Law 1994, S. 6 f.) Die Tätigkeit des »Ordnens« läßt zuvor unbemerkte Differenzen hervortreten und schafft Differenzen, wo vorher keine waren; innerhalb des Feldes, das es zu ordnen gilt, teilt sie die Objekte in solche auf, die sich in die Ordnung einfügen lassen, und solche, die nicht »hineinpassen«. Auf letztere muß ein entsprechender *Zwang* ausgeübt werden, damit sie sich ändern oder den Ort wechseln. Wie Michael Winter treffend beobachtet hat: »Die Pose des Wegweisers war die typische für den neuzeitlichen Europäer. Der Zeigefinger am ausgestreckten Arm ging nicht nach oben oder unten wie im Mittelalter, sondern geradewegs an den Horizont« (Winter 1993, S. 330). Und wir wollen hinzufügen: Der Zufall wollte es so, daß der Raum zwischen dem ausgestreckten Finger und dem Horizont dicht bevölkert war von Menschen, die unklugerweise davon ausgingen, dieser Raum sei ihrer, statt zu erwarten, die Finger anderer Menschen könnten etwas anderes dekretieren.

Die Moderne ist von Natur aus eine Grenzzivilisation, die sich selbst über die beharrliche Eroberung von neuem Land und durch die sich ständig erneuernden Einladungen – oder Vorwände – zur Grenzüberschreitung immer wieder neu erschafft und sich somit fortlaufend verjüngt. Da das Ordnungsstreben niemals die eine, endgültige Ordnung produzieren kann, vielmehr notwendigerweise neben Sauberkeit auch Abfall, neben Schönheit Widerwärtigkeit, neben Klarheit Ambivalenz und neben geordneten Gebieten solche der Unordnung hervorbringt, besteht wenig Hoffnung, daß der Vorrat der Moderne an immer neuen Herausforderungen, die ihr die ewige Jugendlichkeit sichern, jemals zur Neige gehen könnte. Wovon die moderne Zivilisation somit am meisten und zuallererst besessen ist, ist »Energie« – Energie im Sinne der Fähigkeit zu handeln, der Fähigkeit, etwas zu tun und wieder neu zu tun, die Welt zu ändern, die Dinge dazu zu zwingen, anders zu werden, als sie bisher waren, oder gefälligst von der Bühne zu verschwinden.

Das moderne Bewußtsein ist gegenüber der Frage des Gebrauchs von Zwang und Gewalt nicht aufrichtig und kann nicht aufrichtig sein. Die Moderne legitimiert sich schließlich als ein »Prozeß der Zivilisation«, als Entwicklungslinie, in deren Verlauf das Grobe sanft, das Grausame gütig, das Ungehobelte gesittet wird. Wie die meisten Legitimationen erweist sich allerdings auch diese mehr als Propaganda denn als Darstellung der Realität. In jedem Fall verbirgt sie genauso viel, wie sie offenbart. Sie verbirgt, daß die Triebkräfte der Moderne sich den Zwang, den sie vernichten wollen, selbst wieder nur durch Zwang vom Leibe halten können; sie verbirgt, daß das, was sich für den einen als Zivilisationsprozeß darstellt, für den anderen bedeutet, gewaltsam außer Gefecht gesetzt zu werden. Im Prozeß der Zivilisation geht es nicht darum, die Gewalt auszumerzen, sondern darum, sie neu zu verteilen.

»Jeder Staat wird auf Gewalt gegründet«, stellte Max Weber fest, und wir alle folgen ihm. »In der Vergangenheit haben die verschiedensten Verbände [...] physische Gewaltsamkeit als ganz normales Mittel gekannt. Heute dagegen werden wir sagen müssen: Staat ist diejenige Gemeinschaft, welche innerhalb eines bestimmten Gebietes [...] das Monopol legitimer physischer Gewaltsamkeit für sich (mit Erfolg) beansprucht« (Weber 1980/1922, S. 822). Dank dem Staatsmonopol zerfällt der Zwang in zwei strikt voneinander unterschiedene Formen, die jeweils als legitim und illegitim, notwendig und überflüssig, wünschenswert und unerwünscht, nützlich und schädlich gekennzeichnet werden. Bei näherem Hinsehen unterscheidet die beiden nun voneinander getrennten Kategorien jedoch nur, daß der einen eine – notwendigerweise parteiische – Begründung zugeschrieben wird, die der anderen verwehrt bleibt. Zwar hat man ihnen nun unterschiedliche Namen gegeben: die eine Zwangskategorie wird nun »Durchsetzung von Recht und Ordnung« genannt, während das häßliche Wort »Gewalt« allein der zweiten Kategorie reserviert bleibt. Die begriffliche Unterscheidung verbirgt allerdings, daß auch bestimmte Tätigkeiten des Ordnens und die Durchsetzung bestimmter Gesetze nicht ohne jene verdammenswerte »Gewalt« auskommen – nur daß dies wohl nicht *die* Ordnung und das Recht sind, an die die Erfinder der Unterscheidung dachten. Wie Hélé Béji feststellt, hat die Gerechtigkeit mit der Ungerechtigkeit eines gemeinsam: »Um wirksam zu sein, bedarf sie der ganzen Autorität der Gewalt« (Béji 1993, S. 167 ff.).[1]

Was ist also die eigentliche Bedeutung der Unterscheidung? Was sagt sie aus? Wie die meisten Gegensätze, welche die Praxis der Moderne hervorgebracht und der Diskurs der Moderne zu Vernunftkategorien geschmiedet haben (Kategorien, die so konfus sind wie die Praktiken, die sie vorantreiben[2]), repräsentiert sie die Unterscheidung *zwischen der geplanten Ordnung und dem Rest*; zwischen dem Kontrollierten und dem Unkontrollierten, dem Regelmäßigen und dem Unregelmäßigen, dem Vorhersehbaren

1 Béji zeigt, wie das Aushandeln der Zuordnung von Gerechtigkeit und Ungerechtigkeit, von Laster und Wert »begleitet wurde von einer Demonstration der Macht«. »Legitimer Zwang« wird in »Gewalt« umbenannt, sobald diejenigen, die ihn ausgeübt haben, geschlagen sind und ihre Opfer im Gericht erscheinen. Wenn die Karten nicht auf diese Weise (wiederum gewaltsam!) neu gemischt werden, gilt jedoch: »die Erinnerung formt die Gewalt zur Geschichte um, sie gibt ihr einen Sinn, einen Stellenwert, sie verleibt sie liebevoll dem ›Vermögen‹ ein« (Béji 1993, S. 163).

2 Helmut König schreibt: »Offensichtlich ist der Weg von einem deskriptiv-analytisch gemeinten Begriff der Zivilisation zum normativpräskriptiven sehr kurz« (König, in: *Mittelweg 36*, Heft Dezember/Januar 1993/94, S. 50). Der Weg ist tatsächlich kurz, aber, anders als König meint, ist er in der Regel gerade in der entgegengesetzten Richtung ziemlich ausgetreten.

und dem Unerwarteten, dem Begründeten und dem Kontingenten, dem Monotonen und dem Spontanen (man ist versucht, Youri Lotmans treffende Metapher zu übernehmen: auf der einen Seite ein mächtiger Fluß, der alles, was sich ihm in den Weg stellt, hinwegspült und verschlingt, dessen Richtung aber vom Flußbett genau vorbestimmt und dadurch im voraus bekannt ist; auf der anderen Seite ein Minenfeld, in dem mit Sicherheit örtlich begrenzte Explosionen stattfinden – auch wenn niemand weiß, wann und wo [Lotman 1992, S. 9]).[3]

Der Begriff der »Irritationserfahrungen«, den Jan Philipp Reemtsma verwendet hat, erfaßt treffend die eigentliche Bedeutung, welche die »Gewalt« im Diskurs der Moderne (und zuallererst in der Praxis der Moderne) besitzt, ebenso wie ein weiterer Begriff von Reemtsma, der des »Schocks«: »die Reaktion auf ein unerwartetes, unerhörtes Ereignis [...], dem gegenüber sich gewohnte Wahrnehmungs- und Verarbeitungsformen als inadäquat erweisen« (Reemtsma, 1993, S. 9). Gewalt ist der Abfall, den die Ordnungsmaschinerie produziert; es ist nicht möglich, sie in irgend etwas Nützliches zurückzuverwandeln, sie mit geeigneten Werkzeugen zu bearbeiten; sie ist gewissermaßen bei den Kosten des Produktionsprozesses nicht mitgerechnet worden. Wenn die Herstellung von Ordnung bedeutet, daß die Welt in die *Regelmäßigkeit* gezwungen wird, dann steht »Gewalt« für den *irregulären* Zwang, der die Regelmäßigkeit hier und jetzt unterminiert, jene Regelmäßigkeit, die mit »Ordnung« gleichbedeutend ist. Dieser Zwang ist *Gewalt*.[4] Da keine Ordnung jemals so ist, wie sie zu sein wünscht, da das, was sich für den einen Menschen als Ordnung darstellt, sich für den anderen als Ordnungslosigkeit erweist und da die Ordnungsvorstellungen genauso wie die Ordnungshüter

3 In diesem Minenfeld gilt, wie Lotman betont, daß die Wahl des Ortes, an dem sich die Explosion ereignet, »weder durch Kausalgesetze noch über Wahrscheinlichkeiten festgelegt ist; im Moment der Explosion bleiben diese beiden Mechanismen wirkungslos« (1992, S. 9). Die Wahl bleibt zufällig.

4 Daraus folgt, daß Ulrich Bielefelds Beobachtung »unvorstellbare Gewalt ist gleichsam jederzeit möglich« (Bielefeld 1993/94, S. 82) ebenso richtig wie tautologisch ist. Der Begriff »Gewalt« bezeichnet schließlich innerhalb des geschäftigen Treibens des modernen Ordnungsstrebens *per definitionem* das »Unerwartete«. Jede geplante, legitimierte, »offizielle« Machtanwendung würde unter einem anderen Namen verhandelt werden.

ständig wechseln, verwischt sich der Tendenz nach die Grenzlinie zwischen den entgegengesetzten Kategorien. Wichtiger noch – die Unterscheidung zwischen »Aufrechterhaltung der Ordnung« und »Gewalt« kann im jeweiligen Kontext strittig sein. Niemals kann sie endgültig gezogen werden: die Grenzpfähle bleiben nur so lange wirksam, wie sie von schwer Bewaffneten bewacht werden.

Die Grenze verschiebt sich

Der Gegensatz »Ordnungserhaltung versus Gewalt« ist nur eines jener zahlreichen, sich im großen und ganzen überlagernden Gegensatzpaare (wie auch das zwischen Vernunft und Leidenschaft, zwischen Rationalität und Affekt), die dem einen zentralen Dualismus der Moderne übergestülpt werden: dem zwischen dem Kontrollierten und dem Unkontrollierten, dem Regelmäßigen und dem Unregelmäßigen, dem Vorhersagbaren und dem Unvorhersehbaren. In der Geschichte der modernen Institutionen geht es dem Ordnungsstreben größtenteils darum, Monotonie, Wiederholbarkeit und Verursachbarkeit zu sichern; all das, was diesem Streben widersteht, erscheint als Wildnis hinter der Grenze, als Feindesland, das noch seiner Eroberung harrt oder zumindest »befriedet« werden muß. Die Differenz zwischen dem kontrollierten und dem unkontrollierten Raum bezeichnet nichts anderes als die zwischen *Zivilität* und *Barbarei*. Im Reich der Zivilität wird Zwang – idealerweise – niemals überraschend und von unerwarteter Seite ausgeübt; er läßt sich rational vorherberechnen, kann zur »bekannten Notwendigkeit« werden, die man gar, Hegel folgend[5], als Freiheit feiern mag ... Im Reich der Barbarei ist der Zwang, der hier als »Gewalt« bezeichnet wird, hingegen diffus, verstreut, regellos und daher unvorhersehbar und lähmend. Im

5 Oder auch Norbert Elias folgend, der die Position vertritt, die Konzentration von Gewalt im Staat oder in staatlich autorisierten Institutionen habe gemeinsam mit dem »zivilisatorischen Wandel des Verhaltens«, der »Dämpfung spontaner Emotionen, der Mäßigung der Affekte« zu einer Situation geführt, in der die körperliche Gewalt »nicht mehr eine beständige Unsicherheit [...] in das Leben des Einzelnen hineinträgt, sondern eine eigentümliche Form von Sicherheit« (Elias 1990, Bd. 2, S. 325).

Reich der Barbarei gelten die Regeln der Zivilität nicht. Es erscheint als ein Territorium des *catch-as-catch-can*, in dem erlaubt ist, was möglich ist. Da sie *per definitionem* gewaltsam sind, stellen die Barbaren ihrerseits ein legitimes Objekt der Gewalt dar. Zivilität gebührt den Zivilisierten, Barbarei den Barbaren.

In seiner aufschlußreichen Studie über die enge Verbindung zwischen der modernen Zivilität und der modernen Philosophie weist Howard Caygill darauf hin, daß »die rationale Handhabung der Gewalt innerhalb des Nationalstaates nur dann möglich [war], wenn die potentielle und tatsächliche Gewalt an den Rand gedrängt wurde, ob nun über den Weg des ›Exports‹ widerspenstiger Elemente in der Bevölkerung oder durch den ›Import‹ von anderswo geraubtem Wohlstand, um die Wohlfahrtsinstitutionen der Metropolen zu stützen«. Diese Bedingung ist heute jedoch nicht mehr erfüllt. »Dadurch, daß die Grenzen für territoriale Expansionen selber an eine Grenze stoßen, [...] droht die Trennungslinie zwischen der vernünftigen Zivilität und der unumschränkten Gewalt zusammenzubrechen. [...] Das Gewaltpotential, das an die Peripherie gedrängt wurde, kehrt mit wachsender Geschwindigkeit ins Zentrum zurück. [...] Die Trennungslinie zwischen Zivilität und Gewalt fällt nicht mehr mit den Grenzen von souveränen, räumlichen Territorien zusammen, sondern durchkreuzt diesen Raum« (Caygill 1993, S. 51 f.) Dies ist nun ohne Zweifel eine instruktive Beobachtung; allerdings sind zwei Einschränkungen notwendig, bevor wir sie akzeptieren und aus ihr unsere Schlußfolgerungen ziehen können.

Erstens: Die gesamte Geschichte der Moderne hindurch war die Trennungslinie zwischen Zivilität und Barbarei niemals mit den Grenzen des Nationalstaates identisch und weniger noch mit der Reichweite des »zivilisierten Teils der Welt« als ganzem. Hiroshima versuchte, die Barbaren »draußen« loszuwerden, Auschwitz und der Gulag hingegen die Barbaren »drinnen«. Zu keinem Zeitpunkt in der modernen Geschichte war es den Barbaren erlaubt, lediglich »am Tor zu stehen«. Man hat sie vielmehr verächtlich gemacht, sie ausspioniert, sie ans Tageslicht gezogen, und zwar in einer willkürlichen Weise, in der sich die eigene begriffliche Willkür niederschlug. In der Antike, in welcher der Begriff »Barbaren« geprägt wurde, um alle Nicht-Griechen zu bezeichnen (und später alle diejenigen, die sich jenseits des Römischen Rechts befanden), brach nur dann Angst aus, wenn diese in allzu unbehagliche Nähe kamen und *ante portas* erschienen; sie waren weder Gegenstand missionarischen Handelns, noch sollten sie beaufsichtigt werden. Die Moderne hingegen hat von Anfang an den Status der Barbaren *historisiert* und *internalisiert*. Die Barbarei erschien nun nicht allein als eine andere Lebensform, sondern als eine, die man hinter sich gelassen hat und die dem Untergang geweiht ist – Barbaren sind lebende Fossilien, Wesen, die sich definitiv überlebt haben und sich schleunigst verflüchtigen sollten. Von ähnlich zentraler Bedeutung war, daß die Barbaren nun als eine Art »fünfter Kolonne« angesehen wurden, die sich im Innern der Festung der zivilisierten Welt im Hinterhalt verschanzt hat und nur auf den rechten Moment wartet, um sich für die Schläge, die ihr vom Zivilisationsprozeß zugefügt wurden, zu rächen. »Die Barbaren« lieferten ein zentrales Instrument für die moderne »Angstimplantation« (Reemtsma), somit für jenes Gefühl, das die Moderne obsessiv verbreitete – schließlich stattete dieses die ewig neuen Grenzüberschreitungen, welche die »Modernisierung« vollzog, mit dem Eindruck der Dringlichkeit und sogar mit einem offensichtlichen Sinn aus. Die Barbaren dienten zudem als ein Instrument der Stratifizierung und der Reproduktion kultureller Hegemonie. Mehr als nur eine Prise von »Barbarei« wurde in die offiziellen Definitionen der Identität des trägen, leichtsinnigen, wankelmütigen und verantwortungslosen Armen, der emotionsbesessenen, gedankenlosen und frivolen Frau, der lästigen und assimilationsresistenten kulturellen und ethnischen Minderheiten sowie in die Definition jeder anderen Gruppe eingestreut, die als zu widerspenstig und eigensinnig erschien, um mit den gewöhnlichen Maßnahmen des alltäglichen Zwangs unter Kontrolle gehalten zu werden – seien es Kriminelle (Objekte des zusätzlichen Zwangs der Kriminologie), psychisch Kranke (Objekte des zusätzlichen Zwangs der Psychiatrie) oder andere der zahllosen Gruppen von »Degenerierten« (in der prägnanten Schlußfolgerung von Daniel Pick wurde die »Degeneration« im Europa des 19. Jahrhunderts »die zentrale Bedingung der Zeit, das letzte Zeichen der Pathologie«; sie wurde »gleichzeitig universalisiert als das potentielle Schicksal aller und [...] partikularisiert als die Situation ›der anderen‹«[Pick 1989, S. 8, 42 f.]).

Schließlich – und dies ist vielleicht am bedeutsamsten – hat im Innern des zivilisierten Menschen immer schon »der Wilde« geschlummert. In der Moderne hat man geahnt und zu verstehen gegeben, daß in jedem gesunden »normalen« Menschen ein »Barbar« lauert, dem es gelingt, im ersten unachtsamen Augenblick zu erwachen und zu toben. Den »Wilden in sich selbst« zu bekämpfen, ihn an die Kette zu legen und dort festzuhalten – das war wohl derjenige Kampf der chronisch kriegerischen Zivilisation der Moderne, der am meisten Zeit in Anspruch nahm und die meisten Neuigkeiten versprach. Im Dienste dieses Kampfes sind während der Geschichte der Moderne beständig die raffiniertesten Waffen erfunden worden, und um an dieser Front Dienst zu leisten, ist jeder moderne Mensch als Soldat registriert worden; dieser Kampf kannte keine Pause. Jeder moderne Körper war ein Gefängnis, jeder moderne Mensch ein Gefängniswärter, der den gefährlichen Psychopathen in sich selbst in Schach halten sollte, dessen Pflicht es war, ihn hinter Schloß und Riegel zu sistieren und die Alarmanlage eingeschaltet zu lassen. Niemals schien die Wachsamkeit ausreichend gewesen zu sein; man rümpfte über jede Missetat des »Wilden in sich selbst« die Nase, über jede Leidenschaft, jeden Gefühlsausbruch, jeden Bruch der Etikette, jede sichtbare Gemütsbewegung. Der Popanz des »Barbaren in uns allen« stellte die machtvollste Waffe dar, die in dem modernen Kampf entwickelt wurde, der kontingenten und eigensinnigen Alltagswelt eine planvolle Ordnung und ein Netz routinisierter Konventionen aufzuzwingen. Die Tatsache, daß der Barbar damit allgegenwärtig erschien, war eine gewaltige Hilfe, da somit die staatlich geleiteten »großen« Gefängnisse durch zahllose »kleine« selbstgeführte Gefängnisse ergänzt wurden. Zusammenfassend kann man sagen, daß die Zivilität – der bewaffnete Kreuzzug der modernen Eliten und des modernen Staates – die Regeln des Spiels selber festgelegt und sich selbst das Recht vorbehalten hat, zu definieren, wer der Barbar ist. Die Grenze zwischen dem Zivilen und dem Barbarischen ist also niemals eine eindeutige Linie gewesen und hat immer den Raum »durchquert«.

Zweitens: Genausowenig ist es völlig richtig zu sagen, die Grenze zwischen Zivilität und Gewalt falle nicht mehr mit den Grenzen souveräner räumlicher Territorien zusammen. Die orthodoxen, altmodischen Kriege zwischen »uns und ihnen« werden vielmehr weiterhin geführt, und zwar unter der Flagge des heiligen Kreuzzugs der Zivilisation gegen die Barbarei, des Friedens gegen die Gewalt. Die Strafexpedition am Golf stellt hier nur ein besonders spektakuläres, aktuelles Beispiel dar; die Chancen stehen nicht schlecht, daß es nicht das letzte bleibt. Übereinstimmend mit der Diagnose von Ulrich Beck, daß die Welt von Mächten beherrscht wird, die zwar vom Menschen geschaffen wurden, aber nicht mehr von ihm kontrolliert werden können, produziert die Militärindustrie in schneller Folge immer raffiniertere und destruktivere Waffen, welche – wie alle technologischen Mittel, die früher vorhanden sind als ihre Ziele – fieberhaft auf der Suche nach Betätigungsfeldern sind, die ihnen endlich einen Sinn geben (Wie Karl Jaspers bereits im Jahre 1958 schrieb: »Das Denken unserer Zeit orientiert sich überall, auch wo nichts mehr zu ›machen‹ ist, am ›Machen‹« [Jaspers 1958, S. 6]. Die Geschichte seitdem hat diese Beobachtung mehr als bestätigt). Das befriedete souveräne Hoheitsgebiet der Zivilisation schafft sich beständig jene Objekte, die später als gewalttätig stigmatisiert werden und somit legitime Zielscheiben für Befriedungsmissionen darstellen können. Die zivilisierte Welt selber mit ihren überquellenden Waffenlagern und Myriaden von Entwicklern militärischer Produkte, die es nicht abwarten können, ihre neuesten Erfindungen in der Realität zu testen, sichert die Versorgung der »Barbaren draußen«. Darüber hinaus existieren machtvolle Mechanismen, die nur dann weiterbestehen, wenn die immer raffinierteren Gewaltmittel auf die andere Seite der »Grenze des souveränen Territoriums« gepumpt werden, als ob es darum ginge, immer neue Zielscheiben für den Krieg gegen die Gewalt zu schaffen. So wie während des Golfkriegs der Dichter mit Blick auf das Duell zwischen jener westlichen Technologie, die verkauft worden, und jener, die nicht verkauft worden war, kommentierte:

Our smiling erstwhile customer
Is now the Prince of Lies
Committing vile atrocities
Surprise, surprise, surprise...

Es stellt sich dann die Frage, in welchem Maße der zivilisierte Teil der Welt dazu in der Lage ist, ihren »zivilisierenden«, befriedenden Einfluß auf die »weniger zivilisierte« oder »unterzivilisierte« Peripherie geltend zu machen, jene Peripherie, die bis zum Rand mit Gewalt angefüllt scheint, von unzähligen, endlosen Stammeskriegen heimgesucht wird und nur zu gern bereit ist, zum Mittel des Massakers und den Regeln des Terrors zu greifen. In der Zeit des Kalten Krieges stimmten die »zivilisierten« Länder auf beiden

Seiten der ideologischen Scheidelinie – wenn nicht theoretisch, dann doch praktisch – darin überein, daß die politische Loyalität der örtlichen Führer in den Ländern der Peripherie Vorrang hatte vor den Prinzipien zivilisierter Herrschaft. Man bevorzugte die »starken (gnadenlosen, tyrannischen) Männer«: diese waren zuverlässiger. Nachdem die Berliner Mauer und mit ihr die machtpolitischen Motivationen einer globalen Politik zusammengebrochen sind, besteht andererseits nur mehr wenig Ansporn für das »zivilisierte Zentrum«, helfend oder gar vorbeugend einzugreifen – abgesehen von dem Wunsch, die »Flut« möglicher Flüchtlinge einzudämmen (vor allem den Ansturm derjenigen, die gerne ihr Land verlassen würden und nun an die Tür der wohlhabenden Nationen klopfen; letzteres zu verhindern, wäre das unverblümte Motiv für eine Intervention ins frühere Jugoslawien gewesen, wie es der amerikanische Außenminister rekonstruierte – in jenem kurzen Moment, in dem Amerika bereit schien, seine Truppen für eine »ordungswiederherstellende« Maßnahme einzusetzen).

Man mag jedoch einwenden, daß der politische und insbesondere wirtschaftliche Druck, der von den Regierungen des »zivilisierten Zentrums« ausgeübt wird, um demokratische Herrschaft und die Respektierung der Menschenrechte zu fördern, eine weniger radikale und langsamere, aber um so wirksamere Methode darstellt, um zivilisierend zu wirken und barbarische Formen der Gewalt allmählich auszumerzen. Dies wäre der Fall, wenn die Sprecher der Regierungen die einzige »Schnittstelle« zwischen den »zivilisierten« und den »weniger zivilisierten« Teilen des Globus darstellten. Tatsächlich aber bilden sie alles andere als die bedeutendste Schnittstelle, nachdem sich die Machtblöcke aufgelöst haben und sich das Interesse der Regierungen an der Weltpolitik verringert hat. Wenn es in der Epoche der Machtblöcke der politische und militärische Wettbewerb zwischen den feindlichen Blöcken war, der dazu führte, daß die Peripherie mit Massenvernichtungswaffen durchsetzt wurde (Waffen, die kombiniert mit der Macht lokaler Diktatoren und schwelenden Stammeskonflikten eine explosive Mischung ergaben), so stellt sich heute genau die gleiche Wirkung – möglicherweise sogar noch in stärkerem Maße als je zuvor – infolge des Wettbewerbs zwischen supranationalen Waffenproduzenten und Waffenhändlern ein. Diese werden gelegentlich von lokalen Politikern begünstigt, die begierig Wählerstimmen gewinnen wollen, indem sie »Arbeitsplätze sichern«;

meistens werden sie jedoch »dereguliert« (wenn nicht in der Theorie, so doch in der supranationalen Praxis), von der kleinlichen Kontrolle durch die Regierungen befreit, und können so dorthin gehen, wo Profit winkt. Die Kombination aus vormodernen Feindseligkeiten (und vor allem der vormodernen Unfähigkeit, friedlich mit Differenzen umzugehen) und der hochentwickelten Technologie der Massenvernichtungswaffen gleicht die mögliche »zivilisierende« Wirkung der Versuche, Demokratie zu predigen und die Menschenrechte zu fördern, mehr als aus.

Nach diesen Klärungen müssen wir jedoch zustimmen, daß Caygill die Gesamttendenz richtig umschrieben hat: Das Gewaltpotential, das den modernen Versprechungen und Erklärungen zufolge längst ausgetrieben sein sollte, ist dabei, rasch »ins Zentrum zurückzukehren«. Jedoch in welcher Form?

Wie Handeln und Moral voneinander getrennt werden

Ob nun in der offiziell als »Gewalt« stigmatisierten Form oder unter dem Deckmantel der »Durchsetzung von Recht und Ordnung« (oder gar unter dem des »Zivilisationsprozesses«) – Zwang ist unweigerlich, zumindest aus der Perspektive dessen, auf den er ausgeübt wird, *grausam*. Zwang auszuüben bedeutet, grausam zu sein (oder wie die letzten beiden britischen Premierminister immer dann, wenn sie ihren Bürgern neue Schmerzen auferlegten, unermüdlich betonten: »Wenn die Medizin nicht bitter ist, wirkt sie nicht«). Nicht nur die Erfinder und Planer von Zwangsmaßnahmen müssen grausam oder unempfindlich gegenüber den Schmerzen anderer sein, sondern auch die zahllosen Akteure der Zwischeninstanzen, die ihre Entwürfe implementieren. Wenn man, so wie ich, Emmanuel Lévinas darin zustimmt, daß »die Rechtfertigung des Leids des Nachbarn sicherlich die Quelle aller Morallosigkeit [ist]«[6], dann wird man auch feststellen müssen, daß zwischen moralischer Insensibilität und der Fähigkeit, grausame Handlungen zu vollziehen, mehr als ein kausaler Zusammenhang besteht.[7] Um die massive Teilnahme an Grausamkeiten möglich

6 Vgl. sein »Sinnloses Leiden« (in: Nernesconi/Wood 1988, S. 163).

7 In seiner bemerkenswerten Studie zur Rolle von Gefühlen im moralischen Handeln widerspricht Arne Johan Vetlesen Hannah Arendts

zu machen, muß die Verbindungslinie zwischen der moralischen Schuld und den Akten, die diese Teilnahme nach sich zieht, durchtrennt werden. Genau dies erreicht die moderne Organisation mit ihrer Handlungskoordination und ihrem Management auf wissenschaftlicher Grundlage; wie dies genau geschieht, habe ich in *Modernity and the Holocaust* und in *Modernitiy and Ambivalence* beschrieben. Dort habe ich behauptet, daß das grundlegende Instrument dieser Trennung die moralische Neutralisierung, die »Adiaphorisierung« war und ist: ein Vorgang, in dem bestimmte Handlungen oder Handlungsobjekte von jeder moralischen Relevanz entkleidet werden, befreit von den Kategorien, die sich zur moralischen Bewertung eignen. Man erzielt die Wirkung der Adiaphorisierung dadurch, daß einige Gruppen von Menschen aus dem Reich der moralischen Subjekte ausgeschlossen werden, oder dadurch, daß die Verbindungslinie zwischen Teilhandlungen und den letztlichen Folgen koordinierter Handlungszüge verdeckt werden, oder dadurch, daß prozedurale Disziplin und persönliche Loyalität das alles überragende Kriterium des moralischen Tuns vom Thron stoßen.

Im Zeitalter der Moderne wurde Adiaphorisierung durchgehend und in zunehmendem Maße von der modernen Bürokratie betrieben, begünstigt durch die moderne Technologie – und ich behaupte, daß dies heute in hohem und vielleicht noch steigendem Maße der Fall bleibt. Jedoch ist die Wirkungsmächtigkeit der typisch modernen und mittlerweile schon traditionellen Metho-

Deutung von Eichmanns Fähigkeit zum Bösen, die diese auf dessen »Gedankenlosigkeit« zurückführte: »Eichmann war nicht bloß gedankenlos, sondern vor allem gefühllos. [...] In dem Maße, in dem er seinen Mitmenschen gegenüber eine objektivierende Einstellung einnahm, wie sie einer emphatischen Teilhabe entgegensteht, hinderte Eichmann aus praktischen Gründen den Bereich moralischer Phänomene daran, sich ihm zu eröffnen« (Vetlesen 1994, S. 305). Wie zu erwarten, nimmt Vetlesen daher Anstoß an Karl-Otto Apels Appell an die »Verantwortung der Vernunft, die an die Stelle eines in gewissem Umfang auf Instinkten beruhenden Sündenbewußtseins tritt« (vgl. Apel 1988): Wenn es eine Hoffnung auf Moral geben kann, dann muß sie mit der Bewahrung instinktiver Abneigungen gegenüber grundloser Grausamkeit verknüpft sein. Im Gegensatz dazu ist die moderne Vernunft für ihre Geschicklichkeit bekannt, mit der es ihr gelingt, solche Abneigungen zu unterdrücken oder irrelevant zu machen.

den der Adiaphorisierung durch mindestens zwei neuartige Entwicklungen gesteigert worden.

Die erste bezeichnet die gesamte Wirkung der »Desensibilisierung« gegenüber Grausamkeiten, die möglicherweise eine Folge der beispiellos großen Zahl von Bildern menschlichen Leidens ist, der man sich ausgesetzt sieht (kaum ein Tag vergeht, ohne daß der Fernsehschirm uns Dutzende von Leichen und Tötungsakten zu Gesicht bringt, ob nun im Rahmen jener Programmeinsprengsel, die man »Nachrichten« nennt, oder unter dem Etikett von Schauspiel, Comedy, Kriminalserie, Fernsehspiel oder Kinderprogramm). Norbert Elias hat im Ende öffentlicher Hinrichtungen ein Zeichen des zivilisatorischen Fortschritts gesehen. Jedoch war öffentliches Erhängen neben sogenannten blutigen Sportarten ein seltenes, festliches und fröhliches Ereignis, ein Teil dessen, was Michail Bachtin als »Karnevalskultur« beschrieben hat: die periodische, spektakuläre Umkehrung der Alltagsnormen, gerade um die bindende Routine der Alltäglichkeit besser hervorzuheben. In der Karnevalskultur wurde die Ungewöhnlichkeit und Einzigartigkeit dessen demonstriert, was während dieser »Pausen« des normalen Lebens geschieht, und damit indirekt auch die Gültigkeit der Verbote bestätigt, die eine Vermischung des karnevalesken Verhaltens mit der Routine des Alltags nicht zuließen. Heute leben wir in einem ständigen Karneval der Grausamkeit. Offensichtlich ist der »ständige Karneval« aber eine *contradictio in adiecto*. Karneval, der ununterbrochen existiert, ist kein Karneval mehr. In Wahrheit heißt dies nichts anderes, als daß die Bilder der Grausamkeit aus ihrem gesonderten, isolierten Reservat »übergelaufen« sind in den Strom der alltäglichen Erfahrung. Daß die bloße Anzahl und Monotonie der Bilder einen abstumpfenden Effekt haben, stellt wohl ein Ergebnis dieser Entwicklung dar; um Ermüdungserscheinungen zu verhindern, müssen sie immer blutrünstiger, schockierender und anderweitig »erfinderischer« sein, damit sie noch irgendwelche Empfindungen hervorrufen und tatsächlich Aufmerksamkeit auf sich ziehen. Die Schwelle der »vertrauten« Gewalt, unterhalb deren die Grausamkeit grausamen Handelns keine Aufmerksamkeit mehr findet, verschiebt sich ständig nach oben.

Noch wichtiger ist jedoch die Art und Weise, in der sich das visuelle Erleben von Gewalt zusammensetzt und ins Alltagsleben eindringt. Es liegt in der Natur der Medien begründet, daß die

Fiktion, die simulierten und von der Regie gelenkten Bilder der Grausamkeit viel lebendiger, fesselnder und tatsächlich »dramatischer« sind als die vorgeblich neutralen Berichte dessen, »was wirklich passiert ist«. »Die Wirklichkeit« erscheint als verarmt, technisch nicht perfektioniert genug und »weniger interessant«. Die reale Grausamkeit scheint minderwertig, abgeschwächt, blaß und entspricht nicht den Standards der »unverfälschten Dinge« – als die sich lähmende und verstümmelnde, psychische und physische Folter sowie raffinierte Tötungsszenen darstellen, sobald sie im *High-tech*-Stil und von Experten entworfen präsentiert werden. Die inszenierte Grausamkeit setzt nun den Maßstab für die Szenen »vor laufender Kamera«; die »Wirklichkeit« wird immer mehr danach bewertet, inwieweit sie der dramatischen Geschicklichkeit und Präzision eines Kriminal- oder Katastrophenfilms oder der Produktivität eines Videospiels nahekommt, in dem in jeder Minute Tausende von Außerirdischen beseitigt werden.

Die elektronische Vermittlung des »wirklichen Krieges« kann andererseits den Empfindsamen das Los erleichtern. Leicht kann man vergessen, worum es bei all dem Schießen und Bombardieren geht; schließlich schießt und bombardiert man nicht wirklich, sondern bewegt nur den Joystick und drückt auf die Knöpfe. Himmler konnte noch um die geistig-seelische Gesundheit seiner Einsatzgruppen besorgt sein, die den Auftrag hatten, die Bolschewisten und die Juden ohne Skrupel umzubringen. General Schwarzkopf brauchte sich um die Integrität seiner Massenmörder keine Gedanken zu machen. Diese sahen ihren Opfern niemals in die Augen; sie zählten lediglich Punkte auf ihren Bildschirmen, keine Körper. Von ihren Bombeneinsätzen kamen seine Soldaten in einem Zustand der freudigen Erregung zurück: »Es war ganz wie im Film«, »genauso wie ein Computerspiel«, berichteten sie. Und seine Bewunderer auf der ganzen Welt betrachteten auf ihren Fernsehschirmen mit angehaltenem Atem Bilder, die sie aus Unterhaltungsspielen kannten: Punkte, die sich auf Kreuze zubewegen. Das Spiel, das sie verfolgten, wurde wirklich gut gespielt.

Genau dies ist es: die Trennungslinien zwischen Nachrichten, Theater und Spiel werden immer fragiler. Die Wirklichkeit wird in diesem Prozeß zu einem von vielen Bildern und zudem noch nicht einmal zu einem besonders eindeutigen oder unterhaltsamen. Die Bilder wetteifern miteinander um Aufmerksamkeit innerhalb des gleichen Bedeutungsuniversums, dem der Unterhaltung, innerhalb einer ästhetisierten Welt, die durch die Relevanzen von Reiz, Unterhaltungspotential und Interessantheit strukturiert ist. Wie Jean Baudrillard zu wiederholen nicht müde wird: dies ist eine Welt der Simulakren, in der Bilder wirklicher als die Wirklichkeit sind, in denen alles Repräsentation ist und in der man die Repräsentation von dem, was repräsentiert wird, nicht mehr unterscheiden kann. All diese »fühlbar« realistischen, lebendigen Bilder bemänteln lediglich die Abwesenheit einer die Bilder autorisierenden Realität. Wenn auf diese Weise die Realitäten mit ihren vorgeblichen Repräsentationen verschmelzen, dann kann die Adiaphorisierung des Lebens nahezu vollständig werden; wenn das »Unwirkliche« immer rascher zum Maßstab für das »Wirkliche« wird (und es immer schwieriger wird, die Trennungslinie zwischen beiden zu ziehen), ist es gut möglich, daß die nun irrelevanten moralischen Kriterien, die in der Welt der menschlichen Interaktion zu Hause waren, von den ästhetischen Kriterien der Welt des Spiels und der Unterhaltung verdrängt werden.

Eine zweite neuartige Entwicklung, welche die orthodoxen modernen Mechanismen der Adiaphorisierung beträchtlich verstärkt, ist die völlig neue Qualität der Entfernung zwischen denjenigen, die die Grausamkeiten begehen, und denjenigen, die ihnen zum Opfer fallen. Vor einem halben Jahrhundert notierte Max Frisch in seinem *Tagebuch*: »Nicht alle von uns eignen sich zum Schlächter; aber fast alle zum Soldaten, der an der Kanone steht, auf die Uhr schaut und die Leine abzieht« (Frisch 1976, S. 391). Frisch sprach von Kanonen und Leinen. Was immer diese heute ersetzt hat, hat seiner Beobachtung eine vollkommen neue Dimension hinzugefügt. In den Worten von Michael J. Shapiro sind durch die modernsten Waffen für den Massenmord die Feinde »gänzlich und ständig unsichtbar geworden für diejenigen, die, auf ihre elektronischen Identifikationssysteme gestützt, eher auf Symbole denn auf wahrnehmbare Körper zielen müssen«. Man beachte dabei, daß die Elektronik das Handeln nicht allein mediatisiert und die Aufgabe übernimmt, den letztlich tödlichen Schlag zu versetzen; sie übernimmt darüber hinaus auch die Verantwortung für die »Identifikation«, die Auswahl der Opfer. Die Verantwortlichkeit, die Hannah Arendt zufolge in allen Bürokratien tendenziell »verschwimmt«, verschwimmt nun mehr denn je. Die sogenannten »unschuldigen« Opfer (wobei dieser trügerische Ausdruck im wesentlichen die Botschaft vermittelt, daß die meisten, die »normalen« Opfer nicht unschuldig sind und es ihnen nur recht geschieht) lassen sich nun leicht als Computerfehler hinwegerklären. Die »Objekte der Gewalt im Golfkrieg waren unbekannt und fern, sowohl in dem Sinne, daß sie sich außerhalb der Sicht- und sonstigen Wahrnehmungsreichweite befanden, als auch dadurch, daß sie durch eine verschlungene Signifikantenkette als angemessene Zielscheiben erschienen. Allgemein gesagt, waren sie fern auf der Ebene der *Bedeutungen*, die sie für ihre Angreifer und deren legitimatorische und logistische Unterstützer besaßen« (Sapiro 1993, S. 118, 126). Nie war es einfacher, das Handeln derart von seiner moralischen Bedeutung abzuspalten, und niemals geschah dies vollständiger.

Die neuen Waffen lassen jedoch noch einen weiteren Durchbruch ahnen. Einer der Golfpiloten faßte seine »Kampf«-Erfahrungen folgendermaßen zusammen: »Wir konnten zulangen und ihn berühren, aber er konnte uns nicht berühren«. Dieser Ansicht zufolge ist der Krieg, den man früher angemessen als Kampf umschrieb, eher mit dem verwandt, was man ehemals mit Exekutionen, Strafexpeditionen oder polizeilichen Säuberungen assoziierte: Es wird nicht erwartet, daß die »Ziele« der Aktion in irgendeiner Weise reagieren; die Initiative zur Aktion befindet sich einzig auf einer Seite. Im Kampf braucht nichts mehr unter Beweis gestellt zu werden; die Rollen und Rechte sind vielmehr verteilt, bevor der erste Schuß gefallen ist. Die Täter können sich ziemlich sicher sein, daß ihre Handlungen ungesühnt bleiben und daß ihr Recht, diese zu vollziehen, unstrittig ist. Die Generäle und die Massenmedien, die deren Denken popularisiert haben, wiederholten beständig – während ihre Zuhörer beifällig nickten –, das strategische Hauptprinzip sei, »Leben zu retten« (*to save lives*). Stillschweigend sagt diese Formulierung aus, daß nur bestimmte Formen von Leben gerettet werden sollten und es wert sind, gerettet zu werden. Der einzige Weg, diese zu retten, bestand darin, so viele wie möglich der anderen, wertlosen Lebewesen zu vernichten, um deren Versuche zu unterbinden, bevor sie ihr Schicksal ereilt, mit gleicher Münze heimzuzahlen. Die modernsten Waffen und die modernsten Strategien sind die des Massakers und des Abschlachtens, nicht des Kampfes. Angesichts dessen kann man – wenn überhaupt – kaum noch anzweifeln, daß auch die kriegerische Gewalt jenseits der eigenen Grenzen der Kategorie der »Verteidigung von Recht und Ordnung« in der »Heimat«

subsumiert werden kann, daß Zerstörung schöpferische Zerstörung darstellt, daß das Leiden von wenigen der Preis ist für das Wohl der Mehrheit.

Kurz: Die orthodoxen Mechanismen der Adiaphorisierung sind weiterhin lebendig. Sie sind nicht geschwächt, sondern unter dem Einfluß der neuen Informationstechnologien und der militärischen Ausrüstung verstärkt worden. Und trotzdem kann man geltend machen, daß sich die wichtigsten Mechanismen der Adiaphorisierung und somit auch die Faktoren, welche die Gewalt ermöglichen, heute, unter postmodernen Bedingungen, verschieben: von der Welt der bürokratischen Organisation in die Welt des Alltagslebens.

Adiaphorisierung – die postmoderne Version

Heide Gerstenberger hat auf die enge Verbindung zwischen den modernen Formen von Gewalt, auch den extremsten unter ihnen, und den modernen Formen des Alltagslebens hingewiesen: »[...] der Vernichtungsprozeß, der in der Zeit des Nationalsozialismus in Gang gesetzt wurde, entfaltete sich in den Formen der Alltagspraxis einer modernen Welt« (Gerstenberger 1992, S. 41). Ich behaupte, daß eine ähnlich enge Verbindung zwischen den relativ neuartigen Ausformungen der Gewalt, die heute Schlagzeilen machen, und den *postmodernen* Phänomenen ausgemacht werden kann, mit denen das Alltagsleben in Europa heute zunehmend durchsetzt ist; insbesondere daß die verhältnismäßig neuen, postmodernen Mechanismen – abseits der typisch modernen Mechanismen der Adiaphorisierung – geradewegs in die Struktur des Alltagslebens eingebaut sind und sich so in typisch *postmoderne* Erscheinungsweisen gewalttätigen Handelns umsetzen.

Der folgenreichste Wandel, der dem Übergang in die postmoderne Phase der Moderne zugrunde liegt, läßt sich in der tiefgreifenden Veränderung derjenigen Formen ausmachen, in denen Individualität sozial konstruiert, in denen die Mehrheit der Bevölkerung sozial integriert und mit dem Prozeß der Systemreproduktion »vernietet« wird.

Unter den Bedingungen der Moderne sind menschliche Individuen hauptsächlich als *Produzenten/Soldaten* konstruiert worden; das heißt, es war die Rolle des Produzenten und des Soldaten, die alle oder die meisten von ihnen spielen sollten und auf die sie vorbereitet wurden; diese Rolle war es, welche die wichtigsten Interaktionsmuster und Bewertungskriterien zur Formierung der Individuen festlegte. Die Individualität, die sich daraus ergab, läßt sich daher folgendermaßen charakterisieren:

1. Die Individuen sind zuallererst Träger kinetischer Energie, die sich in die kreative oder destruktive Arbeit des Produzenten oder Soldaten umsetzen läßt. Als solche müssen sie dazu in der Lage sein, solche Energie gleichmäßig hervorzubringen und so erschöpfungsresistent wie möglich zu bleiben.

2. Die Individuen sind »diszipliniert«; das heißt, sie sind Akteure, deren Verhalten im großen und ganzen regelmäßig verläuft und vor allem zugänglich für Regulierungen ist, Akteure, die repetitiv und vorhersehbar auf Stimuli reagieren und die zu monotonem Verhalten in der Lage sind, wenn sie gleichmäßigem und koordiniertem Druck ausgesetzt werden.

3. Ähnlich den Bausteinen des Lego-Spiels stellen sich die Individuen, sobald sie allein sind, als »unvollständig« dar, sie müssen mit anderen Einheiten kombiniert auftreten, um sinnhafte Totalitäten zu schaffen. Die Grenzen des Individuums sind zu allererst Schnittstellen, denen nicht so sehr die Aufgabe des Begrenzens als des Einfügens und Festhaltens zukommt.

4. Das zentrale Modell der »Angemessenheit« – das heißt der Harmonie zwischen dem, was das Individuum sein soll, und dem, was es ist – ist das der *Gesundheit*, ein Gedanke, der mit der Fähigkeit, in den obigen drei Feldern eine gute Figur zu machen, eng verbunden ist. »Gesundheit« steht für körperliche Stärke und Energie sowie für die Fähigkeit, sich in disziplinierter, regelmäßiger Form, so wie es erforderlich ist, zu verhalten und sich in die koordinierten Handlungen größerer Gruppen einzufügen. Umgekehrt werden körperliche Schwäche oder die unzureichende Fähigkeit, sich unterzuordnen, als Symptome von Krankheit angesehen und als solche medizinisch behandelt oder als Fälle für psychiatrische Behandlung betrachtet.

Unter den Bedingungen der Postmoderne werden menschliche Individuen hauptsächlich als *Konsumenten/Spieler* konstruiert; das heißt, es ist die Rolle des Konsumenten und des Spielers, die alle oder die meisten von ihnen spielen sollen und auf die sie vorbereitet werden; diese Rolle ist es, welche die wichtigsten Interaktionsmuster und Bewertungskriterien zur Formierung der

Individuen festlegt. Die Individualität, die sich daraus ergibt, läßt sich daher folgendermaßen charakterisieren: 1. Die Individuen sind zuallererst »Erlebnisorganismen«, die, immun gegen Sättigungseffekte, beständig nach neuen Erfahrungen und neuen Erlebnissen suchen. Sie sind fähig, einen ununterbrochenen und vorzugsweise anschwellenden Strom von Stimuli aufzunehmen und auf diesen zu reagieren. – 2. Die Individuen sind »schöpferisch«; das heißt, sie sind Akteure, für die spontane, reizsensible Beweglichkeit und Elastizität des Verhaltens kennzeichnend ist und die nur in geringem Maße an frühere Lernprozesse und Gewohnheiten fixiert sind. – 3. Obwohl sie niemals völlige Balance erreichen, tendieren die Individuen dazu, ihr Ich als nahezu in sich geschlossene und sich selbst antreibende Einheit im Gleichgewicht zu halten. Eine derartige »innere Regulierung« bleibt auch im Zuge der Sozialisation bestehen, deren Ziel und Zweck sie gleichzeitig ist. – 4. Das zentrale Modell der Angemessenheit ist daher weniger Gesundheit als vielmehr *Fitneß*. »Fitneß« steht für die körperliche und geistige Fähigkeit des Individuums, eine anwachsende Menge von neuen Erlebnissen aufzunehmen, kreativ auf diese zu reagieren und im schnellen Schritt des Wandels mitzuhalten; für die Fähigkeit, über den Weg der Selbstkontrolle und der Korrektur von Verhaltensfehlern »auf Kurs zu bleiben«. Umgekehrt sind körperliche Schlaffheit und geistiger *ennui*, das heißt, verringerte Fähigkeit zur Erlebnisabsorption und Reizinsensibilität, ebenso wie ein überdurchschnittliches Maß an Störungen innerhalb der fortlaufenden Produktion des Ich-Gleichgewichts Symptome für einen Mangel an Fitneß, der medizinisch behandelt oder als Fall für psychologische Beratung oder psychiatrische Behandlung angesehen werden muß.[8]

8 Als repräsentatives Beispiel für diesen Wandel können wir auf den von André Béjin überzeugend dargelegten Fall einer allmählichen Verdrängung von Psychotherapie durch Sexualtherapie (oder genauer durch eine »Orgasmologie«) verweisen, die sich »nur in zweiter Linie mit ›Perisexualität‹ (Empfängnisverhütung, Schwangerschaft, Abtreibung, Geschlechtskrankheiten)« befaßt. (vgl. André Béjin, »Niedergang der Psychoanalytiker, Aufstieg der Sexologen«, in: Ariès 1984, S. 226-252, hier S. 227). Das Schwergewicht hat sich in entscheidender und radikaler Weise vom »Handeln« zum »Erlebnis« verschoben. Was sich als therapeutisches Problem artikuliert, ist damit nicht mehr die »Abweichung« (der typische Alptraum der klassischen Moderne), son-

Man kann zeigen, daß zwischen der fraglichen Verschiebung und der sich rapide verringernden Nachfrage nach den Leistungen der Menschen als Produzenten und Soldaten eine enge kausal-funktionale Verbindung besteht. Produktion wie Krieg können nun auch dann wirkungsvoll betrieben werden, wenn nur eine kleine und weiter schrumpfende Fraktion der Bevölkerung daran beteiligt ist. Obwohl sie für das *systemische* Überleben und die systemische Reproduktion keinesfalls als marginal einzustufen sind, werden die an der Produktion beteiligten Individuen, was die *gesellschaftliche* Arbeitsteilung anbelangt, zunehmend marginalisiert. Claus Offe war der erste, der diesen Prozeß in seinem Begriff der »Dezentrierung der Arbeit« erfaßt hat. Die Dezentrierung der Arbeit läuft jedoch zudem auf einen Bedeutungsverlust panoptischer und legitimatorischer Strategien, von systematischem Zwang und ideologischer Mobilisierung hinaus, welche für jene Zeit fundamental waren, in der die Fähigkeiten von Produzenten und Soldaten auf allen Ebenen – systemisch, gesellschaftlich und motivational – zentral blieben. Anders als Habermas meinte, gibt es im postmodernen Staat keine Legitimationskrise – unter den Bedingungen der Postmoderne ist Legitimation eine redundante Größe.

In meiner Arbeit »From Pilgrim to Tourist«[9] habe ich behauptet, daß man – wenn die Figur des Pilgers die angemessene Metapher für jenen Typus der Individualität darstellte, den die Moderne begünstigt und gefördert hat – mehr als nur ein einziges Muster findet, das als Metapher für das Individuum dienen könnte, wie es unter postmodernen Bedingungen geformt wird; man benötigt eine Kombination verschiedener Metaphern. Ich habe die Figuren des *flâneur*, des Vagabunden, des Touristen und des Spielers vor-

dern die »Dysfunktion«, verstanden als Unfähigkeit, das Erlebnis in genügend intensiver Weise zu erfahren und jene Gefühle herauszuziehen, die es optimalerweise hervorbringen kann. Gemäß dem Modell der »Fitneß«, wie es den Praktiken der Orgasmologie zugrunde liegt, gilt: »Man muß sich den Gefühlen hingeben und sein Handeln zugleich einem rationalen Kalkül der ›sexuellen Interessen‹ unterwerfen. Das Lusterlebnis soll ein spontanes Ereignis *und* eine Theateraufführung sein, deren Regisseur der Verstand ist« (vgl. André Béjin, »Die Macht der Sexologen und die sexuelle Demokratie«, in: Ariès 1984, S. 253-272, hier S. 264).

9 In: Hall/du Gay (Hg.), *Questions of Cultural Identity* (im Erscheinen).

geschlagen, weil ich meine, daß sie im Verhältnis zueinander und gemeinsam die Komplexität und die immanenten Aporien des postmodernen Prozesses der Identitätsbildung ausdrücken. So deutlich sie sich auch voneinander unterscheiden mögen, alle vier miteinander verflochtenen und sich gegenseitig durchdringenden Lebensmodelle der Postmoderne zielen darauf ab, den Lebensprozeß aufzuspalten in eine Serie von – idealerweise – selbstgenügsamen, in sich abgeschlossenen Episoden, ohne Vergangenheit und ohne Konsequenzen; alle vier fördern letzten Endes den fragmentarischen und diskontinuierlichen Charakter der menschlichen Beziehungen und verhindern den Aufbau langfristig bestehender Netze gegenseitiger Pflichten und Verpflichtungen. Sie alle stellen »den Anderen« in erster Linie als Gegenstand von *ästhetischer*, nicht von *moralischer* Bewertung dar, als eine Quelle der *Wahrnehmungen*, nicht der *Verantwortlichkeit*. Sie haben damit eine Tendenz, einen gewaltigen Bereich der menschlichen Interaktion, sogar den intimsten, dem moralischen Urteil zu entziehen. Man kann sagen, daß sie nun diejenige Aufgabe übernehmen, die in der Blütezeit der Moderne von der Bürokratie mit ihrer institutionellen »Niemandsherrschaft« verrichtet wurde; sie stellen sich somit als die neuen, *postmodernen* Faktoren der *Adiaphorisierung* dar. Wer dem moralischen Impuls folgt, übernimmt Verantwortung für den Anderen, setzt sich für den Anderen ein und fühlt sich dessen Wohlergehen verpflichtet. Die Teilnahmslosigkeit und Meidung von Verpflichtungen, wie sie von allen vier postmodernen Strategien begünstigt werden, führen im Gegeneffekt zur Unterdrückung von moralischen Impulsen, dazu, daß moralische Empfindungen geleugnet und herabgewürdigt werden.

Neben den traditionellen Beruhigungsmitteln gegenüber den Gefühlen der Moral sind somit neuartige und verbesserte entstanden, welche diesmal auch ohne ärztliches Rezept von seiten der autorisierten staatlichen Behörden zur Verfügung stehen. Dank dieses neuen adiaphorisierenden Gebräus kann die Gewalt an jene Orte zurückkehren, von denen der Zivilisationsprozeß dem eigenen Versprechen zufolge sie für immer vertreiben wollte: in die Nachbarschaft, in die Familie, in die Partnerschaft, die traditionellen Orte der Nähe und der *Face-to-face*-Begegnungen. Ein in der breiten Öffentlichkeit diskutiertes Symptom dieser Rückkehr sind die zunehmenden Schwierigkeiten, ja Verwirrungen, wenn es darum geht, strenge Erziehungsmethoden und Kindesmißhandlung, Flirt und Belästigung, sexuelle Annäherungsversuche und tätliche Angriffe voneinander zu unterscheiden. Da die institutionellen Rahmen, in denen Verpflichtungen mit Macht eingehalten wurden, und unstrittige, universal geteilte (oder erzwungene) Maßstäbe nicht mehr existieren, befürchtet und erwartet man nun, daß sich den intimsten der menschlichen Beziehungen, in denen einmal Liebe und gegenseitiges Wohlwollen herrschen sollten, Gewalt beimengt, während das früher einmal tolerierte Maß an Kompromißfähigkeit, das in jedes Zusammenleben und seine Vereinbarungen verwoben ist, mehr und mehr als unzulässige und untragbare Gewalt erscheint, die den anmaßenden Rechten des Ichs auferlegt wird.

Infolge des Übergangs von der Gesellschaft der Produzenten und Soldaten zu einer Gesellschaft von Konsumenten, die darauf aus sind, immer neue Sensationen anzuhäufen, haben sich die Kapillargefäße jenes ordnungsstabilisierenden panoptischen Systems allmählich aufgelöst. Ehe, Familie, Eltern-Kind-Beziehung, Nachbarschaft oder Arbeitsplatz haben ihre Rolle als Grenzposten einer gesellschaftlich betriebenen Ordnungsfabrikation größtenteils verloren. Der Zwang, der hier jeden Tag nüchtern und sachlich ausgeübt wurde, hat seine Funktion als Vehikel von »Recht und Ordnung« eingebüßt, so daß er nun als grundlose Gewalt und unverzeihliche Grausamkeit angeprangert werden kann. Es ist nun möglich, die einstmals unbestrittenen Hierarchien anzuzweifeln, gewohnte Beziehungsmuster neu auszuhandeln, alte Rechte darauf, Zwang auszuüben und Disziplin zu fordern, mit lautem Geschrei in Frage zu stellen und ihnen gewaltsam Widerstand entgegenzusetzen. Am Ende ergibt sich der Gesamteindruck, daß das Ausmaß an Gewalt insgesamt zunimmt, während gleichzeitig die Ausübung jener Herrschaft, der man vormals, ohne es zu bemerken, gefolgt ist, nun als illegitime Gewalt neuinterpretiert wird. Der neue Wettstreit der Bedeutungen enthüllt damit einmal mehr die notorische Ambivalenz zwischen »Aufrechterhaltung der Ordnung« und »Gewalt«.

Die typisch postmodernen Gewaltbestände sind »privatisiert« – verstreut, diffus und ohne Zentrum. Kapillarartig durchdringen sie die winzigsten Zellen des sozialen Gewebes. Ihre allgegenwärtige Präsenz hat dabei eine doppelte, ambivalente Wirkung: die belebende Erfahrung äußerster Befreiung einerseits (von manchen Autoren als Tor zur *Post-devoir*-Epoche gepriesen), die nagende Angst vor einer vollkommen regellosen, unkontrollierbaren Welt, wie Hobbes sie beschrieb, andererseits. Diese Angst liefert nun ihrerseits den Nährboden für eine weitere postmoderne Entwicklung: die des Neotribalismus (man muß allerdings feststellen, daß soziale Bewegungen mit Kraftfahrzeugen eines gemeinsam haben: die Art des Treibstoffs, mit dem der Motor angetrieben wird, bestimmt nicht die Richtung, in die der Wagen fährt). Angesichts der Tatsache, daß der Staat seine Integrationsfunktion an die in ihrem Kern deregulierenden und privatisierenden Kräfte des Marktes abgibt, wird das Feld den weniger »vorgestellten« *[imagined]* als vielmehr *postulierten* »Gemeinschaften« überlassen, die die verwaiste Aufgabe übernehmen, die privatisierten Identitäten mit kollektiven Garantien auszustatten. Das postmoderne Denken ist voller Träume von gemeinschaftlichen, lokalen Wahrheiten und Gewißheiten, von denen man hofft, daß sie jene Aufgabe der Zivilisierung übernehmen, die die umfassenden, universalistischen Wahrheiten und Gewißheiten der Nationalstaaten nicht erfüllen konnten; man hofft, daß sie eine Einheit von Denken, Fühlen, Wollen und Handeln stiften und damit Gewalt nur als unberechtigt denkbar erscheinen lassen. Die neotribalistischen postulierten Gemeinschaften können jedoch gar nicht anders, als an diese Hoffnungen zu glauben. Der Neotribalismus ist eine schlechte Neuigkeit für all jene, die die Messer und Bomben, mit denen Rechte geltend gemacht werden, gerne durch Diskurs und Argument ersetzt sähen.

Zwei Hauptgründe lassen sich für die enge Verbundenheit zwischen neotribalistischen postulierten Gemeinschaften und der Gewalt ausmachen.

Der erste ist in jenem Informationsüberfluß als kulturellem Kontext der Postmoderne zu finden, in dem öffentliche Aufmerksamkeit die knappste aller Ressourcen ist und in dem Descartes' *Cogito* als »Ich werde wahrgenommen, also bin ich« reformuliert wird (aus pragmatischen Gründen auch verkürzt zu »Ich schreie, also bin ich«). Je lauter man schreit, desto eher wird man wahrgenommen, um so gewisser ist also die eigene Existenz. Da die blasierte öffentliche Aufmerksamkeit sich von den immer zahlreicheren und grelleren Zerstreuungen gelangweilt zeigt, hat allein ein Schock, der stärker ist als die Schocks von gestern, eine Chance, die Aufmerksamkeit auf sich zu ziehen. In der schockierenden

Macht der Schocks läßt sich daher eine Steigerungstendenz feststellen, wobei die besondere Findigkeit und Bosheit, Grundlosigkeit und Sinnlosigkeit gewalttätiger Handlungen geradewegs als beste Strategie gilt. Die Eskalation der Gewalt ist das Ergebnis einer Entwicklung, in der selbst die schauerlichsten und nervenaufreibendsten Schocks ihre Wirkung verlieren. Wie schon Lewis Carroll sagte: hier muß man so schnell rennen, wie man kann, um am gleichen Ort zu bleiben ... In unserer sensationssüchtigen Welt sind immer stärkere Reize notwendig, um die Aufmerksamkeit länger als einen flüchtigen Moment wachzuhalten.

Der zweite Grund besteht in der existentiellen Erscheinungsweise der neuen »Stammeskulturen« selber, darin, daß es sich um *postulierte* Gemeinschaften handelt, die, anders als die Stämme von einst, über keine etablierten Institutionen, keine »tote Hand der Tradition« verfügen, die ihnen immerfort ihre Form geben und sie reproduzieren. Postulierte Gemeinschaften stellen sich als Entitäten dar, die »noch nicht geworden« sind – sie »existieren« nur im Futurum, ihre Existenz ist in anderen Worten nicht mehr als eine Hoffnung, »daß sie einmal entstehen mögen«, ohne Garantien und ohne Selbstbewußtsein. Daher die örtlich auftretende Nervosität, Reizbarkeit und Launenhaftigkeit. Solche Gemeinschaften können ihre Präsenz in der Welt, so kurzfristig sie auch sein mag, schließlich nur unter der Bedingung sichern, daß sie äußerst intensive Loyalitäten auf seiten ihrer Möchtegern-Mitglieder aufbauen und sich diese anschließend nutzbar machen. Und die erprobte Methode, um dieses Ziel zu erreichen, ist seinerseits wiederum Gewalt, sowohl nach außen wie auch nach innen angewandt. Die künftigen Mitglieder in der neo-tribalistischen Gruppe müssen, wie Ferenc Feher und Agnes Heller es jüngst formuliert haben, »sowohl [zu] gefügigen Marionetten in der Hand der Gurus als auch gleichzeitig in ihrer Außenwirkung [zu] aggressiven SA-Männern« (Feher/Heller 1994, S. 28) geformt werden.[10] Die furchteinflößendste Gewaltherrschaft wird unter der Maske des Märtyrertums praktiziert. Wie E. M. Cioran ge-

10 Dies kann nur geschehen, indem man eine »Gehirnwäsche unter dem Namen der ›Bewußtwerdung‹ oder – besser noch – des ›Sensitivitätstrainings‹ betreibt, durch die alle diejenigen als Verräter gebrandmarkt werden, die freundschaftliche Beziehungen zur Außengruppe unterhalten oder ihren Zweifel über die Strategien der *ingroup* und deren Methodenwahl äußern« (Feher/Heller 1994, S. 31).

warnt hat: »Glühende Augen lassen ein Blutbad ahnen«, und »Gegen die Klauen des Propheten versagt jeder Schutz« (Cioran 1990, S. 4).[11] Je nebulöser die Prophezeiung, um so glühender die Augen und desto blutiger das Massaker.

Gewalt im Stil des *Do-it-yourself*

Die Rekollektivierung der Gewalt im Dienste der Anmaßungen des Neotribalismus stellt nur *ein* Ergebnis der postmodernen Privatisierung von Identitätsproblemen dar. Das andere ist in jener Tendenz zu suchen, daß schrittweise »normalisierte«, rechtlich erlaubte und kulturell gebilligte Formen der Gewalt eingesetzt werden – im Dienste des Individuums und der Rechte, die es für sich geltend macht. Das Individuum läßt sich zunehmend leiten von einem Verlangen nach Flexibilität und fortwährender Offenheit gegenüber Optionen, von dem Wunsch, »zukunftsbelastende« Verpflichtungen zu vermeiden, von einer Abneigung, durch die Bedürfnisse anderer gebunden zu sein, und von einem Widerwillen, Unannehmlichkeiten auf sich zu nehmen, die keinen sichtbaren und konsumierbaren Nutzen für die eigene Befriedigung mit sich bringen.

Am lästigsten sind jene Schranken, die man umgehen kann, jene Unannehmlichkeiten, die sich vermeiden lassen. Eigentlich fangen Verpflichtungen erst dann an, ärgerlich zu werden und sich als »Problem« darzustellen, wenn entsprechende Mittel auftauchen, um ihnen aus dem Weg zu gehen. Sind erst einmal derartige Mittel verfügbar, wirkt es töricht und gar kriminell, sie nicht anzuwenden, und jene, die diese Werkzeuge zur Verfügung stellen, achten darauf, daß es so wirkt und daß man sich gezwungen fühlt, die Werkzeuge aus dem gleichen Grund anzuwenden, aus dem Sir

11 Cioran weist zudem warnend darauf hin, daß sich der Märtyrer nicht selten als »tyrant manqué« herausstellt und daß »sich die größten Peiniger aus der Gruppe der Märtyrer rekrutieren, die knapp der Enthauptung entronnen sind«. Wie es dazu kommt, daß die unterdrückten Minderheiten selber unter dem Wahlspruch der »Rettung« gegenüber der äußeren Gewalt zur Gewalt greifen, ist von Geoff Dench in bewunderswerter Klarheit untersucht worden (Dench 1986).

Hillary den Mount Everest bestieg: weil es sie *gibt*. Und wir wissen, daß die Erfindung und Produktion neuer Werkzeuge schon seit langem unabhängig verläuft von der Logik der Aufgaben, die tatsächlich verrichtet werden müssen, daß sich die Technik entwickelt, weil sie sich entwickelt, daß immer neue Mittel entwickelt werden, die allein ihrem eigenen Impuls folgen (genauer gesagt, dem Impuls der Forschungslabore und der Marktgewinne), und daß die instrumentelle Rationalität in ihrer marktwirtschaftlichen Version sich darin ausdrückt, daß die Mittel nach Zwecken suchen, statt daß Zwecke die Kriterien für die Wahl der Mittel festsetzen. Anläßlich einer internationalen Konferenz vom Mai 1994 in Bonn, auf der es darum ging, einen Entwurf zur Bioethik zu formulieren, dachten die Teilnehmer – angesichts einer Konstellation, in der alles richtig erscheint, was technisch möglich ist – bekümmert über den begrenzten Einfluß solcher Konventionen auf die Praxis nach. Eine der Teilnehmerinnen, Hiltrud Breyer, sagte voraus, daß die Erforschung von »geistig Zurückgebliebenen« und ihrer »Entwicklungshemmung«, wie sie von Gentechnologen betrieben wird, die Hintertür öffnen wird, um nach Maßgabe neuer Kategorien Menschen als minderwertig zu disqualifizieren (Breyer 1994). Was die Aussichten auf die Ausbildung von Zwang im Dienste der Selbstanmaßung des Individuums anbetrifft, bedeutet diese allgemeine Regel, daß sich die Horizonte ständig erweitern und sich der Aufgabenbereich im Namen des Prinzips des »Sich-unter-Kontrolle-Habens« (das heißt des Prinzips des Nicht-eingeschränkt-Werdens durch die Verpflichtungen gegenüber anderen) vergrößert.

Der Psychiater Klaus Dörner hat gemeinsam mit seinem Team am Klinikum von Gütersloh nun schon seit Jahren die Folgen dieses Trends untersucht. Seine Schlußfolgerungen sind vernichtend: Da der gleiche moderne Deutungsrahmen, in der sich die Vision der Nazis bildete, nämlich die Welt von nutzlosen oder abstoßenden oder morbiden Menschenkategorien zu reinigen, auch heute noch unsere Vorstellungen von den individuellen und kollektiv geteilten Lebensaufgaben formt, könnten wir nun in die Epoche eines fortlaufenden und schleichenden Holocaust eintreten, eines Holocaust, der wie einst für die Naziverbrecher – bevor sie durch die militärische Niederlage »widerlegt« wurden – als ein Akt der Befreiung erscheint. Auch die Nazis waren schließlich, wie Dörner betont, Bürger, die wie alle »normalen Menschen« vor und nach ihnen Antworten auf all jenes suchten, was sie in Form »sozialer Probleme« irritierte. Und je mehr Instrumente wir besitzen, um mit den Realitäten des Lebens herumzubasteln, um so mehr Aspekte der sozialen Umgebung, in der wir leben, erscheinen uns als »Probleme« – unerträgliche Probleme, Probleme, angesichts deren »etwas getan werden muß«. Indem wir uns mit steigender Geschwindigkeit auf die »Ein-Drittel-Gesellschaft« zubewegen, werden immer mehr Menschen zu »Problemfällen«, und da wir über die Mittel verfügen, um sie und damit die Probleme zu beseitigen, scheint es keinen Grund zu geben, warum man ihre Anwesenheit – ihre einschränkende, anstoßerregende, bedrückende Anwesenheit – ertragen sollte.

Dörner zufolge lassen sich genügend Warnsignale eines solchen »Holocaust neuen Stils«, der schrittweise verfahrenden, heimlichen Variante feststellen. Eines ist die plötzliche Explosion des Interesses an der Sterbehilfe, die deutliche Verschiebung der öffentlichen Sympathie und die Unterstützung von seiten der Expertenmeinungen, was die Akzeptanz des »Todes auf Verlangen« im Falle von Männern und Frauen anbetrifft, die anhand der gestiegenen gesellschaftlichen Maßstäbe nicht in der Lage sind, ein »sinnvolles«, »befriedigendes« Leben zu führen. Ein anderes ist die bereits so gut wie universale Unterstützung von Abtreibungen auf Verlangen, die im öffentlichen Bewußtsein (und zuvor in der Werbung des Marktes und den Ratschlägen der Experten – in dieser Reihenfolge) gleichermaßen als Bedingung der Freiheit betrachtet werden. Das Eigentum der Frau an ihrem Körper, die Weigerung, mit den Folgen der eigenen Handlungen belastet zu werden (und im Zuge des rasanten Fortschritts der Gentechnologie auch die Abneigung gegenüber bestimmten Eigenschaften des anderen Wesens, die besondere Fürsorge verlangen und somit die Wahlfreiheit einschränken oder Unannehmlichkeiten bereiten), betrachtet man als gute Gründe, um einem anderen menschlichen Wesen das Recht auf Leben zu verweigern. Die beiden Symptome haben gemeinsam, daß sie Schwierigkeiten für die Schwachen, Trägen und Schutzlosen bedeuten – im Namen der Starken, denen nun nicht mehr die Hände gebunden sind. Wie immer wird Freiheit nun tendenziell so definiert, daß sie den Rechten der Hohen und Mächtigen entspricht (Dörner 1993, S. 128 ff.). Wie immer enthält sie das Recht, eigenmächtig zu entscheiden, was »im besten Interesse« des Anderen ist und welche Interessen offensichtlich dem allgemeinen Wohl und der *unparteiischen* Vernunft geopfert werden müssen.

Keinesfalls soll dies nun besagen, daß die Probleme sich derart unkompliziert darstellten und man die ethischen Lösungen nur laut und klar genug verkünden müßte. Die mißliche Lage, in der wir uns befinden, wäre sehr viel einfacher, als sie ist, wenn man tatsächlich mit einiger Überzeugungskraft behaupten könnte, daß das Übel geradewegs auf seiten der anmaßenden Triebe des Ichs, das auf seine Rechte pocht, auszumachen ist und dem Guten dadurch gedient wäre, wenn jene Entwicklung, die man als Emanzipation des Individuums wahrnimmt, gebremst wird. Dies ist jedoch nicht der Fall. Daß es so schwierig ist, gegen den schleichenden, stückweise vorgenommenen Holocaust anzukämpfen, ist in der unausrottbaren Ambivalenz praktisch aller Fragen begründet, die hier auf dem Spiel stehen. Was richtig und was falsch ist, ist häufig gleichmäßig oder nahezu gleichmäßig verteilt. Auf beiden Seiten der Auseinandersetzung gibt es Argumente, die an einleuchtende moralische Gründe appellieren, und nur wenige, wenn überhaupt, kann man von vornherein als nicht plausibel oder wirr abtun. Wie bei allen Fragen der moralischen Entscheidung – mit Ausnahme der Extremfälle – stellt sich die Trennungslinie, die zwischen dem, was »noch richtig«, und dem, was »bereits falsch« ist, als fragil dar und ist mit an Sicherheit grenzender Wahrscheinlichkeit umstritten. Je mehr die sich rasch vermehrenden »Mittel« immer neue Bereiche des Lebens verwandeln, in Problemzonen, die nach Lösungen schreien, und in Grenzgebiete, die von der vorrückenden individuellen Freiheit und dem Trieb, eigene Ansprüche gelten zu machen, erobert werden, desto mehr ergibt sich die Schwierigkeit von Grauzonen, ambivalenten Situationen und moralischen Dilemmata ohne eindeutig richtige Lösungen; desto mehr Gelegenheiten ergeben sich auch für Grausamkeiten, die sich als Fürsorge maskieren, und für Gewalt, die sich selbst für Güte hält.

Eine unschlüssige Schlußfolgerung

Ich behaupte, daß *sich die spezifisch postmoderne Form der Gewalt aus der Privatisierung, Deregulierung und Dezentralisierung von Identitätsproblemen ergibt*. Die Demontage der kollektiven, institutionalisierten und zentralisierten Rahmen zur Bildung von Ich-Identitäten, gleich ob sie nun intendiert oder unintendiert verlaufen ist, ob sie begrüßt oder betrauert wird, hat dazu geführt, daß – wie Peter Wagner es jüngst formuliert hat – jener Ort, von dem aus einmal Interventionen zugunsten eines allgemeinen Interesses, das sich über lokale Animositäten hinwegsetzt, vorgenommen werden konnten, daß jener Ort, »der zuvor vom Staat besetzt wurde, inexistent oder leer scheint«. Was nun notwendig ist, ist ein »kommunikativer Prozeß darüber, was verschiedenartige soziale Gruppen [...] unter den Bedingungen gegenwärtiger sozialer Praktiken gemeinsam haben, und herauszufinden, ob sie die Auswirkungen dieser Praktiken gemeinsam regeln müssen«. Infolge der, um Hannah Arendt zu zitieren, »Leere des politischen Raumes« (Wagner 1994, S. 176, 190). sucht dieses Bedürfnis jedoch vergeblich nach einem Ankerplatz. Die Lücke wird statt dessen von neo-tribalistischen Möchtegern-Gemeinschaften gefüllt, und wenn sie nicht von diesen besetzt wird, bleibt sie offen, bevölkert von den Individuen, die sich im Wirrwarr der widerstreitenden Geräusche verlieren, und läßt reichlich Gelegenheiten für Gewalt und wenige, vielleicht gar keine, für das Argument.

Theoretisch kann man Wagners Entwurf seine Vernunft nicht absprechen. Seit dem Beginn der Moderne bestand die »Pazifizierung« immer darin, ehemals externe Gewalt zu internalisieren – durch Eroberung und Inkorporierung, dadurch, daß die einstmals diffuse und unberechenbare Gewalt in den stetigen Druck regelmäßigen Zwangs verwandelt wurde. Immer wenn wir über Methoden nachdenken, wie sich der gegenwärtige verstreute, unkoordinierte Gebrauch von Gewalt pazifizieren läßt, fällt uns automatisch eine Art weltumspannender staatenähnlicher Institution ein – die jedoch immer mit polizeilicher Gewalt ausgestattet ist und vorzugsweise den Gebrauch von Zwang monopolisiert. Unter diesen Umständen sollte man Jeffrey Weeks für seine heilsame Mahnung dankbar sein, daß »die Menschheit keine zu verwirklichende Essenz ist, sondern eine pragmatische Konstruktion, eine Perspektive, die zu entwickeln ist durch die Artikulation der verschiedensten individuellen Projekte und Differenzen hindurch, welche unsere Menschheit im weitesten Sinne konstituieren« (Weeks 1993, S. 200).[12] »Die Menschheit« genießt keinen

12 Weeks wirft den Gemeinschaften, die exklusive Loyalität verlangen, vor, den »Ethnozentrismus [zu fördern] und gleichzeitig universale

Vorzugsstatus gegenüber den neotribalistischen Stämmen. Wie diese wird sie lediglich »postuliert«; wie diese existiert sie nur im Futurum; wie diese hat sie als Mörtel und Zement allein die menschliche Zuneigung und Hingabe. Und wie diesen muß man auch ihr genau auf die Finger schauen, damit jene Menschen um den Tisch herum nicht, wie so viele Male zuvor, betrogen werden und man ihnen weismacht, das *Ad-hoc*-Interesse des Bankinhabers sei mit den universalen Regeln, nach denen alle suchen, identisch. Wie diese schließlich sieht sie sich mit der Aufgabe konfrontiert, die *Einheit in der Vielheit* zu finden. Ein Versuch, der bekanntermaßen unzählige Male zuvor unternommen worden ist und bei dem die Absichtserklärungen jedesmal kräftiger ausfielen, als sein Ergebnis verläßlich war. In der Vergangenheit haben bisher immer entweder die Einheit oder die Vielheit das Nachsehen gehabt. Und wir haben keinerlei Garantie, daß sich die Geschichte diesmal nicht wiederholt. Wie zuvor müssen wir handeln, ohne im voraus des Sieges sicher sein zu können. Das war übrigens immer so. Nur – diesmal wissen wir, daß es so war und daß es so ist.

Übersetzt von Andreas Reckwitz

Literatur

Apel, Karl-Otto, *Diskurs und Verantwortung. Das Problem des Übergangs zur postkonventionellen Moral*, Frankfurt am Main 1988.

Ariès, Philippe, u. a., *Die Masken des Begehrens und die Metamorphosen der Sinnlichkeit*, Frankfurt am Main 1984.

Béji, Hélé, »Le patrimoine de la cruauté«, in: *Le Débat*, 1993.

Bielefeld, Ulrich, »Die Folgen der Gewalt«, in: *Mittelweg 36*, Heft Dezember/Januar 1993/94.

Geltung zu beanspruchen« (1993, S. 202), was nichts anderes bedeutet, als daß sie den alten Pfaden der Formationen der klassischen Moderne und ihrer integrationistischen Ambitionen folgen und am Ende möglicherweise auch deren Verbrechen wiederholen. »Die Herausforderung besteht darin«, schreibt Weeks, »jene Einheit [der Menschheit] so zu konstruieren, daß man ein Gefühl für ›universale menschliche Werte‹ erhält (›erfindet‹) und gleichzeitig die menschliche Verschiedenartigkeit und Differenz respektiert« (ebd., S. 199). So ist es.

Breyer, Hiltrud, »Eine Biotechnik für ganz Europa«, in: *die tageszeitung*, 2. Mai 1994, S. 13.
Caygill, Howard, »Violence, Civility, and the Predicament of Philosophy«, in: David Campbell und Michael Dillon (Hg.), *The Political Subject of Violence*, Manchester 1993.
Cioran, E. M., *A Short History of Decay*, London 1990.
Dench, Geoff, *Minorities in the Open Society. Prisoners of Ambivalence*, London 1986.
Dörner, Klaus, *Tödliches Mitleid. Zur Frage der Unerträglichkeit des Lebens. Oder: die Soziale Frage. Entstehung, Medizinierung, NS-Endlösung – heute und morgen*, Gütersloh 1993.
Elias, Norbert, *Der Prozeß der Zivilisation*, Frankfurt am Main 1976.
Feher, Ferenc, und Agnes Heller, *Biopolitics*, Wien 1994 (Europäisches Zentrum).
Frisch, Max, *Tagebuch 1946-1949*, in: *Gesammelte Werke*, Bd. II, Frankfurt am Main 1976, S. 347-750.
Gerstenberger, Heide, »Vernichtung und Alltag. Anmerkungen zur Erforschung des Alltags im Nationalsozialismus«, in: *Mittelweg 36*, Heft August/September 1992.
Jaspers, Karl, *Die Atombombe und die Zukunft des Menschen*, München 1958.
Law, John, *Organizing Modernity*, Oxford 1994.
Lotman, Y. M, *Kultur und Explosion* [russ.], Moskau 1992.
Nernesconi, Robert, und David Wood (Hg.), *The Provocation of Lévinas. Rethinking the Other*, London 1988.
Pick, Daniel, *Faces of Degeneration. A European Disorder c. 1848- c. 1918*, Cambridge 1989.
Pomian, Krzysztof, »L'Europe et ses frontières«, in: *Le Débat*, 1992.
Reemtsma, Jan Philipp, »Die ›Signatur des Jahrhunderts‹ – ein kataleptischer Irrtum?«, in: *Mittelweg 36*, Heft Oktober/November 1993.
Sapiro, Michael J., »That Obscure Object of Violence. Logistics and Desire in the Gulf War«, in: David Campbell und Michael Dillon (Hg.), *The Political Subject of Violence*, Manchester 1993.
Vetlesen, Arne Johan, *Perception, Empathy and Judgement. An Inquiry into the Preconditions of Moral Performance*, Philadelphia 1994.
Wagner, Peter, *Sociology of Modernity. Liberty and Discipline*, London 1994.
Weber, Max, *Wirtschaft und Gesellschaft. Grundriß der verstehenden Soziologie* (1922), Tübingen 1980.
Weeks, Jeffrey, »Rediscovering Values«, in: Judith Squires (Hg.), *Principled Positions. Postmodernism and the Rediscovering of Value*, London 1993.
Winter, Michael, *Ende eines Traums. Blick zurück auf das utopische Zeitalter Europas*, Stuttgart 1993.

Wolfgang Bonß
Gewalt als gesellschaftliches Problem

Der Diskurs über Gewalt hat in den letzten Jahren bemerkenswerte Veränderungen erfahren. Spätestens seit dem Ende der achtziger Jahre erscheinen gewaltsame Auseinandersetzungen nicht mehr als ein Randphänomen, sondern rücken zunehmend ins Zentrum der gesellschaftlichen Selbstthematisierung. Im Alltag schlägt sich dies in einer Rhetorik des Erschreckens nieder, die selbst bei einem flüchtigen Blick in die Zeitung kaum zu übersehen ist. So machen die seit Golfkrieg, Jugoslawien und Ruanda in einem zuvor unbekannten Ausmaß massenmedial präsenten Kriegsgreuel deutlich, daß mit dem »Ende der Nachkriegszeit« Kriege keineswegs seltener werden, sondern zunehmen und näher rücken. Zugleich wird eine allgemeine Brutalisierung der sozialen Verkehrsformen konstatiert, für die es zwar nur begrenzt statistische Belege, wohl aber irritierende Ereignisse auf der phänomenologischen Ebene gibt. Das samstägliche Treiben der Hooligans in und um Fußballstadien gehört hierzu ebenso wie die massiv angestiegenen ausländerfeindlichen Anschläge, und schließlich wird auf die angeblich wachsende Gewalt an den Schulen wie in den Familien verwiesen, die um so bedrohlicher erscheint, als sie sich auf die nachwachsende Generation bezieht und damit auf eine potentielle Universalisierung von Gewalt in der Zukunft verweist.

Zwar ist keineswegs klar, ob die Entwicklung der letzten zwei Jahrzehnte tatsächlich auf eine allgemeine Gewaltzunahme hindeuten oder nur auf Akzentverschiebungen im massenmedialen Aufmerksamkeitsspektrum. Aber die vielzitierte »Rückkehr der Gewalt« würde weit weniger breit wahrgenommen werden, wenn sie nicht zugleich mit einem Vordringen der Gewalt in die ihrer eigenen Wahrnehmung nach eher gewaltfreien Mittelschichten gekoppelt wäre. Wichtiger als dieser Aspekt erscheint in der aktuellen Diskussion allerdings die Frage nach den Ursachen, zu deren Beantwortung inzwischen zahlreiche Ad-hoc-Deutungen vorliegen. Betrachtet man diese Ad-hoc-Deutungen in Politik und Feuilletons genauer, so fällt auf, daß die Gewalt in den Augen vieler im Prinzip nicht aus dem Binnenraum der Gesellschaft stammt, sondern ihr aufoktroyiert wird. Gewalt, so das exkulpierende Standardargument, komme von außen und führe zu Reaktionsbildungen im Innern. Diese Raktionsbildungen im Innern mögen bedauerlich sein, aber sie ändern nichts daran, daß die Ursachen der sich verschärfenden Gewaltverhältnisse im Außen liegen. Ihren konkreten Niederschlag finden derart latent xenophobe Deutungen in ebenso spezifischen wie verbreiteten Bildern und Metaphern. Da gibt es die »Flüchtlingsströme«, die Europa überschwemmen, wobei neue, feine Grenzziehungen sichtbar werden. Denn besagte »Flüchtlingsströme« erscheinen nicht politisch, sondern wirtschaftlich motiviert, und insofern es gelingt, politische in Wirtschaftsflüchtlinge umzudefinieren, werden aus den Fremden bedrohliche Konkurrenten, die es abzuwehren gilt. Noch bedrohlicher als die vielzitierten Flüchtlingsströme erscheint ihre Steigerung in Gestalt des nie recht faßbaren »organisierten Verbrechens«, das symbolisch verdichtet wird zur (stets fremden) »Mafia«, die in ihrer unheimlichen Gewaltsamkeit sich universalisiert und faktisch oder fiktiv nicht mehr nur aus Italien kommt, sondern bezeichnenderweise aus Rußland, der Ukraine, Tschetschenien oder auch aus China.

Gegen diese Lesarten setzt Zygmunt Bauman einen Kontrapunkt, wenn er schreibt: »Ohne Zwang kann die Modernität ungefähr so gut leben wie ein Fisch ohne Wasser« (in diesem Band, S. 36 f.). Mit dieser Feststellung wird letztlich zweierlei behauptet: Zum einen macht Bauman die Gewalt zu einem Binnenproblem moderner Gesellschaften; sie kommt nicht von außen in die Moderne, sondern gehört zu ihr konstitutiv dazu. Zum anderen stellt er die tief eingeschliffene Überzeugung in Frage, daß der Mut, sich des eigenen Verstandes zu bedienen, zwangsläufig zu einer Reduzierung des Gewaltpotentials führen müsse. Mit dieser Doppelthese tangiert Bauman in mancher Hinsicht Kernbestandteile des okzidentalen Selbstverständnisses. Zwar besteht seit langem Konsens darüber, daß es eine »grundlegende Disposition der Menschen zu kollektiver Gewalt« gibt (Gurr 1970, S. 161), und wie unter anderem Stephen Toulmin (1991) herausgearbeitet hat, kann das Gewaltproblem auch als Basis und Bezugspunkt frühmoderner Gesellschaftstheorie begriffen werden. Die berühmte Hobbessche Frage nach der Bedingung der Möglichkeit sozialer Ordnung beispielsweise ist kaum denkbar ohne die gerade im 17. Jahrhundert weit verbreitete Erfahrung daß natürwüchsige Sozialzusammenhänge zunächst und vor allem durch Gewalt strukturiert werden. Auf der anderen Seite wurde spätestens seit der Aufklärung mit der Annahme gearbeitet, daß unter evolutionären Perspektiven ein Rückgang von Gewalt zu erwarten sei. Mit der Durchsetzung von Vernunft und Zivilisation, so die sich im 18. Jahrhundert durchsetzende Überzeugung, könne die Gewalt als gesellschaftlich prägendes Moment systematisch zurückgedrängt werden, und letztlich erschien die Zivilisierung als Voraussetzung von Gewaltfreiheit.

Auch dieser Gedanke findet sich schon bei Hobbes, der den entscheidenden Vorteil des Leviathan darin sah, daß durch ihn (bzw. durch die Einführung des staatlichen Gewaltmonopols) ein Ende der ubiquitär drohenden Gewalt möglich werde. Mit der Durchsetzung des staatlichen Gewaltmonopols wurde dann im Zuge der Aufklärung der (staatliche) Zwang durch die (gesellschaftliche) Vernunft ersetzt, und seither gehört es gleichsam zur kognitiven Infrastruktur moderner Gesellschaften, daß die Durchsetzung der Vernunft wie selbstverständlich mit einer Reduzierung von Gewalt gleichgesetzt wird. Denn wo das Licht der Aufklärung sich durchsetzt, schwindet die Dunkelheit der Gewalt, und es bleibt allein der zwanglose Zwang des besseren Arguments.

Die hiermit einhergehenden Begriffsketten und -schneidungen sind bekannt. So schließt das Bekenntnis zur Vernunft nach den okzidentalen Konventionen in der Regel ein Plädoyer für Gewaltlosigkeit und Zivilisation ein; umgekehrt werden mit Gewalt Unvernunft und Barbarei assoziiert, wobei die unvernünftige gewalttätige Barbarei zugleich als Regression in den Blick tritt Diese Dichotomisierung analytisch zu unterfüttern und zu transformieren war das Anliegen ganzer Generationen von Sozialwissenschaftlern. Die Freudsche Sublimierungsthese ist hierfür ebenso kennzeichnend wie die Webersche Konzeption okzidentaler Rationalisierung oder die Zivilisationstheorie von Norbert Elias Zwar hielt insbesondere Freud Vernunft und Kultur für einen ebenso dünnen wie brüchigen Firnis. Gleichwohl sah er in jenen Formen der Sublimierung, wie sie für die okzidentalen Rationalisierung kennzeichnend sind, am ehesten die Chance, mit unkontrollierten Triebdurchbrüchen und Gewalt fertig zu werden. Weit stärker soziologisch, aber in der Sache ähnlich ist die

Position Max Webers. Für Weber lief die okzidentale Rationalisierung auf die Etablierung eines äußerst prekären »Gehäuses der Hörigkeit« hinaus, das selbst massive Zwänge ausübt, aber zugleich mit einer systematischen Zurückdrängung der physischen Gewalt einhergeht, deren Rückkehr freilich nie ausgeschlossen werden kann.

Noch stärker der »Reduzierungsthese« zur Gewalt verpflichtet ist die Zivilisationstheorie von Norbert Elias (1978/1937), der die Entstehung der Moderne als eine gesellschaftliche Rationalisierung der Affektstruktur beschreibt. Zwar verweist diese Rationalisierung nicht unbedingt auf die Durchsetzung von Vernunft und Aufklärung, sondern eher auf eine mehr oder weniger zwanghafte Einübung von Selbstkontrolle und Gewaltenteilung. Aber wie sich vor allem an der Beschreibung des prinzipiell gewalttätigen Ritterstands studieren läßt, ist dieser Prozeß insofern zivilisierend, als die Herausbildung der modernen Gesellschaft für Elias wie schon für Hobbes auf eine Zurückdrängung sowohl systematischer als auch frei flottierender Gewaltpotentiale hinausläuft. Oder in seinen eigenen Worten ausgedrückt: »Die Monopolisierung physischer Gewalt [verringert] die Angst und den Schrekken, die der Mensch vor dem Menschen haben muß, aber zugleich auch die Möglichkeit, anderen Schrecken, Angst und Qual zu bereiten« (Elias 1978/1937, Bd. 2, S. 328).

Daß diese Behauptung lange Zeit nur selten grundsätzlich bestritten worden ist, hängt wohl damit zusammen, daß die real beobachtbaren Gewaltpotentiale vor dem Hintergrund der aufklärerischen Basisideologie der Moderne nicht als »Normalität«, sondern als »Abweichung« und »Ausnahme« wahrgenommen wurden. Auch die eindeutig wachsende und nicht zurückgehende Zahl der kriegerischen Auseinandersetzungen weckte in dieser Hinsicht wenig Selbstzweifel. Denn nach dem Ende des Zweiten Weltkriegs fanden die meisten »neuen« Kriege vorrangig in »unzivilisierten« Regionen statt und ließen sich daher sehr leicht als Beleg für angebliche »Zivilisationsmängel« interpretieren. Zwar gab es auch andere, zivilisationskritischere Stimmen – exemplarisch und gleichsam als Chiffre sei an die Argumentationen zur *Dialektik der Aufklärung* von Horkheimer und Adorno (1969/1947) erinnert. Aber diese blieben gegenüber dem *mainstream* randständig und waren überdies durch jene Positionen geprägt, an denen sie sich abarbeiteten. So betonten Horkheimer und Adorno durchaus, daß für den Fall und die Verfallsform der instrumentellen Vernunft eine konstitutive Koppelung von Verstand und Gewalt möglich sei – als zentrales Beispiel verwiesen sie hier auf die industrielle Vernichtung in den Konzentrationslagern. Auf der anderen Seite lief eine unverkürzte Durchsetzung der Vernunft für sie auf einen Strukturwandel und letztlich auf das Ende von Gewalt und Barberei hinaus. So schrieb Adorno (1970, S. 130) ohne eine Spur von Selbstzweifel: »Barbarei liegt überall dort vor, wo ein Rückfall in primitive physische Gewalt stattfindet, ohne daß sie in einer Beziehung zu vernünftigen Zwecken der Gesellschaft steht.«

Ganz anders und radikal zivilisationskritisch argumentiert hingegen der Bremer Ethnologe Hans-Peter Duerr, der eine inzwischen auf drei Bände angewachsene Arbeit mit dem programmatischen Untertitel »Der Mythos vom Zivilisationsprozeß« vorgelegt hat (Duerr 1988 ff.). Nach Duerr ist die Entstehung der Moderne nicht als Zivilisierung und Zurückdrängung von Gewalt, sondern umgekehrt als Zunahme von »Obszönität und Gewalt« (Duerr 1993) zu begreifen – eine These, die er an zahlreichen Beispielen wortreich zu verdeutlichen versucht. So konstatiert Duerr in modernen im Unterschied zu vormodernen Gesellschaften eine wesentlich höhere Kriminalitätsrate, »und zwar vor allem mehr *öffentliche* Gewaltverbrechen, namentlich Vergewaltigungen von Frauen« (1993, S. 460). Gegenüber derart pauschalen Vergleichaussagen ist zwar insofern Skepsis angebracht, als sie angesichts fehlender bzw. umstrittener Belege interpretationsbedürftig sind. Aber dies ändert nichts daran, daß Duerr genügend Argumente mobilisieren kann, um die These vom Rückgang der Gewalt durch den Zivilisationsprozeß in Frage zu stellen, auch wenn er im Schwung der Polemik den Zivilisationsprozeß zum Teil selbst in Frage stellt und ungekehrt manchmal zu einer Mythisierung traditionaler Gesellschaften neigt, die angeblich gewaltfreier sind bzw. waren.

Ob, in welchen Dimensionen und in welchem Maße Gewalt zu- oder abnimmt, ist eine Frage, die entgegen der Duerrschen Unterstellungen in einer soziologischen Theorie der Gewalt nicht vorab entschieden werden kann und darf. Diese Feststellung ist auch ein Ausgangspunkt der Baumanschen Konzeption, die ich im folgenden weniger kritisieren als in ihrem gesellschaftsdiagnostischen Gehalt explizieren möchte, um so die Voraussetzungen für eine kritische Diskussion zu verbessern. Bauman beginnt seine Argumentation – und genau dies macht sie interessant – mit einer klaren Absage an die tradierte Gleichsetzung von Zivilisation und Gewaltrückgang: »Im Prozeß der Zivilisation geht es nicht darum, die Gewalt auszumerzen, sondern darum, sie neu zu verteilen.« Statt von einer Beseitigung wäre also eher von einer Umverteilung von Gewaltpotentialen zu sprechen, die durch veränderte soziale Zurechnungen neu verortet werden und sich in der Entwicklungsdynamik der Moderne selbst noch verschieben. Statt sich auf die Frage nach »mehr« oder »weniger« Gewalt einzulassen, wird der Blick somit auf einen komplexen Prozeß der Aus- und Eingrenzung gesellschaftlicher Zwangsphänomene gelenkt, der von Bauman zweistufig gedacht wird:

(a) Den Ausgangspunkt der Analyse bildet das spezifische Dispositiv von Ordnung und Gewalt, wie es sich in und mit der Moderne herausbildet. Kennzeichnend für dieses Dispositiv ist nach Bauman zunächst die prinzipielle Negativbesetzung der Gewalt, die konzeptuell in Abgrenzung von Ordnung und Produktivität begriffen wird. Konstitutiv verknüpft mit dieser Abgrenzung von der Ordnung ist zugleich eine implizite Aufspaltung der gesellschaftliche Zwangspotentiale. Als Gewalt – und dies ist eine ganz entscheidende Umdefinition – erscheint in der Moderne nicht der Zwang, den der Staat ausübt, sondern allein der illegitime, unerwünschte, weil gegen die Ordnung verstoßende bzw. sie in Frage stellende Zwang. Oder anders ausgedrückt: Gewalt ist all das, was nicht nutzbar gemacht und in Ordnung überführt werden kann; sie ist die Schattenseite und der Preis der Ordnung gleichermaßen und deutet so gesehen auch eher auf Widerstand als auf Zwang. Als illegitimer Zwang ist Gewalt nämlich nur bei jenen zu finden, die sich, aus welchen Gründen auch immer, der Ordnung nicht fügen wollen. Der Kampf gegen diese widerständigen Potentiale wiederum setzt nach Bauman eine ambivalente Entwicklungsdynamik frei. Auf der einen Seite kommt es in der Durchsetzung der Moderne zu einer stetigen Ausweitung von (legitimem) Zwang und Zwangsmaßnahmen, die freilich nicht als Gewalt gelten. Auf der anderen Seite findet eine Externalisierung bzw. Exterritorialisierung des als Gewalt definierten illegitimen Zwangs statt. Dieser wird im wahrsten Sinne des Wortes zu einem Rand- und Grenzphänomen gemacht, für das es immer weniger Raum gibt, und es ist wohl genau diese Ein- und Abgrenzung, die in der Selbstwahrnehmung der Moderne als »Rückgang« von Gewalt interpretiert wird.

(b) Der im Dispositiv von Ordnung und Gewalt begründete Versuch der Herstellung einer eindeutigen und vollständigen Ordnung bleibt freilich stets unvollständig. Was sich nach Bauman statt dessen abzeichnet, ist eine zweite, gegenläufige Stufe der »Umverteilung« von Gewalt, die in dem Maße an Bedeutung gewinnt, wie die einfache Moderne an Grenzen stößt. Denn mit dem Übergang zur Postmoderne – oder wie ich lieber sagen würde: mit der Durchsetzung der modernisierten Moderne – kommt es zu einer spezifischen »Rückkehr« der Gewalt in die Gesellschaft. Rückkehr von Gewalt meint in diesem Zusammenhang nicht nur, daß neue Formen von Zwang und nicht-friedlicher Konfliktlösung an gesellschaftlicher Relevanz gewinnen, sondern verweist ebenso sehr auf eine Verschiebung der Grenzziehung zwischen legitimem und illegitimem Zwang, in deren Folge Gewalt sich kaum länger als Rand- und Grenzphänomen abtun läßt. Zwar ist es für Bauman empirisch offen, wie weit diese Rückkehr und Redefinition der Gewalt geht bzw. gehen kann. Aber unter theoretischen Gesichtspunkten schließt er selbst eine Umkehrung des Dispositivs von Ordnung und Gewalt nicht aus, die in seinen Augen zumindest dann droht, wenn an den Maximen der einfachen Moderne unverändert festgehalten wird.

Auf den ersten Blick ergibt sich hieraus eine zutiefst pessimistische Einschätzung der gesellschaftlichen Entwicklung. Denn sofern der Versuch der Ausmerzung von Gewalt durch Herstellung von Ordnung systematisch scheitert, ergibt sich die Prognose einer durch Individualisierung und Tribalismus gekennzeichneten Transformation und Restrukturierung der Gesellschaft. Aber wie insbesondere in den Thesen zur Postmoderne nachzulesen (vgl. Bauman 1992a), ist für Bauman die Umkehr des Dispositivs von Ordnung und Gewalt und damit letztlich der Übergang in einen Krieg aller gegen alle keineswegs zwingend. Denkbar sind auch andere Entwicklungspfade, die dann realistisch erscheinen, wenn es gelingt, die Mechanismen und Maximen der einfachen Moderne zu transzendieren. Bevor man an ihre Überwindung denken kann, muß man freilich die entscheidenden Mechanismen der gesellschaftlichen Gewaltproduktion in der einfachen Moderne genauer benennen. Wie also sehen sie aus, und worin liegen Basis und Bezugspunkt dieser Mechanismen? Zur Antwort au diese Frage bringt Bauman ein neues Stichwort ins Spiel, nämlich das der »Adiaphorisierung«. Als ein philosophischer Fachterminus aus dem 18. Jahrhundert ist Adiaphorisierung ein heute nicht mehr ohne weiteres verständliches Kunstwort, das sich im Deutschen am besten mit »Herstellung moralischer Indifferenz« übersetzen läßt. Gewalt und Grausamkeit, so Baumans These, werden in dem Maße wenn schon nicht möglich, so doch zumindest verstärkt, wie Handlungen und Sachverhalte als moralisch indifferent erscheinen.

Baumans zentrales Beispiel für die Produktion moralischer Indifferenz ist die moderne Bürokratie. Bürokratien, um mit Max Weber zu reden, agieren kühl und leidenschaftslos und erzeugen auf genau diese Weise eine scheinbare moralische Neutralität. Diese scheinbare Neutralität erlaubt es, mit den zu verhandelnden Sachverhalten beliebig und damit eben auch gewaltförmig umzugehen, wobei die Gewaltförmigkeit vor dem Hintergrund der moralischen Indifferenz freilich nicht mehr als Gewalt, sondern als sachnotwendiger Zwang erscheint. Zwar geht Bauman nicht so weit, bürokratische Rationalität *per definitionem* mit Vernichtungsrationalität gleichzusetzen. Aber sofern sie auf die Herstellung moralischer Indifferenz abzielt, schafft die bürokratische Rationalität einen moralfreien Raum im Umgang mit Wirklichkeit, der es ermöglicht, aus einer ambivalenten und kontingenten eine zweckrational eindeutige Wirklichkeit zu machen, wobei die Kontingenzen im Konfliktfalle nur mit Gewalt in Komplexität umdefiniert werden können.

Nur am Rande sei angemerkt, daß die Verkoppelung von Gewalt und moralischer Indifferenz einen anderen Aspekt beleuchtet als die Ausführungen zum Dispositiv von Ordnung und Gewalt. Während die Thesen zum Dispositiv von Ordnung und Gewalt darauf abzielen, die im Verlauf des Zivilisationsprozesses erfolgende Abgrenzung zwischen legitimem und illegitimem Zwang herauszuarbeiten und die Exterritorialisierung der Gewalt einschließlich ihrer Fokussierung auf Widerstandspotentiale betonen, lenkt das Stichwort der Adiaphorisierung den Blick auf die nicht ausgegrenzte Gewaltförmigkeit und damit vor allem auf den staatlich-bürokratischen Zwang. Daß dieser mit Gewalt zu tun hat, wird meist nur dann realisiert, wenn sich der legitime Zwang, wie im Falle staatlicher Massenvernichtungen, unabweisbar in einen illegitimen Zwang verwandelt. Aber letzteres ist eher die

Ausnahme, und das Stichwort der Adiaphorisierung deutet auch stärker auf vorgelagerte Prozesse, nämlich auf die durch die Herstellung moralischer Indifferenz ermöglichten, »normalen« Gewaltpotentiale, die mit Widerstandpotentialen nichts zu tun haben, prinzipiell destruktiv sind und nach Bauman in dem Maße als Gewalt wahrgenommen werden, wie die klare Grenzziehung zwischen legitimem und illegitimem Zwang bzw. (eindeutiger) Ordnung und (uneindeutiger) Gewalt brüchig wird.

Die Rede von eindeutiger Ordnung und uneindeutiger Gewalt verweist auf allgemeiner angelegte, gesellschaftstheoretische Argumentationen Baumans, die auch für seine Reflexionen zur Gewalt von entscheidender Bedeutung sind. Wie sehr seine Gedanken um die Begriffe der Eindeutigkeit bzw. Uneindeutigkeit kreisen, zeigt ein Blick auf die Überlegungen zu »Moderne und Ambivalenz« (Bauman 1992b). Hier schreibt Bauman, daß das Ziel und der entscheidende normative Bezugspunkt des Projekts der Moderne in der Herstellung von Eindeutigkeit liege. Es geht um die Einübung universeller, einheitlicher und klarer Regeln, die, wie insbesondere bürokratische Verfahrensweisen, auf alles und jedes angewandt werden können und zu eindeutigen Lösungen führen. Die Durchsetzung derartiger Regeln ist freilich nur möglich, wenn im Gegenzug alles Uneindeutige manisch ausgegrenzt und vernichtet wird. Genau hier liegt auch der Ansatzpunkt für die prinzipielle Gewaltförmigkeit der Moderne, denn diese ergibt sich in letzter Instanz aus nichts anderem als dem Streben nach Eindeutigkeit bzw. genauer: aus dem Versuch der Durchsetzung von »universality, homogeneity, monotony, clarity« (Bauman 1992a, S. 188) als den zentralen Operationalisierungen des Eindeutigkeitspostulats.

Diese These ist keineswegs völlig neu, sondern hat ihre Vorläufer sowohl bei Weber als auch bei Horkheimer und Adorno, von denen sich Bauman jedoch sehr wohl unterscheidet. Für die Theoretiker der okzidentalen Rationalisierung und der Dialektik der Aufklärung war die moderne Entzauberung ein ebenso linearer wie unaufhaltsamer Prozeß, der zwar unter Umständen mit Orwellschen Zuständen bezahlt wird, aber, gemessen an seinen eigenen Maßstäben, höchst erfolgreich erscheint. Für Bauman hingegen stellt sich die Entwicklung weit weniger linear da, und für ihn ist die verwaltete Welt auch keineswegs so glatt und erfolgreich, wie sie sich gerne selber sieht. Ein wichtiges Indiz hierfür ist in seinen Augen eben die Rückkehr der Gewalt, die zugleich auf ein Ende der Eindeutigkeit hindeutet. Freilich bleibt Bauman als Kritiker der Eindeutigkeit in seiner Beschreibung hier selbst uneindeutig, um nicht zu sagen widersprüchlich. Denn letztlich entwirft er zwei Szenarien zur Zukunft von Ordnung und Gewalt, nämlich eine düstere Verfalls- und eine weit weniger düstere Befreiungsvision der modernisierten Moderne, über deren theoretische Präzisierung ebenso zu diskutieren wäre wie über ihre jeweilige empirische Relevanz:

(a) Die Vision einer Verfallsgeschichte kommt immer dann ins Spiel, wenn Bauman nicht das »Ende der Eindeutigkeit« in den Vordergrund stellt und damit die wachsenden Schwierigkeiten der Herstellung moralischer Indifferenz, sondern auf die veränderten Formen und Medien der Herstellung moralischer Indifferenz eingeht, wie sie durch die neuen Informationstechnologien und die parallel dazu zu beobachtenden Fortschritte der Rüstungstechnik entstanden sind. Sofern die neuen Medien erfolgreich sind und es ermöglichen, moralische Indifferenz auf erweiterter Stufenleiter zu produzieren, setzen sie nach Bauman eine Zunahme der Gewaltförmigkeit frei, an deren Ende das steht, was in Anschluß an Michel Maffesoli als Durchsetzung »neotribalistischer« Zustände bezeichnet werden kann (vgl. Bauman 1992b, S. 303). Der Übergang zu neotribalistischen Zuständen setzt seinerseits Veränderungen der Subjektkonstruktion voraus, die Bauman in manchen Passagen pauschal als Verfall und Verflachung des bürgerlichen Individuums beschreibt. Während das »moderne« Subjekt ein ebenso zielgerichteter wie disziplinierter Aktor war, der sich in der Interaktion mit anderen zu vervollständigen und ein als »Gesundheit« etikettiertes Optimum zu erreichen trachtete, begreift sich das »postmoderne« Individuum eher als ein experimentierender und zugleich unabhängiger Aktor, dem es weniger um »Gesundheit« als um »Fitneß« geht, um so in der Konkurrenz aller gegen alle mithalten und sich im tribalistischen Dschungel durchsetzen zu können.

(b) Neben dieser kulturpessimistischen These vom wechselseitigen Hochschaukeln neuer Strategien der Herstellung moralischer Indifferenz und wachsender Gewaltförmigkeit läßt Baumans Beschreibung aber auch eine andere Interpretation zu, die vor allem dann sichtbar wird, wenn man die behauptete Aufspaltung des »modernen« Subjekts genauer betrachtet, das in der Postmoderne seine Eindeutigkeit verliert und sich in verschiedene Figuren ausdifferenziert. Bauman nennt in diesem Zusammenhang vier Differenzierungsfiguren, nämlich den seit Benjamin bekannten *Flaneur* oder Passagengänger, den *Vagabunden*, der überall und nirgends zu Hause ist, den ebenfalls ort- und ruhelosen *Touristen* und schließlich den *Spieler*, der süchtig auf Unsicherheiten und Uneindeutigkeiten ist. Gemeinsam ist diesen vier Figuren, daß sie sich in ihrer Identität durch eine Form der Diskontinuität und Vorläufigkeit auszeichnen, die mit dem modernen Subjekt klassischer Prägung kaum zu vereinbaren ist, aber sehr wohl der Brüchigkeit und Diskontinuität (post-)moderner Existenz entspricht. Aus der Perspektive klassischer Subjekt- und Identitätstheorien mag dies als Verfall erscheinen, aber dieser »Zerfall« kann gerade unter der Perspektive der Gewalt auch eine »Chance« sein – dies zumindestens in theoretischer Hinsicht. Denn sofern die Individuen nicht mehr auf den Zwang zur Eindeutigkeit festgelegt sind, sondern veränderungsfähig erscheinen, entfällt ein entscheidender Ansatzpunkt für die prinzipielle Gewaltförmigkeit, und an die Stelle der Dialektik von Eindeutigkeit und Gewalt kann eine Anerkennung von Differenzen als Grundlage modernisiertmoderner Vergesellschaftung treten.

Daß diese beiden Lesarten sich nicht ohne weiteres ergänzen, sondern in mancher Hinsicht als Alternative zu begreifen sind, liegt auf der Hand. Gleichwohl schließen sie einander nicht völlig aus, sondern bezeichnen eher den Rahmen für verschiedene Entwicklungsmöglichkeiten, die auch parallel nebeneinander existieren können. Wie hier weiterzudenken wäre, ist freilich eine weitgehend offene Frage, auf die auch Bauman keine Antwort gibt. Dies um so weniger, als er auf die positive Lesart letztlich gar nicht weiter eingeht, sondern zu einem vorschnellen Kulturpessimismus mit einer pauschalen Dramatisierung der realexistierenden Gewaltpotentiale neigt und damit sein eigenes Reflexionsniveau letztlich unterläuft. So wird die These, daß sich die spezifisch »postmodernen« Formen der Gewalt aus der Privatisierung, Deregulierung und Dezentralisierung von Identitätsproblemen ergeben, weitgehend argumentfrei eingeführt, und Bauman beschäftigt sich an keiner Stelle mit dem von ihm selbst nahegelegten Gegenargument, daß mit dem Ende der Eindeutigkeit an sich auch ein Ende der prinzipiellen Gewaltförmigkeit gekommen sein müßte. Statt dessen verweist er pauschal auf steigende Kriminalitätsziffern, die jedoch kaum unkommentiert hingenommen werden können. Denn wie in der Kriminologie seit langem bekannt, sind Kriminalitätsstatistiken soziale Konstrukte, und zugleich treten Gewalt und Grausamkeit stets in einer massenmedial verzerrten Form ins Bewußtsein.

Schon deshalb scheint es kaum haltbar, von einem schlichten Anwachsen der Gewalt auszugehen. An dieser Stelle fällt Bauman auch hinter seine eigene Argumentationsstrategie zurück. Denn deren entscheidender Punkt liegt ja genau darin, den angesichts der Interpretationsbedürftigkeit der Daten letztlich unfruchtbaren Streit über »mehr« oder »weniger« Gewalt in einen Diskurs über sich verändernde Gewaltkonfigurationen zu transformieren, die es in ihrer gesellschaftlichen Bedeutung und Reichweite präzise auszukonstruieren gilt. Mit seinem Netz von Begrifflichkeiten liefert Bauman für eine solche Auskonstruktion wichtige Anhaltspunkte, die freilich nicht mit einer zureichenden theoretischen Durchdringung des Problems verwechselt werden dürfen. Sie verweisen vielmehr auf alternative und zum Teil auch konkurrierende Lesarten zu Gewaltkonfigurationen, von denen bislang nur eins feststeht: daß sie entgegen dem Selbstbild der Moderne zu dieser konstitutiv dazugehören und auch unter den Bedingungen der modernisierten Moderne nicht verschwinden. Gewalt wird vielmehr restrukturiert, wobei dies auf Umdefinitionen, Umverteilungen sowie neue Ein- und Entgrenzungen verweist, die zu rekonstruieren und abzuschätzen derzeit zu den wohl spannendsten gesellschaftstheoretischen Aufgaben gehört.

Literatur

Adorno, Theodor W., *Erziehung zur Mündigkeit*, Frankfurt am Main 1970.

Bauman, Zygmunt, *Intimations of Postmodernity*, London und New York 1992a.

–, *Moderne und Ambivalenz. Das Ende der Eindeutigkeit*, Hamburg 1992b.

Duerr, Hans-Peter, *Der Mythos vom Zivilisationsprozeß*, [bisher] 3 Bde., Frankfurt am Main 1988-1993.

Elias, Norbert, *Über den Prozeß der Zivilisation. Soziogenetische und psychogenetische Untersuchungen*, 2 Bde., 6. Auflage, Frankfurt/ Main 1978 (zuerst 1937).

Gurr, T. R., *Why Men Rebel*, Princeton 1970.
Horkheimer, Max, und Theodor W. Adorno, *Dialektik der Aufklärung*, Amsterdam 1947 (Neuauflage Frankfurt am Main 1969).
Toulmin, Stephen, *Kosmopolis. Die unerkannten Aufgaben der Moderne*, Frankfurt am Main 1991.

Gertrud Nunner-Winkler
Gewalt – ein Spezifikum der Moderne?

Vorbemerkung

Lassen Sie mich mit einer kurzen Vorbemerkung beginnen: Der Vortrag von Zygmunt Bauman schlägt den Zuhörer in Bann. Ein geschlossener, auch literarisch gestalteter Text – und vieles ist leider nur allzu wahr. Es ist fast schmerzlich, an einen solchen Text dann mit dem Seziermesser heranzugehen und genau das zu tun, was Bauman als Spezifikum der Moderne gerade anprangert, nämlich: Distinktionen anzubringen, auf der Konsistenz von Definitionen herumzuhacken, Einzelargumente herauszupicken und punktuelle Einwände vorzutragen. Aber so ist die Rollenteilung im Konferenzbetrieb nun einmal: Der Vortrag zeichnet große Linien – als Diskutant darf, ja muß man sich dann ums Kleingedruckte kümmern. Auch in inhaltlicher Sicht übernehme ich voll die Diskutantenrolle. Bauman formuliert eine Position – die einer pessimistischen Zeitdiagnose: Die Moderne – so Bauman – brüstet sich damit, Gewalt unter Kontrolle zu haben, und doch hat dieses Jahrhundert Orgien an Gewaltausübung hervorgebracht, die in ihrem Ausmaß sicherlich historisch einmalig sind. Wiewohl auch ich mich einiger der von Bauman vorgetragenen Überlegungen schwer entziehen kann, werde ich im folgenden die Gegenposition vertreten. Um es bildlich auszudrücken: Wo Bauman sagt, das Glas ist halb leer, werde ich im folgenden sagen: das Glas ist halb voll – wiewohl ich dabei doch durchaus auch darum weiß, daß es eben gerade *nicht* ganz voll ist. – Nun zur Sache.

Ich beginne mit dem Versuch einer kurzen Zusammenfassung von Baumans Argumentationslinie.

Die Moderne ist charakterisiert durch Macht, Gewalt und Ordnungsstreben. Das Ordungsstreben, die Lust an der Klassifikation, erzeugt Differenz, und zwar insbesondere die Unterscheidung von legitimer und illegitimer Gewalt; diese aber bringt Gewalt nicht zum Verschwinden, sondern zwingt ihr nur neue, verdecktere Erscheinungsformen auf. Gewalt ist zunehmend nicht mehr Gewalt nach außen, sondern nach innen: Auschwitz, der Gulag verschlangen Mitglieder der eigenen Gesellschaft; der Wilde ist in uns; Gewalt bricht auf in Nachbarschaft und Familie. Der Mechanismus, der Gewaltausübung ermöglicht, ist die Insensibilisierung gegen Grausamkeit. Diese ist Folge der durch Medienüberflutung angestiegenen Reizschwelle für Grausamkeiten; der durch moderne Waffentechnik produzierten Distanz zwischen Täter und Opfer; der durch staatliche De-Regulierungspolitik erzeugten Probleme moderner Identitätskonstruktion. So wird in der Moderne verfehlt, was doch Ziel unseres Strebens sein sollte: die Anerkennung von Einheit in der Vielfalt.

Lassen Sie mich vorweg meine *Kritik* in zwei Thesen zusammenfassen:

1. Die Argumentation Baumans ist über weite Strecken sehr allgemein; sie benennt – modernitäts*un*spezifisch – universelle Phänomene. Sie ist in diesen Punkten sogar so allgemein, daß sie inhaltsleer wird, wenn es nicht gelingt, genau das zu tun, was Bauman anprangert, nämlich Kriterien der Unterscheidung von legitim und illegitim auszuweisen.
2. Wo Baumans Kritik modernitätsspezifisch wird, ist sie meines Erachtens nach empirisch oder theoretisch bestreitbar.

Ich will diese Einwände im folgenden ausbuchstabieren: Der erste Einwand bezieht sich auf die Begriffsbildung Baumans, auf sein Konzept von »Gewalt«; der zweite Einwand bezieht sich auf die Mechanismen und Ursachen moderner Gewaltfreisetzung.

1. Zur Begriffsbildung

Baumann eröffnet seinen Vortrag mit der These, die Vagheit des Konzepts »Gewalt« resultiere aus einem substantiellen Grund – aus der spezifisch modernen Ambivalenz gegenüber Gewalt. Allerdings scheint mir die Vagheit von Baumans Begriff von Gewalt eher der Abstraktheit seiner Konzeptualisierung verdankt. Bauman bestimmt als Gewalt Phänomene, die einerseits höchst unterschiedlicher Natur, andererseits keineswegs modernitätsspezifisch sind. Gewalt – so Bauman – ist Energie und ordnungsstiftende Klassifikation. Energie ist das Vermögen zu ändern; ihre Gewaltförmigkeit liegt darin, daß etwas nicht in seiner ursprünglich ihm eigenen Gestalt belassen, sondern vielmehr überformt, den eigenen Vorstellungen angepaßt, den eigenen Formbestimmungen unterworfen wird. Klassifikation stiftet Distinktionen zwischen regelmäßigen, vorhersehbaren, kontrollierbaren Abläufen – der Ordnung – auf der einen, und dem Erratischen, Spontanen, Unerwarteten, Kontingenten – dem Abfallprodukt – auf der anderen Seite. Die Gewaltförmigkeit dieser Distinktionen ergibt sich aus der Neigung, die eigenen Ordnungsvorstellungen notfalls mit dann als legitim ausgegebener Gewalt gegen dann als illegitim deklarierte Abweichungen durchzusetzen.

Die Schwierigkeit, die ich mit dieser Begrifflichkeit habe, liegt darin, daß ganz offensichtlich Energie als Veränderungs- und Gestaltungsvermögen und Distinktion als Vermögen der Realitätswahrnehmung Universalien organischen Lebens sind. Um mit dem *Veränderungsvermögen* zu beginnen: Im Stoffwechselprozeß wird von Pflanzen, Tieren, Menschen Stoffliches aufgenommen und teils in körpereigene Zellen umgesetzt, teils als Abfall ausgeschieden – dies ist eine Veränderung der Gestalt der Pflanzen und Tiere, die als Nahrungsmittel dienten. Eine Tierpopulation, eine Menschengruppe verändert schon durch ihr bloßes Überleben faktisch Art, Umgang und Zusammensetzung anderer Populationen von Lebewesen. Mit dem Beginn von Siedlungsformen und Ackerbau haben Menschen ihre natürliche Umwelt darüber hinaus gezielt gestaltet und verändert. Nach Baumans Analyse müssen alle diese Phänomene als »Gewalt« gelten. In dieser Begriffsfassung fehlt, was mir das für Gewalt konstitutive Moment zu sein scheint – daß nämlich die »Formbestimmung« dem tatsächlich oder einem kontrafaktisch als vernünftig unterstellten Willen des Überformten zuwiderläuft. Gewalt nämlich – so meine ich – ist als objektives Merkmal aus der Beobachterperspektive allein nicht konzeptualisierbar; vielmehr läßt Gewalt sich nur relational als Verhältnis von Täterhandlung und Willensbestimmung des Opfers fassen: Im Zweifelsfalle etwa unterscheidet allein die innere Einstellung des »Opfers«, ob eine Vergewaltigung oder ein konsentierter Geschlechtsverkehr, ob eine verdiente Züchtigung oder eine Verletzung der körperlichen Integrität vollzogen wird. Die wachsende Sensibilisierung gegen Gewalt erführe aus einem solchen Begriffsverständnis eine plausible Deutung: In dem Maße, in dem das der Aufklärung verdankte Gleichheitsprinzip zunehmend eingeklagt und durchgesetzt wird und etwa auch Frauen und Kinder einen gleichwertigen Personstatus beanspruchen, werden Konzepte wie »Vergewaltigung in der

Ehe« überhaupt erst denkmöglich, wird Prügelstrafe prekär. Das Konzept »struktureller« Gewalt zielt auf sozialstrukturelle Bedingungen, die dem (vom Kritiker zu Recht oder Unrecht unterstellten) wohlverstandenen Interesse der »Opfer« widersprechen, auch wenn diese sich noch bereitwillig »fügen« oder sich in den Verhältnissen ganz lebbar eingerichtet haben.

Ebenso ist *Klassifikation* eine Universalie des tierischen wie menschlichen Lebens. Für ein Raubtier etwa ist die Klassifikation anderer Tiere in mögliche Beuteobjekte, gefährliche Feinde, Artgenossen und potentielle Sexualpartner überlebensnotwendig. Auch für Menschen ist klassifikatorisches Urteilen, kategoriales Denken unhintergehbar (zum folgenden ausführlicher Nunner-Winkler 1993). Schon früh in der kindlichen Entwicklung vollzieht sich ein Wechsel im Begriffsverständnis von Nominaldefinitionen und »natürlichen« Kategorien (»natural kind terms«, zum Beispiel Steine, Tiere, Pflanzen, Organismen) von einer Fokussierung auf äußerlich wahrnehmbare Oberflächenmerkmale zu einer Suche nach zugrundeliegenden stabilen Gemeinsamkeiten (vgl. Keil 1986; Gelman/Markman 1987; Gelman/Collman/Maccoby 1986). Während kleinere Kinder etwa meinen, ein Junge könne ein Mädchen werden, wenn er nur ein Kleid anzöge und sich eine Schleife ins Haar binde, oder ein Schaf könne eine Ziege werden, wenn man es nur glatt schöre und ihm Hörner aufsetzte, beginnen Kinder ab der mittleren Kindheit kategorial Generalisierbarkeits-, Wesens- und Konstanzannahmen zu unterstellen. Sie nehmen beispielsweise an: Alle Schafe hätten etwas gemein – die »Schafheit«; und auch ein geschorenes Schaf bleibe ein Schaf, und zwar lebenslang. Diese Veränderung im Begriffsverständnis ist – wie interkulturelle Untersuchungen belegen – universell; kulturspezifisch sind lediglich die herangezogenen inhaltlichen Interpretationen der Unterstellungen kategorialen Denkens. Westliche Kinder etwa erläutern die Konstanzunterstellung in eher naturwissenschaftlicher Terminologie: Ein Schaf bleibt ein Schaf, weil seine inneren Organe die gleichen bleiben. Die Kinder in einem Stamm ohne Schriftkultur hingegen greifen auf religiöse Mythen zurück: Wen die Götter einmal als Schaf geschaffen haben, der bleibt immer ein Schaf. Wenn Kinder nun erst einmal diesen Wandel im Begriffsverständnis vollzogen haben, nutzen sie neu erworbene Kategorien zur Induktion: wenn sie etwa lernen, daß ein gelber Salzklumpen Schnee schmelzen läßt, so erwarten sie dies nicht von einem äußerlich ähnlich aussehenden gelben Lehmklumpen, sehr wohl aber von weißem, fein gemahlenem Salz. Aus diesen Forschungen folgt: Kinder sind nicht reine Empiristen, die aus eigenen Anschauungen und Erfahrungen, allein im *Trial-and-error*-Verfahren lernen. Vielmehr bauen sie von früh an ein theoriegeleitetes Begriffssystem auf und suchen nach zugrundeliegenden Regeln und Gesetzmäßigkeiten. Die Effizienz dieser Strategie liegt auf der Hand – wie anders wäre zu erklären, daß Kinder in so kurzer Zeitspanne ein so komplexes und informationshaltiges Wissenssystem aufbauen?[1]

Was folgt aus diesen Überlegungen? Die Bestimmung von Gewalt als Macht zur Veränderung und als ordnungsstiftende Klassifikationsleistung ist zu unspezifisch. Weltveränderung und Wahrnehmungskategorisierung sind Universalien aller Lebensformen. Kritik an Gewalt läßt sich insofern sinnvoll nur äußern, wenn es gelingt, Kriterien auszuweisen, die genau das leisten, was Bauman allerdings als Quelle allen Übels diagnostiziert: nämlich zu unterscheiden zwischen legitimen und illegitimen Anwendungsweisen der Macht zur Veränderung, also etwa zu unterscheiden zwischen der Gestaltung einer Kulturlandschaft und der Vergiftung der Wälder, zwischen dem Behauen eines Marmorblocks in Form einer Statue und dem Wegsprengen eines die Autobahn behindernden Felsens, zwischen der allein durch Enkulturation und Sozialisation ermöglichten Personwerdung eines Neugeborenen und der durch rigide autoritäre Unterdrückung oder durch Erpressung mit Liebesentzugsdrohungen bewirkten Verformung der Persönlichkeit. – Ebenso gilt es zu unterscheiden zwischen legitimen und illegitimen Anwendungsweisen des kategorialen Denkens, also zwischen der angemessenen Generalisierung etwa von der Leitfähigkeit eines Stücks Kupferdrahtes auf die aller anderen, nie getesteten Kupferdrähte und der unangemessenen Generalisierung etwa von der Geschäftstüchtigkeit, der analytischen Denkfähigkeit oder dem besonderen Einfühlungsvermögen einer ethnischen Gruppe oder eines Geschlechts auf die

1 In der Sprachentwicklungsforschung ist – in Widerlegung behavioristischer Erklärungsversuche – im Detail gezeigt worden, daß Kinder aktiv regelkonstruierend lernen, nie gehörte, wohlgeformte Sätze zu bilden. Ein besonders überzeugender Beleg für Regelkonstruktion ist das Auftreten sogenannter Übergeneralisierungsfehler (zum Beispiel »geh-te« statt »ging«).

aller anderen Angehörigen der entsprechenden Kategorie. Allgemeiner formuliert: Wenn es gelingt, zwischen der berechtigten Anwendung der Generalisierungs-, Wesens- und Konstanzunterstellung auf natürliche Objekte (»natural kind terms«) und ihrer unberechtigten Anwendung auf soziale Kategorien angemessen zu unterscheiden.

Fazit: Baumans Konzept von Gewalt bleibt solange inhaltsleer und eine stumpfe Waffe der Kritik, solange es universelle und unabänderliche Momente des Lebens überhaupt umfaßt. Nur die Einführung der von ihm abgelehnten Unterscheidung zwischen legitimer und illegitimer Gewalt ermöglicht Kritik an bestehenden sozialen Verhältnissen.

2. Zu den Mechanismen moderner Gewaltfreisetzung

Eine der Thesen Baumans lautet: Der Kern von moderner Gewalt sei die Insensibilität gegenüber Schmerzen, die andere erleiden. Diese Insensibilität wird in der Moderne durch technologische Entwicklungen gesteigert: durch die Medien, in denen Gewalt zunehmend grausamer und realistischer dargestellt wird, so daß die Trennlinie zwischen virtueller und tatsächlicher Realität verschwimme, und durch die moderne Waffentechnik, die eine Distanz zwischen Täter und Opfer einschiebt.

Nun ist der Einfluß der *Medien*darstellung von Gewalt auf reale Gewaltbereitschaft in der Forschung umstritten. Es gibt Studien, die belegen, daß etwa Konsumenten von Gewaltpornos klar zwischen dem Genre des Films und ihrer eigenen realen Lebenswelt zu unterscheiden vermögen; es gibt Untersuchungen, die darauf hinweisen, daß nicht die Gewaltdarstellung per se, sondern die Belohnung sinnloser Gewalttätigkeit negative Lernprozesse stimuliert. Es gibt Theoretiker, die der Beobachtung von Gewalt eine »kathartische Wirkung« beziehungsweise, moderner gesprochen, die Funktion eines »Sicherheitsventils« zuschreiben.

Auch das *Distanz*argument ist nicht zwingend: Keineswegs verhindert die direkte Fühlungnahme mit den Opfern Grausamkeiten. So etwa wurden während des mittelalterlichen Hexenwahns die Verdächtigen höchst direkt gefoltert – Folter galt als Beweismittel – und zu Tausenden und Abertausenden konkret angezündet; im Dienst der Verteidigung des Abendlandes wurden die Türken höchst eigenhändig niedergemetzelt: »Zur Rechten wie zur Linken sah man einen halben Türken niedersinken« – so beschreibt es der Dichter; bei der Völkerschlacht von Leipzig töteten sich mehrere Hundertausende von Soldaten im direkten Kampf; und KZ-Schergen schließlich erschossen Abertausende von Juden persönlich und unmittelbar. Und umgekehrt: Der Pilot, der die Hiroshima-Bombe auslöste, ging später, als er die Konsequenzen seiner Handlung übersah, psychisch fast zugrunde. Das bedeutet: Möglicherweise ist die Dimension der physisch handgreiflichen Fühlungnahme zwischen Opfer und Tätern nicht so entscheidend. Was hingegen entscheidend sein dürfte – und damit komme ich zu einem theoretischen Argument –, ist der Grad der subjektiven Überzeugtheit von der Legitimität des eigenen Handelns. Bauman postuliert als Sperre gegen Gewaltausübung und Grausamkeit unmittelbares Mitfühlen – einen spontanen Impuls. Menschen aber handeln überwiegend nicht gemäß ihrer spontanen Impulse, sondern gemäß ihrer Überzeugungen, Situationseinschätzungen und Erwartungen. Ich will dies zunächst an Baumans Zitat von Max Frisch erläutern. Frisch formulierte: »Wir sind nicht zu Schlächtern geboren, aber fast alle können wir Soldaten werden und den Abzugshahn am Gewehr drücken.« Wichtig an Frischs Einsicht scheint mir nun nicht so sehr das von Bauman betonte Moment der durch technische Gerätschaften vermittelten Distanz zum Opfer, sondern der durch die Legitimation der Handlung gestiftete Rollenwechsel: Nicht der Verbrecher, der um eigener Vorteile willen andere mordet, könnte ich sein – wohl aber der Soldat, der um des Schutzes »verteidigungswerter« Güter willen andere tötet.

Nun ist dies allerdings genau Baumans Punkt. Gerade die Klassifikation von Gewalt in legitime und illegitime sei es, die brutale Grausamkeiten rechtfertige. Mein Einwand jedoch lautet: Bauman hat recht – aber dies ist kein Spezifikum moderner Waffentechnik, sondern eine Universalie menschlichen Daseins. Diese – so meine Behauptung – beruht auf der Tatsache, daß viele Menschen »moralisch« zu handeln wünschen und daß moralische Motivation nicht mit spontaner Empathie und Mitleid gleichgesetzt werden kann. Die letztere Behauptung hat eine doppelte Bedeutung: Sie hat den Status einer moralphilosophischen Überzeugung, aber auch den einer empirischen Tatsachenaussage. Moralphilosophisch gesprochen meine ich, daß Mitleid für moralisches Handeln weder hinreichend noch nötig ist. Mitleid allein ist nicht hinreichend: Mitleid kann sehr wohl auch »unmoralische« Handlungen motivieren, etwa wenn ein Betreuer sich angesichts der Qualen eines Drogenabhängigen in der Entziehungskur dazu hinreißen ließe, den ersehnten Stoff zu beschaffen, oder wenn einer, um – mitleidsvoll – Leid von einem Nahestehenden abzuwenden, einen Fernerstehenden, mit dem er spontan Empathie nicht zu empfinden vermag, stärker schädigt. Und Mitleid ist häufig nicht notwendig, um moralische Handlungen oder Unterlassungen zu motivieren: Auch einen Reichen zu bestehlen, unterlassen wir, weil wir dies (*prima facie*) als Unrecht erachten – nicht weil wir Mitleid mit ihm empfinden.

Und selbst wenn Bauman diese von mir unterstellte Unterscheidbarkeit von »moralischen« und »mitleidsmotivierten« Handlungen bestreiten wollte – wenn er also meine moralphilosophischen Überzeugungen nicht teilte –, so bleibt als empirische Tatsachenbehauptung bestehen, daß moralische Motivation faktisch nicht mit unmittelbar spontanem Mitgefühl identisch ist; vielmehr – so konnte ich auch in eigenen Forschungsarbeiten nachweisen (vgl. Nunner-Winkler 1992) – ist es ein formales *second order desire*, das erlaubt, mit moralischen Gründen zu unmittelbar spontanen Neigungen und Triebregungen Stellung zu nehmen und nur solche spontanen Impulse, die mit den moralischen Überzeugungen verträglich sind, in Handlungen umzusetzen. Moralische Motivation ist das Bestreben, das, was in einer konkreten Situation als moralisch geboten beurteilt wird, auch unter Inkaufnahme persönlicher Kosten zu tun, weil es für das Rechte erachtet wird. Daraus folgt: Für moralische Motivation, für moralisches Handeln ist moralisches Urteil – und damit unvermeidlich auch moralische Klassifikation – ein Konstitutivum.

3. Zu den Ursachen moderner Gewaltfreisetzung

Die zentrale Ursache für gesteigerte Gewaltbereitschaft und moderne Gewaltformen sieht Bauman in Veränderungen der Identitätsbildung. Bauman diagnostiziert Verfall: Auf der Individualebene beobachten wir die Fragmentierung von Biographien und die Auflösung sozialer Netze wie Familie und Nachbarschaft, auf der Kollektivebene die Desintegration des Gemeinwesens. Ich möchte gegen diesen Teil von Baumans Analyse zwei Einwände erheben. Zum einen scheint mir Baumans Deutung der Implikationen von individuellen und kollektiven Veränderungen *empirisch* strittig; zum anderen meine ich, daß sie auf einer *theoretisch* unangemessenen Konzeptualisierung von Identität basieren. Um mit dem empirischen Fragezeichen zu beginnen:

Auf der *Individualebene*, aus der Perspektive von Flaneuren, Touristen, Vagabunden und Spielern, den postmodernen Persönlichkeitstypen also – so Bauman – zerfällt das Leben in eine Serie unverbundener, in sich je abgeschlossener Episoden ohne Herkunft, ohne Zukunft, in denen der Andere zum Objekt nur ästhetischer Interessen, nicht aber mehr moralischer Verpflichtungen werde. Dies erkläre, daß nunmehr Gewalt – etwa als sexueller Mißbrauch von Kindern – mitten in der Intimsphäre aufbricht.

Aus empirischer Sicht allerdings ist zu fragen: Sind steigende Scheidungs- und sinkende Eheschließungsraten wirklich Indikator allein für Bindungsangst und Verantwortungsscheu? Stehen sie nicht im Gegenteil vor allem auch für eine Veränderung der Bedeutung von Paarbeziehungen, wobei an die Stelle vorrangig ökonomischer Bestimmunggründe und konventionell konformistischer Stabilitätsabsicherungen heute hochindividualisierte Ansprüche an egalitäre Verständigungsmöglichkeiten und an die Authentizität der Beziehung treten? Auch strittig scheint die Frage, ob die Berichte über sexuellen Mißbrauch in der Familie Indikator für eine objektive Zunahme von Gewaltakten oder nicht vielmehr für die größere Offenheit der Thematisierung und eine gesteigerte Sensibilität gegenüber Gewalt zu lesen sind. Anders gesagt: Hat sich Gewalt vermehrt, oder wird weniger »unter den Teppich gekehrt« und häufiger als Gewaltanwendung diagnostiziert, was vordem als Form der Herrschaftsausübung akzeptabel schien?

Auf der *Kollektiv*ebene notiert Bauman die Ersetzung von Sozialintegration durch Systemintegration. Der Abbau von Wohlfahrtsstaatlichkeit, die Deregulierungspolitik, das Setzen auf privatistische Marktkräfte allein – so Bauman – befördere Neotribalismus; die Sehnsucht nach einer kollektiven Absicherung der Identität sei die Wurzel für die Herausbildung imaginierter Gemeinschaften.

Empirisch ist dazu anzumerken: Es gibt Überlegungen, die umgekehrt gerade die Transformation des liberalen Rechtsstaates, der allein negative Freiheitsrechte zu garantieren suchte, in den Sozialstaat, der nun als Adressat für Forderungen nach Umverteilung und nach Herstellung von Gerechtigkeit dient, als eine der möglichen Ursachen für das erschreckende Wiederaufflammen askriptiver Gruppenzugehörigkeiten verantwortlich machen (vgl. Lenhardt 1990). In dem Maße, in dem der Staat Wohlfahrtsansprüche durch Umverteilungsmaßnahmen befriedigt, müssen Gruppen, wollen sie erfolgreich sein, die Loyalität ihrer Mitglieder mobilisieren. Dabei fungiert der Appell an unabänderliche kategoriale Zugehörigkeitskriterien – an askriptive Kriterien also – als besonders effizienter Modus der Loyalitätssicherung.

Doch es geht nicht allein um den empirischen Zusammenhang zwischen staatlicher Deregulierungspolitik und Identitätsproblemen, sondern um die *theoretische* Konzeptualisierung von Identität. In der Klage Baumans, der politische Raum, der früher vom Nationalstaat gefüllt war, sei heute leer, klingt die Annahme an, gelingende Identitätsbildung basiere auf konkreten Gruppenzugehörigkeiten. Dies läßt sich bezweifeln.

In der Moderne ist Identität als Rollenidentität, wie sie noch unsere Großväter in ihren Grabinschriften (»Hier ruht der Präsident des bayerischen Landesvermessungsamtes«) bruchlos zum Ausdruck brachten – angesichts der Vielfalt und Widersprüchlichkeit sozialer Einbindungen und der pluralistischen Ausdifferenzierung von Wertorientierungen – nicht mehr zu fassen. Korrelat moderner komplexer Gesellschaften ist auf seiten des Subjekts Ich-Identität. Ich-Identität bedarf der freiwilligen Selbstbindung an Werte (vgl. Tugendhat 1979; Frankfurt 1993), die sichert, daß die eigene Lebensführung nicht der Steuerung von Trieben, Schicksalsmächten oder dem blinden Zufall überlassen bleibt, sondern vom Individuum willentlich selbst gestaltet wird. Von diesen Wertbindungen her wird das Individuum dann auch zu biologischen Gebenheiten und sozialen Zuschreibungen (Geschlecht, ethnische Zugehörigkeit ...) Stellung nehmen und sie für die eigene Lebensführung mehr oder weniger wichtig machen.

Für kollektiv fundierte Identität – und hier greife ich Überlegungen von Jürgen Habermas auf – läßt sich analog argumentieren: Diese gewinnt das Individuum nicht mehr durch Zugehörigkeit zu bestimmten Organisationen oder territorial abgrenzbaren

Gruppen. Vernünftige Identität kann nur in der allgemein gleichen Chance zur »Teilnahme an wert- und normbildenden Lernprozessen« (Habermas 1976, S. 117) fundieren. Diese Lernprozesse umfassen nicht nur formal-demokratische Teilnahmeprozesse; konstitutiv sind vielmehr Formen der kommunikativen Beteiligung an der Öffentlichkeit im engeren und im weiteren Sinn. Zur Öffentlichkeit im engeren Sinn zählen etwa die Medien, die als bloße Ideologieproduzenten oder Manipulationsmaschinerie, als die sie in Baumans Analyse aufscheinen, nicht angemessen erfaßt sind. Zwar arbeiten die Medien nach ihren eigenen Funktionsgesetzmäßigkeiten: und das bedeutet, daß der Neuigkeitswert einer Mitteilung vorrangig und aufbauschende Sensationsmache verkaufsfördernd sind. Damit sind in der Tat Einseitigkeiten oder Fehlgewichtungen von Informationen, gezielte Stimmungsmache, das Ausblenden relevanter Aspekte, modeabhängige Konjunkturzyklen von Problemthematisierungen vorprogrammiert. Dennoch aber ist das Argument von Jon Elster (1991) (auf das auch Habermas in seiner Analyse der Bedeutung der Öffentlichkeit zurückgreift: 1992, S. 414) zwingend, daß die Möglichkeit der Manipulation der Öffentlichkeit parasitär ist gegenüber der Vorstellung, daß in den Medien Sachverhalte wahrheitsorientiert diskutiert werden. Jene nämlich höbe sich in genau dem Maße selbst auf, in dem die Medien ihre Glaubwürdigkeit einbüßen. Zur Öffentlichkeit im weiteren Sinne zählen meinungsbildende Institutionen wie Akademien, Volkshochschulen etc., aber auch und vor allem der Reproduktionsbereich, gemäß dem insbesondere von der Frauenbewegung proklamierten Motto: »Das Private ist politisch.« Das bedeutet: Wichtig sind Diskussionen und Auseinandersetzungen unter Kollegen und im Freundeskreis sowie die Verfaßtheit der Familie als Ort, in dem politisch relevante Orientierungen und Haltungen geprägt und damit die politische Kultur grundgelegt wird.

Es sind insbesondere zwei Veränderungen im Modernisierungsprozeß, die nahelegen könnten, das eingangs zitierte Glas Wasser nicht nur als halb leer zu sehen, sondern auch Hoffnung zuzulassen. Zum einen sind dies Veränderungen im Normensystem: Zunehmend haben sich in der Moderne universelle und kulturspezifische moralische Regeln (die *prima facie* die Schädigung anderer zu unterlassen oder zu verringern bzw. die durch die eigene Positionierung in einem gesellschaftlichen Kooperationszusammenhang gesetzten Pflichten zu erfüllen gebieten) von bloßen Konventionen und einem der persönlichen Entscheidungsfreiheit des Individuums anheimgestellten persönlichen Bereich ausdifferenziert. Für Erziehung bedeutet dies, daß der Appell an Einsichtsfähigkeit an die Stelle von Macht und Zwang treten kann. Die Gültigkeit moralischer Normen und deren Begründung nämlich kann schon kleinen Kindern verständlich gemacht werden, während die bloß faktische Geltung unter Umständen rein willkürlicher oder auch repressiver Konventionen mit Machtmitteln bloß durchgesetzt werden kann. Zugleich hat sich ein kontinuierlicher Abbau von intrafamilialem Autoritarismus (vgl. Reuband 1988) vollzogen: Zunehmend hat sich das Verhältnis von Eltern und Kindern egalisiert, erhalten Kinder ein Recht, bei sie betreffenden Angelegenheiten gehört zu werden und nach Maßgabe ihrer unterstellten Einsichtsfähigkeit auch Familienangelegenheiten mitbestimmen zu können. Dies sind förderliche Sozialisationsbedingungen für die Ausbildung von Ich-Identität im Sinne einer freiwilligen Selbstbindung an Werte, die zunehmend tradierte Formen von (durch rigide Über-Ich-Kontrollen bzw. frühkindliche Triebüberformung abgesicherten) Rollenidentitäten ersetzt.

Kurz: Der Abbau der Bedeutung von Nationalstaatlichkeit, der sich der Internationalisierung von Wirtschaftsverflechtungen, Verteidigungsbündnissen und Rechtssprechungsinstitutionen verdankt, ist nicht notwendig als Aushöhlung von Chancen zur Identitätsbildung zu lesen. In modernen komplexen Gesellschaften ist Identität nicht durch Gruppenzugehörigkeit definiert, sondern wird als Ich-Identität durch freiwillige Selbstbindung an Wertorientierungen gestiftet. Deren Interpretation und kontextspezifische Konkretisierung ist eingebunden in kollektive Lernprozesse, an denen das Individuum sich aktiv, diskursiv beteiligt weiß.

Schlußbemerkung

Abschließend möchte ich meine bislang eher implizit unterstellte Grundannahme nochmals explizit aufgreifen. Ich gehe davon aus, daß die Annahme, es sei möglich, zwischen Legitimität und Illegitimität zu unterscheiden – allen Bedenken Baumans zum Trotz – unhintergehbar ist. Diese Annahme muß notwendig vorausgesetzt werden, soll nicht Baumans Kritik, wie auch seine Utopie – die Hoffnung auf Humanität als Einheit in der Vielfalt – leerlaufen. Es ist dies das altbekannte, immer wieder gegen den Skeptizismus vorgetragene Argument des – modern formuliert – performativen Widerspruchs: In der Äußerung der Kritik beansprucht Baumann Wertmaßstäbe, deren Rechtfertigbarkeit er zugleich auf der Ebene des Inhalts der Kritik bestreitet.

Ich möchte noch einen Schritt weiter gehen: Ich stimme Bauman zu, daß je spezifische Anwendungen der Unterscheidung von legitim/illegitim umstritten sein und somit Anlaß für Gewalt bieten werden. Doch scheint mir dann, daß die Vorstellung totaler Gewaltfreiheit selbst inhuman ist. Abweichung und damit der Kampf um die Grenzziehung zwischen legitim/illegitim ist konstitutiv für Gesellschaft. Ich gehe davon aus, daß spontane egoistische Impulse und die Fähigkeit, eigene Interessen rücksichtslos auch auf Kosten anderer durchzusetzen (genauso wie spontane altruistische Neigungen) zur Grundausstattung des Menschen gehören. Damit gibt es nur die Möglichkeit, menschliches Zusammenleben darwinistisch dem Kampf der Durchsetzungsfähigsten zu überlassen bzw. die jeweils als abweichend geltenden Impulse qua Indoktrination bzw. vollständiger kultureller Überformung der Triebnatur des Menschen zu unterdrücken (*oversocialized men)* oder aber – und dafür möchte ich natürlich plädieren – sich damit abzufinden, daß der Kampf um Legitimität ein Grundzug menschlicher Vergesellschaftung ist. Somit können wir nicht umhin zu versuchen, »repressive« Formen des Kampfes – solche, die die weitere Unterdrückung der Schwachen und Ausbeutung der Entrechteten zum Ziele haben – von »progressiven« Formen, die die Erweiterung wechselseitiger Anerkennungsverhältnisse anstreben (vgl. Moore 1987; Honneth 1993), zu unterscheiden. Im übrigen glaube ich, daß zwar in konkreten Anwendungsfällen der Unterscheidung Dissens und Konflikt erzeugt wird – und in der Tat ist die der Ablösung von Gesinnungs- durch Verantwortungsethik geschuldete Grauzone nicht eindeutig entscheidbarer Fälle (dank der Fallibilität empirischer Prognosen und des Pluralismus in der Bewertung von Konsequenzen) ein Konstitutivum der Moderne. Dennoch aber scheint mir die Unterscheidung selbst so prekär nicht: Schließlich erfahren wir die Idee der Menschenrechte wie die Entdeckung überzeitlicher Wahrheiten aus Poppers Dritter Welt. Und dies, wiewohl wir in der Reflexion erkennen, daß sie nur als durch unsere eigene Willensentscheidung konstituiert gedacht werden können (Tugendhat 1993). So empfinden wir die zugrundeliegende basale Idee der konstitutiven Gleichheit aller Menschen als unhintergehbar, nun da in nachmetaphysischer Zeit Ungleichheit durch Rückgriff auf Mythen oder religiöse Doktrinen nicht mehr rechtfertigbar ist. Auch die zunehmend extensivere Interpretation der Menschenrechte von bloß negativen Freiheitsrechten zu positiven politischen und gar sozialen Teilhaberechten verstehen wir als irreversibel. Diese unabweislichen Intuitionen sprechen nicht dafür, daß die Unterscheidung von Recht und Unrecht per se unmöglich ist – auch wenn wir die Existenz von Grauzonen, in denen Konsens nicht erwartbar ist, anerkennen müssen. Tugendhat hat dieses Argument in ein eindrückliches Bild gefaßt, daß ich zum Abschluß zitieren möchte: »Es erscheint ebenso naiv zu glauben, daß es im Himmel ein Buch gibt, das die Antworten auf alle moralischen Schwierigkeiten enthält, wie daß, wenn es ein solches nicht gibt, alles willkürlich wird. Beide Auffassungen ergeben sich aus ein und derselben Voraussetzung der Orientierung an einer autoritären Moral« (Tugendhat 1993, S. 332).

Literatur

Elster, Jon, »The possibility of rational politics«, in: D. Held (Hg.), *Political theory today*, Oxford 1991.

Frankfurt, Harry, »Die Notwendigkeit von Idealen«, in: W. Edelstein, G. Nunner-Winkler und G. Noam (Hg.), *Moral und Person*, Frankfurt am Main 1993, S. 107-118.

Gelman, S. A., P. Collman und E. E. Maccoby, »Inferring properties from categories versus inferring categories from properties: The case of gender«, in: *Child Development*, 1986, S. 396- 404.

Gelman, S. A., und E. M. Markman, »Young children's inductions from natural kinds: The role of categories and appearances«, in: *Child Development*, 1987, S. 1532-1541.

Habermas, Jürgen, »Können komplexe Gesellschaften eine vernünftige Identität ausbilden?«, in: ders., *Zur Rekonstruktion des historischen Materialismus*, Frankfurt am Main 1976, S. 92-126.

–, *Faktizität und Geltung. Beiträge zur Diskurstheorie des Rechts und des demokratischen Rechtsstaats*, Frankfurt am Main 1992.

Honneth, Axel, *Kampf um Anerkennung*, Frankfurt am Main 1992.

Keil, F. C., »The acquisition of natural kind and artifact terms«, in

W. Demopoulos und A. Marras (Hg.), *Language learning and concept acquisition: Foundational issues*, Norwood, NJ 1986, S. 133-153.
Lenhardt, G., »›Ethnische Identität‹ und gesellschaftliche Rationalisierung«, in: *Prokla* 1990, S. 132-154.
Moore, Barrington, »Deutsche Arbeiter in der Revolution von 1848«, in: ders. *Ungerechtigkeit. Die sozialen Ursachen von Unterordnung und Widerstand*, Frankfurt am Main 1987, S. 180-239.
Nunner-Winkler, Gertrud, »Zur moralischen Sozialisation«, in: *Kölner Zeitschrift für Soziologie und Sozialpsychologie*, 1992, S. 252-272.
–, »Identitätsbildung und Ethnozentrismus«, in: B. Schäfers (Hg.), *Lebensverhältnisse und soziale Konflikte im neuen Europa. Verhandlungen des 26. Soziologentages, Düsseldorf 1992*, Frankfurt am Main 1993, S. 795-805.
–, »Moral development«, in: F. E. Weinert und W. Schneider (Hg.), *From Three to Twelve. The Longitudinal Study on the Genesis of Individual Competencies (LOGIC)*, Cambridge (im Erscheinen).
Reuband, K. H., »Von äußerer Verhaltenskonformität zu selbständigem Handeln: Über die Bedeutung kultureller und struktureller Einflüsse für den Wandel in den Erziehungszielen und Sozialisationsinhalten«, in: H. O. Luthe und Heiner Meulemann (Hg.), *Wertwandel – Faktum oder Fiktion? Bestandsaufnahmen und Diagnosen aus kultursoziologischer Sicht*, Frankfurt am Main/New York 1988, S. 73-97.
Tugendhat, Ernst, *Selbstbewußtsein und Selbstbestimmung. Sprachanalytische Interpretationen*, Frankfurt am Main 1979.
–, *Vorlesungen über Ethik*, Frankfurt am Main 1993.

Shmuel N. Eisenstadt
Barbarei und Moderne

I

Ist die Barbarei der Moderne fremd? Ist sie ein Zeichen, ein Ausdruck dafür, daß das Projekt der Moderne noch nicht vollendet ist? Steht sie in einem antithetischen Verhältnis zur Moderne – oder muß der Zusammenhang zwischen Barbarei und Moderne komplexer gefaßt werden? Besteht nicht vielmehr die Möglichkeit, daß manchen Aspekten des Projekts der Moderne das Potential zur Barbarei gewissermaßen innewohnt?

In Form unterschiedlichster Typen von Gewaltsamkeit – Völkermord, Unterwerfung und Vernichtung von Populationen, Invasionen und anderen Tötungsmethoden – ist die Barbarei in der Geschichte der Moderne alles andere als neu. Die Art und Weise, in der sich diese Barbareien äußern, sind mit der Entwicklung und Verbreitung moderner Vernichtungs- und Kommunikationstechnologien extremer geworden und haben sich ausgeweitet. Davon abgesehen, läßt sich die moderne Barbarei jedoch über einige zusätzliche Besonderheiten charakterisieren, von denen man in früheren Zeiten lediglich einzelne Keime ausmachen konnte. Ich will nun hier nicht auf jene Gesichtspunkte der modernen Barbarei eingehen, die mit der Unterwerfung des menschlichen Lebens unter die Herrschaft der instrumentellen Rationalität in Zusammenhang stehen, ein Thema, das seit Max Weber bis zur Gegenwart ausführlich behandelt worden ist. Statt dessen möchte ich einen anderen Aspekt hervorheben, dem man bisher noch nicht genügend Aufmerksamkeit geschenkt hat: Die bedeutsamste Eigenschaft der modernen Barbarei ist in ihrer auf Prinzipien gegründeten ideologischen Dimension zu finden. Die Barbarei legitimiert sich in Form einer verabsolutierenden, totalen Exklusion einiger Teile einer Bevölkerung, welche zuvor mit denjenigen, die nun die Exklusion betreiben, einen gemeinsamen Rahmen gebildet hatten, die nun aber als »vollkommen anders« definiert und von jeglicher Kategorie des Menschlichen ausgeschlossen werden.

Der Keim einer derartigen Negation und Exklusion läßt sich schon früher ausmachen, insbesondere innerhalb verschiedener monotheistischer Religionen. Angesichts der grundsätzlich universalistischen Ausrichtung dieser Religionen konnten Negation und Exklusion hier jedoch niemals total werden. Immer bestand für andere die Möglichkeit zu »konvertieren« – und diese Tatsache allein bedeutete schon, daß ein gemeinsames Menschsein anerkannt wurde. Sicherlich konnten ethnische und rassische Stammeskonflikte immer zu deutlichen Ausformungen von Barbarei im Namen primordialer Ausschließlichkeit führen; diese wurde jedoch kaum auf der Ebene ideologischer Prinzipien formuliert. Statt dessen scheint es, daß eine derartige, auf Grundsätzen beruhende ideologische Negation des Anderen – vor allem des kollektiven, primordialen Anderen – sich in reiner Form nur in der Moderne entwickeln konnte.

Ist diese Negation dann möglicherweise mit dem Programm der Moderne und mit dessen Institutionalisierung verknüpft? Und mit welchen ihrer Elemente? Die zentrale These dieser Arbeit besagt, daß das Potential zur Barbarei in der weitreichenden Transformation der modernen Programmatik wurzelt, wie sie sich im Zuge der Aufklärung und der Großen Revolutionen, mithin jener utopischen Visionen, die in den europäischen Zivilisationen vorherrschen, herauskristallisiert hat. Dieses Potential ist in den folgenden, eng miteinander verbundenen Tendenzen zu suchen: Die Hauptdimensionen menschlicher Erfahrung werden verabsolutiert und erscheinen als einander ausschließend; insbesondere werden Grenzen aufgebaut zwischen Verstand und Gefühl sowie zwischen den Hauptbestandteilen der kollektiven Identität und der Legitimation der sozialen Ordnung, vor allem zwischen der primordialen, der zivilen und der geistlichen Ordnung. Die primordialen und erlösungsorientierten Komponenten des menschlichen Kollektivlebens und die entsprechende Konstruktion menschlicher Kollektive werden im kulturellen Programm der Aufklärung ausgeklammert. Im Zusammenhang mit der Institutionalisierung des kulturellen Programms der Moderne schließlich findet eine Transformation des politischen Prozesses statt.

II

Die Besonderheiten utopischer, eschatologischer Visionen und sektiererischer Bewegungen, wie sie sich in den europäischen, im Grunde aber in allen monotheistischen Zivilisationen ausbildeten, sind stark von der Vorstellung beeinflußt, die Arena der Politik sei ein Ort oder sogar der zentrale Ort, an dem sich die transzendenten Visionen, die diese Zivilisationen schließlich prägten, verwirklichen ließen – und damit auch die »Erlösung«, um Webers Begriff zu verwenden.

Die christlichen, jüdischen und islamischen Utopien und Sekten zeichneten sich durch deutliche Tendenzen aus, Visionen einer neuen politischen und in gewissem Maße auch einer neuen sozialen Ordnung zu entwickeln, welche auf der Kombination einer neukonstruierten Ontologie und von neukonstruierten politischen und sozialen Zentren beruhten. Zweifellos wurden derartige Visionen in keiner dieser Zivilisationen, einschließlich der des mittelalterlichen Christentums, als völlig legitim anerkannt. Die Sichtweise des Heiligen Augustinus, die die Kluft zwischen dem Reich Gottes und dem Reich der Welt herausstellte, blieb für lange Zeit herrschend. Das Christentum enthielt jedoch von Anfang an eine äußerst starke diesseitige Ausrichtung, welche seit dem Spätmittelalter möglicherweise im Zuge des Eindringens gnostischer Orientierungen in den Hauptstrom des europäischen politischen Denkens – auf das Eric Voegelin, wenn auch wahrscheinlich in überzogener Weise, hingewiesen hat – in gewissem Umfang verstärkt wurde. Dieses Eindringen lief der ursprünglichen, halboffiziellen augustinischen Vision zuwider und führte zu fortlaufenden und intensiven Versuchen, die Kluft zwischen dem Ideal und der bestehenden Wirklichkeit zu überbrücken. Viele dieser Versuche gingen von der Möglichkeit aus, die bestehende Gemeinschaft könne mit der idealen Vision durchtränkt, entsprechend umgeformt und zur Miniaturausgabe der idealen Ordnung gemacht werden.

Normalerweise umfaßte eine solche alternative Vision eine ausgeprägte diesseitige Komponente, eine Orientierung an der Neustrukturierung und Kontrolle der politischen und kognitiven Arenen sowie eine deutliche Vorliebe, sich mit sozialen und politischen Protestbewegungen zu verbünden. Während des gesamten Mittelalters und später – auf andere Art und Weise – auch in der katholischen Tradition der Gegenreformation wurden diese heterodoxen, anti-augustinischen Tendenzen jedoch durch den offiziellen, an einer Version des augustinischen Weltbildes orientierten Hauptstrom gehemmt. Erst im Zuge der Aufklärung und der modernen Großen Revolutionen – der *Great Rebellion* (beziehungsweise des Bürgerkriegs) in England, der Amerikanischen und der Französischen Revolution – wurde die politische Sphäre von starken religiösen, oftmals deutlich utopisch, eschatologisch und chiliastisch orientierten, später säkularisierten Strömungen durchdrungen, und erst im Rahmen dieser Umwälzungen kristallisierte sich das kulturelle Programm der Moderne heraus.

III

Die Visionen, die sich mit der Aufklärung verbreiteten, und die neuen Institutionen, die im Zuge der Großen Revolutionen geschaffen wurden, brachten einen weitreichenden Vorstellungswandel mit Blick auf das Verhältnis zwischen der transzendenten und der mundanen Ordnung mit sich und gleichzeitig einen Wandel der grundsätzlichen Vorstellungen, wie sie Politik, Macht und die Beziehung zwischen »Zentrum« und »Peripherie« betrafen. Vielleicht zum ersten Mal in der Geschichte der Menschheit ließen sie den Glauben entstehen, daß sich die Kluft zwischen beiden Ordnungen schließen könnte, daß sich in der mundanen Ordnung des sozialen Lebens einige der utopischen, eschatologischen Visionen verwirklichen ließen. Dieser Glaube konnte leicht mit der Grundannahme verschmelzen, daß die Gestaltung sozialer und kultureller Ordnungen von einer weitreichenden Expansion vernünftigen Wissens abhängt: so konnte das kulturelle Programm der Moderne entstehen.

Die radikale Innovation dieser neuen kulturellen Programmatik lag, selbst wenn man sie als eine Transformation bereits vorher existierender Prämissen ansehen mag, in mehreren, teilweise einander widersprechenden Grundsätzen und Tendenzen, die alle einen gemeinsamen Nenner hatten: der Ort Gottes innerhalb der Konstruktion des Kosmos und des Menschen verschob sich; der Glaube, daß Gott oder irgendwelche metaphysischen Prinzipien den Ausgangspunkt darstellten, um Mensch und Weltall zu verstehen, wandelte sich. In zunehmendem Maße erschienen Mensch und Natur nicht mehr gesteuert durch den Willen Gottes – wie in den monotheistischen Zivilisationen –, durch transzendente metaphysische Prinzipien – wie im Hinduismus und Konfuzianismus – oder durch einen universalen Logos – wie in der griechischen Tradition –, sondern als autonome Entitäten, die durch nichts anderes als immanente Gesetze gelenkt werden, welche man wiederum über den Weg der menschlichen Vernunft und Forschung erkennen konnte.

Die Erforschung derartiger Gesetzmäßigkeiten sollte folglich zu einem der Schwerpunkte der neuen intellektuellen Tradition werden und erschien als Schlüssel, um den immerwährenden Problemstellungen in den Reflexionstraditionen der großen Zivilisationen auf den Grund zu gehen. Gleichzeitig nahm man vor dem Hintergrund der neuen kulturellen Programmatik mehr und mehr an, daß eine Untersuchung dieser Gesetzmäßigkeiten es ermöglichen würde, die Geheimnisse des Universums und des menschlichen Schicksals aufzulösen. Diese Forschung war weder passiv noch kontemplativ. Vielmehr wurde innerhalb der kulturellen Vision der Moderne – oder zumindest in Teilen davon – die Grundannahme vertreten, über den Weg derartiger Untersuchungen könnte man nicht allein ein besseres Verständnis des Schicksals erreichen, sondern dieses auch beherrschen und im Zuge der bewußten Anstrengungen des Menschen und der Inthronisierung der Vernunft eine beständige Expansion der menschlichen Umwelt erreichen.

IV

Eine grundlegende Prämisse dieses neuen Programms, des kulturellen Programms der Moderne, bestand damit in dem Glauben an die Möglichkeit, zentrale Aspekte der sozialen, kulturellen und natürlichen Ordnung auf dem Wege bewußten menschlichen Handelns und menschlicher Teilnahme aktiv zu konstituieren. Die Gesellschaft selber war zum Gegenstand menschlicher Aktivitäten geworden, die auf ihre Neukonstruktion abzielten.

Eine derartige Möglichkeit der Umwälzung sozial-kultureller Ordnungen, ihrer fortlaufenden Erforschung und schließlich ihrer potentiellen Beherrschung anzunehmen, beruhte – um diese Begrifflichkeit wiederaufzunehmen – auf einer spezifischen Mischung von Zweckrationalität und Wertrationalität, einer Mischung, die im Feld der Wissenschaft *en miniature* deutlich wurde. Auf diesem Feld – jedoch prinzipiell in sämtlichen Bereichen, in denen die neue Tradition Fuß faßte – waren im Ethos der kognitiven Rationalität die Elemente des »Logos« und des »Mythos« in vielfältiger Weise miteinander kombiniert. Wahrscheinlich war es gerade diese Verquickung von Wert- und Zweckrationalität, die Subsumption von kultureller Reflexivität unter die Hegemonie von kognitiver Rationalität, die sich als eine der radikalsten Innovationen des neuen kulturellen Programms darstellte.

Eine derartige Ontologie war zudem mit einer sehr spezifischen Zeitbegrifflichkeit verbunden, insbesondere im Zusammenhang mit den Vorstellungen vom Verlauf der menschlichen Geschichte. Einer der wichtigsten dieser Begriffe, von denen viele bereits in der christlichen Eschatologie wurzelten, die sich von dieser aber gleichzeitig weitreichend unterschieden, war zunächst eine Vision des historischen Fortschritts: ein Bild der Geschichte als eines Prozesses, in dem das kulturelle Programm der Moderne, wie es die individuelle Autonomie und Emanzipation herausfordert, und die universalistischen Werte der Vernunft, Wissenschaft und Technologie verwirklicht würden. Die bedeutsamste, die romantische Gegenbewegung hierzu betonte demgegenüber die Autonomie der Gefühle und die Besonderheiten, ja den Primat der primordialen Kollektive. Diese Tradition kristallisierte sich jedoch selber erst innerhalb dieses neuen Programms heraus und übernahm so einige von dessen Eigenschaften, insbesondere die deutlich utopische, halb-eschatologische Ausrichtung, wenn auch sicherlich nicht den Begriff des Fortschritts.

V.

Diese Konzeptionen konnten ihre vollständige Wirkung jedoch erst über den Weg spezifischer institutioneller Prozesse entfalten. Diese betrafen vor allem die Ausbildung von eigentümlichen Strukturen der »Zentren« und deren Beziehungen zur »Peripherie«, die grundlegenden Merkmale der politischen Ordnung, deren Legitimation und die Art und Weise, in der die Verantwortlichkeit von Herrschern verstanden wurde.

Die Entstehung der Moderne war eng verknüpft mit einem

Wandel der Beziehungen zwischen Zentren und Peripherien, mit einer Durchdringung der Peripherie durch die Zentren ebenso wie mit einem wachsenden Einfluß der Peripherie auf das Zentrum, ein Prozeß, der häufig darin kulminierte, daß sich die Differenz zwischen beiden verwischte. Damit eng verbunden fand ein Einstellungswandel gegenüber der Tradition und der Autorität statt. Immer mehr wich die Autorität der Vergangenheit als grundlegende symbolische Regulationsmacht für sozialen, politischen und kulturellen Wandel einer Einstellung, welche die Bedeutung der Innovation als kultureller Orientierungsmacht und als möglicher Komponente einer Legitimation von Autorität anerkannte.

Die Umwälzung der Grundbegriffe der politisch-sozialen Ordnung war ohne die vollständige Institutionalisierung der Ideologie der Staatsbürgerschaft [*citizenship*] in ihrer modernen Ausformung nicht denkbar. Die Ideologie der Staatsbürgerschaft führte dazu, daß sich über den Weg politischer Konflikte und Proteste der Zugang zu einer Repräsentation im Zentrum auf alle Bürger aus allen Teilen der Gesellschaft ausdehnte und daß sich der Gedanke einer vollständigen Verantwortlichkeit der Herrscher gegenüber den Bürgern verbreitete. Die Ideologie der Staatsbürgerschaft, die schließlich in den republikanischen politischen Traditionen der Stadtstaaten ihren Ursprung hatte, wurde zudem durch die neuen utopischen Visionen umgeformt, welche die christliche Eschatologie zu einem säkularen Bild der Entfaltung des menschlichen Schicksals und dem ständigen Streben nach einer idealen sozialen Ordnung transformiert hatten. Die Suche nach entsprechenden Methoden, die es ermöglichten, die konkrete soziale Ordnung durch die ideale Ordnung zu ersetzen, wurde zu einer zentralen, wenn auch nicht allumfassenden Komponente im politischen Diskurs und in der Tradition der Moderne.

Das neue kulturelle Programm der Moderne, wie es sich insbesondere in den Großen Revolutionen herausbildete, vereinigte somit Tendenzen der Rebellion, des Protestes und des intellektuellen Antinomismus mit deutlichen Tendenzen zur Formierung von Zentren und zum Aufbau von Institutionen. Gerade diese Konstruktion und Institutionalisierung neuer Zentren war es, die die Großen Revolutionen von anderen historischen Protestbewegungen unterschieden, ihnen ihre spezifisch moderne Bedeutung als Revolutionen verliehen und den politischen Prozeß der Moderne prägten. In engem Zusammenhang mit der utopischen

Komponente des modernen politischen Lebens, wie sie sich von den Großen Revolutionen herleitete, fand eine weitreichende Umwälzung der Symbolik und der Struktur der modernen politischen Zentren im Vergleich zu ihren Vorläufermodellen und den Zentren anderer Zivilisationen statt. Die zentrale Problematik dieser Transformation war darin zu suchen, daß Symbole und Themen des Protestes als eine der legitimen Grundlagen dieser Zentren inkorporiert wurden. Diese Inkorporierung des Protestes stellte sich als ein grundlegendes Element des Projekts der menschlichen Emanzipation dar, eines Projekts, das auf eine Kombination von Gleichheit und Freiheit, Gerechtigkeit und Autonomie, Solidarität und Identität abzielte.

Im Gegensatz zu fast sämtlichen vorhergehenden Zivilisationen erschienen die Themen und Symbole der Gleichheit, Partizipation und sozialen Gerechtigkeit nicht mehr allein als Elemente des Protestes gegen die bestehenden Zentren, sondern wurden zum Bestandteil der politischen Legitimation planmäßiger, *ordnungsimmanenter* Forderungen seitens der Peripherie gegenüber diesem Zentrum. Der Protest und die Möglichkeit, die institutionellen Grundlagen einer Gesellschaft stückweise zu verändern, erschienen nun nicht mehr als illegitime oder marginale Elemente des politischen Prozesses. Sie wurden vielmehr zu Kernfragen des politischen Diskurses und der politischen Praxis der Moderne.

Gleichzeitig fanden politische Prozesse statt, in denen die Herkunftseliten allmählich verschwanden und Leistungskriterien in den Vordergrund traten. Die Form der Elitenrekrutierung, die Diversifizierung ihrer sozialen Rekrutierungsbasis und der sich verstärkende Wettbewerb zwischen unterschiedlichen Eliten, die Notwendigkeit, politische Unterstützung in der Öffentlichkeit zu mobilisieren, schließlich die enge Kopplung zwischen der Auswahl der politischen Führer über den Wettbewerb und dem Prozeß der »Veröffentlichung« der Politik, der Artikulation und Aggregierung politischer Interessen und Forderungen – dies alles transformierte und revitalisierte den politischen Diskurs und die politische Praxis.

Im Zusammenhang mit allen diesen Eigenschaften der Beziehungen zwischen Zentrum und Peripherie erschienen aus der Sicht des kulturellen Programms der Moderne die Zentren als Felder, auf denen sich die charismatischen Dimensionen der modernen politisch-sozialen Ordnungen manifestieren konnten, und zwar vor allem als wichtigste Bezugspunkte für die Ausbildung der kollektiven Identitäten der Individuen. Schließlich betrachtete man die Zentren zudem als fähig, jene Aspekte des Modernisierungsprozesses, die als verantwortlich für Entfremdung und Anomie erschienen, über den Weg der Sozialpolitik oder der revolutionären Veränderung zu restrukturieren.

Das kulturelle Programm der Moderne entwickelte den Ehrgeiz, daß die Zentren und Kollektive auf einer Übereinstimmung der kulturellen und politischen Identitäten der gesamten Bevölkerung eines Landes, auf ausgeprägten symbolischen und affektiven Verpflichtungen gegenüber dem Zentrum sowie auf einer Verschmelzung der wichtigsten Dimensionen der menschlichen Existenz und des sozialen Lebens in eben diesem Zentrum beruhen sollten. Die ideologische und institutionelle Form, welche die Beziehungen und Spannungen zwischen Zentrum und Peripherie in Europa seit der Zeit der Gegenreformation und bis zum 18. und 19. Jahrhundert annahm, war folglich das Streben nach dem Nationalstaat und in gewissem Maße auch die Suche nach der Klassengesellschaft, wie sie sich später in reiner Form in den sozialistischen Bewegungen manifestieren sollte.

Der Schwerpunkt der politischen Dynamik der modernen Gesellschaften lag somit in der Neustrukturierung der Beziehungen zwischen Zentrum und Peripherie: erstens in der Inkorporierung von Symbolen und Forderungen des Protests in die Grundsymbolik der Gesellschaft und gleichzeitig zweitens in der Neugestaltung der Beziehungen zwischen bürgerlicher Gesellschaft und Staat. Die verschiedenen Wandlungs- und Verwerfungsprozesse, die sich aus der Modernisierung ergaben – wirtschaftlicher Strukturwandel, Urbanisierung, Veränderungen der Kommunikationsmittel etc. – haben in den modernen Gesellschaften nicht allein dazu geführt, daß einzelne Gruppen auf konkrete Mißstände aufmerksam machten und Forderungen stellten, sondern vor allem dazu, daß sich auch in der weiteren politisch-sozialen Ordnung und in deren zentralen Feldern das Verlangen nach Partizipation ausbreitete. Dieses Partizipationsstreben von seiten der Peripherie, deren Streben nach einer Inkorporation verschiedener Protestthemen in das Zentrum, in die Zentren ihrer jeweiligen Gesellschaften, die parallele Umwälzung der Beziehungen zwischen Zentrum und Peripherie und die beständige Neustrukturierung der Grenzen der bürgerlichen Gesellschaft und der Sphäre der Politik wurden dabei häufig durch die beschriebenen utopischen Visionen angeleitet.

VII

Der soziale und kulturelle Aktivismus sowie der Glaube an die Fähigkeit des Menschen, die Gesellschaft gemäß den Visionen des Universalismus neu zu konstruieren, sind häufig von einer ausgeprägten Tendenz zur Verabsolutierung der Hauptdimensionen menschlicher Erfahrung und der wichtigsten Bestandteile der sozialen Ordnung sowie gleichzeitig von einer Ideologisierung der Politik begleitet worden. Diese Neigung zur Verabsolutierung von Dimensionen des sozialen Lebens, insbesondere der Sphäre der Politik und des politischen Handelns, bildete sich in extremer Weise in den unterschiedlichen Bewegungen und Ideologien des Jakobinismus, von den Programmen der Revolution über den Nationalismus bis hin zu den zeitgenössischen Bewegungen des Fundamentalismus.

Kennzeichnend für jakobinische Orientierungen und Bewegungen ist eine deutliche Neigung nicht nur zu totalistischen Weltbildern und Organisationen, sondern auch zu allumfassenden totalitären Ideologien, die auf eine totale Rekonstitution der politisch-sozialen Ordnung ausgerichtet sind und dabei einen ausgeprägten missionarischen, häufig universalistisch orientierten Eifer an den Tag legen. Die Bewegungen des revolutionären Jakobinismus verknüpften diese Zielrichtung häufig mit der Idee einer Realisierung von Fortschritt und Vernunft. Diese jakobinische Richtung stellte den Glauben an einen Primat der Politik und an die Fähigkeit der Politik, die Gesellschaft zu rekonstituieren, sie über totalistisches politisches Handeln zu transformieren, in den Vordergrund. Sie entstand im Zusammenhang mit dem politischen Programm der Moderne, auch wenn ihre historischen

Wurzeln bis zu den Eschatologien des Mittelalters zurückreichen. Eine derartige jakobinische Ausrichtung hat sich vor allem in den Versuchen, die Zentren der jeweiligen Gesellschaften von Grund auf neu zu bilden, in einer Tendenz zum missionarischen Expansionismus sowie einer vollständigen Aufhebung der Differenz zwischen Zentrum und Peripherie niedergeschlagen: Letztere negiert den Bestand von intermediären Institutionen und Vereinigungen und damit das, was gelegentlich »Zivilgesellschaft« genannt wird, so daß die Unterscheidung zwischen Zivilgesellschaft und einer umfassenden Gemeinschaft aufgehoben wird. Das jakobinische Element ist in zahlreichen unterschiedlichen Gestalten, so auch in vielen der populistischen, fundamentalistischen oder faschistischen Bewegungen, in allen modernen Gesellschaften vorhanden gewesen, einschließlich der demokratischen. Wie Norberto Bobbio in seinen Arbeiten häufig betont hat, war das jakobinische Element sowohl im Faschismus wie auch im Kommunismus ausgeprägt, die sich dergestalt als Spiegelbilder erweisen. Diese Komponente existiert gleichermaßen in den sozialen und nationalistischen Bewegungen, obgleich in letzteren die universalistischen Elemente sicherlich nur schwach oder gar nicht vorhanden sind.

VIII

In nicht geringem Maße widersprechen diese Tendenzen zur Verabsolutierung und Charismatisierung des Zentrums und der Kollektive einigen bedeutsamen Dimensionen der geschichtlichen Erfahrung in Europa, in gewissem Maße auch den konkreten historischen Entwicklungen des modernen Europa selber.

Ein zentrales Merkmal der Geschichte des mittelalterlichen und modernen Europa war die kontinuierliche Gründung und Neugründung von Fürstentümern, Stadtstaaten, Lehenstümern, von volksspezifischen und volksübergreifenden, regionalen, protonationalen und nationalen Gemeinschaften. Tatsächlich läßt sich die beständige, unter dem weiten Dach der europäischen Zivilisation stattfindende Konstitution einer Vielzahl häufig miteinander konkurrierender Gemeinschaften, deren jede beanspruchte, diesen zivilisatorischen Rahmen angemessen zu repräsentieren, als eines der eigentümlichsten Kennzeichen der historischen Erfahrung Europas begreifen. Die verschiedenen Zentren und Kollektive, die sich in Europa ausbildeten, koexistierten dabei nicht einfach in einer Art adaptiven Symbiose nebeneinander. Die vielen Zentren und Subzentren wie auch die unterschiedlichen Kollektive schichteten sich vielmehr in einer komplizierten und niemals einheitlichen rigiden Hierarchie übereinander, einer Hierarchie, in welcher keines der Zentren eindeutig das herrschende war, in welcher jedoch viele von ihnen nicht nur eine tatsächliche, sondern auch eine ideologische Vorherrschaft anstrebten.

Die Kollektive und Zentralinstitutionen legitimierten sich in unterschiedlicher Weise – unter Berufung auf primordiale Bindungen und Überlieferungen, transzendente Kriterien oder Kategorien städtischer Traditionen. Die beständige Neustrukturierung der Zentren und Kollektive, die in Europa stattfand, war mit einem fortlaufenden Schwanken und mit Spannungen zwischen geistlichen, primordialen und bürgerlichen Legitimationstypen eng verknüpft. Obgleich sich beispielsweise viele Kollektive mit Verweis auf primordiale Wurzeln definierten und sich die Kirche scheinbar allein mit geistlichen Argumenten legitimierte, bemühte sich doch gleichzeitig jedes einzelne Kollektiv und jedes Zentrum, sämtliche übrigen Legitimationssymbole in Anspruch nehmen zu können. Die Neuformulierung aller dieser Komponenten verlief auf dem Wege der Säkularisation, hob die Bedeutung von territorialen Grenzen als Bezugspunkt der kollektiven Identität hervor und betrieb eine Charismatisierung der Kollektive und Zentren.

Die konkreten historischen Entwicklungen im modernen Europa, die Herauskristallisierung der modernen Gesellschaften und die Institutionalisierung des kulturellen Programms der Moderne führten zu einer Neukonstituierung der Kollektive, die meist den Hauptgrund für politische Auseinandersetzungen lieferte. Folgende Transformationen fanden hier in der Moderne statt: eine wachsende Säkularisierung der einzelnen Komponenten, über die kollektive Identität definiert wurde; Gewichtsverlagerungen zwischen den einzelnen Komponenten, wobei insbesondere die geistlichen gegenüber den bürgerlichen und primordialen Elementen an Bedeutung verloren; die zentrale Bedeutung und die mögliche Aufwallung primordialer Komponenten; die Neustrukturierung der kollektiven Identitäten im Rahmen verhältnismäßig eindeutiger Grenzen; schließlich eine Konzentration auf die bürgerlichen und primordialen Elemente innerhalb der politischen Grenzen der neu gegründeten Staaten.

Wie schon in den vorangegangenen Epochen schwankten die unterschiedlichen konkreten Ausformungen von kollektiver Identität und Kollektivbewußtsein, die sich in Europa ausbildeten, fortwährend zwischen primordialen, bürgerlichen und religiösen Elementen, wobei diese in einem Spannungsverhältnis zueinander standen und in unterschiedlichsten Konstellationen miteinander kombiniert wurden. In der Moderne jedoch, im Zuge der Konstitutierung moderner Zentren und Kollektive sowie der Charismatisierung dieser Zentren enstand eine ausgeprägte Tendenz, die verschiedenen Komponenten miteinander zu verschmelzen.

IX

Die Kombination der Neigung zur Verabsolutierung der Merkmale des modernen politischen Prozesses und der Charismatisierung der politischen Zentren lief auf eine Tendenz zur Exklusion hinaus, die den Keim zu einer von Prinzipien geleiteten Barbarei in sich trug.

Die Entwicklung von Exklusionen und die Ausbildung eines Potentials der Barbarei wurden durch einen weiteren Bestandteil des Programms der Moderne, der Aufklärung und der Revolutionen verstärkt: das Ausklammern der primordialen Komponenten des sozialen Lebens sowie die Tendenz zur Verschmelzung von bürgerlichen und transzendenten Legitimationsdimensionen, eine Verschmelzung, die mit der zwischen Zweckrationalität und Wertrationalität eng verbunden war.

Das Programm der Aufklärung und der Revolutionen war universalistisch ausgerichtet – und obgleich es die primordialen Dimensionen der kollektiven Existenz nicht notwendigerweise negierte, blieb der Aufbau eines Kollektivbewußtseins jenseits der neuen Vernunftgemeinschaft außerhalb seines Interesses. Dieses Programm konnte damit als den primordialen Dimensionen des kollektiven Lebens widersprechend aufgefaßt werden – eine Position, wie sie von manchen Romantikern vertreten wurde – und im Namen verschiedenster primordialer Ideologien entsprechend ausgeprägten Widerstand hervorrufen. Wie schon gesagt, kleidete sich diese Opposition jedoch bereits selber in Begriffe, die sie der modernen Programmatik entlehnt hatte, und übernahm insbesondere deren Tendenz zur Ideologisierung und Verabsolutierung der Dimensionen der sozialen Ordnung.

Gleichzeitig entstanden Spannungen zwischen den verschiedenen Trägergruppen und Bewegungen, die jeweils eine der Dimensionen der menschlichen Existenz verabsolutierten, insbesondere die Dimension des »Sozialen« einerseits, die des »Nationalen« andererseits, später auch die des »Religiösen«. Die wichtigsten sozialistischen, nationalistischen und später auch religiös-fundamentalistischen Bewegungen enthielten alle ausgeprägte utopische und jakobinische Elemente. Sie alle legten weitreichende Tendenzen zu einer von Prinzipien geleiteten Exklusion an den Tag, wobei freilich die Natur und Reichweite dieser Tendenzen sich zwischen den verschiedenen Bewegungen deutlich voneinander unterschieden. Die Ausrichtung ihrer jeweiligen Utopien standen sich in der Tat in dramatischer Weise gegenüber – während die eine auf der universalistischen Komponente aufbaute, stützte sich die andere auf die primordiale Dimension.

X

Die Kombination aller dieser Entwicklungen, die Charismatisierung der Zentren, die Verabsolutierung der Hauptdimensionen der menschlichen Existenz, die Ausbildung erneuerter Beziehungen zwischen Zentrum und Peripherie sowie des politischen Prozesses der modernen Gesellschaft haben die immanenten Spannungen im kulturellen und politischen Programm der Moderne in aller Schärfe hervortreten lassen.

Für unsere Analyse von besonderer Bedeutung ist dabei jene Spannung zwischen der »konstruktivistischen« Einstellung zur Politik auf der einen Seite, nach der, um Claude Leforts und Johán Arnasons Formulierung aufzunehmen, Politik als aktive, reflexive Selbstkonstitution der Gesellschaft erscheint, und auf der anderen Seite jener Einstellung, der zufolge die Politik von der Akzeptanz der Gesellschaft in ihrer jeweiligen konkreten Gestalt und mit ihren konkreten Interessengruppen abhängt.

Von besonderer Bedeutung sind in diesem Zusammenhang die Spannungen zwischen Freiheit und Gleichheit, zwischen der Vision einer guten sozialen Ordnung und den »bornierten« Interessen aus verschiedenen Bereichen der Gesellschaft, zwischen der Vorstellung des Individuums als autonomem Souverän und der Bedeutung der Gemeinschaft, schließlich zwischen den utopischen und den »rationalen« oder »prozeduralen« Komponenten der modernen Programmatik. In der politischen Arena verschmolzen diese Konflikte mit den Spannungslinien zwischen utopischen und bürgerlich-zivilen Komponenten bei der Konstruktion politischer Prozesse, zwischen »revolutionärer« und »alltäglicher« Politik, zwischen dem »allgemeinen Willen« und dem »Willen aller«, schließlich mit den Spannungen zwischen primordialen, bürgerlichen und geistlichen Legitimationskomponenten, zwischen prozeduralen, an »Spielregeln« orientierten Legitimationen auf der einen und substantialistischen Legitimationen, seien sie an Zivilität oder an irgendeiner Vision des gemeinsamen Guten orientiert, auf der anderen Seite. In diesem Zusammenhang war zudem die Frage nach der Bewertung der alltäglichen, »normalen« Politik, der Regeln des politischen Spiels sowie der Repräsentationsinstitutionen und ihrer verfassungsmäßigen Rahmungen anzusiedeln. Schließlich blieben die verschiedenen Spannungslinien auch mit jenen eng verbunden, die die verschiedenen Legitimationsmodi der modernen Regime, besonders im politischen Feld der Verfassungsdemokratien, betrafen.

XI

Am deutlichsten werden diese Spannungen in jenem für die politische Moderne zentralen Punkt, der für die mögliche Fragilität von Verfassungsdemokratien von besonderer Bedeutung ist: die unterschiedlichen Begriffe des allgemeinen Willens.

Entgegen den Voraussetzungen vieler Analysen der *Rational-choice*-Theorie beruht die Mobilisierung der Unterstützung für politische Führer und Programme – die größtenteils, wenn auch nicht ausschließlich, über den Weg von Parteien, Interessengruppen und sozialen Bewegungen verläuft – nicht allein auf einer Aggregation diskreter Einzelinteressen. Eine derartige Mobilisierung kann vielmehr auch im Zusammenhang mit der Artikulation und Verbreitung unterschiedlicher Begriffe des »gemeinsamen Guten« stattfinden. Häufig konzentriert sich die Mobilisierung, wie Alessandro Pizzorno gezeigt hat, auf die Identitätssymbolik, auf Zeichen der politischen, sozialen oder ethnischen Identität sowie auf damit verbundene Vorstellungen des allgemeinen Guten einer guten Gesellschaft, welche gewöhnlich eine engere Verbindung zu den primordialen und geistlichen Komponenten der Legitimation besitzen.

In der Tat ist gerade eine solche Kombination der Artikulation und Aggregation verschiedener Interessen und unterschiedlicher Ideen des gemeinsamen Guten für die Politik innerhalb von Verfassungsdemokratien fundamental; und gerade diese Kombination ist verantwortlich für andauernde Spannungen innerhalb der politischen Prozesse dieser Systeme. Die wichtigsten dieser Konflikte betreffen jene beiden Aspekte der politischen Auseinandersetzung, die sich mit Bruce Ackerman als der »routinisierte« und der »revolutionäre« Gesichtspunkt umschreiben lassen; das heißt, sie verlaufen zwischen der einen Seite von politischen Konflikten, welche die Aggregation von Interessen betrifft, und der anderen, an der unterschiedliche Vorstellungen des gemeinsamen Willens und der guten sozialen Ordnung, mithin verschiedene Symbole der kollektiven Identität aufeinandertreffen. Diese Auseinandersetzungen stehen im Zusammenhang mit den Spannungen zwischen Mehrheitsentscheidungen und der Berufung auf Grundrechte, zwischen der Autonomie der Zivilgesellschaft und den Inhabern der staatlichen Gewalt sowie denen zwischen der Eigenlegitimation von Spielregeln und der Legitimation mit Verweis auf eine externe »ultimative« Vision, Spannungen mithin zwischen den unterschiedlichen Definitionen der Demokratie.

Die Tatsache, daß der politische Prozeß der demokratischen Systeme mit diesen grundlegenden Spannungslinien, insbesondere der Spannung zwischen der Berufung auf Rechte und der auf Mehrheitsentscheidungen, notwendigerweise verknüpft ist, erklärt den besonderen Stellenwert, den Verfassungen und Rechtsinstitutionen sowie damit die sogenannte »Herrschaft des Gesetzes« (ein häufig in unklarer Weise verwendeter Begriff) in Demokratien einnehmen. Wie auch immer die unterschiedlichen Formulierungen der Beziehungen zwischen dem allgemeinen Willen und dem Willen aller im modernen politischen Diskurs des Westens im einzelnen lauten mögen – die verfassungsdemokratischen Systeme beruhen immer auf der expliziten oder impliziten Voraussetzung, daß diese Auseinandersetzungen im Rahmen der

Verfassung, im Rahmen der verfassungsmäßigen Regeln der repräsentativen Institutionen, ausgetragen werden. Die Ausbreitung von Verfassungen stellt sich damit nicht allein als eine Frage der bloßen Spezifizierung technischer Rahmenbedingungen des Regierens dar. Die Etablierung von Verfassungen erweist sich vielmehr und vor allem als die wichtigste Methode, um das problematische Verhältnis zwischen dem allgemeinem Willen und dem Willen aller, wie es im Zuge der Demokratisierung virulent und beständig reformuliert wurde, zu bewältigen.

XII

Die Spannungen zwischen »routinisierter« und »revolutionärer« Politik werden durch zwei weitere Merkmale des politischen Prozesses innerhalb moderner Gesellschaften verstärkt: die Tendenz zur Politisierung zahlloser sozialer Probleme und Konflikte sowie die fortdauernde Reformulierung der Reichweite des »Politischen«.

Die modernen, insbesondere die verfassungsdemokratischen Systeme zeichnen sich durch ein – im Vergleich zu anderen Systemen, mit der möglichen Ausnahme der antiken Stadtstaaten – einzigartiges Maß an potentieller Politisierung verschiedenster Probleme, Forderungen und Konflikte aus. Eine derartige Politisierung bringt auch jene, in den siebziger und achtziger Jahren dieses Jahrhunderts ausgiebig diskutierte Möglichkeit einer Überlastung aller drei politischen Arenen und gleichzeitig einer Schwächung der effektiven Regierungsfähigkeit mit sich.

Die Tendenz zur Politisierung wird noch durch die Tatsache verstärkt, daß sich in allen modernen politischen Systemen die Grenzen dessen, was als angemessene Reichweite des politischen Handelns gilt, mithin die Grenzen des Politischen, der legitimen, offenen Arena der Politik, ständig verschoben haben. Der Übergang von der – selbstverständlich niemals vollständig verwirklichten – Vorstellung eines »Nachtwächterstaates« zum keynesianischen Staatsinterventionismus und zur Institutionalisierung des Wohlfahrtsstaates nach dem Zweiten Weltkrieg illustriert diese Verschiebungen möglicherweise am besten, stellt aber doch nur die Spitze des Eisberges dar. Derartige Wandlungen haben tatsächlich während der gesamten Geschichte dieser politischen

Systeme stattgefunden und hingen, wie das Beispiel des Wohlfahrtsstaates verdeutlicht, immer von der Spezifizierung der verschiedenen Ansprüche ab, wie sie aus unterschiedlichen gesellschaftlichen Sektoren angemeldet wurden.

Anders als in den meisten anderen politischen Systemen der Weltgeschichte stellte in der Moderne die Form dieser Verschiebung, die Reformulierung der Grenzen des Politischen, einen zentralen Gegenstand der offenen politischen Auseinandersetzung dar. Die meisten Grenzverschiebungen des Politischen ergaben sich dabei aus politischen Konflikten, die ihren Ursprung im beständigen sozialen und ökonomischen Wandel der modernen Gesellschaften hatten. Normalerweise wurden die Forderungen nach einer Reformulierung der Grenzen des Politischen von verschiedenen Protestbewegungen artikuliert, die häufig in Perioden des sozialen Wandels aufkamen, aber auch in Zeiten relativer Stabilität. Gerade in solchen Phasen liefert die Artikulation des Protests eine bedeutsame Komponente des politischen Prozesses. Die folgenreichsten Protestbewegungen und -themen sind schließlich jene, in denen die Aggregation von konkreten Interessen mit der Verbreitung andersartiger Vorstellungen des allgemeinen Guten verknüpft wird. Dies ist auch der Grund, warum sich aus den Protestbewegungen – die im übrigen mit Prozessen der Selektion politischer Führer einhergehen – Forderungen nach einer Neudefinition der Grenzen des Politischen, des Staatshandelns gegenüber den verschiedenen Gesellschaftssektoren und der grundlegenden Ansprüche, die die Bürger und die verschiedenen Sektoren erheben können, ergeben.

Die Forderungen, die Reichweite des Politischen »neu abzustekken«, aktualisieren normalerweise all jene grundlegenden Spannungslinien der demokratischen Systeme, die wir genannt haben, vor allem die Spannungen zwischen unterschiedlichen Vorstellungen von Demokratie, zwischen Gleichheit und Freiheit, zwischen Rechten und Mehrheitsentscheidungen, schließlich zwischen den jakobinischen und den liberalen oder pluralistischen Elementen dieses Programmes. In der Tat stellen sich die jakobinischen Orientierungen und ihr Glaube an eine gesellschaftliche Umwälzung über den Weg des totalistischen politischen Handelns als äußerst modern heraus, selbst wenn ihre Wurzeln teilweise – aber, wie wir gesehen haben, nicht eigentlich – bis zur mittelalterlichen Eschatologie zurückverfolgt werden können.

XIII

Das Schicksal der Barbarei in den modernen Gesellschaften wurde von der Stärke dieser Spannungen und Konflikte bestimmt sowie von der Art und Weise, in der es gelang, die unterschiedlichen Ideen des kulturellen Programms der Moderne und die Protestbewegungen in die entstehenden modernen Kollektive und Zentren zu inkorporieren; insbesondere hing dieses Schicksal davon ab, in welchem Maße es die Gesellschaften fertig brachten, die Tendenz zur verabsolutierenden Exklusivität und ihr barbarisches Potential zu überwinden und die Chancen zum Pluralismus zu steigern.

Der konkrete Schwerpunkt des Aufbaus von Kollektiven und Zentren lag in der Auflösung der religiösen Konfliktlinien, wie sie als Ergebnis von Reformation und Gegenreformation entstanden waren. Diese Auflösung lief auf eine Neukonstruktion und Reformulierung der Komponenten kollektiver Identität entlang unterschiedlicher primordialer und kultureller Muster hinaus. Diese Neukonstruktion erwies sich selbst als ein Brennpunkt des Konflikts, und die Art und Weise, wie dieser sich auflöste, sollte die Entwicklung der verfassungsdemokratischen Systeme, so wie sie sich später ausbildeten, deutlich beeinflussen.

Der zentrale Punkt im Aufbau dieser kollektiven Grenzen und Identitäten, der die Stärke oder Schwäche der Tendenzen zur Exklusion und damit zur potentiellen Barbarei entscheidend beeinflußte, ist darin zu sehen, inwieweit die modernen, universalistischen oder bürgerlichen-zivilen Komponenten der kollektiven Identität nicht allein mit den älteren religiösen, sondern vor allem auch mit den primordialen Komponenten kombiniert wurden. In allen Gesellschaften des modernen Europa wurden die primordialen Elemente der Identität in der Form des Nationalismus und der Ethnizität beständig rekonstruiert und standen ebenso beständig im Gegensatz zu den universalistischen und zivilen Komponenten. Die Art und Weise, in der die verschiedenartigen Elemente der kollektiven Identität miteinander verflochten wurden, beeinflußte ganz entscheidend das Ausmaß der »Exklusivität« einer Gesellschaft gegenüber dem Pluralismus.

All jenen Gesellschaften, in denen sich der Pluralismus ausbildete, ist zunächst die Auskristallisierung einer ausgeprägten Kollektividentität, kollektiver Grenzen und Traditionen, die den Bestand der repräsentativen Institutionen sicherten, gemeinsam, und zwar bereits ehe sich die Legitimation auf die Betonung der Verantwortlichkeit der politischen Führer gegenüber der Gesamtheit der Bürger verschob (allerdings muß die letzte Bedingung nicht unbedingt erfüllt sein). Zweitens ist ihnen allen eine verhältnismäßig ausgeprägte Kombination von transzendenten Orientierungen – seien diese nun religiös oder säkular und revolutionär ausgerichtet – mit den Codes der Zivilität und mit primordialen Komponenten gemeinsam. In diesen Gesellschaften nun, in denen es gelang, die primordialen Elemente, ohne sie auszulöschen, in den universalistischen und zivilen Rahmen zu integrieren und in den Aufbau der kollektiven Identität einzuflechten, bildete sich eine verhältnismäßig weitreichende pluralistische Struktur aus. Von besonderer Bedeutung war in diesem Zusammenhang das Ausmaß, in dem hier weder die religiösen noch die revolutionären Symbole oder Orientierungen zum Brennpunkt fortgesetzter Auseinandersetzung beim Aufbau der Kollektivsymbole wurden, obwohl selbstverständlich ständig gewisse Spannungen existierten.

In jenen Gesellschaften oder Sektoren jedoch, in denen sich bei der Konstruktion der nationalstaatlichen Kollektividentitäten ausgeprägte Spannungen zwischen den primordialen, den zivilen und den universalistischen Komponenten ausbildeten – so wie es in Mitteleuropa, vor allem in Deutschland, und in vielen sozialen Bewegungen West- und Mitteleuropas der Fall war –, bestand eine sehr viel stärkere Tendenz zu krisenhaften Entwicklungen und zum Zusammenbruch der unterschiedlichen Formen pluralistischer Strukturen. In diesen Gesellschaften ließen die Spannungen zwischen primordialen, zivilen und universalistischen Komponenten kollektiver Identität eine ausgeprägte exklusionsorientierte Tendenz entstehen, entweder die primordialen Elemente des neuen Kollektivbewußtseins oder die jakobinischen Elemente in den Vordergrund zu stellen und somit eine fortlaufende Konfrontation zwischen beiden Elementen anzuheizen. Diese Konfrontation lief auf eine Verabsolutierung der verschiedenen Dimensionen der menschlichen Erfahrung und der sozialen Ordnung hinaus und beförderte gleichzeitig die prinzipiengeleitete Exklusivität, welche den Keim der Barbarei in sich trug.

Eine solche Verabsolutierung und Tendenz zur prinzipiengeleiteten Exklusion konnte sich auf allen Ebenen der menschlichen Erfahrung und der sozialen Ordnung ausbilden, auf der primordialen wie auch auf der revolutionär-jakobinischen. Während die Inhalte des primordialen Denkens den universalistischen Orientierungen des Projekts der Aufklärung direkt entgegengesetzt waren, teilten beide doch die jakobinische Tendenz zur Verabsolutierung bestimmter Erfahrungsdimensionen auf Kosten anderer. Wenn beide aufeinanderstießen, konnte dies zum schlimmstmöglichen Ergebnis führen und die Exklusionstendenzen beider Richtungen nur verstärken.

Allerdings läßt sich ein deutlicher Unterschied zwischen den Formen der Exklusion in den jakobinischen und in den primordialen Bewegungen ausmachen. Die universalistischen Komponenten des reinen Jakobinertums verhinderten – ähnlich wie im Falle der universalistischen Religionen – eine totale Exklusion oder Negation von Menschengruppen. Dies stand im Gegensatz zur Orientierung der rein primordial ausgerichteten nationalen Bewegungen, und es war schließlich im Rahmen letzterer, daß sich die destruktiven Potentiale der modernen Barbarei vollständig entfalteten.

Die Barbarei stellte sich nun jedoch nicht als direktes, gewissermaßen natürliches Ergebnis primordialer Orientierungen oder als Überbleibsel vereinzelter älterer primordialer Traditionen oder als Resultat der Vernunftideale dar. Vielmehr ergab sie sich aus der Unfähigkeit, diese verschiedenen Erfahrungsdimensionen, diese Ebenen der Konstruktion kollektiver Konsumenten und kollektiver Solidarität in den institutionellen Rahmen, der vom kulturellen Programm der Moderne geschaffen wurde, zu integrieren. Sie war das Ergebnis des Unvermögens, einen Rahmen zu entwikkeln, in dem man die Spannungen zwar wohl niemals vollständig aufheben, aber doch in konstruktiver Weise hätte behandeln können.

Der Herausforderung, die unterschiedlichen Ebenen der menschlichen Erfahrung und der sozialen Ordnung zu integrieren, ist die Moderne in keiner ihrer Phasen vollständig gerecht geworden. Der beständige soziale Wandel institutioneller, struktureller und symbolischer Art, wie er der Moderne inhärent ist, vermag die Lösungen, die in einer bestimmten Phase gefunden wurden, immer wieder aufs neue zu untergraben, selbst wenn der jeweilige Lösungstyp künftige Entwicklungen stark beeinflussen mag. Das Risiko der Barbarei, wie es dem Programm der Moderne eingeschrieben ist, wird uns somit auch in Zukunft, wenn sich die Moderne und ihre verdienten institutionellen Formen fortentwikkeln, weiterhin begleiten.

Übersetzt von Andreas Reckwitz

Bernhard Giesen
Die Struktur des Barbarischen

Soziale Ordnungen und Gemeinschaften setzen die Konstruktion von Grenzen und die Unterscheidung von Innen und Außen voraus.[1] Jede soziale Ordnung läßt sich dabei nicht nur durch das, was sie einschließt und fordert, sondern auch durch das, was sie ausschließt, durch ihre Kehrseite, beschreiben. Ordnung und Krise, Zivilisation und Barbarei, das Eigene und das Fremde sind insofern nur unterschiedliche Seiten der gleichen Unterscheidung, und beide Seiten des Gegensatzes können sich wechselseitig steigern: Jeder Zivilisationsschritt und jede weitere Durchgestaltung sozialer Ordnungen verschärft auch die Wahrnehmung von Barbarei und Krisen. Allerdings: die Art der Unterscheidung und die Form des Gegensatzes wechseln, und für diesen Wechsel interessiert sich der soziologische Beobachter.

Das Projekt der Moderne läßt sich als Versuch verstehen, die Grenzen gegenüber den Außenstehenden zu öffnen und Barbarei in Zivilisation zu überführen. Jeder dieser Versuche der Moderne zur Überwindung und Anverwandlung des Barbarischen produziert jedoch unvermeidlich neue Grenzen, neue raffiniertere Formen der Barbarei. Ich möchte diese These von der Unvermeidlichkeit des Barbarischen in drei Schritten erläutern, die jeweils an bestimmten Punkten des kulturellen Programms der Moderne anknüpfen: Zunächst geht es um die Umkehr des Verhältnisses von *Zentrum und Peripherie* und das Versprechen *universeller Inklusion*; im zweiten Schritt geht es um die Ablösung der Vergangenheitsorientierung durch *Zukunftsgewißheit* im Namen eines *unpersönlichen totalitären Prinzips*; und schließlich drittens geht es um die Entkoppelung von *lebensweltlichem Handeln* einerseits und einer *moralisierenden Öffentlichkeit* andererseits, die am Ende das Barbarische mit der *Attraktion des Neuen* ausstattet.

1 Douglas 1985; Barth (Hg.) 1969; Rufin 1993. Die Unterscheidung von Innen und Außen ist sicherlich – wenn auch in jeweils spezifischer Ausprägung – eine der abstraktesten, aber deshalb wohl auch bewährtesten Fundamentalunterscheidungen der Soziologie. Vgl. Durkheim 1981 oder Luhmann 1984.

1. Die Vermittlung zwischen Innen und Außen

Einfache Grenzkonstruktionen unterscheiden deutlich zwischen dem Innenbereich einer Gemeinschaft und einer Vielzahl von wilden Außenstehenden, den Barbaren, die als unterlegen oder bedrohlich eingeschätzt werden. Grenzen haben hier noch eine direkte territoriale Bedeutung: sie legen räumliche Schwellen der Interaktion fest und erzwingen Distanz zu Außenstehenden. Verachtung des unzivilisierten Fremden oder Flucht vor dem dämonischen Fremden stellen diese Distanz her, wenn das Fremde zu nahe rückt. In komplexeren Formen der Vergesellschaftung wird diese strenge Grenze durchlässiger; gleichzeitig rücken Zivilisation und Barbarei auseinander; an die Stelle eines harten Kontrastes zwischen Innen und Außen tritt ein vermittelnder Grenzbereich. In diesem dritten Bereich der Grenze zwischen der sakralen Innenwelt und der dämonischen Außenwelt entwickeln sich Sozialität und gesellschaftliche Ordnung.[2]

Der harte Kontrast zwischen Bürgern und Barbaren kann etwa durch Zwischenstufen abgemildert werden; den Fremden am Rande der Gesellschaft wird dann durch Mission und Bildung ein begrenzter Zugang zur Gemeinschaft gewährt; das Prinzip der abgestuften Mitgliedschaft führt zu komplexen *Schichtungen*, die das strukturelle Rückgrat von ökumenischen Reichen bilden (Eisenstadt 1963; Giesen 1993). In der Schichtungsstruktur dieser Imperien verschwindet das Barbarische am Horizont und der sakrale Kern der Gemeinschaft wird unsichtbar und unzugänglich. Erst dann, wenn die Schichtungsbarrieren zusammenbrechen, und die Fremden überraschend in das heilige Zentrum vordringen, wird das Barbarische wieder in der Gesellschaft unmittelbar erfahrbar.

Der vermittelnde Grenzbereich zwischen Innen und Außen kann weiterhin durch *Verzeitlichung* ausgebaut werden. An die Stelle der räumlichen Trennung zwischen Bürgern und Barbaren tritt hier der Gegensatz zwischen Vergangenheit und Zukunft; die eigene Vergangenheit kann so als barbarisch begriffen werden; zwischen der geschichtslosen Barbarei des Anfangs und der künftigen Erfüllung der Geschichte durch eine vollkommene Gemeinschaft spannt sich dann ein kontinuierlicher Zwischenraum der Geschichte und des Fortschritts (Koselleck 1979; Giesen 1992;

2 Vgl. hierzu ausführlicher: Giesen 1990.

Lovejoy 1985). Umgekehrt kann auch die Gegenwart barbarisiert und als Verfall einer Kultur der Vergangenheit gesehen werden. Auch diese Verzeitlichung des Grenzbereichs rückt das Barbarische und die vollkommene Gemeinschaft an den Rand des geschichtlich Erfahrbaren; taucht es überraschend dennoch auf, wird es als evolutionärer Rückfall, als kollektives Vergessen oder als Zusammentreffen ungleichzeitiger Entwicklungen verbucht.

Eine dritte Form der Vermittlung verlagert den Gegensatz zwischen Barbarei und Zivilisation in das einzelne Subjekt: barbarisch triebhafte Neigungen stehen dann vernünftigen Überzeugungen und moralischen Verpflichtungen gegenüber und müssen in den sozialen Handlungen einer Person vermittelt und integriert werden. Diese *Internalisierung* des Gegensatzes hat eine große Tradition in den dualistischen Philosophien des Okzidents; sie steigert das Bewußtsein von Individualität und öffnet das Feld für Moral und Pädagogik. Gleichzeitig spannt sie das individuelle Subjekt und die Gesellschaft zusammen. Der zivilisierende Einfluß der Gesellschaft greift auch in die Innenwelt der Subjekte ein.

2. Die Inklusion des Wilden und die Barbarei des Zentrums

Alle drei Formen der Vermittlung – Stratifikation, Temporalisierung und Internalisierung – werden in der Moderne grundlegend verändert. Ich beginne mit der modernen Abkehr von stratifikatorischen Prinzipien. In modernen Ordnungen wird nicht nur wie im Falle der *Stratifikation* die Grenze für Außenstehende geöffnet, sondern auch die Ausrichtung auf ein Zentrum und die Abstufung von Mitgliedschaft aufgegeben.[3] Grenzen werden nicht mehr durch primordiale Unterscheidungen zwischen Gruppen gezogen, sondern in die einzelnen Subjekte verlagert. (Sie verlaufen zwischen der Reichweite vernünftiger und von Konsens getragener Regeln einerseits und dem Bereich des Wilden, Wahnsinnigen und Willkürlichen andererseits.) Diese moderne Ordnung setzt sich von der alten Ausgrenzung der Barbaren gerade dadurch ab, daß sie die Unterscheidung zwischen den Bürgern und Barbaren selbst als barbarisch, als Erbe einer dunklen, unaufgeklärten

3 Eine etwas anders akzentuierte Typologie von Inklusionscodes liefert Edward Shils in seinem nun schon fast klassischen Aufsatz: Shils 1975.

Vergangenheit, behandelt. Aus der Sicht der unpersönlichen Ordnung der Moderne erscheint jede willkürliche Begrenzung von Personengruppen, jede prinzipienlose Einschränkung des Zugangs als Form der Barbarei. Die Moderne kann ihrem eigenen Anspruch nach nicht für eine bestimmte Personengruppe reserviert werden. Jeder Versuch, das Versprechen der unpersönlichen Ordnung und allgemeinen Inklusion zurückzunehmen, erzeugt folglich krisenhafte Spannungen und die persönliche, prinzipienlose Willkür über Leben und Tod gilt als äußerste Barbarei.

Eisenstadt behandelt die Moderne als eine neue Form der Spannung zwischen Zentrum und Peripherie (Eisenstadt 1979, 1987). Moderne Ordnungen steigern ihre Abwehr gegen persönliches Privileg und ihre Öffnung der Gemeinschaftsgrenzen bis zu einer Umwertung des Verhältnisses von Zentrum und Peripherie: die in stratifikatorischen Ordnungen verachteten und barbarischen Fremden erscheinen nun als unentfremdete Wilde an einem paradiesischen Horizont und dienen der eigenen Gemeinschaft als naturalisiertes Erlösungsversprechen. Die Entdeckung des unverdorbenen Wilden setzt die moderne Ordnung in eine exozentrische Bewegung: nicht mehr das Zentrum, sondern die Peripherie verspricht Identität und Authentizität.[4] Das vordergründig Ausgeschlossene gilt als das Eigentliche, das scheinbar Unvernünftige und Verrückte erscheint als tiefere Wahrheit, die Natur wird sakralisiert. Diese »romantische Transzendenz« wird zum Signum der kulturellen Moderne. Sie ermöglicht eine Verfremdung des Zentrums und eine gewaltlose Aneignung des Fremden. Das Zentrum wird entcharismatisiert, die Politik des staatlichen Zentrums wird entsakralisiert und professionalisiert und gerät zunehmend in Veruf: sie ist bestenfalls banal, aber sie hat keine Helden mehr. Barbarei im klassischen Sinne kann schließlich nur mehr im Zentrum selbst, in den Kernländern der Moderne, wahrgenommen werden. Hier, in Europa, fällt der Rückfall in die persönliche Willkür über Leben und Tod besonders auf, hier erschreckt das Versagen der modernen Ordnung besonders: Die Barbarei des bosnischen Bürgerkrieges betrifft uns stärker als afrikanische Bürgerkriege.

4 Hierzu überspitzt anregend: Bruckner 1984.

3. Die Gewißheit der Zukunft und die Barbarei des unpersönlichen Prinzips

Eisenstadts Hinweis auf die prinzipiengeleitete Barbarei des Jakobinertums meint freilich nicht diese niemals gänzlich zu beseitigenden Lücken in der Decke moderner Zivilisation, sondern eine neue Dämonie, die sich aus der Moderne selbst ergibt – genauer: aus der modernen Umkehr des Zeithorizontes und der Geltung unpersönlicher Prinzipien. Unpersönliche Ordnungen leben nicht von starken Affekten, von der Furcht vor der dämonischen Außenwelt oder dem Haß auf einen persönlichen Feind. Die Regeln der Moderne werden leidenschaftslos, aber auch gnadenlos durchgesetzt. Dabei zeigt auch die universalistische Inklusion ihre Kehrseite; schon die Aufklärung setzte die »Menschheit« gegen ihre Feinde, die »Unmenschen«, die es im Namen von Vernunft und Fortschritt zu beseitigen galt (Koselleck 1979a). Wenn Aristokraten in der Französischen Revolution hingerichtet wurden, so nicht, weil sie persönlich schuldig oder weil sie Objekte personalisierten Hasses waren, sondern weil sie unter eine bestimmte Sozialkategorie fielen, die dem Fortschritt, der Geschichte, der Revolution im Wege stand. Die Unerbittlichkeit im Namen des unpersönlichen Prinzips macht moderne Ordnungen besonders anfällig für monströse Massenvernichtungen, die von Intellektuellen begründet, von Bürokraten geplant und von Polizisten durchgeführt werden. Von der *terreur* des Wohlfahrtsausschusses über Stalins Säuberungen bis zur »Endlösung« der deutschen Vernichtungslager führt diese Linie der prinzipienbegründeten unpersönlichen Barbarei. Eichmann war nicht ein vormoderner Fremdkörper in einer modernen Ordnung, sondern ihr Funktionär (Arendt 1965).

Dieser Barbarei liegt, wie Eisenstadt (im Anschluß an Voegelin) zeigt[5], der auf die Gnosis zurückgehende Versuch zugrunde, die achsenzeitliche Spannung zwischen der jenseitigen Ordnung und der praktisch-diesseitigen Wirklichkeit durch das Handeln der Wissenden zu lösen. Dabei verschiebt sich die zeitliche Orientierung in radikaler Weise. Die Fortsetzung der Vergangenheit oder auch verfallsgeschichtliche Vorstellungen, die die Zukunft als dunkel und ungewiß begriffen, werden hier durch die Gewißheit einer attraktiven Zunkunft ersetzt, die durch das Wissen der Er-

5 Vgl. Voegelin 1956-58, vgl. auch Blumenberg 1986.

leuchteten in die Gegenwart hereinreicht. Die Beschleunigung der Geschichte im Namen der künftigen Ordnung kann dabei keine Rücksicht nehmen. Der unpersönliche Terror setzt die absolute Sicherheit der Utopie, das Durchdrungensein vom Geist und die Verachtung des bloß Wirklichen und Traditionellen voraus – kurz: er braucht Intellektuelle. Wenn die Ideen der Intellektuellen umstandslos in Politik umgesetzt werden, wenn die Eigenlogiken des politischen Handelns und des intellektuellen Diskurses nicht mehr auseinandergehalten werden, dann kann die Begründungsmacht der Intellektuellen die Politik aus pragmatischer Verantwortung entlassen. Politik richtet sich dann nicht mehr wie in den antiken Imperien auf die Ausdehnung territorialer Grenzen, sondern auf den Ausbau interner Kontrolle, auf die innere Reinigung der Gemeinschaft, auf die Annäherung der Wirklichkeit an ein ideales Prinzip; interne Kreuzzüge zur Verfolgung der Unreinen, der Andersartigen, der Fremdkörper, die sich dem Prinzip nicht fügen, werden dann zum Anliegen politischer Bewegungen.

Die spezifisch moderne Form der Barbarei – so Eisenstadt – ergibt sich nicht bloß etwa aus der unerbittlichen Geltung unpersönlicher Prinzipien, sondern auch aus der totalitären Unterwerfung der Gesellschaft unter die Prinzipien *einer* Handlungssphäre: des politischen Zentrums. Der von Eisenstadt angeklagte Jakobinismus beruhte nicht nur auf der selbstgerechten Intellektualisierung der Politik, sondern auch auf der Konzentration staatlicher Macht und der Allzuständigkeit der Politik. Die Moderne erzeugt ihre eigene Barbarei, wenn sie ihre polyzentrische Anlage aufgibt und die Balance zwischen mehreren, gleichermaßen möglichen Prinzipien verliert. Diese Balance ist durch kein übergeordnetes Prinzip geregelt und durch kein kollektives Subjekt garantiert, sondern immer wieder neu herzustellen. Der Polyzentrismus wird von Eisenstadt als Grundstruktur der okzidentalen Moderne herausgestellt und als vorsichtiges Mittel gegen ihre totalitären Entgleisungen empfohlen.

Die Unerbittlichkeit moderner Prinzipien bricht sich jedoch nicht nur an der Polyzentrik, der »alten totgeglaubten Vielgötterei«, auf der Ebene eigenlogisch organisierter Sphären, sondern auch an der Besonderheit von Kontexten, Situationen und persönlicher Beziehungen: das persönliche Gespräch, die gemeinsame Erfahrung, der Ausschluß der Dritten, das Nichtverallgemeinerungsfähige, der Rückgriff auf vormoderne Handlungsmuster können gerade in der zur abstrakten Barbarei pervertierten Moderne Chancen für Humanität eröffnen. Zum Garanten der Humanität wird hier nicht mehr das Projekt der Moderne, sondern sein Gegenstück, die widerborstige und durch keine Rationalisierung auflösbare Lebenswelt, die Besonderheit des Lokalen und Traditionalen. Die unpersönliche und in ihrer Unpersönlichkeit pathogene Moderne steht dann gegen die »vorgesellschaftliche« Menschlichkeit der Subjekte. Die Gesellschaft zivilisiert hier nicht, sondern soll selbst durch die lebendige Willkür ihrer Mitglieder erst zivilisiert werden. Die »natürliche«, »spontane« Menschlichkeit lebensweltlichen Handelns rückt hier ein in die Position des unverdorbenen Wilden an der Peripherie der Zivilisation. Ähnlich wie zuvor wird auch hier das »Natürliche« paradiesisch verklärt.

4. Die Entmoralisierung der Lebenswelt und die Barbarei des Neuen

Aber auch die inflationäre Steigerung des *Humanen* kann ihre besonderen Risiken entwickeln und eine perverse Kehrseite zeigen, die bei Eisenstadt nicht angesprochen wird.[6] Gegen die Einforderung von Humanität ist kaum Widerspruch möglich: die humane Perspektive auf ein Thema erzeugt auf gewaltlose und argumentfreie Weise Konsens und begründet eine Kommunikationsgemeinschaft, die von strategischen Interessen und prinzipiellen Erwägungen kaum gestört werden kann: Es geht systematisch um Einzelfälle, um persönliches Erbarmen und nicht um generalisierbare Ansprüche, um Ausnahmen und nicht um die Regel. Wer die humane Perspektive einnimmt, kann deshalb sicher sein, bei allen eine diffuse Zustimmung zu finden. Das macht sie für alle jene Situationen geeignet, in denen es nicht um spezifische Lösungen praktischer Probleme, sondern um die Konstruktion von

6 Wir können hier in gewisser Weise einen Gedankengang aus Arnold Gehlens berühmt-berüchtigter Polemik gegen den Humanitarismus wieder aufnehmen. Auch wenn man der von Gehlen favorisierten anthropologischen Fundierung seiner, man muß wohl sagen: Verfallsgeschichte nicht ganz folgen möchte, scheinen sich doch eine Reihe seiner Beobachtungen durchaus bestätigt zu haben und dürften heute mit etwas mehr Entgegenkommen gelesen werden: Gehlen 1969.

Gemeinschaftlichkeit unter Unbeteiligten geht. Diese Betroffenheit der Unbeteiligten hat der humanen Betrachtung des Einzelfalls in der modernen Medienöffentlichkeit eine bemerkenswerte Karriere verschafft. In einer global vernetzten Medienöffentlichkeit werden täglich eine Vielzahl von Themen aus aller Welt unter humaner Perspektive präsentiert; eine Solidargemeinschaft kann hier gerade deshalb entstehen, weil die Leser, Hörer und Zuschauer unbeteiligte Dritte sind. In der postmodernen Medienöffentlichkeit grenzt sich diese Solidargemeinschaft der Unbeteiligten gegen die Barbarei, den Katastrophen, die Inhumanität ab, die – scheinbar neu, unerwartet und einmalig – am Horizont der Aufmerksamkeit auftauchen. In der Konkurrenz um die Aufmerksamkeit des Publikums wird das Schreckliche zum Blickfang: die Benetton-Kampagnen führen vor, wie die Grenze zum Unerträglichen und Schockierenden immer weiter hinausgeschoben wird.[7]

Die Konkurrenz um Betroffenheit überfordert jedoch langfristig das Publikum: die Barbarei erscheint täglich auf dem Bildschirm und verliert allmählich ihren Schrecken. Eine inflationäre Steigerung des Humanen schlägt um in Teilnahmslosigkeit und den Verlust der Unterscheidung zwischen nah und fern: Warum sollte der Krieg in Bosnien uns stärker betreffen als der Krieg im Südsudan? Die Allgegenwart von *human issues* in der postmodernen Öffentlichkeit, das heißt die Moralisierung des Entfernten, findet ihre Kehrseite in der *Entmoralisierung der alltäglichen Lebenswelt*, die ehemals das Substrat des Humanen war; die Moral der Menschlichkeit, die im Projekt der Moderne noch Person, Alltag und Gesellschaft zusammengehalten hatte, zieht sich in die öffentliche Kommunikation zurück und läßt den lebensweltlichen Alltag unberührt. Für die einzelne Person bleibt die Moralkommunikation in den Medien folgenlos: Sie betrachtet ihr eigenes Leben und ihren eigenen Alltag immer weniger im Hinblick auf die Frage von moralischer Verpflichtung und Barbarei. Der Blick auf das Entfernte lenkt von der Beobachtung des Nahen ab; die Moralisierung der Welt kann so von der mühsamen moralischen Verpflichtung der Lebenswelt entlasten. Internalisierung, die dritte Form der Vermittlung zwischen Barbarischem und Zivilisierten, schlägt in ihr Gegenteil um; sie wird durch die Differenzierung zwischen öffentlicher Kommunikation und privater Lebenswelt ersetzt. Im Unterschied zur optimistischen Anthro-

7 Giesen 1990.

pologie der Moderne kann die lebensweltliche Subjektivität hier nicht mehr als Quell des Humanen und Zivilisierten gelten.[8]

Darüber hinaus führt die Abkoppelung der Lebenswelt von moralischer Verpflichtung und die Ohnmacht des Einzelnen gegenüber dem Barbarischen in der Welt schließlich auch zum Verblassen des moralischen Anspruchs an das Geschehen, das in den Medien präsentiert wird. Die Fernsehzuschauer konsumieren die schockierenden Bilder auf dem Bildschirm schließlich nur mehr als Unterhaltung, fast in ästhetischer Perspektive; das Barbarische verkehrt sich zum Bizarren, zum bloß Anderen, zum exotischen Kontrast zum banalen Alltag. Im postmodernen Konzert der Vielfalt erscheint Sadismus als eine legitime Form der Selbstverwirklichung, Horrorvideos haben ihre Genießergemeinden, und der Neo-Barbarismus wird Mode.[9]

Die postmoderne Ästhetisierung reduziert das Barbarische auf das Unerwartete, nie Gesehene und Unerhörte und begrenzt damit seine Lebensdauer: Was heute noch schrecken kann, gilt morgen als harmlos. Bei dieser unendlichen Suche nach dem Unerwarteten und Neuen, nach der Differenz zu gestern, gelten freilich keine Tabus mehr. Eine neue rechtsradikale Jugendbewegung schreckt ihre antifaschistischen Eltern durch die Zeichen der äußersten Barbarei, die heute freilich nicht mehr aus unpersönlichen Prinzipien folgen, sondern als provozierende Tat vorgetragen werden, die barbarisch grundlos und unverständlich bleibt und gerade dadurch Aufmerksamkeit findet, Distinktion und Identität sichert.

Diese Barbarei des Erschreckenden, das in einer unübersichtlichen Gesellschaft unüberbrückbare Grenzen ziehen soll, ist allerdings nicht gänzlich neu. Im letzten *fin de siècle* finden sich schon allerlei Versuche, durch die reinigende Tat oder das Ritual einen völkischen Mythos zu begründen, der sich gegen die Bodenlosigkeit und die Verflüssigung moderner Sozialbeziehungen richtete und keine Frage, keinen Widerspruch, keinen Zweifel mehr zuließ, der die neu entdeckten Fundamente aufweichen könnte.[10]

8 Man kann hier Habermas' Verfallsgeschichte der Öffentlichkeit über die Grenzen der Habermasschen Theorie hinausschieben.

9 In Paris nennt sich eine avantgardistische Designergalerie »En attend les Barbares«; die Popgruppe »Fine Young Cannibals« nennt ihr bekanntestes Album »The Raw and the Cooked«; etc.

10 Vgl. Giesen, Junge und Kritschgau 1994.

Kulturpessimistische völkische Intellektuelle gingen damals auf Distanz zur Banalität des politischen Zentrums. Das kulturnationale und konstitutionelle Projekt, das die deutschen Intellektuellen und das Bildungsbürgertum während des neunzehnten Jahrhunderts in Spannung gehalten hatte, war in der politischen Wirklichkeit des neugegründeten Reiches aufgegangen. Gefragt war eine neue Idee der reinen Gemeinschaft, die den Gegensatz von Natur und Kultur mythisch überbrückte und auf vormodernen bäuerlichen Grundlagen aufbaute. Unreines wurde ausgeschlossen und die rettende Tat gefordert. Hinzu kam, daß damals wie heute das politische Zentrum weitgehend von charismalosen Berufspolitikern besetzt war. Berufspolitiker sind weder Helden noch Schurken; sie versuchen, durch vorsichtiges Verhandeln Schaden für die eigene Karriere zu verhindern. Die Professionalisierung der Politik trägt zur modernen Entcharismatisierung des Zentrums bei und lenkt den Bedarf an Charisma auf die Peripherie, an der die Erlösung durch die wilde Tat und das ursprüngliche, unentfremdete und reine Leben gesucht werden. Damals wie heute verschärfen und erneuern die Glanzlosigkeit des Zentrums und die Verlockungen des Primordialen und Unzivilisierten die Spannung zwischen Zentrum und Peripherie.[11]

Ich fasse zusammen: Das Programm der Moderne versuchte, die traditionellen Formen der Vermittlung zwischen Zivilisation und Barbarei zu überwinden, und erzeugte dabei jeweils barbarische Kehrseiten des eigenen Prinzips. Die Überwindung der traditionellen Schichtung durch universalistische Inklusion führte zur Entcharismatisierung und Barbarisierung des Zentrums. Die Abkehr von der Vergangenheit und der persönlichen Herrschaft

11 Angesichts der Entcharismatisierung des politischen Zentrums und der postmodernen Barbarei der Teilnahmslosigkeit gewinnt das Projekt der Zivilgesellschaft fast die Attraktivität einer Heterodoxie; wer auf Tugend, Teilnahme und Verantwortung setzt und eine professionalisierte Politik wieder in die Kontrolle der gesellschaftlichen Öffentlichkeit zurückholen will, kann heute nicht mehr mit dem Wind der Weltgeschichte und dem Universalismus von Aufklärung und Vernunft rechnen. Das Projekt des zivilisierten Gemeinwesens gelingt heute nur mehr aus besonderer Verantwortung und ohne missionarische Begründung; es ist ein begrenztes Unternehmen und wirft gerade deshalb schwierige Fragen nach Inklusion und Exklusion auf. Aber es gibt für uns keine Alternative.

zugunsten von Zukunftsgewißheit im Namen eines unpersönlichen Prinzips führte zum gnadenlosen Terror der Säuberungen; die Betonung der humanen Perspektive in der Öffentlichkeit riskiert die Entmoralisierung der Lebenswelt und unterwirft die Unterscheidung zwischen Humanität und Barbarei den Innovationszwängen der öffentlichen Kommunikation. Die Barbarei bleibt also die dunkle Rückseite des Spiegels.

Literatur

Arendt, Hannah, *Eichmann in Jerusalem. Ein Bericht von der Banalität des Bösen*, München 1965.

Barth, Frederik (Hg.), *Ethnic Groups and Boundaries. The Social Organization of Cultural Difference*, Boston 1969.

Blumenberg, Hans, *Lebenszeit und Weltzeit*, Frankfurt am Main 1986.

Bruckner, Pascal, *Das Schluchzen des weißen Mannes. Europa und die Dritte Welt – eine Polemik*, Berlin 1984.

Douglas, Mary, *Reinheit und Gefährdung. Eine Studie zu Vorstellungen von Verunreinigung und Tabu*, Berlin 1985.

Durkheim, Émile, Die elementaren Formen des religiösen Lebens, Frankfurt am Main 1981.

Eisenstadt, Shmuel N., *The Political System of Empires. The Rise and Fall of the Historical Bureaucratic Societies*, Glencoe 1963.

–, *Tradition, Wandel und Modernität*, Frankfurt am Main 1979.

–, *European Civilization in a Comparative Perspective. A Study in the Relations between Culture and Social Structure*, Oslo 1987.

Gehlen, Arnold, *Moral und Hypermoral. Eine pluralistische Ethik*, Frankfurt am Main/Bonn 1969.

Giesen, Bernhard, *Die Entdinglichung des Sozialen. Eine evolutionstheoretische Perspektive auf die Postmoderne*, Frankfurt am Main 1990.

–, »The Temporalization of Social Order: Some Theoretical Remarks on the Change in ›Change‹«, in: Hans Haferkamp und Neil J. Smelser (Hg.), *Social Change and Modernity*, Berkeley 1992, S. 294-319.

–, *Die Intellektuellen und die Nation. Eine deutsche Achsenzeit*, Frankfurt am Main 1993.

–, »Öffentlichkeit als Simulation von Gemeinschaft. Einige kompensationstheoretische Überlegungen«, in: D. Goetze (Hg.), *Festschrift zum 65. Geburtstag von Horst Reimann* (im Erscheinen).

Giesen, Bernhard, Kay Junge und Christian Kritschgau, »Vom Patriotismus zum völkischen Denken. Intellektuelle als Konstrukteure der deutschen Identität«, in: Helmut Berding (Hg.), *Nationales Bewußtsein und kollektive Identität. Studien zur Entwicklung des kollekti-*

ven Bewußtseins in der Neuzeit II, Frankfurt am Main 1994, S. 345-393.
Koselleck, Reinhart, *Vergangene Zukunft. Zur Semantik geschichtlicher Zeiten*, Frankfurt am Main 1979.
–, »Zur historisch-politischen Semantik asymmetrischer Gegenbegriffe«, in: ders., *Vergangene Zukunft. Zur Semantik geschichtlicher Zeiten*, Frankfurt am Main 1979a, S. 211- 259.
Lovejoy, Arthur, *Die große Kette der Wesen. Geschichte eines Gedankens*, Frankfurt am Main 1985.
Luhmann, Niklas, *Soziale Systeme. Grundriß einer allgemeinen Theorie*, Frankfurt am Main 1984.
Rufin, Jean-Christophe, *Das Reich und die neuen Barbaren*, Berlin 1993.
Shils, Edward, »Personal, Primordial, Sacred and Civil Ties«, in: ders., *Center and Periphery. Essays on Macrosociology*, Chicago 1975, S. 111-126.
Voegelin, Eric, *Order and History*, 4 Bde., Lousiana State University Press 1956-1958.

Lars Clausen

Barbarei und Eisenstadt

I

Grundsätzlich erscheinen mir Eisenstadts Thesen außerordentlich förderlich, gerade auch durch ihren Einbezug sehr langer, viele Jahrhunderte überspannender Figurationen sozialen Wandels; die Thesen nämlich, (1) daß das »Projekt der Moderne« in den »Großen Revolutionen« auch älteres »barbarisches« Potential enthalte; (2) daß eine Verabsolutierung bedeutender, aber eben nicht umfassender »Dimensionen« menschlicher Erfahrungen damit einhergegangen sei; und (3) daß vor allem der gegenseitige Ausschluß zweier solcher Dimensionen – Eisenstadts *exclusion* – fatal sei, weil er zum antagonistisch aufgefaßten Ausschluß ganzer, von ihm bereits kategorial umgrenzter Handlungsfelder führe.

Mir fehlt dabei noch viel (freilich von Jan Philipp Reemtsma angesprochene und von Claus Offe begonnene) Begriffsarbeit zur »Barbarei«. Offe unterschied bereits zwei Wortfelder: als erstes die »Barbarei« der frühen Zeit und der fernen Zonen; so hat dies Wort noch Friedrich Engels in seinem *Ursprung der Familie* 1884 auf den Begriff gebracht, als es ihm um den Übergang von der »Wildheit« zur »Barbarei« ging (auf dem langen Wege von der Wildheit durch die Geschichte der Klassenkämpfe bis zur Freiheit), ebendamals, wo wir heute die neolithische Revolution ansetzen. Das zweite Wortfeld »Barbarei« – Barbarei jetzt und ganz nahe – hat Offe differenzierend bearbeitet. Ich schlage vor, hier zu beginnen.

Mein Vorschlag für jetzt und hier, vergeben Sie den Freimut, lautet: »›Barbarei‹ sei eine besondere Form der *Liquidation der Werte*[1] einer ganzen Gesellschaft – nach all dieser Werte grundsätzlicher Desavouierung[2] vermöge eines radikalen und rapiden

1 Näheres zu diesem figurativen sozialen Stadium in meinem Modellierungsversuch »Übergang zum Untergang«, in: Clausen 1994, S. 13 ff.

2 Mit Wolf Dombrowskys Wort »nach der Falsifikation einer ganzen Gesellschaft«, vgl. Dombrowsky 1989.

sozialen Wandels[3], unter extremer Steigerung aller vordem negativ sanktionierten Taten gegen Leib und Leben.« Also von *Gewalt*. Darunter würden die merovingischen Greuel ebenso fallen wie im 20. Jahrhundert das von Max Gluckman beobachtete Auftreten der Anklage der Hexerei gegen den eigenen Vater bei den Zulu. Und eben das, wovon wir auf unserer Tagung die ganze Zeit unterschwellig sprechen. Vielleicht läßt sich damit arbeiten.

II

Bereits unsere Klassiker haben diese drei Phänomene Eisenstadts bearbeitet:

(1) Die Großen Revolutionen waren ihnen eben nicht nur Programmrevolutionen, etwa »der Moderne«, sondern empirisch nur dort erfolgreich, wo der Fernhandels- und nicht der Abenteuerkapitalismus den statalen Kolonialismus substantiiert hatte: nicht also erst in den Vereinigten Staaten und dann in Frankreich, sondern vorher in England, davor beim Abfall der Niederlande von der spanischen Krone[4], noch früher in den lombardischen Republiken.

(2) Erfolgreiches Management von »Fremdheit« in Zwischenphasen scheinbar nachhaltiger Instituierung des Individualismus ergab dann doch

- mit *Ferdinand Tönnies* den Umschlag von einer im Mittelalter vorwiegend »gemeinschaftlichen« zu einer heute vorwiegend »gesellschaftlichen« Kultur, in die »Individualismus« notwendig mündet, auf der er aber ebenso notwendig nicht fußen kann;
- mit *Georg Simmel* die Ersetzung des Konzentrismus sozialer Kreise durch deren Kreuzung, mit dem Erfolg, daß solche Kreuzung zunächst das »Individuum« ermöglicht und fest installiert (aber wird es dann nicht zerspalten, bis es unkräftig wird?[5]);

3 Diese Unterscheidung der Dimensionen sozialen Wandels verdanken wir bekanntlich dem frühen Ralf Dahrendorf, in: Bernsdorf (Hg.) 1972, S. 748 ff., 672 f.

4 Die »Jakobiner« der Niederländischen Revolution dürfte man dann auf der Synode von Dordrecht finden, 1618 – dem Jahr des Prager Fenstersturzes.

5 Um bei den Klassikern zu bleiben: Erst kann es mit George Herbert

- mit *Max Weber* das Aufkommen abstrakt regelgebundener (mit Zygmunt Bauman »adiaphorisierender«) und dergestalt hocheffektiver Stäbe und damit die scheinbar erreichbare, die idealtypische Form rationaler Herrschaft – mit utopischen Vorwegnahmeversuchen (wofür Bauman, gut webersch, eine Vermischung der Zweck- mit der Wertrationalität konstatierte).

(3) Die Polaritäten Emotion/Verstand oder Kollektividentität/Legalidentität oder sakral/profan oder *volonté générale/volonté de tous*, sie geraten zueinander in einen Gegensatz, den zu überbrücken immer mehr Institutionen, darunter auch die Institution »Individuum«, überanstrengt. Also auch die politischen, in deren Arena nach Eisenstadt alles drängt.

III

Hier darf es die Soziologie nicht versäumen, den Anschluß an jene sozialwissenschaftlichen Theorien zu suchen, die – fast am Rande der Disziplin und dort im mißlichen Wettbewerb mit Scharlatanerien jeweiliger Zeitgeistlicher – etliches voruntersucht haben. Vielleicht gar kann man mit Hilfe dieser Theorien genauer werden und unserem Bedürfnis nach Prognosen nachkommen. Zu Eisenstadts von mir hervorgehobenen Punkten verweise ich auf tiefgreifende Begriffsprägungen von drei Langzeit-Theoretikern:

(1) Mit *Arnold Toynbee* sind Kulturen eine Zeitlang ihren Herausforderungen, notfalls durch revolutionäre Neuerungen, gewachsen (Toynbee 1950). Damit schaffen sie sich eine Peripherie bereitwillig lernender angrenzender Kulturen, die sie aber zugleich zerrütten und – so sein sehr nützlicher terminologischer Zugriff – zu »äußeren Proletariaten« machen müssen. Dies sind dann Gesellschaften mit struktureller Feindseligkeit gegen die Metropolitankultur.

(2) Mit *Eugen Rosenstock-Huessy* revolutioniert sich »das

Mead noch sein *me* konstruieren, gemäß Robert K. Merton noch seine Intrarollenkonflikte balancieren, aber dann – Ulrich Beck nutzte einen Tag später das Wort dafür - endet es bei »Bastelbiographien«. »Was kümmert mich mein dummes Geschwätz von gestern« – ein solcher, zerrütteter Individualismus ist (mit Tönnies) nur mehr »gesellschafts«-fähig bzw. (mit Heutigen) nurmehr Akteur mit *Tit-for-tat*-Strategien (siehe unten).

Abendland«, später »Europa«, von oben an bis unten durch, beginnend mit der papalen Revolution (Gregor VII.), über die des Territorialadels (im Dreißigjährigen Krieg), über die des Bürgertums (bekannt), endend bei der des Proletariats (Rosenstock-Huessy 1951). (So daß im Gefolge dieser Revolutionen bis hinab zur ganzen arbeitenden Bevölkerung, gemäß einer nach Rosenstock-Huessy wiederkehrenden Stadienfolge, alle nacheinander eine Emotional-, eine Kollektividentitäs-, eine Sakral- und eine Gemeinwillensdekomposition hinter sich brächten.)

(3) Mit *Franz Borkenau* – zum Begriff »Barbarei« der weitaus fruchtbarste Autor – konsolidierte sich der europäische Kulturkreis (wie alle Kulturen, durchaus im toynbeeschen Sinne) mit den erfolgreichen Monotheismen von Christentum und Islam, indem er jedermanns (interne, nicht »internalisierte«) dilemmatische »Todesproblematik« – »ich handle immer, als ob ich unsterblich sei, weiß aber, daß ich wie alle sterben muß« – dank der überzeugenden Mitteilung »löste«, alle Menschen seien unsterblich. Genau diese anfangs hocherfolgreiche Erlösung aus der Barbarei (dem Zeitalter umfassender Angst vor allmöglicher Gewalt, also immer einem Heroenzeitalter der Epen) wurde durch Aufklärung und Große Revolutionen obsolet und destruiert. Alle Menschen sind nun doch sterblich – und nun? Die ererbte Kultur kann nicht umhin, darauf schweigen und also in einer neuen angstgeschüttelten Barbarei enden zu müssen (Borkenau 1984).[6]

6 Bei Borkenau (als einem Religionssoziologen der Völkerwanderungszeit) kann man ebenda auch lernen, daß sich Augustinus mit einer weiteren Kompromißformel (zusätzlich zu der, die Eisenstadt hervorhob) durchzusetzen hatte – in der Klemme zwischen dem fernwestlichen Individualismus der Pelagianer (auf der materiellen Basis zur Seefahrt genötigter Kelten und Germanen) und dem Fundamentalismus der Donatisten im Maghreb (auf dem materiellen Trümmerfeld von Karthagern, Römern und Wandalen). Diese Kompromißformel war die von der »Erbsünde«, einer guten Angstabweiserin. – So fundieren Materialisten, wenn es um »Barbarei« und gelegentliche Auswege aus ihr geht. Konkret diese Barbarei der Völkerwanderungszeit hatte Friedrich Engels vor dem inneren Auge: just erst durch das erfolgreiche Zentrum, das Römische Imperium, zerrüttete Peripherkulturen. Borkenaus Studie zur Genese des Individualismus (als einer spezifischen Antwort auf barbarische Umstände) ist nicht unwichtig zur Grundlegung des später von Max Weber anders fundierten »›Geist‹ des Kapitalismus«.

Alle drei Makrotheoretiker jahrhunderteüberspannender Zyklen erlauben es, »strukturell unvermeidliche« (Bernd Giesen) oder noch vermeidbare »Barbareien« zu prognostizieren, und geben Prüfgrößen an.[7] Kritikwürdig sind sie, aber eben nicht Scharlatane. Sollen wir uns selber für ihre Kühnheit bestrafen und – wegen diesiger Sicht auf vieldeutige Fakten – gleich die Soziologie einstellen?

IV

Damit würden sich freilich eine eher funktionalistische Theorie der »Moderne«, mithin eine – aristotelisch gesprochen – Theorie der »Zweckursachen«, als noch nicht zureichend herausstellen. Moderner Universalismus löste Probleme, welche soziale Differenzierung bereitete, sehr erfolgversprechend. Doch was verursachte Differenzierung?

Wir müssen uns eine ergänzende Theorie der »Wirkursachen« zurechtlegen. Um Sätze für eine solche Theorie zu bilden, wage ich drei einschlägige Anregungen:

(1) Erfolgreiche Kulturen wie die europäisch-nordamerikanische verbreiten rings kulturell destruierende Hoffnungen strukturnotwendig schneller als deren Erfüllungen, zerrütten also die ihnen peripheren Gesellschaften schneller, als sie sie transformieren, barbarisieren sie somit (wenn sie sie nicht ausrotten) und müssen dann unter deren naheliegenden angstbewältigenden Problembearbeitungen leiden: unter exkludierenden Neoreligionen mit universalem Anspruch. Sie haben also dorther statale Probleme.

(2) Sie schaffen sich aber auch eigene Religionsprobleme, die sie an

7 Ich selbst halte »Barbarei« nur für einen möglichen Ausweg unter mehreren; man rettet sich nach gründlicher und rapider »Desavouierung aller Werte« (vgl. Fn. 1) immerhin in einen Zustand des Hobbesschen »homo homini lupus«. Niklas Luhmann gab noch am gleichen Tag zwei schneidende Beispiele für eine fatalistische Alternative zur »Barbarei«, als er seine Beobachtung brasilianischer Favelas und walisischer Bergarbeiterdörfer nach Schließung aller Schächte beitrug; ebensowohl kann also ein Kulturende (extremen Falls ein »Völkertod«) sich ankündigen (dessen alarmierender Indikator mir der »Sprachentod« ist).

den erfolgreichsten säkularisierten Sektor ihrer Kultur weiterreichen. In unserer Kultur an den *wirtschaftlichen*. Der aber kann eigene zentrale Werte mit universalistischer Glaubhaftigkeit nicht garantieren. Unsere Kultur wird nämlich das »Geld für nützliche Arbeit« nicht als allanwendbare soziale Sanktion stabil halten können. Geldanzielender Tausch zerstört erfolgreich sowohl den Glaubenssatz von der Produktivität der Arbeit als auch »individuelle« Balancen innerer Wertdifferenzierungen.[8] Er barbarisiert – erst schleichend, nach ausufernder Geldschöpfung durch Staaten, und dann durch Private (»Inflationen«) schlagend – und sorgt dafür, daß sich die Menschen daraufhin in die politische Arena flüchten. Dort ermittelt sie Eisenstadt, und dort warten exklusionsbereite und nunmehr -fähige Neodiktaturen (man erinnere sich des Beitrags von Hans Mommsen).

(3) Ob Universalideologie-, ob Universalstaatsanspruch – den bereitstehenden Charismatikern und Totalitaristen lösen in unserer Kultur »vordem negativ sanktionierte Taten gegen Leib und Leben«, das heißt: löst das Morden ihre Folgeprobleme. Denn bei uns sind – entgegen unserer frühmittelalterlichen »Kultur«-Stiftung – mittlerweile »alle Menschen sterblich«. Tote sind nunmehr endgültig unschädlich, ihre Bundesgenossen können sie sofort schadlos verlassen. Der spätestens mit dem Ersten Weltkrieg allseits schlagende Erfolg des Konzeptes der Tötbarkeit, also Sterblichkeit (des anderen Horns des unausweichlichen Dilemmas der »Todesproblematik«), erlaubt ein Establishment von Jüngern und Experten des Tötens, das alles andere als *Tit-for-tat*-Strategien selbstmörderisch erscheinen läßt. Selbst-Mord einerseits wäre nur noch: Ende. Anderseits bedeuten *Tit-for-tat*-Strategien, bereit zu sein, jede Wertrationalität für den Fall hintanzustellen, daß ein sozialer Gegner seine Taktik auch nur ein Mal ändert. Man ändert dann die eigene auch sofort im gleichen Sinn. Folgerichtig wird dann jede barbarische Antwort auf Barbarismen angemessen, ja legitim.[9]

8 Der auf die Geldrechnung eingeschworene (und die »Produktivität« der Arbeit still hypostasierende) Liberalismus wäre (mit Alexander Rüstow) genauso eine Kryptotheologie, wie (Eisenstadt sprach es an: mit Eric Voegelin) Karl Marx' Antwort darauf. – Vgl. Clausen 1988.

9 Als realistischer Soziologe hat Eisenstadt auf das wirkmächtige alteuropäische Muster der Gegenmodelle in umfriedeten Räumen, also der regionalen Inseln der Verrechtlichung, dann auch der Freiheits- und

Eisenstadts Diagnose scheint mir mithin auf Folgendes (was auch ich vermute) hinauszugehen: Die »Barbarei« ist nicht allein eine Folge der »universalistischen Moderne«, sondern eine Folge des langangelegten Abrisses dieser Moderne von der Tradition der *primordial social components*. Beide exkludieren einander gründlich. Mit Werner Riegels Worten: Auch in unsere Brust münden noch beide Ströme, der weiße der Aufklärung und der blaue des romantischen Protestes. Jedoch zusammengebracht, zerstrudeln sie nunmehr die Akteure. Soziologischer: Moderne und Antimoderne barbarisieren sich, zunächst parallel und voneinander unabhängig, dann einander, und dies kumulativ. Es ist an *Giambattista Vico* zu erinnern: Die Barbarei der Reflexion und die Barbarei der Zyklopen gehören zusammen.

Literatur

Borkenau, Franz, *Ende und Anfang*, Stuttgart 1984.

Bernsdorf, Wilhelm (Hg.), *Wörterbuch der Soziologie*, Frankfurt am Main 1972.

Clausen, Lars, *Produktive Arbeit, destruktive Arbeit*, Berlin 1988.

–, *Krasser sozialer Wandel*, Opladen 1994.

Dombrowsky, Wolf R., *Katastrophe und Katastrophenschutz*, Wiesbaden 1989.

Rosenstock-Huessy, Eugen, *Die europäischen Revolutionen und der Charakter der Nationen*, Stuttgart/Köln 1951.

Toynbee, Arnold, *A Study of History*, London 1950.

Gleichheitschancen hingewiesen. In einer Hansestadt darf man da an die Aufschrift des lübischen Holstentores erinnern: CONCORDIA DOMI FORIS PAX. Irre ich nicht, so erhofft er sich eine solche Wirkung auch vom modernen Israel.

Hans Mommsen
Modernität und Barbarei
Anmerkungen aus zeithistorischer Sicht

In seinem 1993 geschaffenen Leuchtkasten »Der Eintrag« vermerkte Jochen Gerz, daß der dem Griechischen entlehnte Begriff der Barbarei auf Deutschland zurückweise. Nicht historische Rückständigkeit, sondern die Selbstverblendung der fortgeschrittenen abendländischen Zivilisation und die mit ihr verknüpfte Berufung auf eine eigene überlegene Moral begründe die Anmaßung, die »Mitmenschen in deren Namen vernichten« und sie als Barbaren ausgrenzen zu können. Als warnendes Menetekel wird auf Deutschland gezeigt oder, genauer: auf die deutsche Politik in der nationalsozialistischen Epoche, und diese synonym mit Barbarei gesetzt.[1]

Als deutsche Historiker können wir dieser Zuweisung nicht ausweichen, sind aber zugleich gefordert, deren Stichhaltigkeit zu prüfen und im zutreffenden Falle Gründe anzugeben, die die Durchsetzung barbarischer Züge der Epoche zu erklären vermögen. Es drängt sich auf, in erster Linie die Shoah in diesen Zusammenhang zu bringen, stellt sie doch den unerhörtesten Ausbruch zynischer Gewaltpolitik dar, den die neuzeitliche abendländische Geschichte kennt. Dies hat die Tendenz hervorgerufen, sie aus dem Kontext der Gesamtgeschichte des Dritten Reiches auszuklammern, statt sie als Extrempunkt anormaler Normalität zu begreifen, die für dessen politische Struktur kennzeichnend ist.

Denn die Shoah ist nicht, wie Dan Diner erörtert hat, eine *black box*, die sich zureichender historischer Erklärung entzieht (Diner 1988, S. 70 f.). Eher ist davon auszugehen, daß bei ihrer genetischen Beschreibung die nur relative Verbindlichkeit historischer Erklärung überhaupt sichtbar hervortritt. Denn trotz aller Vorläufer, die der Genozid gegen die Juden in den antisemitischen Verfolgungen seit dem Mittelalter gehabt hat, scheint er aus der

1 Vgl. den Beitrag von Doris Krystof in: Arnim Zweite (Hg.) o. J., S. 28.

historischen Kontinuität auszubrechen, ebenso wie er alle bis dahin üblichen historischen Sinnstiftungen Lügen zu strafen scheint, da dem willkürlich anmutenden Hinschlachten von Millionen unschuldiger Individuen schwerlich auch nur der Anschein historischer Notwendigkeit beigemessen werden kann.

In diesem Zusammenhang rücken zwei Problemkomplexe in den Vordergrund. Der erstere betrifft die generelle Frage, inwieweit die unter dem Terminus »Holocaust« zusammengefaßten Verbrechen als Rückfall in angeblich durch die neuzeitliche Zivilisation überwundene, vormoderne Entwicklungsstufen zu betrachten sind oder ob sie, wie vor allem Zygmunt Baumann hervorgehoben hat, eine spezifisch »der Moderne inhärente Möglichkeit« darstellen und gerade nicht mit dem »Scheitern der Moderne« gleichgesetzt werden können (Bauman 1991, S. 8 ff.). Die zweite Fragestellung zielt auf die Bedingungen der Implementierung des Holocaust und vergleichbarer gewaltsamer Handlungen des Regimes unter dem Gesichtspunkt, ob sie als Klimax eines fehlgeleiteten *social engineering* und somit als Ausfluß einer rationalen Gesellschaftsplanung gewertet werden müssen oder ob die im Zusammenhang damit auftretenden barbarischen Exzesse primär akzidentiellen Charakter besitzen (Feingold 1983, S. 398).

Es soll hier nicht versucht werden, der von herausragenden internationalen Experten vielfach gewendeten Frage, inwiefern von einem Rückfall des NS-Regimes in überwunden geglaubte barbarische Form gesprochen werden muß, worunter in unserem Zusammenhang eine nicht mehr erkennbar interessengelenkte, bloß zynischer Willkür und ideologischer Verblendung entspringende Vernichtungspolitik begriffen werden muß, neue Aspekte abgewinnen zu wollen. Vielmehr soll in den folgenden Anmerkungen der zweite Komplex im Vordergrund stehen. Dabei ist von primärem Interesse, wie sich die Vernichtungspolitik des Regimes gegen Juden, Zigeuner, Slawen und andere als schädlich oder überflüssig betrachtete Bevölkerungsteile zu den Großmustern nationalsozialistischer Politik verhält und ob sie »moderne« Züge, die ihr teils unterstellt, teils abgesprochen zu werden pflegen, aufweist.

Im folgenden wird allerdings vermieden, auf das jüngsthin neuerlich aufgestellte Postulat einer modernisierenden Funktion des Nationalsozialismus im einzelnen einzugehen, insbesondere auf die irreführenden Interpretationen von Zitelmann und Prinz.[2] Es ist jedoch nachdrücklich zu betonen, daß trotz unbestreitbar modernisierender Züge der vom Nationalsozialismus aufgegriffenen und »vernutzten« Strategien, so im Bereich der Technologie oder der Nachrichtenkommunikation, von effektiv modernisierenden Wirkungen nur ausnahmsweise gesprochen werden kann (Mommsen 1991, S. 416 ff.). Gerade die Geschichte des Holocaust belegt, wie wenig eine derartige Terminologie nationalsozialistischen Bedingungen Rechnung trägt. Zwar kann man mit Feingold von einem »monströsen Entwurf des social engineering« sprechen, aber schwerlich die atavistischen Formen, unter denen sich der Vernichtungsprozeß vollzog, mit einer Modernisierung in Verbindung bringen (Bauman 1991, S. 66).

Die Grundfrage besteht darin, wann die ideologisch vorgeprägte Vorstellung massenhafter Vernichtung in Handlungsrealität umschlägt, um danach eine eigene Schwerkraft zu entwickeln, so daß es keiner größeren Anstöße durch das politische Machtzentrum mehr bedarf, um den Vernichtungsprozeß selbstläufig und umfassend werden zu lassen. Zwischen der bloßen Idee und ihrer Implementierung liegt eine Reihe von Zwischenschritten, die nicht selbständig getan wurden und die doch die notwendige Bedingung dafür bildeten, um jahrhundertealte rassistische Liquidierungsparolen in unmittelbares, systematisches Handeln umzusetzen.[3]

Was den Holocaust angeht, so hat man gemeint, aus einzelnen Äußerungen Hitlers, zusammen mit der Theorie, daß dieser seine Absichten nur stufenweise aufgedeckt und selbst seinen engsten Gesinnungsgenossen vorenthalten habe (was schwerlich zutrifft), eine frühzeitig festliegende systematische Vernichtungsabsicht gegenüber den Juden abzuleiten.[4] Das läßt sich jedoch weder aus jener Wendung in *Mein Kampf*, man hätte im Ersten Weltkrieg zwölftausend »jüdische Volksverderber« unter Giftgas halten müssen, wie für akzidentielle antisemitische Äußerungen im Vorfeld der berühmten Reichstagsrede vom 30. Januar 1939 folgern.[5]

2 Vgl. Prinz/Zitelmann (Hg.) 1990, insbesondere S. 7 f.; Zitelmann 1991, S. 195-223. Dazu vgl. Schildt 1994.

3 Zum Problem der Diskontinuität des nationalsozialistischen Antisemitismus vgl. Volkov 1990, S. 56 f., 74.

4 Vgl. insbesondere Jäckel 1986, S. 89 f., 94 f.; vgl. auch ders. 1981, S. 68 f.

5 Hitler 1933, S. 772; Domarus 1965, Bd. II, S. 1057 f. Die Äußerung

Karl Schleunes hat jüngst darauf hingewiesen, daß diese spektakulär erscheinende Äußerung Hitlers im Kontext von längeren Ausführungen steht, die ihren Stellenwert vermindern, zumal sie dazu dienten, die Teilnehmerstaaten der Konferenz von Evian unter Druck zu setzen, um dadurch die jüdische Auswanderung aus dem Reich zu forcieren, für die Devisen fehlten (Schleunes 1994). Vieles spricht dafür, daß die in der Reichstagsrede enthaltene Vernichtungsdrohung primär rhetorisch-taktische Funktion besaß. Desgleichen ist die mehrfache Wiederholung dieser Wendung durch Hitler, der sie fälschlich auf den 1. September 1939 datierte, darauf zurückzuführen, daß Joseph Goebbels sie in den Propagandafilm »Der ewige Jude« hineinschnitt, den er während der Entstehung Hitler wiederholt vorspielte (Hornshoj-Moller/Culbert 1992). Der Drohung Hitlers, welche die im Rassenantisemitismus gebräuchliche Konfiguration der Juden als Geiseln aufnahm, ist daher eher eine stereotype Bedeutung beizulegen als diejenige einer konkreten Vernichtungsabsicht.

Darüber hinaus spricht alles dafür, daß das Regime bis in die frühe Kriegszeit hinein Aktionen, die auf die Massenliquidation von Juden und Slawen hinausliefen, für unausführbar erachtete und die Judenfrage primär durch erzwungene Auswanderung, seit Beginn des Krieges durch die Bildung von Judenreservaten zu lösen gedachte (letzteres wäre gleichwohl notwendig mit dem Tod von Teilen der deportierten Bevölkerung verbunden gewesen) (Schleunes 1972, S. 257; Mommsen 1983, S. 204 ff.; Broszat 1988, S. 56 f.). Zur systematischen Liquidierung des Judentums und zur Indienststellung umfassender Apparate für deren Durchführung bedurfte es freilich weiterer Zwischenschritte.

Bevor dieser Frage nachgegangen wird, bedarf es jedoch einer Klärung des Verhältnisses von Ideologie und Politik im Nationalsozialismus oder, präziser, des Verhältnisses von Weltanschauung und Politik, da die schillernde und oszillierende Programmatik schwerlich als eigenständige und geschlossene, sich von völkischen und deutschnationalen Syndromen eindeutig abhebende Ideologie begriffen werden kann. Umgekehrt zeichnet sich das

stand im Kontext der Kritik am Zögern der Westmächte, die in Evian erörterte jüdische Auswanderung zu unterstützen, und drückte Hitlers »Entschlossenheit« aus, »das Einnisten eines fremden Volkes, das sämtliche Führungsstellen an sich zu reißen gewußt hat, zu unterbinden und dieses Volk abzuschieben«.

nationalsozialistische Politikverständnis durch eine eigentümliche Substanzlosigkeit aus und reicht über Mobilisierungsstrategeme und Propagandakampagnen kaum hinaus. Politik ist daher virtuell immer deckungsgleich mit Propaganda, und umgekehrt wird Propaganda in aller Regel zur Politik.[6]

Zugleich war politisches Handeln der Nationalsozialisten nicht einfach eine Funktion des Führerkults und spezifischer weltanschaulicher Vorgaben. In weiten Bereichen war es eher reaktiv, durch flexible Anpassung und Imitation dominanter Tendenzen bestimmt. Es kam in gleichem Maße zur Verselbständigung politischer Impulse, sofern sie den visionären Rahmen der »nationalsozialistischen Idee« nicht direkt sprengten, damit zu deutlich gegenläufigen Bestrebungen, die über taktische Divergenzen weit hinausgingen.[7] Dies war eine unvermeidliche und einkalkulierte Folge des ungewöhnlich großen Handlungsspielraums der nationalsozialistischen Unterführer, und dieser erweiterte sich, zumal unter den Bedingungen des Ostraums, ständig und begründete jenen von Hitler gewünschten »neuen« Führertyp, der auf rechtliche und institutionelle Faktoren keine Rücksicht nahm. Robert Koehl hat dafür den Begriff des »Neofeudalismus« eingeführt, um die atavistischen Momente, die ihn prägen, zum Ausdruck zu bringen (Koehl 1972, S. 159 ff.).

Sowohl im organisatorischen wie im personalen Bereich kann von einer monolithischen Geschlossenheit der Partei keine Rede sein. Vielmehr beruht die relative Effizienz der Partei gerade auf der freigesetzten und in sozialdarwinistischem Sinne forcierten Initiative des Einzelnen. Außerdem entlastet, wie Nyomarkay überzeugend gezeigt hat (1967, S. 35 ff.), das Wechselverhälnis von Charisma und Faktionalismus die Führung von der Notwendigkeit, die einzelnen Entscheidungen der Unterführer zu kontrollieren. Das immer wieder angewandte System von deren direkter Unterstellung unter den Führer unterstützte dies noch. Ein solches System förderte die frühzeitig einsetzende Realitätsverweigerung durch Hitler und das engere Machtzentrum, das in zunehmendem Maß in einer visionären Sicht der Dinge befangen

6 Vgl. meine Analyse Mommsen 1995, S. 253- 267.

7 Der Begriff der »nationalsozialistischen Idee« ist Hitlers »Denkschrift über die inneren Gründe für Verfügungen zur Herstellung einer erhöhten Schlagkraft der Bewegung« vom 15. Dezember 1932 (BA Koblenz Ns 22/110) entnommen.

war und widerständige Einsichten konsequent abblockte (vgl. Mommsen 1981, S. 83 ff.).

Die durch die Herrschaftstechnik des Systems freigesetzten Energien entluden sich nicht nur, wie ich an anderer Stelle gezeigt habe, in einem Prozeß kumulativer Radikalisierung (Mommsen 1967, 1976), sondern entzogen sich zugleich jeder koordinierenden Kontrolle, so daß in der Regel Stillhalteappelle nur als vorübergehende Maßnahme begriffen wurden. Das von Hitler begrüßte selbstherrliche Vorgehen seiner Satrapen, selbst wenn es die Willenseinheit des Regimes untergrub, sollte namentlich in jenen Bereichen, aus denen sich die offizielle Staatsmacht, das heißt die Ministerien und der ihnen nachgeordnete Behördenapparat, zunehmend zurückzog, so der Judendeportation, der Behandlung von Fremdvölkischen einschließlich der Zwangsarbeiter, ein System ungeregelter Willkür herbeiführen, das auch die SS-Gerichtsbarkeit, nach einigen schwächlichen Ansätzen, dies zu tun, nicht unter Kontrolle zu bringen vermochte.

Noch vor der unter Thierack zugestandenen Verlagerung der judiziellen Zuständigkeit in diesen Sektoren an das Reichssicherheitshauptamt gab es, nicht zuletzt wegen direkter Einzelfallinterventionen Hitlers, auf diesen Politikfeldern keine ernsthafte Möglichkeit, gegen Gewaltakte und Übergriffe vorzugehen. Zugleich sorgte das usurpatorische Vorgehen der SS in zunehmendem Maße dafür, daß etwa das Konzentrationslagerwesen – die Geschichte Dachaus bietet eindrückliche Beispiele dafür – der Kontrolle durch die ordentliche Gerichtsbarkeit entzogen wurde. Die Schaffung eines virtuell rechtsfreien Raums, zusammen mit der Tendenz, den jeweiligen Unterführern – das galt schließlich auch für die Kapos – *plein pouvoir* zu geben, ließ schließlich unter Eicke die Grundlagen für die terroristischen und barbarischen Methoden des KZ-Systems entstehen, das die psychologischen Vorbedingungen für eine systematische Politik der Menschenvernichtung schuf (vgl. Sofsky 1993, S. 43 ff.).

Gleichwohl bedurfte es weiterer Voraussetzungen, um dem hier angelegten menschenmörderischen Potential die Schubkraft zu verleihen, um zum Völkermord größten Stils übergehen zu können. Die Tendenz zu kumulativer Radikalisierung entsprang nicht nur der Rivalität auf sich gestellter Satrapen, die ausschließlich im Horizont des Endziels eine gemeinsame Linie besaßen, sondern ebensosehr einem selbsterzeugten Handlungsdruck, der einer *self-fulfilling prophecy* gleichkam und ständig in mutwillig herbeigeführte Ausnahmekonstellationen mündete, die den Sprung zu noch radikalerem Handeln zu erzwingen schienen, aber stets als Ausnahme, als »nie zu schreibendes Ruhmesblatt« betrachtet wurden.[8]

Was den ständigen Radikalisierungsschub anging, der bereits für die nationalsozialistische Machteroberungsstrategie kennzeichnend war, so hat Martin Broszat – sicherlich einer der besten Kenner der inneren Mechanik des NS-Systems – dieses Phänomen in die Worte gekleidet, daß die Politik von der Ideologie »sich beim Wort nehmen« lassen mußte; das heißt, was als mutwillige, zunächst ausschließlich propagandistisch motivierte Beschwörung von Ausgrenzungs- und Vernichtungsparolen begann, verwandelte sich unversehens in einen von der Basis der Bewegung zurückgeworfenen Druck, der Hitler und die engere Führungsgruppe unter verstärkten Handlungszwang setzte (Broszat 1988, S. 32 f.). Dadurch verwandelten sich Weltanschauungsziele, die primär visionären Charakter besaßen, in konkret umgesetzte Politik, und die Initiative dazu ging in der Regel vor Ort aus. Gerade Hitler neigte immer weniger dazu, diese zu desavouieren, wozu er in den Anfängen des Regimes von seiner Umgebung, so durch von Neurath, durch Göring und Lammers, gedrängt werden konnte.

Hitler, bei dem sich früh weltanschauliche Vision und propagandistische Wirklichkeitswahrnehmung amalgamierten und zu einem fortschreitenden Verlust an Realitätswahrnehmung und Selbstkritik beitrugen, stand im Mittelpunkt dieses Mechanismus. Er selbst pflegte sich um die Implementierung der ins Leben gerufenen Gewalt nicht zu kümmern, ob dies die geforderte Liquidierung Leningrads oder die Resultate der Shoah anging. Es ist bezeichnend, daß er noch am 26. Mai 1944 in einer Rede vor der Generalität an einer Schilderung der Judenfrage festhielt, als ob sich die Endlösung noch nicht vollzogen hätte, und dafür waren schwerlich taktische Gründe in Anschlag zu bringen.[9] Er sah die Judenvernichtung noch immer in einem propagandistisch-visionären Kontext.

8 So die Wendung Himmlers in seiner Posener Rede vom 4. Oktober 1943, in: IMT Bd. 29, Dok. 1919 PS, S. 145.

9 Ansprache Hitlers vor Generälen und Offizieren am 26. Mai 1944 im Platterhof, abgedruckt in: Hitler 1976, S. 141-166.

Es bedurfte jedoch einer zweiten Vorbedingung, um aus verbaler Gewaltbeschwörung deren praktische und systematische Implementierung hervorgehen zu lassen. Sie tritt in dem viel zitierten Aktenvermerk des SS-Sturmbannführers und Leiters des SD-Abschnitts Posen, Heinz-Rolf Höppner, vom 16. Juli 1941 anschaulich entgegen: Angesichts der für das Ghetto in Lodz im kommenden Winter zu erwartenden Gefahr von Hungersnot und Epidemien sei »ernsthaft zu erwägen, ob es nicht die humanste Lösung ist, die Juden, soweit sie nicht arbeitseinsatzfähig sind, durch irgendein schnellwirkendes Mittel zu erledigen«.[10] Diese vielzitierten Sätze belegen, daß es auch im NS-Regime einer pseudomoralischen Rechtfertigung bedurfte, bevor zu systematischen Mordhandlungen geschritten werden konnte.

Es spricht vieles dafür, daß das Wissen um die Möglichkeit, umfassende Massenliquidationen vornehmen zu können, was Himmler in seiner Denkschrift über die Behandlung der »Fremdvölkischen« vom Mai 1940 noch für undenkbar hielt (Krausnick 1957, S. 194-198), nicht im RSHA, sondern vor Ort aufgekommen, gleichsam aus der Praxis heraus entfaltet worden ist. Voraussetzung dafür war nicht zuletzt der Zusammenhang, der, worauf zuerst Götz Aly aufmerksam gemacht hat[11], zwischen »Endlösung« und Ostsiedlungsprogramm bestand, und zwar nicht nur in der Hinsicht, daß der für die Implementierung des letzteren aufgebaute Apparat des RKF mit der Vernichtungsmaschinerie weithin personell und instrumentell identisch war. Zugleich war für diejenigen, die die »Endlösung« vorantrieben – das gilt für Adolf Eichmann sowohl wie für Odilo Globocnik – das Bewußtsein handlungsleitend, größerenteils für den Aufbau der deutschen Siedlungswerke im Osten zu arbeiten, gegenüber dem die Lösung des Judenproblems nur einen kleineren Teil ihres Tagwerks umfaßte. Mit der einmal beschlossenen Deportation der nicht »eindeutschungsfähigen« polnischen Bevölkerung aus dem Warthegau rückte die jüdische Bevölkerung automatisch in die niedrigste Kategorie, auf die die geringste Rücksicht zu nehmen war.

Der qualitative Sprung von der Deportation zur Vernichtung ergab sich mit dem endgültigen Scheitern der Reservatpläne, wenngleich ihnen von vornherein ein fiktiver Charakter anhaftete, aber was war in der NS-Politik eigentlich nicht fiktiv? Sie

10 Abgedruckt in Mommsen/Willems (Hg.) 1988, S. 465.
11 Heim/Aly 1991a, S. 19 ff. Vgl. auch dies. 1991b, S. 135 ff.

standen im Kontext der zunehmend umfassenderen Ostsiedlungsplanung des RKF. In der Person Odilo Globocniks tritt diese Verquickung eindrücklich hervor. Er war Himmlers vertrauter Intimus, der die Siedlungsprojekte in Samosc und Hegewald (Shitomir) in Gang setzte, die der Reichsführer-SS noch unter den Bedingungen des laufenden Sowjetfeldzugs zu betreiben beschloß (Müller 1991, S. 107 f.). Die von ihm inaugurierte Aktion »Reinhard« zielte nicht zuletzt darauf ab, die Grundlagen für die siedlungspolitische Erschließung im Generalgouvernement zu legen. Der Bau des Ostwalls bzw. des sogenannten »Panzergrabens« unter Globocnik mittels jüdischer Zwangsarbeit, dann der Ausbau der strategischen Rollbahn Süd (D 4) von Przemysl über Tarnopol nach Kiew, für den jüdische Zwangsarbeiter eingesetzt, welche bewußt durch Arbeit vernichtet wurden, präludierten die dann im Stau aufgegebener Reservatpläne, forcierter Ghettobildungen, Ab- und Umsiedlungen jüdischer Bevölkerung auftauchende organisierte Vernichtung. Im Zusammenhang mit der Forcierung der Ostsiedlung entschloß sich Globocnik, das brachliegende Potential der T-4-Aktion von Riga nach Lublin umzuleiten und zunächst zur Liquidierung von nicht mehr arbeitsfähigen Juden, dann zur systematischen Ausrottung der jüdischen Bevölkerung heranzuziehen.[12] Himmler, der diese Politik billigte, zog aus ihr die Einsicht, daß umfassende Vernichtung durchaus im Bereich des Möglichen lag. Sie wurde in dem Maße selbstverständlich, als der Kriegsverlauf die vorgesehenen Reservatgebiete unerreichbar machte.

Infolgedessen kann die Shoah nicht auf eine zielbewußte Vernichtungsplanung, die, wie lange angenommen wurde, durch einen zentralen Befehl Hitlers eingeleitet oder auf der Wannsee-Konferenz beschlossen worden sei, zurückgeführt werden. Es handelt sich vielmehr um jene für den Nationalsozialismus kennzeichnende Politik der Schaffung von Unausweichlichkeiten, ohne sie zuvor zu konzipieren. Der Weg zur »Endlösung« verlief daher über viele Einzelschritte, und die Inkubationszone, in der diese eingeübt wurden, bildete das Territorium der Aktion »Reinhard«. Hier wurde Deportation synonym mit Vernichtung, wobei die lange dominierenden Formen der Massenausrottung, darunter nicht zuletzt die bewußte Vernichtung durch Arbeit, nicht von der Formel der »fabrikmäßigen Tötung« verdeckt werden dürfen.

12 Vgl. dazu die Untersuchung von Sandkühler 1994 sowie Pohl 1993.

Das schließt die von Zygmunt Baumann getroffene Feststellung keineswegs aus, daß die »Endlösung« in den Zusammenhang einer »rationalen Gesellschaftsplanung« gestellt werden muß, für welche die Euthanasie die Vorstufe bildete. Auf diesen Zusammenhang hat insbesondere Götz Aly wiederholt hingewiesen (Aly 1995). Die im Osten tätig werdenden wissenschaftlichen Planungsstäbe, darunter auch diejenigen von Globocnik in Lublin, waren längst dazu übergegangen, eine umfassende ethnische Flurbereinigung im Osten nach rationalen oder angeblich »wissenschaftlichen« Kriterien zu konzipieren, die von den historisch gewachsenen Strukturen willkürlich abstrahierte und technokratischen Machbarkeitsillusionen verhaftet war, die auch das Denken der Durchschnittsnationalsozialisten, nur auf niedrigerem intellektuellen Niveau, geprägt haben. Will man den Begriff »Rationalität« dafür überhaupt verwenden – natürlich folgten die Fahrpläne der Reichsbahn vernünftigen Regeln –, so handelte es sich doch um eine »Rationalität«, die auf durchaus irrationalen Prämissen aufbaute.

Desgleichen war der Tatbestand, daß die »Endlösungs«-Politik, einmal in Gang gesetzt, von den daran beteiligten bürokratischen Apparaten des Regimes, die sich anfänglich darum rissen, unbarmherzig zu Ende geführt wurde, nun unter Einschluß der besetzten Teile Westeuropas und der ehemaligen Verbündeten Ungarn und Italien, unter den bestehenden Bedingungen kaum verwunderlich. Schon Raul Hilberg hat auf die fatale Rolle freischwebender bürokratischer Apparate hingewiesen, für die das ideologische Motiv – das zeigt selbst die Person Adolf Eichmanns – von untergeordneter Bedeutung war (Hilberg 1990, S. 66). Ähnlich gilt das für kollaborierende Instanzen in den besetzten Ländern.

Bemerkenswerter erscheint, daß der Vorgang der Barbarisierung, das heißt der Übergang zu sinnloser Massenvernichtung als Folge der ethnischen Flurbereinigungs- und rassischen Säuberungspolitik im deutschen Herrschaftraum, zunächst nicht im Vordergrund der konkret verfolgten Politik stand, vielmehr erst im Zuge der Zerschlagung übergeordneter Zielsetzungen – so der Schaffung eines großgermanischen Siedlungsgebiets im Osten für mehr als 100 Millionen Menschen, der wirtschaftlichen Indienststellung des Ostraums – immer mehr in den Vordergrund trat und sich vom »Endziel« in ein Nahziel verwandelte. Im Grunde blieb als das einzige, was der Apparat des RKF, was die Ostplaner und was die Satrapen vor Ort zuwegegebracht hatten, die angebliche Lösung der Judenfrage, während der größte Teil der deutschen Ansiedler in Lagern auf künftige Verwendung wartete, berufsfremd untergebracht war oder auf gewaltsam freigemachten unwirtschaftlichen Bauernhöfen saß. Alles andere war gescheitert. Das galt für die Absiedlung der Polen aus dem Warthegau, das galt für die Bereitstellung von Siedlungsraum, die Schaffung deutscher Wohnsiedlungen, den Bau deutscher Städte und die wirtschaftliche Erschließung des Ostens. Die Geschichte von Auschwitz, das als Muster einer deutschen Mittelstadt, als Brücke zum weiten östlichen Siedlungsgebiet und Symbol kultureller Überlegenheit der deutschen Ostkolonisation geplant war, ist bezeichnend dafür (Heim/Aly 1994b, S. 168 f.). Ursprünglich war Birkenau für die Errichtung der Stadt gebaut worden (daher ohne Kanalisation); daß daraus nur noch das Massenvernichtungszentrum zuzüglich der Bunaproduktion wurde, ist beispielhaft für die Verwirklichung bloß der negativen Zielsetzungen des Regimes.

Der Holocaust ist daher die negative Folie, gleichsam die Kehrseite jenes hypertrophen Zieles, ein als modern deklariertes, aber in hohem Maße atavistische Elemente aufnehmendes Programm rassisch-ethnischer Umstrukturierung gewaltsam umzusetzen. Dies hatte ja nicht nur die Eliminierung der jüdischen »Rasse« in Ost- und Ostmitteleuropa, sondern auch die »Umvolkung« des Warthegaus, des Generalgouvernements, von Teilen Weißrußlands und der Ukraine bis zur Krim, desgleichen der baltischen Gebiete zur Voraussetzung (Müller 1991, S. 105; Roth 1993, S. 25 ff.).

Zu den »überflüssigen« Bevölkerungen zählten daher nicht nur die auf der untersten Skala des »Untermenschentums« heruntergedrückten Juden, sondern große Teile der slawischen und auch der südslawischen Völker, und selbst Teile der Österreicher sollten rassischer Säuberung unterzogen werden. Wie rasch dieses chimärische Programm in mutwillig in Kauf genommenen Völkermord umschlug, zeigt das Schicksal der sowjetischen Kriegsgefangenen in deutscher Hand, von denen mehr als drei Millionen umgekommen sind, was überwiegend auf das Konto des OKW ging.[13] Die unmenschlichen Bedingungen, die sie zu erleiden

13 Dieser Nachweis ist das Verdienst des Buches von Christian Streit 1978, S. 199 f.

hatten, sollten neben dem Genozid nicht in Vergessenheit geraten.

Die Vorstellung, daß die Kriegsgefangenen überflüssige, nur nutzlose Esser und im übrigen rassisch gefährlich seien, kehrte sich schon Ende 1941 in das genaue Gegenteil um, änderte aber nichts an der Haltung der Behörden, die vom antibolschewistischen Feindbild durchdrungen waren und gerade bei der Verbindung sowjetischer Kriegsgefangener ins Reichsgebiet auf besonders diskriminierende Maßnahmen drängten (Herbert 1986, S. 138 ff.). Die Behandlung der ins Reichsgebiet deportierten Ostarbeiter – in einzelnen Fällen wurden sie in denselben Zügen wie jüdische Deportierte befördert – war zunächst nicht viel besser. Vor allem aber eskalierte die Diskriminierung, die viele das Leben kostete, in Proportion zur Rivalität der beteiligten Dienststellen, von denen sich keine wegen bevorzugter Behandlung der »Russen« bloßstellen wollte.

Die Vorstellung, fremdvölkische Arbeitskräfte unbegrenzt zur Verfügung zu haben und auf Dauer ausbeuten zu können, setzte die Hemmschwelle bei deren Mißhandlung immer weiter herunter. Wie in den Konzentrationslagern gab es kein Korrektiv gegen die Handhabung von Gewalt, die ungestraft vom einfachen Meister und Vorarbeiter, vom Werkschutzmann oder Parteifunktionär ausgeübt werden konnte. Über die Freisetzung von Gewalt im KZ-System ist viel geschrieben worden, aber wenngleich es den Extremfall der unkontrollierten Machtausübung darstellte, unterschied es sich doch grundsätzlich nicht vom allgemeinen Herrschaftsstil des Systems, den Hitler auf die Formel brachte, »jeden, der schief schaue, zu erschießen«, weil er nur durch ein Maximum an Gewalt mögliche Gegenwirkungen ausschalten zu können glaubte. Die ungeheure Menschenverachtung, die sich zugleich als Menschenfurcht entpuppte, lag dem unvermeidlichen Abdriften des NS-Systems in unbeschränkte Barbarei zugrunde.

Jede einfache ideologische Ableitung der Gewaltexzesse des Nationalsozialismus versagt vor der zynischen Menschenverachtung und Geringschätzung von Menschenleben, die sich als genereller Habitus bei den NS-Satrapen einstellte und in charakteristischem Gegensatz zu ihrer pseudoidealistisch gefärbten kleinbürgerlichen Selbststilisierung stand. Dies war jedoch nicht auf die NS-Eliten beschränkt, traf vielmehr auf große Teile der Funktionseliten zu. Mit dem Fortgang des Krieges waren ähnliche

Erscheinungen in den Untertagebetrieben anzutreffen, und es wäre verfehlt, die Verantwortung dafür nur dem beteiligten SS-Personal anzulasten. Die Abstumpfung, nicht mehr nach dem Schicksal der Individuen zu fragen, galt durchweg auch für Vorgesetzte in den Betrieben, Manager und Unternehmer.[14]

Zygmunt Baumann hat in diesem Zusammenhang den Begriff der »Gewöhnung an moralische Indifferenz« eingeführt (Bauman 1991, S. 26), und es ist ein Kennzeichen der deutschen Gesellschaft nach dem Ersten Weltkrieg, daß diese Einstellung, bedingt durch eine tiefgreifende Statusverunsicherung der Mittelschichten, allgemeine Erscheinung war. Sie erklärt, warum unter den Bedingungen terroristischer Bedrohung nur selten die Zivilcourage anzutreffen war, die notwendig war, um Exzeßtaten des Regimes entgegenzutreten. Die fortschreitende klägliche Selbstausschaltung des Justizapparats zeigt das auf der ganzen Linie. In Extremsituationen ging die moralische Abstumpfung, wie Christopher Browning am Beispiel des Hamburger Polizeiregiments 101 gezeigt hat (Browning 1992) und was sich an vielen anderen Beispielen belegen ließe, noch viel weiter und reicht bis zur Ausschaltung moral-analoger Hemmungen, hinter welche die Milgram-Experimente noch zurückfallen (Milgram 1974; Bauman 1991, S. 154 f.).

Die Entstehung eines Klimas von zynischer Gewaltanwendung, willkürlicher Unterdrückung und Mißhandlung, verbunden mit extremen Korruptions- und Alkoholexzessen bei gleichzeitig aufrechterhaltender Fassade der »Anständigkeit«, das das NS-Regime charakterisierte, ist damit nicht hinreichend erklärt. Repräsentanten des Kreisauer Kreises sprachen von einer um sich greifenden »inneren Bolschewisierung« der Nation und konstatierten eine tiefe gesellschaftliche Anomie, die zur Auflösung des gesellschaftlichen Normengefüges wie der Handlungsmaximen der einzelnen führte (Mommsen 1994, S. 370 f.). In der Tat lag in der Kombination von terroristischer Bedrohung, ideologischer Verblendung und Zerstörung der Primärbindungen des Individuums, das gleichzeitig vom autoritären Grundzug der deutschen Verhältnisse geprägt war, die eigentliche destruktive Kraft des NS-Regimes, was Helmuth von Moltke zu der bedenkenswerten Formulierung bewog, daß es vor allem darum gehen müsse, »das Bild

14 Exemplarisch für die Verhältnisse in den Untertagebetrieben ist: Raim 1992, S. 101 ff., sowie Fröbe 1991, S. 355 ff.

des Menschen im Herzen unserer Mitbürger« wiederherzustellen.[15]

Martin Broszat hat von der für den Nationalsozialismus kennzeichnenden »Selektion der negativen Weltanschauungselemente« gesprochen (Broszat 1988, S. 28), ich habe wiederholt betont, daß das Regime von der parasitären Vernutzung vorhandener Institutionen und Loyalitätshaltungen lebte und unfähig war, zu positiven Gestaltungen oder anderen als pervertierten Wertsetzungen zu gelangen. Das NS-System stellt – und das gilt analog für faschistische Bewegungen überhaupt – eine geschichtliche Anomalie insofern dar, als die eingangs geschilderte Vertauschung politischer Inhalte durch bloße Mobilisierung, die Verkehrung der Zweck-Mittel-Relation, schließlich die manipulative Funktionalisierung politischer Werthaltungen und Machtausübung als Selbstzweck mit innerer Notwendigkeit zur Auflösung des *body politic*, zum Zerfall der Gesellschaft und des politischen Systems, das seine institutionellen Grundlagen verlor, zur Ersetzung der Rechtsordnung durch Anmaßungen unkontrollierter Machthaber und des Prinzips der Gesetzmäßigkeit der Verwaltung durch Ad-hoc-Handlungen wechselnder Satrapen führen mußte. All das endete folgerichtig in einem Marasmus von nicht nur ideologisch verkündeter, sondern real praktizierter Barbarei, die über die Eliminierung rassischer, rassenhygienischer, sozialer und politischer Gegnergruppen des Regimes ganze Landstriche verwüstete, dies im Namen der Siedlung, und eine Politik der »verbrannten Erde« entfesselte, die keinerlei militärischen Sinn hatte – man denke an die mutwillige Sprengung der Petersburger Zarenschlösser.

Diese Nicht-Struktur, diese tumorhafte Veränderung bestehender politischer Gebilde, endete mit Notwendigkeit in der Ausübung von Gewalt als Selbstzweck. Ebenso wie auf der Ebene der Reichspolitik sich die Ziele des Handelns im Nirwana einer mit Todessehnsucht verbundenen Utopie eines dem ewigen Fortgang des Krieges entspringenden »Endsiegs« auflösen – die Formel hat durchaus dieselbe semantische Ambivalenz, die dem Begriff der »Endlösung« anhaftet – reduzierten sie sich im Konzentrationslagersystem auf die zum Machtritual gewordene Mißhandlung, Terrorisierung und Ermordung von Menschen, die als Personen

15 Brief Helmut James von Moltkes an Lionel Curtis vom 18. 4. 1942, in: Moltke/Balfour/Frisby (Hg.) 1975, S. 85.

überflüssig waren. Erst sekundär wurde daraus der Versuch, die Herrschaft des SS-Apparats für die künftige Friedenswirtschaft zu zementieren, doch konnten diese Anstrengungen Oswald Pohls gegen die inzwischen längst selbstläufige Vernichtungsmaschinerie ebensowenig zum Zuge kommen wie die späten Anhaltebefehle Himmlers bezüglich der Liquidierung der ungarischen Juden (Biss 1966; Rothkirchen 1970).

Es ist exakt diese Konstellation, die dem NS-Regime den Charakter der Barbarei aufprägt, in der selbst der Begriff des Menschenopfers widersinnig erscheint und im Nihilismus des reinen Mordens verschwindet. Gewiß gab es ähnliches in anderen Phasen der Geschichte. Exzesse des Nationalismus oder Rassismus wie in der armenischen Frage oder antijüdischen Progromen erzeugten grenzenlose Gewalt, aber dies geschah im Namen eines immer einzuschätzenden Prinzips. Im Dritten Reich verselbständigte sich Gewalt über Menschen zum bloßen Habitus, zum nicht mehr hinterfragten Selbstzweck, und abgestumpfte Machthaber handelten nicht mehr primär aus ideologischen, sondern aus gewohnheitsmäßigen Motiven.

Der Eskalation der NS-Verbrechen gegenüber, die sich zunehmend von bestehenden oder eingebildeten Interessen loslösten, erscheint der Archipel Gulag, hinter dem noch ein Konzept gesellschaftlicher Entwicklung erahnt werden konnte, als noch früherer historischer Erfahrung zugänglich. Die nahezu völlig interessenfreie KZ-Gesellschaft des NS-Systems, in der Quälerei und Mord zunehmend der Unterbrechung von Langeweile der Wachmannschaften und häufig der Befriedigung sadistischer Neigungen diente und die zur vollständigen Unterwerfung der Individuen bis zur Ausschaltung moral-analoger Hemmungen reichte, stellt demgegenüber die Klimax barbarischer Politik dar, und analog gilt dies für die barbarischen Behandlungen sowjetischer Kriegsgefangener, für die Liquidation von Frauen und Kindern, für den Entschluß, ganze Bevölkerungen verhungern zu lassen.

Es wäre verfehlt, in der »Selbstzerstörung der Politik« im und durch das NS-System modernisierende Wirkungen erblicken zu wollen. Sicherlich war die nationalsozialistische Massenmobilisierung und alles, was aus ihr letzten Endes folgte, mit den Mitteln der Moderne, auch unter Verwendung moderner Technologie und Instrumente des modernen Staates herbeigeführt worden. Gleichzeitig rannen die modernen Inhalte aus, reduzierte sich der

Staat auf den Personenverband, die Bürokratie auf eine sklavisch-selbstläuferische Vollstreckungsmaschine und löste sich die Gesellschaft in ihre Bestandteile, virtuell in den Kampf aller gegen alle auf, zumal die integrierende Kraft des Führermythos zunehmend nachließ, so daß am Ende der Kampf der Diadochen untereinander stand.

Die Kehrseite dieses Prozesses bestand in der Freisetzung eines Maßes an Gewaltsamkeit, Machtanwendung und Menschenverachtung, das jeglicher Beschreibung spottet und die eingangs angesprochene Metapher von Gerz anschaulich werden läßt, insofern nicht die Fremden und Ausgegrenzten, sondern die im Zentrum der Macht Handelnden die Abkehr von den Grundwerten menschlicher Vergesellschaftung und Gesittung vollzogen und das Verhältnis von Barbarei und Zivilisation auf den Kopf stellten.

Aus alledem folgt, daß die Einzigartigkeit der Shoah und verwandter Destruktionsakte nicht bedeuten kann, daß darin »überhistorische« Faktoren zur Geltung kommen. Auch die heutige Gesellschaft ist nicht davor gefeit, daß die skizzierten Mechanismen gesellschaftlicher Selbstzerstörung nicht unter anderen Bedingungen, wenngleich vermutlich in geringeren Dimensionen wiederkehren können und – wie Bosnien-Herzegowina zeigt – auch wiederkehren. Die Anfälligkeit der hochkomplexen Industriegesellschaft für vergleichbare Destruktions- und Destabilisierungsprozesse liegt offen zutage. Es wäre verfehlt, ihre Ursachen primär in einer Gesinnungskrise aufsuchen zu wollen. Entscheidend ist, Formverwandlungen der Politik entgegenzutreten, die aus dezisionistischer Wurzel heraus die Wertgrundlagen menschlichen Zusammenlebens zur Disposition stellen. Dies war das Wesen des Nationalsozialismus wie des Faschismus überhaupt und stellte die Nachtseite von dessen vorgespiegelter Modernität dar. Als seinem Wesen nach destruktiv, ging der Selbstzerstörung dieses Systems die Zerstörung der humanen Grundlagen, auf denen es sich parasitenhaft entwickelte, voraus, mithin die Barbarei.

Literatur

Aly, Götz, *»Endlösung«. Die Entscheidung zum Mord an den europäischen Juden*, Frankfurt am Main 1995.

Baumann, Zygmunt, *Modernity and the Holocaust*, Cambridge 1991.

Biss, André, *Stop der Endlösung*, Stuttgart 1966.

Broszat, Martin, *Nach Hitler. Der schwierige Umgang mit unserer Geschichte*, München 1988.

Browning, Christopher, *Ordinary Men. Reserve Police Battalion 101 and the Final Solution in Poland*, New York 1992.

Diner, Dan, »Zwischen Aporie und Apologie. Über die Grenzen der Historisierbarkeit des Nationalsozialismus«, in: ders. (Hg.), *Zu Historisierung und Historikerstreit*, Frankfurt am Main 1988.

Domarus, Max, *Hitler. Reden und Proklamationen 1932-1945*, Bd. II, München 1965.

Feingold, Henry L., »How Unique is the Holocaust?«, in: A. Grobmann und D. Landes (Hg.), *Genoicide: Critical Issues of the Holocaust*, Los Angeles 1983.

Fröbe, Rainer, »Der Arbeitseinsatz von Häftlingen und die Perspektive in der Industrie, 1943-1945«, in: U. Herbert (Hg.), *Europa und der »Reichseinsatz«. Ausländische Zivilarbeiter, Kriegsgefangene und KZ-Häftlinge in Deutschland 1938-1945*, Essen 1991.

Heim, Susanne, und Götz Aly, »Thesen zur Herrschaftsrationalität der nationalsozialistischen Vernichtungspolitik«, in: Wolfgang Schneider (Hg.), *»Vernichtungspolitik«. Eine Debatte über den Zusammenhang von Sozialpolitik und Genozid im nationalsozialistischen Deutschland*, Hamburg 1991a.

Heim, Susanne, und Götz Aly, *Vordenker der Vernichtung. Auschwitz und die deutschen Pläne für eine neue europäische Ordnung*, Hamburg 1991b

Herbert, Ulrich, *Fremdarbeiter. Politik und Praxis des »Ausländer-Einsatzes« in der Kriegswirtschaft des Dritten Reiches*, 2. Auflage, Berlin 1986.

Hilberg, Raul, *Die Vernichtung der europäischen Juden*, Neuausgabe Frankfurt am Main 1990.

Hitler, Adolf, *Mein Kampf*, 67. Auflage, München 1933.

– »Ansprache vor Generälen und Offizieren am 26. Mai 1944 im Platterhof«, in: *Militärgeschichtliche Mitteilungen* 2 (1976), S. 141-166.

Hornshoj-Moller, Stig, und David Culbert, »›Der Ewige Jude‹ (1940): Joseph Goebbels' unequaled monument to antisemitism«, in: *Historical Journal of Film, Radio and Television* 12 (1992), Institut für wissenschaftlichen Film »Der Ewige Jude«, G 171.

Jäckel, Eberhard, *Hitlers Weltanschauung. Entwurf einer Herrschaft*, Neuausgabe Stuttgart 1981.

–, *Hitlers Herrschaft. Vollzug einer Weltanschauung*, Stuttgart 1986.
Koehl, Robert, »Feudal Aspects of National Socialism«, in: Henry A. Turner (Hg.), *Nazism and the Third Reich*, New York 1972.
Krausnick, H. (Hg.), »Denkschrift Himmlers über die Behandlung der Fremdvölkischen im Osten«, in: *VfZ* 5 (1957).
Milgram, Stanley, *Obedience to Authority. An Experimental View*, London 1974.
Moltke, Freya von, Michael Balfour und Julian Frisby (Hg.), *Helmut James von Moltke 1907-1945. Anwalt der Zukunft*, Stuttgart 1975.
Mommsen, Hans, »Der Nationalsozialismus. Kumulative Radikalisierung und Selbstzerstörung des Regimes«, in: *Meyers Enzyklopädisches Lexikon*, Stuttgart 1976, S. 785-790.
–, »Ausnahmezustand als Herrschaftstechnik des NS-Regimes«, in: M. Funke (Hg.), *Hitler, Deutschland und die Mächte*, Düsseldorf 1976.
–, »Hitlers Stellung im nationalistischen Herrschaftssystem«, in: G. Hirschfeld (Hg.), *Der »Führerstaat«: Mythos und Realität. Studien zur Struktur und Politik des Dritten Reiches*, Stuttgart 1981, S. 43-72.
–, »Die Realisierung des Utopischen: Die ›Endlösung der Judenfrage‹ im ›Dritten Reich‹«, in: *Geschichte und Gesellschaft* 1983, S. 381-420.
–, »Nationalsozialismus als vorgetäuschte Modernisierung«, in: ders., *Der Nationalsozialismus und die deutsche Gesellschaft. Ausgewählte Aufsätze*, Hamburg 1991.
–, »Der Kreisauer Kreis und die künftige Neuordnung Deutschlands und Europas«, in: *VfZ* 42 (1994).
–, »Die NSDAP als faschistische Partei«, in: R. Saage (Hg.), *Das Scheitern diktatorischer Legitimationsmuster und die Zukunftsfähigkeit der Demokratie. Festschrift für Walter Euchner*, Berlin 1995.
Mommsen, H., und S. Willems (Hg.), *Herrschaftsalltag im Dritten Reich*, Düsseldorf 1988.
Müller, Rolf-Dieter, *Hitlers Ostkrieg und die deutsche Siedlungspolitik*, Frankfurt am Main 1991.
Nyomarkai, Joseph, *Charisma and Factionalism in the Nazi Party*, Minneapolis 1967.
Pohl, Dieter, *Von der »Judenpolitik« zum Judenmord. Der Distrikt Lublin des Generalgouvernements 1939-1944*, Frankfurt am Main 1993.
Prinz, Michael, und Rainer Zitelmann (Hg.), *Nationalsozialismus und Modernisierung*, Darmstadt 1990.
Raim, Edith, *Die Dachauer-KZ-Außenkommandos Kaufering und Mühldorf. Rüstungsbauten und Zwangsarbeit im letzten Kriegsjahr 1944/45*, Landsberg am Lech 1992.
Roth, Karl Heinz, »›Generalplan Ost‹ – ›Gesamtplan Ost‹. Forschungsstand, Quellenprobleme, neue Ergebnisse«, in: M. Rößler und S. Schleiermacher (Hg.), *Der »Generalplan Ost«. Hauptlinien der nationalsozialistischen Planungs- und Vernichtungspolitik*, Berlin 1993.

Rothkirchen, Livia, »The ›Final Solution‹ in its last Stages«, in: *Yad Vashem Studies* 8 (1970), S. 7-28.
Sandkühler, Thomas, *Vernichtung und Arbeit. Besatzungspolitik, Judenmord und Judenrettung im Distrikt Galizien des Generalgouvernements Polen (1941-1944)*, Phil. Diss., Bielefeld 1994.
Schildt, Axel, »Modernisierung und Moderne. Anmerkungen zur Hochkonjunktur einer andauernden Diskussion«, in: *Tel Aviver Jahrbuch für deutsche Geschichte* XXIII (1994).
Schleunes, Karl A., *The Twisted Road to Auschwitz. Nazi Policy toward German Jews 1933-1939*, London 1972.
–, »An ›International Solution‹ to the Jewish Problem, 1939«, in: *British Journal for Holocaust History* (1994).
Sofsky, Wolfgang, *Die Ordnung des Terrors. Das Konzentrationslager*, Frankfurt am Main 1993.
Streit, Christian, *Keine Kameraden. Die Wehrmacht und die sowjetischen Kriegsgefangenen 1941-1945*, Stuttgart 1978.
Volkov, Shulamit, *Jüdisches Leben und Antisemitismus im 19. und 20. Jahrhundert*, München 1990.
Zitelmann, Rainer, »Nationalismus und Moderne. Eine Zwischenbilanz«, in: Werner Süss (Hg.), *Übergänge. Zeitgeschichte zwischen Utopie und Machbarkeit. Festschrift für Heinrich Bütow*, Berlin 1990.
Zweite, Arnim (Hg.), *Soll und Haben. Dauerleihgaben und Neuerwerbungen 1990-1993*, Kunstsammlungen Nordrhein-Westfalen, Düsseldorf o. J.

Alois Hahn
Dialektik der Aufklärung Revisited

Das Thema dieser Tagung »Modernität und Barbarei« ist sicherlich auch in Erinnerung an den 50. Jahrestag der Abfassung der *Dialektik der Aufklärung* gewählt worden, ein Werk, das zwar als Buch erst Jahre später in Amsterdam erschien, als *preprint* jedoch bereits 1944 verbreitet wurde.[1] Deshalb will ich zunächst der dort aufgeworfenen[2] Fragestellung nachgehen, obwohl Hans Mommsen sie in seinem Beitrag eher ausklammert und sich hauptsächlich mit den Bedingungen »der Implementierung des Holocausts und vergleichbarer gewaltsamer Handlungen des Regimes« beschäftigt, und zwar »unter dem Gesichtspunkt, ob sie als Klimax eines fehlgeleiteten social engineering und somit als Ausfluß einer rationalen Gesellschaftsplanung gewertet werden müssen oder ob die im Zusammenhang damit auftretenden barbarischen Exzesse primär akzidentellen Charakter besitzen«. Ich halte die Erinnerung an die *Dialektik der Aufklärung* unter anderem deshalb für legitim, weil gerade auch der Mommsensche Zugang zur historischen Behandlung der nationalsozialistischen Verbrechen im Lichte der Überlegungen Horkheimers und Adornos auf eigentümliche Weise Zeugnis von jener Dialektik ablegt, die nach Wahrheit suchendes wissenschaftliches Fragen auszeichnet, das sich in den Dienst der Entlarvung von kollektiven »Lebenslügen« stellt. Gerade die faszinierende Exzellenz der Forschungen (schließlich ist Mommsen gegenwärtig einer der wichtigsten deutschen Historiker) und die ebenso unbestreitbare moralische Dignität der Be-

1 Ich selbst benutze einen Ende der sechziger Jahre erschienenen Raubdruck, der den nach der Amsterdamer Ausgabe von 1947 publizierten Text kopiert, der 1955 erschien. Manche der Hamburger Diskussionsbeiträge bestärken mich in der Annahme, daß es vielen der dort Versammelten ähnlich ging wie mir. Die Lektüre lag lange zurück, und manches, was als Einwand gegen dieses angeblich veraltete Werk formuliert wurde, war nichts anderes als ein kryptomnetisches Zitat.

2 Es handelt sich dabei um eine Fragesstellung, die neuerdings mit Zygmunt Baumans bedeutendem Buch über *Modernity and the Holocaust* von 1989 eindrucksvoll wieder beschworen worden ist.

wertung, die Mommsen den von ihm analysierten Verbrechen zuteil werden läßt, produziert doch zugleich das Dilemma, ob die Richtigkeit der Antworten, die der Historiker sich gibt, von der Verantwortung entlastet, die Fragen gestellt zu haben, für welche die dann gefundenen Antworten die einzig wahren sind. Ich habe darauf meinerseits keine mich selbst zufriedenstellende Antwort, schon gar nicht eine kanonische Vorschrift. Erst recht möchte ich nicht »Vorwürfe« erheben. Ich artikuliere nur ein Unbehagen, dem auf andere Weise und – wie ich zugebe – in möglicherweise unbeholfener Weise Mommsens Kollege Hofer besorgt Ausdruck verlieh, als Mommsen und andere untadelige Gelehrte nachwiesen, daß die Nazis am Reichstagsbrand unschuldig waren und somit die entgegengesetzten Darstellungen als »volkspädagogische« Legenden entlarvten. Ibsen hat die Lebenslügen (meines Wissens hat er den Ausdruck geprägt) gehaßt, und doch fragt sich der erschrockene Theaterbesucher, ob – angesichts des Schicksals von Hedwig Ekdal – Gregers Werle oder Dr. Rilling uns weiterhelfen. Aber eine Tragödie braucht das auch nicht zu beantworten: Eine Tragödie ist eine Tragödie ist eine Tragödie ist eine Tragödie.

Seit Sokrates ist der Glaube nicht erlahmt, daß die Menschen Böses lassen würden, wären sie nur bei Verstand. Brutalität erscheint somit stets als kognitives Defizit. Was aber, wenn Einsicht und Bosheit keine Widersprüche wären? Die Philosophen hätten sich dann selbst zu Garanten der Moral erklärt, es wäre aber vielleicht auf etwas ganz anderes angekommen, nämlich darauf, wenigstens die moralischen Minima auch gegen Reflexion institutionell zu sichern. Nicht einmal die Vernunft, so wäre die Gegenthese, kann sich schlüssig selbst begründen. Auf sich allein gestellt, wird sie totalitär, bewirkt sie – zumindest kann sie das als solche nicht ausschließen – ihre eigene Vernichtung. Die Grenzen der Vernunft, die gleichzeitig die Bedingungen ihrer Möglichkeit wären, könnten dann nicht von ihr selbst bestimmt werden. Woher dann? Auch dafür gibt es Vorschläge: zum Beispiel durch Traditionen, durch Loyalitäten und »Ligaturen« (Dahrendorf), durch religiöse Bindungen, durch Erziehung und (leider auch:) staatliche Gewalt. Das Problem dabei ist freilich, daß auch die nicht-diskursiven Dispositive zur Sicherung von Humanität keine Gewähr bieten: Traditionen müssen erfunden werden (Hobsbawm/Ranger 1983) und lassen sich deshalb leicht als Fiktionen durchschauen. Außerdem gilt für sie wie für Religion und Erziehung, daß sie ja nicht von sich aus humanitäre Inhalte haben. Und auch vom Staat und seinem Gewaltmonopol ist evident, daß er nur deshalb Schlimmes verhüten kann, weil gerade er auch die Ursache fürs Allerschlimmste sein kann.

Seit Horkheimer und Adorno 1944 die Frage gestellt hatten, »warum die Menschheit, anstatt in einen wahrhaft menschlichen Zustand einzutreten, in eine neue Art von Barbarei versinkt«, wird man sich nicht mehr mit der bequemen Antwort begnügen können, es habe sich beim Nationalsozialismus und seinen Greueln lediglich um einen fürchterlichen »Unfall« auf dem unaufhaltsamen Wege der Aufklärung zu Humanität und Gesittung gehandelt, einen Rückfall hinter die Aufklärung, der für sie selbst ohne Bedeutung sei. Die von den Autoren der *Dialektik der Aufklärung* entdeckte Aporie, so scheint mir, ist zwar in der alten Bundesrepublik durch den zumindest relativen Erfolg einer zugleich demokratischen und sozialstaatlichen politischen Ordnung »invisibilisiert«[3] worden. Die Grundparadoxie ist aber nicht überwunden. Heute wie damals könnte man meines Erachtens formulieren: »Wir hegen keinen Zweifel [...], daß die Freiheit in der Gesellschaft vom aufklärenden Denken unabtrennbar ist. Jedoch glauben wir ebenso, daß der Begriff eben dieses Denkens, nicht weniger als die konkreten historischen Formen, die Institutionen der Gesellschaft, in die es verflochten ist, schon den Keim zu jenem Rückschritt enthalten, der heute überall sich ereignet. Indem die Besinnung auf das Destruktive des Fortschritts seinen Feinden überlassen bleibt, verliert das blindlings pragmatisierte Denken seinen aufhebenden Charakter, und darum auch die Beziehung auf Wahrheit« (Horkheimer/Adorno 1947, S. 7 f.). »Nicht bloß die ideelle, auch die praktische Tendenz zur Selbstvernichtung gehört der Rationalität seit Anfang zu, keineswegs nur der Phase, in der jene nackt hervortritt« (ebd., S. 11). Den Grund für dieses Dilemma haben Horkheimer und Adorno präzise beschrieben: »Aufklärung macht ihrem Prinzip nach selbst vor dem Minimum an Glauben nicht halt, ohne das die bürgerliche Welt nicht existieren kann. Sie leistet der Herrschaft nicht die zuverlässigen Dienste, die ihr von den alten Ideologien stets erwiesen wurden. Ihre antiautoritäre Tendenz, die, freilich bloß unterirdisch, mit der Utopie im Vernunftbegriff kommuniziert,

3 Zur soziologischen Analyse solcher »Invisibilisierungen« von Aporien oder Paradoxen vgl. Barel 1989.

macht sie dem etablierten Bürgertum schließlich so feind wie der Aristokratie, mit der es sich dann auch recht bald verbündet hat. Das antiautoritäre Prinzip muß schließlich ins eigene Gegenteil, in die Instanz gegen die Vernunft selber umschlagen: die Abschaffung alles von sich aus Verbindlichen, die es leistet, erlaubt es der Herrschaft, die ihr jeweils adäquaten Bindungen souverän zu dekretieren und zu manipulieren. Nach Bürgertugend und Menschenliebe, für die sie schon keine guten Gründe hatte, hat denn auch die Philosophie Autorität und Hierarchie als Tugenden verkündigt, als diese längst auf Grund der Aufklärung zu Lügen geworden waren. Aber auch gegen solche Perversion ihrer selbst besaß die Aufklärung kein Argument ...« (ebd., S. 113 f.). Dieser Eindruck, daß die Vernunft kein hinlänglich gutes Argument fürs Gute hat, führt in der *Dialektik der Aufklärung* dann bei der Kritik der kantischen Morallehre schließlich zu der erschreckend konsequenten Erwägung: »Der Bürger, der aus dem kantischen Motive der Achtung vor der bloßen Form des Gesetzes allein einen Gewinn sich entgehen ließe, wäre nicht aufgeklärt, sondern abergläubisch – ein Narr. Die Wurzel des kantischen Optimismus, nach dem moralisches Handeln auch dort vernünftig sei, wo das niederträchtige gute Aussicht habe, ist das Entsetzen vor dem Rückfall in die Barbarei« (ebd., S. 105).

Aber vielleicht stimmt die These von der Unbegründbarkeit des Guten gar nicht, vielleicht läßt sich die Entwicklung der Kritischen Theorie zur Diskursethik als Beweis der Widerlegung des Adornoschen Pessimismus lesen. Kann man nicht geradezu sagen, diese Weiterentwicklung habe der Kritischen Theorie alter Art die Zähne gezogen, so daß wir nun – diesbezüglich »ent-sorgt« – ruhig auf die diskursive Überwindung der von der *Dialektik der Aufklärung* behaupteten Aporien warten dürfen? Man muß wohl skeptisch bleiben. Selbst wenn es – auch da sind Zweifel angebracht – unter den von Jürgen Habermas skizzierten Bedingungen tatsächlich möglich wäre, tragfähige und konsenssichere Grundlegungen für Zivilisiertheit, Humanität und Gesittung zu gewinnen, so hilft uns das wenig für die *gleichzeitige* Aufrechterhaltung von kritischer Unvoreingenommenheit des Denkens, die Bindung von Zustimmung an rationale Begründung von Ansprüchen *und* für die Sicherung der Minima Moralia hier und jetzt. Angesichts der sich häufenden Gewalttaten gegen Ausländer, Asylbewerber, Behinderte und ganz allgemein: Schwächere in

Deutschland fehlen vielleicht nicht einmal triftige Argumente an sich, als vielmehr *empirisch überzeugende* Beweggründe, die einerseits die Gewalttäter dazu brächten, Humanität und Rücksicht zu zeigen und andererseits die Passanten zu tätiger Verteidigung persönlich unbekannter Opfer zu veranlassen, also jene fatale »Adiaphorisierung«[4], von der Bauman spricht, zu überwinden. Habermas selbst scheint denn auch in dieser Lage eher auf moralischen Appell an die Gutgesinnten zu bauen, als daß er die Täter zu Diskursen ins Seminar einlüde. Eine sympathische Inkonsequenz! »Man wird ihm gerne zustimmen, aber für seine Theorie ist das ein Desaster«, hat Niklas Luhmann das kommentiert (Luhmann 1993, S. 37 Fn.). Durkheim hatte schon vor hundert Jahren seine Hoffnung auf den Glauben gesetzt, daß das Verbrechen die Empörung der moralischen Gemeinschaft, die »colère publique«, auslöse und so das verletzte Normbewußtsein regeneriere. Man muß freilich zugeben, daß dies ein höchst zweideutiges, ja archaisches Verfahren für einen Zweck ist, auf den man nicht verzichten möchte. Immerhin lehrt uns die Erfahrung mit totalitären Systemen, daß dort auch häufig der empirische Dissens als Denkfehler der Systemgegner interpretiert wird. Die Unterstellung der Wahrheitsfähigkeit praktischer Streitfragen macht Dissens zum Skandalon. Bisweilen diskreditiert dort auch der Hinweis auf die verzerrten Bedingungen aktueller Kommunikation und der Vorgriff auf utopischen oder doch allenfalls zukünftigen wahren Konsens die empirischen Opponenten. Die fehlende Zustimmung für das, was fürs bessere Argument gehalten wird, muß dann als Verstocktheit gedeutet werden, gegen die man dann nicht mehr bloß argumentativ vorgeht. Shmuel M. Eisenstadt hat auf die Folgen hingewiesen, die sich dann ergeben können, wenn sich – wie bei den Jakobinern – politisch absolute Macht mit dem selbstgestell-

4 Auch diese »Adiaphorisierung« ist freilich nicht bloß ein einfacher moralischer Schaden, dem man mit Ermahnungen schon beikommt. Die Indifferenz gegen andere ist in gewissem Maße Moment des Zivilisationsprozesses, so wie ihn etwa Norbert Elias beschrieben hat: Die Sicherung von Privatheit, das Vertrauen auf die monopolisierte Gewalt und die sozialstaatliche Verantwortung des Staates usw. sind nur möglich bei entsprechenden Indifferenzen, die dann handlungslähmend sich auswirken, wenn in den Sphären Eigeninititiative gefordert wird, aus denen sich herauszuhalten man in langen Prozessen der Selbstdisziplinierung gelernt hat.

ten Auftrag verbindet, die Welt nach dem Bilde einer konsistenten Theorie zu gestalten. Und Adorno und Horkheimer haben *diese* Seite der gleichwohl unhintergehbaren Aufklärung im Auge, wenn sie schreiben: »Aufklärung ist totalitär« (1947, S. 16).[5]

Für die Bundesrepublik nach dem Krieg hat sich diese Begründungsparadoxie nicht gestellt. Aber nicht deswegen – so möchte ich jedenfalls behaupten –, weil sich eine philosophische Überwindung der Begründungsaporie gefunden hätte. Vielmehr hat nach dem Untergang des Regimes die Erschütterung über das als beispiellos wahrgenommene Morden, Foltern und Quälen, die ruchlose Kombination von modernen Techniken, extremer Willkür und Sadismus und die, jedenfalls zunächst, durch die Siegermächte erzwungene Konfrontation mit den Greueln jede weitere diskursive Begründung der Minima Moralia empirisch überflüssig gemacht. Wer verlangt hätte, daß ihm andemonstriert werde, warum er die Nazigreuel für moralisch verwerflich finden solle, hätte sich eo ipso der moralischen Entrüstung konfrontiert gesehen. Zumindest gilt das für den öffentlichen Diskurs. Wo immer ans Licht kam, daß unter der Oberfläche der erfolgreichen *reeducation* der Ungeist der Nazis noch sein Unwesen trieb, folgte der Enthüllung die öffentliche Verdammung auf dem Fuße. Diese Verurteilung betraf nicht nur den Nationalsozialismus im engeren Sinne, sondern auch alles, was als dessen wirkliche oder vermeintliche Ursache dargestellt werden konnte, also den Nationalismus auf jeden Fall. Kaum jemand hätte sich öffentlich lange halten können, der ihm irgend etwas Gutes abgewonnen hätte. Das gleiche gilt für Preußen, vielleicht sogar für den deutschen Protestantismus, für Hegel, für Luther und vieles andere. Angriffe dieser Art wurden nicht immer akzeptiert. Man mußte dann etwa sagen,

5 Als Beleg könnte man etwa an die Ansprache Roederers an die Jakobiner vom 18. Dezember 1791 denken, in der er die allgemeine Beobachtung aller durch alle und die ständige Denunziation zum Zwecke der Erkenntnis von Freund und Feind verlangt: »Niemals werden Sie beim gegenwärtigen Stand der Dinge dahin kommen, die Feinde von den Freunden der Verfassung durch unzweideutige Zeichen zu unterscheiden. [...] Es gibt nur ein Mittel, sie kenntlich zu machen, nämlich zur Attacke zu blasen. Alle, die nicht mitmachen, sind unsere Feinde. Jedes Wort, jede Bewegung, das Schweigen selbst, sind ein gewisses Indiz für die Empfindungen eines jeden Individuums und zeigen, wo es steht«. Zitiert nach Jaume 1989, S. 73 (meine Übersetzung).

Luther oder Hegel seien keinesfalls Ursachen des Nationalsozialismus. Im Gegenteil! Sie waren Widerstandskämpfer *ante diem*! Für Nietzsche war das schon schwieriger. Soweit ich sehe, hat es außer Horkheimer und Adorno kaum jemanden gegeben, der bis zum Ende der sechziger Jahre Nietzsche nicht als Vorläufer des Nationalsozialismus, sondern als Analytiker der geistigen Strömungen angesehen hätte, aus dem dieser erst entspringen konnte. Max Weber war natürlich spätestens seit der Arbeit von Wolfgang Mommsen ebenfalls nicht mehr unverdächtig. So empörten sich etwa einige unserer Kollegen, als Jürgen Habermas auf dem Max-Weber-Tag 1964 in Heidelberg Max Weber in die Nähe von Carl Schmitt brachte. Wenn ich mich recht erinnere, hat er dann schließlich die Formulierung gefunden, Carl Schmitt sei der »natürliche Sohn« Max Webers gewesen. Die möglicherweise beste Formel, für das, was angezeigt war, hat seinerzeit wohl Theodor Heuss gefunden, als er die Deutschen zur kollektiven Scham über die Greuel ermahnte. Das war eine Formel, welche die ja nach wie vor in Massen vorhandenen wirklichen Mörder und die teils in wichtigen Ämtern in Staat, Justiz, Kirche und Wirtschaft befindlichen Helfershelfer der Mörder, die Mitläufer, die Wegschauer, die zwangsweise Rekrutierten, die Mitglieder der NSDAP, der SA, der SS usw., die Angehörigen der Wehrmacht, die Flakhelfer und die ehemaligen »Hitlerjungen« ebenso wie die wirklichen Widerständler, überlebenden Opfer, in der inneren Emigration Verharrenden und diejenigen umfaßte, die erst nach 1945 geboren wurden. Man könnte fast sagen, daß das, was da entstand, die Geburt der Republik aus dem Geiste der Scham war. Wurden Schuldige entlarvt oder wurden sie verdächtigt, so pflegten sie nicht zu sagen (öffentlich!), es ließe sich Verteidigenswertes für das System des Nationalsozialismus vorbringen. Sie behaupteten schlicht, sie seien nicht dabeigewesen, jedenfalls nicht freiwillig, Böses getan hätten sie nicht, allenfalls gezwungen oder um Schlimmeres zu verhindern, und gewußt hätten sie von gar nichts. Unser Patriotismus gründete sich ausschließlich auf das Grundgesetz. Und dessen Geist, auf eine Formel gebracht, besagte: »Nie wieder Auschwitz, nie wieder Treblinka, Maidanek, Dachau ...« Wenn meine Klassenkameraden und ich (ich bin 1941 geboren) in Frankreich oder England waren, vermieden wir es, öffentlich deutsch zu reden. In der Metro lasen wir *Le Monde*, obwohl nicht alle alles verstanden. Wie ich mir einbilde, nicht aus Furcht, sondern aus Scham, die jedenfalls mich immer noch nicht verlassen hat. Es gab keine Nation mehr, außer in jenem negativen Sinne der Identifikation mit der Scham über die unsäglichen Verbrechen, die, wie man damals etwas euphemistisch sagte, »in deutschem Namen« begangen wurden. Deren Einzigartigkeit stand für uns alle fest. Gewiß auch andere Völker mochten Böses verbrochen haben. Aber nichts Vergleichbares. Dabei war schon die Suche nach einem Vergleich selbst ein Sakrileg. Denn es stand doch fest, daß die Einzigartigkeit der Verbrechen nicht eine bloß objektive war, keine Einzigartigkeit an sich, sondern eine Einzigartigkeit für uns.[6] Bei *uns* war dies geschehen, im Lande Kants, Goethes usw. *Unsere* Väter waren es gewesen. Zugleich stiftete diese kollektive Scham eine neue moralische Gemeinschaft: eine Nation, die keine mehr sein wollte. In gewissem Sinne kann man schon sagen, daß »Auschwitz«, das als *pars pro toto* für die Nazi-Verbrechen schlechthin stand, der Stiftungsglaube der alten Bundesrepublik war. So wie in Freuds *Totem und Tabu* die Mörder nach dem Vatermord aus dem Abscheu über das Verbrechen selbst eine prekäre tabugeschützte moralische Gemeinschaft entstehen las-

6 Einzigartigkeit soll hier also nicht im positivistischen Sinne als numerische Qualität, als dem *factum brutum* inhärente Eigenschaft fetischisiert werden. Sie stellt vielmehr einen Relevanzbegriff dar, nämlich den einer singulären moralischen Referenz. Nur als solche entzieht sie sich allem Vergleich. Sie steht folglich auch nicht im Widerspruch etwa zu vergleichenden Strukturuntersuchungen über »totalitäre« Führerdiktaturen oder Analysen, die die Anwendbarkeit des Konzepts der charismatischen Herrschaft auf das Hitler-Regime untersuchen. (Zu solcher Art von Vergleichen ist es selbstredend auch schon sehr bald gekommen. Man denke nur an die einschlägigen Arbeiten von Hannah Arendt und vielen anderen.) Wenn man diesen Referenzcharakter von Einmaligkeit in diesem Zusammenhang nicht berücksichtigt, verwikkelt man sich meines Erachtens in fatale Schlingen, aus denen man sich dann nur noch mit bedenklichen – to put it mildly! – argumentativen »Befreiungsschlägen« lösen kann. So wenn etwa versucht wird, die »Einzigartigkeit« der Nazi-Verbrechen daraus abzuleiten, daß hier die Opfer zu Tode gequält wurden, während die Sowjets ihre zwar ebenfalls unschuldigen Opfer verhungern ließen, wie Eberhard Jäckel jüngst in der *FAZ* unterschied. Wenn das das einzige relevante Unterscheidungsmerkmal wäre, dann müßte man mit Jäckel wohl in eine Debatte darüber eintreten, wie vergleichsweise weniger inhuman es ist, Opfer lediglich verhungern zu lassen, statt sie auf andere Weise zu ermorden.

sen. Vielleicht läßt sich für die Shoah und Israel »seitenverkehrt« ähnliches (aber vielleicht täusche ich mich auch, weil ich zu wenig über Israel weiß) sagen: Die überlebenden Opfer gründen ebenfalls eine moralische Gemeinschaft, in der auch das »So etwas darf nicht wieder geschehen« bei allen moralischen Konflikten im einzelnen einen Grundkonsens stiftet, der gegen jedes Begründungsansinnen immun ist. Mit diesem Stiftungsglauben waren nun aber in Deutschland einige wesentliche Selbstverständlichkeiten verbunden, die ebenfalls aller weiterer Begründung und Nachforschung entzogen waren und unter den Schutz der Tabuisierung gestellt waren. Die wichtigste war die Verdammung Hitlers, seiner Unterführer, des Nationalsozialismus überhaupt. Daß die Konzentrationslager nicht ohne unsägliche Brutalität »vor Ort« möglich waren, war natürlich jedem klar, daß einzelne Greueltaten nicht bloß dem sogenannten »Befehlsnotstand« zugeschrieben werden konnten, wohl ebenfalls. Daß aber hinter den ausführenden Organen die Schreibtischtäter standen, daß die Verbrechen gar nicht möglich gewesen wären ohne die Ideologie des Rassismus und der spezifisch nationalsozialistischen Variante des Antisemitismus, die ihrerseits tiefe Wurzeln in der deutschen Tradition hatte, das stand fest. Ebenso war unerschütterliche Überzeugung, daß Hitler von allem Anfang an auf die Vernichtung der Juden gesonnen habe, selbst wenn ihm die Methoden im einzelnen vielleicht nicht klar gewesen sein mochten. Gegenstand des Geschichtsunterrichts war auch, daß man das alles schon in Hitlers *Mein Kampf* hätte nachlesen können, einem Buch freilich, das, obwohl es einmal in fast jedem deutschen Haushalt gestanden hatte, bald wie vom Erdboden verschwunden war und auch nicht in kommentierenden Nachkriegsausgaben (zum Beispiel mit einem Vorwort von Jürgen Habermas und einem Nachwort von Walter Jens) wiederaufgelegt wurde. Gewiß es gab alte Nazis, die gelegentlich verlauten ließen, der »Führer« habe von der Judenvernichtung nichts gewußt, und die »kleinen Hitlers« seien schlimmer als der wirkliche Hitler gewesen. Und schon während der Nazizeit bestand eine geläufige Immunisierung des Nimbus Hitlers gegen die Erfahrung der brutalen Alltagswirklichkeit der nationalsozialistischen Machtausübung vor Ort, der Denunziationen, Schikanen, Drohungen und Gewalttaten der lokalen Parteigenossen und größeren und kleineren Würdenträger in der auch oft geäußerten Vermutung, Hitler wisse von all dem nicht:

»Wenn das der Führer wüßte!«, hieß es dann. Niemals wären, jedenfalls bis weit in die sechziger Jahre hinein, Angehörige meiner Generation auf die Idee gekommen, daß diese als Schutzbehauptungen von Mitläufern und feigen Zuschauern nur allzu leicht durchschaubaren, hinter vorgehaltener Hand gemachten Äußerungen, die einem anzuhören peinlich war, einmal Gegenstand ernsthafter historischer Forschungsprozesse sein könnten, die Jürgen Habermas mit einem sehr suggestiven Ausdruck als »Entsorgung« unserer Vergangenheit bezeichnet hat. Die Frage ist nur, ob dieses Geschäft nur von denjenigen betrieben wurde und wird, die Habermas selbst im Visier hatte, oder ob nicht ganz allgemein eine auf »Entmythologisierung« dringende historische Forschung durch Relativierung der Geschehnisse, und zwar durchaus ohne es jemals an Objektivität, Akribie und Pfleglichkeit im Umgang mit den Quellen fehlen zu lassen, ebenfalls an dieser »Ent-Sorgung« teilnimmt. Max Weber hatte ja im »Objektivitäts«-Aufsatz darauf hingewiesen, daß historische Forschung, ohne je »falsch« zu werden, veralten und uninteressant werden kann. Die Relevanz von Forschung hänge von ihrer Beziehung zu kulturellen Wertideen ab, diese aber könnten sich ändern. Der umgekehrte Fall, so meine ich, könnte aber auch eintreten. Forschung würde dann Wertüberzeugungen unterminieren, auf denen eine Gesellschaft basiert, ohne funktional äquivalente Alternativen zur Verfügung zu stellen. Die Wissenschaft müßte sich vielleicht nicht einmal »schuldig« fühlen. Sie würde (systemtheoretisch gesprochen) die Richtigkeit der von ihr verbreiteten Informationen als hinlängliche Rechtfertigung für deren Mitteilung ansehen.[7]

7 So hätte man im Prinzip Forschungen, wie sie jetzt üblich werden, zum Beispiel solche, die der genauen Zahl der in Auschwitz Ermordeten auf die Spur kommen wollen, auch schon vor Jahrzehnten anstellen können. Man hätte damals aber schon die Fragen danach als empörend empfunden. Daß nun solche Fragen als legitim zu gelten scheinen, weist auf einen fundamentalen Wandel im Selbstverständnis der Bundesrepublik hin. Das, was Habermas »Entsorgung« genannt hat, läßt sich vielleicht nirgends eindringlicher beobachten als in dieser Verschiebung des Legitimitätshorizontes relevanter Forschungsfragen. Hat man aber erst einmal die Fragen selbst als berechtigt akzeptiert, dann ist man natürlich der Kontingenz der sich dann zeigenden Ergebnisse ausgeliefert, von denen man ja nicht im voraus wissen kann, wie sie aussehen werden.

Eine zumindest mir gut erinnerliche Veränderung der oben – zugegeben: mit sehr groben Strichen – skizzierten Situation trat ein, als gegen Ende der sechziger Jahre – nicht zuletzt auch auf Grund der Forschungen von Hans Mommsen – der Eindruck korrigiert wurde, bei der Naziherrschaft habe es sich um eine totale Führerdiktatur gehandelt, die mittels einer gut funktionierenden Bürokratie im Sinne Max Webers ihre Vernichtungspläne nach von oben bis ins letzte geplanten Anweisungen durchsetzte. Vielmehr habe es dort mannigfache Konkurrenz unter den einzelnen Gruppierungen und den um Einfluß ringenden Machtträgern gegeben, die sich in Botmäßigkeit gegenüber dem Diktator und entsprechend in politischer Radikalität gegenseitig zu überbieten versucht hätten. Ich erfuhr erstmals durch eine Artikelserie im *Spiegel* von 1966/67 von diesen Forschungen (Höhne 1966), später las ich dann die kritischen Kommentare dazu in Norbert Elias' *Höfischer Gesellschaft*. Hatte Mommsen die Fraktionenkämpfe, die Willkür der einzelnen Unterführer als Hinweis darauf verstanden, daß es sich beim Naziregime »nur um die Karikatur einer totalitären Herrschaft« handle (bei aller Einsicht allerdings in die Tatsache, daß diese Auseinandersetzungen nicht etwa die Rolle der Spitze schwächten, sondern daß sie in deren Interesse lagen), so kritisierte Elias bei aller Anerkennung der Einzelergebnisse der Forschungen: »Aber es bedeutet ein völliges Mißverständnis der gesellschaftlichen Wirklichkeit, wenn man das nationalsozialistische Regime deswegen, weil es von Konflikten und Eifersüchteleien besonders der Spitzengruppen durchsetzt war, als eine Karikatur der totalitären Herrschaftsdiktatur bezeichnet. Das erweckt den Anschein, als ob es wirklich in einem höchst komplizierten und vielfach geschichteten Industriestaat eine Diktatur geben könnte, die frei von Konflikten und Gegensätzen ist. Es erweckt den Eindruck, eine konsolidierte Diktatur in differenzierten Industriegesellschaften sei möglich, ohne daß der Diktator, wie ehemals Ludwig XIV., sorgfältig zwischen rivalisierenden Elitegruppen die Balance halten und sie daran hindern muß, ein Bündnis gegen ihn zu schließen. Das nationalsozialistische Regime war überdies erst auf dem Wege der Konsolidierung; die Konsolidierung, die Routinisierung der Machtverteilung unter den Spitzengruppen verlangsamte und verzögerte sich durch den Krieg. Diese Umstände trugen gewiß zu dem ungeregelten und chaotischen Charakter der Macht und Prestigerivalitäten bei. Aber all das berechtigt kaum zu der Vorstellung, daß es sich bei solchen Vorkommnissen um eine besondere Dekadenz des Regimes handelte. Es handelt sich also um eine geschichtliche Interpretation, die der soziologischen Fundierung entbehrt, wenn man die nationalsozialistische Diktatur als etwas Abnormales, als eine Abweichung von dem Idealbild der totalitären Diktatur hinstellt, weil sich hier die Formen des Satrapentums und, wie Mommsen es ausdrückt, ›eines 'verstaatlichten' und damit im Grunde anarchischen Lobbyismus‹ herausbildeten.«[8]

Inzwischen ist die Relativierung der Verantwortung der Spitzengruppen des Naziregimes und der nationalsozialistischen Ideologie an der Vernichtung der Juden ein wenig weiter gegangen. Die Entwicklung wird von Julius H. Schoeps so zusammengefaßt: »Sieht man sich die Debatten der deutschen Historiker der letzten Jahrzehnte an, so stellt man staunend fest, daß der zentralen Frage nach dem ›Wie‹ und dem ›Warum‹ ausgewichen und statt dessen lieber auf Konferenzen über Nebensächliches gestritten wird – etwa darüber, ob es einen Führerbefehl für den fabrikmäßig betriebenen Judenmord gegeben hat oder nicht. Diese Frage und die ernsthaft betriebenen Untersuchungen, ob die Zahl von sechs Millionen Juden tatsächlich stimme, lassen den Verdacht aufkommen, daß hinter solchen Erörterungen etwas ganz anderes steckt, nämlich die tiefsitzende Wunschvorstellung, der ganze Sachverhalt lasse sich relativieren, die Monstrosität des Judenmordes lasse sich relativieren. Die Historiker sind besonders darüber gespalten, ob der Vernichtungsantisemitismus in der NS-Ideologie angelegt war oder nicht. Die sogenanten Intentionalisten (Saul Friedländer, Eberhard Jäckel, Helmut Krausnick, Yehuda Bauer, Raul Hilberg und andere) argumentieren, es habe direkte Beziehung zwischen Ideologie, Planung und politischer Entscheidung gegeben, und Hitler sei die ausschlaggebende Rolle bei der Vernichtung der europäischen Juden zuzuschreiben. Dagegen argumentieren die Funktionalisten (Hans Mommsen, Martin Broszat, Karl Schleunes), bei den Handlangern der NS-Mordmaschinerie müsse technokratischer Durchführungseifer strikt von ideologischer Motivation getrennt werden. Sie sind davon überzeugt, es habe einen Prozeß der »kumulativen Radikalisierung« gegeben, an dessen Ende, fast wie von selbst, die Vernichtungslager gestan-

8 Elias 1968, S. 405-415. Ich danke Herbert Willems dafür, daß er mir diese Stelle neuerlich wieder in Erinnerung gerufen hat.

den hätten« (Schoeps 1994, S. 12).[9] Der »Holocaust« werde folglich von den Funktionalisten zu einer Art »Betriebsunfall der Geschichte« erklärt. Ganz in diesem Sinne läßt sich auch Mommsens Hamburger Referat lesen. Daß Hitlers Einlassungen zum Judenmord in *Mein Kampf* und in seiner berüchtigten Reichstagsrede vom 30. 1. 1939 als Hinweise auf entschiedene kriminelle Absichten gedeutet werden könnten, bestreitet Mommsen mit Hinweis auf Forschungen von Karl Schleunes: »Was den Holocaust angeht, so hat man gemeint, aus einzelnen Äußerungen Hitlers, zusammen mit der Theorie, daß dieser seine Absichten nur stufenweise aufgedeckt und selbst seinen engsten Gesinnungsgenossen vorenthalten habe (was schwerlich zutrifft), eine frühzeitig festliegende systematische Vernichtungsabsicht gegenüber den Juden abzuleiten. Das läßt sich weder aus jener Wendung in *Mein Kampf*, man hätte zwölftausend ›jüdische Volksverderber unter Giftgas halten müssen, wie für akzidentelle antisemitische Äußerungen im Vorfeld der berühmten [sic!] Reichstagsrede vom 30. Januar 1939 folgern. [...] Vieles spricht dafür, daß die in der Reichstagsrede enthaltene Vernichtungsdrohung primär rhetorisch-taktische Funktion besaß. [...] Der Drohung Hitlers, die die im Rassenantisemitismus gebräuchliche Konfiguration der Juden als Geiseln aufnahm, ist daher eher eine stereotype Bedeutung beizulegen als diejenige einer konkreten Vernichtungsabsicht« (Mommsen, in diesem Band). Natürlich bestreitet Mommsen nicht die Beteiligung Hitlers am schrecklichen Geschehen. Die Beteiligung wird aber lediglich als höchst indirekte vermittelt, so etwa wenn Mommsen mit Verweis auf Martin Broszat den »ständigen Radikalisierungsschub« beschreibt. Anfangs habe es sich um »ausschließlich [sic!] propagandistisch motivierte Beschwörung von Ausgrenzungs und Vernichtungsparolen« gehandelt, die sich dann aber »unversehens [sic!] in einen von der Basis der Bewegung zurückgeworfenen Druck verwandelte, der Hitler und die engere Führungsgruppe unter verstärkten Handlungszwang setzte. Dadurch verwandelten sich Weltanschauungsziele, die primär visionären Charakter besaßen, in konkret umgesetzte Politik, und die Initiative dazu ging in der Regel vor Ort aus. Gerade Hitler neigte immer weniger dazu, diese zu desavouieren, wozu er

9 Über die verschiedenen Positionen der deutschen Historiker im einzelnen vgl. Augstein u. a. 1987; Geiss 1988; Geiss 1992; Wehler 1988 und Maier 1988.

in den Anfängen des Regimes von seiner Umgebung, so durch von Neurath, Göring und Lammers gedrängt werden konnte.« Was dieses »Gedrängtwerden« anbetrifft, so verweise ich nochmals auf die Kritik von Norbert Elias. Im übrigen erscheint Hitler ganz generell im Text von Hans Mommsen so, als habe er das Entsetzliche anfangs gar nicht gewollt, ja nicht einmal für möglich gehalten, sei dann aber fast schon nach dem Motto »Halb zog es ihn, halb sank er hin« durch die Verkettung kontingenter Umstände in eine Situation hineingeschlittert, aus der er dann freilich sich weder lösen konnte noch wollte. Diese Auffassung wird vielleicht noch deutlicher, wenn Mommsen auf den seiner Meinung nach letztlich entscheidenden Umstand zu sprechen kommt, der die Shoah ins Werk gesetzt hat, nämlich das Scheitern der Ostansiedlungspläne der Nazis und deren erst allmählich einsetzende Gewißheit, daß eine Massenermordung in Konzentrationslagern überhaupt möglich sei. Es sei eine »ethnische Flurbereinigung« (wie Mommsen sich ausdrückt, und zwar ohne Anführungszeichen) geplant gewesen: »Der qualitative Sprung von der Deportation zur Vernichtung ergab sich mit den endgültigen Scheitern der Reservatpläne«. Das Resümee Mommsens: »Infolgedessen kann die Shoah nicht auf eine zielbewußte Vernichtungsplanung, die, wie lange angenommen wurde, durch einen zentralen Befehl Hitlers eingeleitet oder auf der Wannsee-Konferenz beschlossen worden sei, zurückgeführt werden. Es handelt sich vielmehr um jene für den Nationalsozialismus kennzeichnende Politik der Schaffung von Unausweichlichkeiten [sic!], ohne sie zuvor zu konzipieren. Der Weg zur ›Endlösung‹ verlief daher über viele Einzelschritte, und die Inkubationszone [sic!], in der diese eingeübt wurden, bildete das Territorium der Aktion ›Reinhard‹. Hier wurde Deportation synonym mit Vernichtung, wobei die lange dominierenden Formen der Massenausrottung, darunter nicht zuletzt die bewußte Vernichtung durch Arbeit, nicht von der Formel der ›fabrikmäßigen Tötung‹ verdeckt werden dürfen.«

Nun kann man sicher nicht leugnen, daß diese Prozesse in der Tat wichtige Momente für die Konkretisierung der Massenvernichtung waren. Das Problem ist, daß Mommsen die Analyse der »opportunity structure« des Verbrechens, um einen einschlägigen Ausdruck aus der Kriminalsoziologie zu benutzen, bereits für den Kern der gesamten Wahrheit zu halten scheint, so als wollte man auf die Frage nach den Gründen eines Mordes ausschließlich mit dem Hinweis antworten, wie der Täter in den Besitz der Mordwaffe kam.

Die Brutalität des Lagersystems mit der »zum Machtritual gewordenen Mißhandlung, Terrorisierung und Ermordung von Menschen, die als Personen überflüssig waren« (sc. für die Nazis und nur für sie, was Mommsen zwar meint, aber doch wohl ausdrücklich in die Formulierung hätte hineinnehmen sollen. A. H.), wird dann von Mommsen eindringlich geschildert. Aber er sieht hier keine Struktur, sondern eine »tumorhafte Veränderung bestehender Gebilde«. Die Einzigartigkeit des Grauens versucht er denn auch gerade im »Nihilismus des reinen Mordens« zu erkennen: »Gewiß gab und gibt es Ähnlichkeiten in anderen Phasen der Geschichte. Exzesse des Nationalismus oder Rassismus wie in der armenischen Frage oder antijüdischen Pogromen erzeugten grenzenlose Gewalt, aber dies geschah im Namen eines wie immer einzuschätzenden Prinzips. Im Dritten Reich verselbständigte sich Gewalt über Menschen zum bloßen Habitus, zum nicht mehr hinterfragten Selbstzweck, und abgestumpfte Machthaber handelten nicht primär aus ideologischen, sondern aus gewohnheitsmäßigen Motiven.« An dieser Stelle berühren sich Mommsens Beschreibungen mit ansonsten ganz anders gerichteten Studien, wie sie in dem – allerdings mit ungleich größerer Sensibilität geschriebenen – vorzüglichen Werk von Wolfgang Sofsky über das Konzentrationslager vorkommen, mit dem Unterschied freilich, daß das, was bei Mommsen als »Nicht-Struktur« bezeichnet wird, bei Sofsky den Kern der sozialen Struktur des Konzentrationslagers ausmacht, zu der gerade ein Amalgam »aus persönlicher Protektion und Rivalität, aus Gruppenkonformität, Kameraderie und den Gewohnheiten des Dienstbetriebs« gehöre.[10] Auch Sofsky hält die Ableitung der Struktur des Konzentrationslagers aus der Naziideologie für nicht überzeugend und analysiert die Szenen des Grauens, der willkürlichen Quälereien und Folterungen in Kategorien der absoluten Macht von Menschen über Menschen, wobei er sich vor allem der Berichte der Opfer, aber auch der Akten der Nürnberger Prozesse und der Dokumente der Lagerverwaltung bedient. Daraus ergibt sich dann ganz eindeutig, daß es sich beim »KZ« nicht um eine bürokratische Struktur im Sinne des Weberschen Idealtypus handelt,

10 Sofsky 1993, S. 328, Fn. 6. Vgl. hierzu auch die kluge Rezension von Nedelmann 1994.

weil die Schergen hier ja nicht in strenger regelorientierter Disziplin Befehle ausführten, sondern in blankem Sadismus und gemäß ihrer persönlichen Willkür quälten und mordeten. »Die Aufseher prügelten, quälten und mordeten, nicht weil sie mußten, sondern weil sie durften« (Sofsky 1993, S. 135 f.). Das scheint mir unbedingt richtig dargestellt zu sein. Nur beantwortet es nicht die Frage, warum die Aufseher das durften, was sie durften. Auch der Hinweis auf den »Habitus« der Folterer übersieht, daß dieser ja eben nur in Verbindung mit der gegebenen totalen Institution straflos sich ausleben läßt, und zwar nur gegenüber Menschen, denen auf Grund von zunächst außerhalb des Lagers ausgeheckten Definitionen, die Qualität eines Menschen aberkannt worden ist, die dadurch erst zu Opfern etikettiert werden, Opfern überdies, die man gar nicht ohne erhebliche technische Effizienz bürokratischer Apparate aus ganz Europa in das Konzentrationslager hätte deportieren können. Auch das Stillhalten der Umgebung, die wegschaute oder jedenfalls nicht eingriff, um dem mörderischen Spuk ein Ende zu bereiten, läßt sich aus der Analyse der inneren Struktur des Konzentrationslagers nicht ableiten. Sadismus als solcher dürfte leider so einzigartig nicht sein. Die für uns gegebene Einzigartigkeit der Nazi-Verbrechen liegt deshalb meines Erachtens eher darin, daß es in einer aufgeklärten modernen Zivilisation (oder besser: einer Gesellschaft, die sich bis dato dafür hielt) möglich wurde, unter dem Schutz staatlicher Legitimität straflos sadistisch zu sein. Gibt es erst einmal solche Institutionen, dann rekrutieren sich die Henker und Folterer und die Gleichgültigen entsprechend ihrem »Habitus«. Daß im übrigen die Opfer vor allem die konkret individuelle Charaktermaske der Brutalität und nicht deren historische Bedingtheit erfahren, versteht sich von selbst. Den Opfern erscheinen ihre Henker und Folterknechte immer auch als »Loritz, Kögl, Koch, Sterzer u. a.«, wie sich aus der auf eigenes Erleben sich stützenden Analyse von Dachau und Buchenwald ergibt, die Paul Martin Neurath 1943 unter dem Titel *Social Life in the German Concentration Camps Dachau and Buchenwald* als Dissertation an der Columbia Universität vorgelegt hat.[11]

Gerade darin bestand ja ein »Beitrag« (neben anderen ebenso schlimmen Beiträgen) der historisch lange vorbereiteten Nazi-

11 Ich bin durch den bereits erwähnten Artikel von Birgitta Nedelmann auf diese Arbeit gestoßen worden.

Doktrin zum Grauen, daß sie nämlich Etikettierungsformeln anbot, die es gestatteten, Mitbürger zu »Untermenschen« oder zu »lebensunwertem Leben« zu definieren.[12]

Auch hier, scheint mir, hat die *Dialektik der Aufklärung* bereits auf den entscheidenden Punkt aufmerksam gemacht. Nicht zufällig analysiert sie in diesem Zusammenhang de Sade und Nietzsche und versucht, als Verfallsprodukt der Entlarvung aller Ideologien, welche die Aufklärung auf ihre Fahnen geschrieben hatte, den schieren Zynismus der zum Selbstzweck werdenden puren Gewaltanwendung gegenüber dem Schwächeren darzustellen. So zitieren die Autoren etwa die Passagen aus de Sades Juliette, in der Dorval, »das Haupt eines respektablen Pariser Gangs«, das Credo der Gewalt verkündet und das »schöne Schreckliche der Tat« bewundert (Horkheimer/Adorno 1947, S. 120). Daß das, was in Auschwitz geschah, auch und gerade in der scheinbar völlig ideologieentrückten Form der puren (*sensu stricto*) sadistischen Gewaltanwendung, mindestens schon im 18. Jahrhundert als Modell ausgebrütet wurde, das wird bei erneuter Lektüre der *Dialektik der Aufkärung* sehr deutlich. Die 1944 im Detail für Horkheimer und Adorno gar nicht bekannten Greuel, die uns Sofskys Arbeit vor Augen hält, sind in ihrem Text als Interpretation des Textes von de Sade gleichwohl vollständig präsent: »Die Zeichen der Ohnmacht, die hastigen unkoordinierten Bewegungen, Angst der Kreatur, Gewimmel fordern die Mordgier heraus. Die Erklärung des Hasses gegen das Weib als die schwächere an [...] Macht, die an ihrer Stirne das Siegel der Herrschaft trägt, ist zugleich die des Judenhasses. Weibern und Juden sieht man es an, daß sie seit Tausenden von Jahren nicht geherrscht haben. Sie leben, obgleich man sie beseitigen könnte, und ihre Angst und Schwäche [...] ist ihr Lebenselement. Das reizt den Starken [...] zu blinder Wut. [...] Was unten liegt, zieht den Angriff auf sich: Erniedrigung anzutun, macht dort die größte Freude, wo schon Unglück getroffen hat. Je weniger Gefahr für den oben, desto ungestörter die Lust an der Qual, die ihm nun zu Diensten steht: erst an der ausweglosen Verzweiflung des Opfers wird Herrschaft zum Spaß und trium-

12 Zur soziologischen Analyse dieses Prozesses, mit dem gleichberechtigte Mitglieder einer Gesellschaft, die sich de facto von allen anderen nicht unterscheiden, zu Fremden und Feinden etikettiert werden, vgl. meinen Aufsatz: »Die soziale Konstruktion des Fremden« (Hahn 1994).

phiert im Widerruf ihres eigenen Prinzips, der Disziplin. Die Angst, die einem selber nicht mehr droht, explodiert im herzhaften Lachen, dem Ausdruck der Verhärtung des Individuums in sich selbst, das richtig erst im Kollektiv sich auslebt. Gelächter hat zu jeder Zeit die Zivilisation denunziert. [...] ›Auf das Unglück‹, lehrt Juliette, ›muß man, soweit es nur möglich ist, das Gewicht seiner Bosheiten fallen lassen; die Tränen, die man dem Elend entreißt, haben eine Schärfe, von der die Nervensubstanz übermächtig aufgerüttelt wird.‹ ... So führt Zivilisation als auf ihr letztes Ergebnis auf die furchtbare Natur zurück« (Horkheimer/Adorno 1947, S. 135 f.). So also das Resümee der Sade-Interpretation von Horkheimer und Adorno: »Die Einbildung von Grausamkeit wie die von Größe verfährt [sc. in den fiktionalen Texten von de Sade. A. H.] in Spiel und Phantasie so hart mit den Menschen wie dann der deutsche Faschismus in der Realität« (ebd., S. 136). Auch Horkheimer und Adorno sehen also im blinden, »zweckfreien« »Sadismus« als absolutem Willen zur Macht den Kern der Naziherrschaft. Nur sehen sie außerdem, daß der Schoß, aus dem das kroch, weit entfernt davon, bloßes Zufallsprodukt von Radikalisierungsschüben zu sein, schon mit den Paradoxien der Moderne und dann katexochen mit der Ideologie der Nazis entstanden ist.

Literatur

Augstein, Rudolf, u. a., *Historikerstreit. Die Dokumentation der Kontroverse um die Einzigartigkeit der nationalsozialistischen Judenvernichtung*, München/Zürich 1987.

Barel, Yves, *Le paradoxe et le système. Essai sur le fantastique social*, 2., erw. Auflage, Grenoble 1989.

Baumann, Zygmunt, *Modernity and the Holocaust*, Cambridge 1989; deutsch: *Dialektik der Ordnung. Die Moderne und der Holocaust*, Hamburg 1992.

Elias, Norbert, *Die höfische Gesellschaft*, Neuwied/Berlin 1969; Neuauflage: Frankfurt am Main 1983.

Geiss, Immanuel, *Die Habermas-Kontroverse. Ein deutscher Streit*, Berlin 1988.

–, *Der Hysterikerstreit. Ein unpolemischer Essay*, Bonn/Berlin 1992.

Hahn, Alois, »Die soziale Konstruktion des Fremden«, in: W. M. Sprondel (Hg.), *Die Objektivität der Ordnungen und ihre kommunikative Konstruktion*, Frankfurt/Main 1994.

Hobsbawm, Eric, und T. Ranger (Hg.), *The Invention of Tradition*, Cambridge 1983.
Höhne, Heinz, »Der Orden unter dem Totenkopf. Die Geschichte der SS«, in: *Der Spiegel*, Nr 42 vom 10. Oktober 1966, S. 94 ff.
Horkheimer, Max, und Theodor W. Adorno, *Dialektik der Aufklärung*, Amsterdam 1947.
Jaume, J., *Le discours jacobin et la démocratie*, Paris 1989.
Luhmann, Niklas, »Quod omnes tangit. Anmerkungen zur Rechtstheorie von Jürgen Habermas«, in: *Rechtshistorisches Journal*, Nr. 12, 1993.
Maier, Charles S., *The Unmasterable Past. History, Holocaust, and German Identity*, Cambridge (Mass.) 1988.
Nedelmann, Brigitta, »Dichte Beschreibungen absoluter Macht«, in: *Kölner Zeitschrift für Soziologie und Sozialpsychologie* 1994.
Schoeps, Julius H., »Christliche Wurzeln des Nationalsozialismus«, in: *Frankfurter Allgemeine Zeitung* vom 9. Mai 1994.
Sofsky, Wolfgang, *Die Ordnung des Terrors. Das Konzentrationslager*, Frankfurt am Main 1993.
Wehler, Hans-Ulrich, *Entsorgung der deutschen Vergangenheit? Ein polemischer Essay zum »Historikerstreit«*, München 1988.

Uta Gerhardt

Charisma und Ohnmacht

Bemerkungen zur These der Verwilderung der Herrschaft als Dynamik der Barbarei[1]

Einleitung

Die zeithistorische Sicht, die Mommsen seinem Argument über Modernität und Barbarei zugrunde legt, ist eine einzelwissenschaftliche Perspektive. Die Historie stellt sich nicht auf den Standpunkt einer umfassenden Einheitswissenschaft, der sich andere Wissenschaften – etwa die Soziologie – ein- oder unterzuordnen hätten. Die Geschichtswissenschaft gilt nicht als Lehrmeisterin der Gesellschaftswissenschaft. Sondern beide – die Historie und die Soziologie – arbeiten Hand in Hand bei der Erkenntnis des Nationalsozialismus.

Dessen Wesen verband Modernität und Barbarei, den Mord an Millionen nach einem weltanschaulichen Konzept der Rassenvervollkommnung, so argumentierte Zygmunt Bauman in *Modernity and the Holocaust* (1989). Die Soziologie warnte dabei vor einem gesellschaftshistorisch stets wieder möglichen Zusammengehen des Verbrechens mit der Idee der Reinkultur. Dabei war Modernität, so Bauman, daß der Rationalitätswert Effizienz die Organisation der Menschenvernichtung durchdrang. Daran war Barbarei, daß mitmenschliche Grundbedürfnisse der Moral und des Mitleids ausgeschaltet waren und durch Gehorsam und Prinzipientreue *à tout prix* ersetzt wurden. Die Verschmelzung zwischen Modernität und Barbarei im Nationalsozialismus fordert die Soziologie heraus, ihre von Max Weber geprägten Grundbegriffe der Rationalität zu überdenken. Insbesondere zeigt die Denaturierung der instrumentellen Rationalität, in Gestalt der Vernichtung durch Arbeit, Hunger und Massenmord, daß Modernität schlimmer ist als das sprichwörtliche »eherne Gehäuse der Hörigkeit«. Die Rolle der Bürokratie bei der Vorbereitung

1 Shmuel N. Eisenstadt und Hans-Georg Soeffner danke ich für hilfreiche klärende Kommentare.

und Erhaltung der Betriebsmäßigkeit der rassistischen Mordmaschinerie läßt ahnen, so Bauman, daß Kräfte der Verheerung in der Vernunft stecken, die den modernen Institutionen innewohnt. Solange die Potentiale des Barbarischen in der Modernität nicht dem Soziologen zum zentralen Problem werden, ist die Gesellschaftswissenschaft unwillkürlich Handlanger möglicher künftiger Rückfälle der modernen Gesellschaft in die Barbarei ihrer Modernität.

Diesen Gedanken nimmt Mommsen als Zeithistoriker ernst. Er setzt sich mit Baumans These auseinander. Er unterstützt sie mit Überlegungen der deutschen Diskussion der letzten Jahrzehnte. Während Bauman vorwiegend Material der angelsächsischen Debatte heranzieht, stützt Mommsen sein Argument, das demjenigen Baumans folgt, mit Ausführungen, die sich aus Forschungen – vorwiegend der letzten dreißig Jahre – in Deutschland herleiten.

Meine Bemerkungen dazu verstehen sich als soziologische Betrachtung. Mir geht es um ein Verständnis des Mommsenschen Arguments, das die Bedeutung der Theoriedebatte in der Soziologie unterstreicht. Baumans These, der Mommsen nicht widerspricht, ist, daß im Nationalsozialismus erkennbar wurde, daß barbarische Züge im rationalen Herrschaftstypus eingelagert sind, den Max Weber als Verkörperung des Modernen darstellte. Dieser Interpretation halte ich die soziologische Deutung des Nationalsozialismus entgegen, die Talcott Parsons in den vierziger und frühen fünfziger Jahren zur Grundlage der Systemtheorie der Gesellschaft machte. Dort wird die Bedeutung des Charismas als Herrschaftstypus hervorgehoben, der für den Nationalsozialismus soziologisch erklärungsfähig ist. Das Charisma gilt als von außen in eine rational-legale Herrschaftsstruktur einbrechende sozialgestaltende Kraft, die eine nicht-rationale und zugleich nicht-traditionale Ordnung begründet. Dabei werden Elemente des rational-legalen und des traditionalen Herrschaftstypus sowohl verwendet als auch in der Entwicklungsdynamik der charismatischen Herrschaft durch Routinisierung eingeholt.

Über den Rekurs auf Weber, den Parsons bei der Analyse des Nationalsozialismus konsequent leistet, möchte ich im letzten Teil meines Arguments hinausgehen. Gerade Baumans Aussage, der sich Mommsen anschließt, macht noch einmal bewußt, daß die Dialektik der nationalsozialistischen Ordnung zwei antagonistische Seiten umfaßte. Auf der einen Seite standen die Volksgenossen der Herrenrasse, auf der anderen die einer Vernichtung weithin ausgesetzten nicht-arischen Untermenschenmassen. Der Antagonismus dieser Doppelheit klingt in Mommsens Argument an. Er beschreibt die Stufen der Verschmelzung von Modernität und Barbarei unter dem Erkenntnisgesichtspunkt, die teuflische Logik dieses Antagonismus zu enthüllen.

Meine Bemerkungen zu Mommsens These wollen diese Dialektik von Charisma und Ohnmacht soziologisch näher charakterisieren. Darin liegt allerdings auch ein Vorschlag, Baumans Weberverständnis zu revidieren.

Mommsens These

Zwei Problemkomplexe bilden den Ausgangspunkt. Neben Baumans Beweisführung, daß die Shoah nicht zu einem »Scheitern der Moderne« entaktualisiert werden darf, steht die Fragestellung des »social engineering« (Feingold 1983). Die Debatte zwischen den Standpunkten einer »intentionalistischen« und einer »funktionalistischen« Erklärung der nationalsozialistischen Verbrechen gegen die Menschlichkeit wird weitergeführt. Dabei meint die »intentionalistische« Sicht, daß die »Vernichtungspolitik des Regimes gegen Juden, Zigeuner, Slawen und andere als schädlich oder überflüssig betrachtete Bevölkerungsteile« bereits in *Mein Kampf* und gewissen Entwürfen nationalsozialistischer Programmatik und Herrschaftspläne vorgezeichnet war. Demgegenüber zeigt die »funktionalistische« Sicht, daß erst im Verlauf der Herrschaftsetablierung und durch die Eroberungsfeldzüge während des Krieges – auch weil Politiküberlegungen zwangsweiser Massenaussiedlungen in ferne Gebiete (Sibirien, Madagaskar) scheiterten – ein Programm systematischer Menschenvernichtung entstand und durchgeführt wurde.

Mommsen setzt sich als Problemstellung: »Die Grundfrage besteht darin, wann die ideologisch vorgeprägte Vorstellung massenhafter Vernichtung in Handlungsrealität umschlägt, um danach eine eigene Schwerkraft zu entwickeln, so daß es keiner größeren Anstöße durch das politische Machtzentrum mehr bedarf, um den Vernichtungsprozeß selbstläufig und umfassend werden zu lassen. Zwischen der bloßen Idee und ihrer Implementierung liegt eine Reihe von Zwischenschritten, die nicht selbsttätig getan werden und die doch die notwendige Bedingung dafür bildeten, um jahrhundertealte rassistische Liquidierungsparolen in unmittelbares und systematisches Handeln umzusetzen.«

Er bekräftigt zunächst die Forschungsbefunde, daß bis in die frühe Kriegszeit Massenliquidationen an Juden und Slawen für unausführbar angesehen wurden. Darauf baut er seine These auf, daß Zwischenschritte der Entrationalisierung der nationalsozialistischen Politikprogramme und des Verfalls der rudimentär moralischen Selbstkontrolle der Funktionsträger zu finden sein müssen. Diese Zwischenschritte sollen erlauben, die Verwilderung des Herrschaftshandelns bis hin zum eigendynamisch unkontrollierbaren Massenmorden sichtbar zu machen.

Zunächst verweist er auf die verhältnismäßig breiten Handlungsspielräume nationalsozialistischer Unterführer, die eine ungeahndete Mordpraxis befehlen konnten. Solange diese den allgemeinen Prinzipien des nationalsozialistischen Rassendenkens entgegenkam, war sie erwünscht oder wurde befürwortet. Der Wirrwarr der Zuständigkeiten im Netz miteinander konkurrierender Bonzen und Dienststellen war hilfreich bei der kaum gelenkten Vertreibungs- und Mordpraxis vieler einzelner Unterführer. Opportunistisches und zugleich weltanschaulich konformes Handeln wurde geduldet oder gefördert als Herrschaftstechnik des Systems. Aus dieser Herrschaftstechnik erwuchsen Energien, die eine Dynamik der »kumulativen Radikalisierung« prägten. Geduldete Handlungswillkür eignete sich zur »*self-fulfilling prophecy* [...] in mutwillig herbeigeführten Ausnahmekonstellationen«, so daß die Grausamkeit sich auch ohne Programmeskalation steigerte. Die nationalsozialistische Rassenideologie bildete das Movens der Politik. Deren Kraftquelle und Urgrund lag in Hitlers verfallender Realitätsfähigkeit, die den Hintergrund für blinden Aktivismus während des immer aussichtsloser weitergeführten Krieges bildete.

Der zweite Zwischenschritt, den Mommsen anführt, ist die Denaturierung der Programme der »Umvolkung« fremder Länder und Menschen. Vom deutschen Siedlungswerk im Osten, das kläglich scheiterte, blieb schließlich als einzig konsequent durchgeführte Teilmaßnahme nur die Vernichtung derer übrig, die beseitigt werden sollten, weil dem Deutschtum Lebensraum zu gewinnen war. »Der qualitative Sprung von der Deportation zur

Vernichtung«, so Mommsen, »ergab sich mit dem endgültigen Scheitern der Reservatpläne, wenngleich ihnen von vorneherein ein fiktiver Charakter anhaftete; aber was war in der NS-Politik eigentlich nicht fiktiv?«. Zwangsarbeit, deren Zweck auch Vernichtung der dazu Genutzten war, war zunächst eine – wenngleich doppelzüngige – Aufbaumaßnahme der siedlungspolitischen Erschließung polnischer, ukrainischer und sowjetischer Gebiete. Erst die teuflische Frage, was mit den nicht mehr arbeitsfähigen Juden geschehen sollte, so Mommsen, verführte zu der Idee, die Mordkenntnisse aus der teilweise gestoppten T-4-Aktion zur systematischen Ausrottung ganzer Bevölkerungsgruppen einzusetzen.

Vorläufiges Fazit: »Der Weg zur ›Endlösung‹ verlief [...] über viele Einzelschritte, und die Inkubationszone, in der diese eingeübt wurden, bildete das Territorium der ›Aktion Reinhard‹. Hier wurde die Deportation synonym mit Vernichtung, wobei die lange dominierenden Formen der Massenausrottung, darunter nicht zuletzt die bewußte Vernichtung durch Arbeit, nicht von der Formel der ›fabrikmäßigen Tötung‹ verdeckt werden dürfen.«

Vor diesem Hintergrund greift Mommsen – als Zwischenstufe seines Arguments – nun die Frage der Rationalität wieder auf. Wiewohl eine »rationale Gesellschaftsplanung« hier pervertierte Gestalt annahm, war der Kern des Geschehens abgrundtief irrational. Dies entkräftet die Kritik an der Rationalität, die sich auf die Effizienz der Reichsbahn oder der Behörden im Dienste des Massensterbens beruft. Die Barbarisierung war gewissermaßen die aus dem Ruder gelaufene Unterseite der scheinrationalen Programme der Rassenpolitik: »Im Grunde blieb als das einzige, was der Apparat der RKF, was die Ostplaner und was die Satrapen vor Ort zustandegebracht hatten, die angebliche Lösung der Judenfrage. [...] Alles andere war gescheitert. [...] Der Holocaust ist daher die negative Folie, gleichsam die Kehrseite jenes hypertrophen Zieles, ein als modern deklariertes, aber im hohen Maße atavistische Elemente aufnehmendes Programm rassisch-ethnischer Umstrukturierung gewaltsam umzusetzen.«

An dieser Stelle erläutert er nun einen dritten Schritt der Verwilderung der totalen Herrschaft zur Barbarei. Die Wahrnehmung, Fremdvölkische stünden unbegrenzt zur Verfügung, verbunden mit der Strategie, sie als überflüssige Bevölkerung prinzipiell zu vernichten, steigerte die Grausamkeit des Systems ins Unbegreifliche. Eine moralische Hemmschwelle oder wenigstens ein wie immer ideologisiertes Nutzenkalkül, worin irgendein Schutz der Schutzlosen gelegen hätte, standen den Gewaltexzessen schließlich nicht mehr entgegen. Es kam zu jener moraljenseitigen Mordroutinisierung, die Mommsen mit einer Redewendung von Widerstandskämpfern des Kreisauer Kreises »innere Bolschewisierung« nennt – eine »tiefe gesellschaftliche Anomie, die zur Auflösung des gesellschaftlichen Normgefüges wie der Handlungsmaximen der einzelnen führte«.

Anschließend klärt er, was Barbarei heißen soll, wenn sie am Nationalsozialismus erkannt wird. Die Zersetzung moralischer Maßstäbe im normativ geleiteten Handeln, gesteuert aus dem Machtzentrum staatlicher Institutionen und von dort aus das Gefüge der Gesellschaft zerstörend, ist der parasitäre Prozeß, als dessen Ergebnis sich Barbarei herstellt. Dabei werden die Formen des Miteinanders, aus denen Zivilisation und Kultur leben, zu einem Krieg aller gegen alle. In diesem Gesellschaftszustand des durch Ordnungsfetischismus verdeckten Chaos ist die Vernichtung designierter Menschenkategorien zweierlei. Sie ist ein Ausdruck des absolut Bösen, und sie ist ein Machtmittel in den Händen moralisch verwahrloster Usurpatoren des Gesellschaftsgeschehens. Diese suchen sich eine Pfründe im Führerstaat zu sichern, die ihnen Gewaltherrschaft in ihrerseits prekären Einflußsphären ermöglicht. Sofern sie an den Weltanspruch der reinen deutschen Herrenrasse glaubten, war ihr »Nihilismus des reinen Mordens« erst recht entsetzlich.

Der soziologische Gehalt der Mommsen-These

Der nächstliegende Problemzusammenhang, den Mommsens Argument anspricht, wird in der Soziologie unter dem Stichwort der »nicht-antizipierten Folgen zweckgerichteter sozialer Handlung« diskutiert. Dieses Thema erarbeitete Robert Merton 1936, wobei er veranschaulichte: »Here is the essential paradox of social action – the ›realization‹ of values may lead to their renunciation. We may paraphrase Goethe and speak of ›Die Kraft, die stets das Gute will, und stets das Böse schafft‹« (1936, S. 903).

Mertons Betrachtung will Webers Rahmen der drei Typen sozialen Handelns erweitern, insbesondere hinsichtlich der Reichweite der Zweckrationalität. Man kann nicht sicher sagen, ob Merton damals auch den zeitgenössischen Faschismus in Europa im Auge hatte. Aus Protokollen einer Diskussionsgruppe an der Harvard-Universität im Jahre 1937, der auch Merton angehörte, geht hervor, daß im Umkreis Talcott Parsons' damals Themen des soziologischen Verständnisses der nationalsozialistischen Gegenwart in Deutschland engagiert sozialwissenschaftlich erörtert wurden. Merton bereitete einen Themenbeitrag über nationalsozialistische Propaganda vor. Er wollte dabei zeigen, wie es geschehen kann, daß ein Handlungssystem auf erlogener verführerischer Information aufgebaut werden kann. Insbesondere beschäftigte ihn, daß Gewaltmaßnahmen gegen Wehrlose durch Propaganda in solche des Selbstschutzes des Regimes gegen seine Feinde umgemünzt werden konnten, ohne daß die Bevölkerung derartige Lügen entlarvte.

Das Thema der nicht-antizipierten Konsequenzen im soziologischen Zusammenhang der Nationalsozialismus-Debatte wurde jüngst in einem Sinne angesprochen, der Mommsens These berührt. Cornelis Lammers, unter anderem mit Forschungen über organisationssoziologische Koordinaten der Kollaboration als Strategie der deutschen Besatzungspolitik in den Niederlanden befaßt, referiert und kommentiert die 1993 erschienene Studie Wolfgang Sofskys über das Konzentrationslager als Herrschaftstypus. Zur Reinterpretation der Sichtweise Sofskys, die eine hermetische Ordnung der Terrororganisation der Konzentrationslager voraussetzt, argumentiert Lammers folgendermaßen: Anschließend an Amitai Etzionis Klassifikation komplexer Organisationen durch mehr oder minder miteinander vereinbare Normstrukturmuster stellt er heraus, daß die Zwangs- und die Nutzungs-Zielstellungen innerhalb des KZ-Systems miteinander prinzipiell nicht vereinbar waren. Vielmehr wurden die Nutzungs- den Zwangsmomenten nachträglich aufgesetzt, so daß sich ein Konflikt zwischen inkommensurablen Aufgabenprogrammen ergab. Da das System ursprünglich auf Zwang angelegt war und – mit Sofsky gesprochen – nur Terrorarbeit zuließ, paßte der Einsatz der Konzentrationslager zur industriellen Produktion von Rüstungsgütern nicht zu ihrer ursprünglichen Zielsetzung der Menschenvernichtung. Um überhaupt zu funktionieren und um das Ziel der Arbeitskraftverwertung dennoch zu verfolgen, mußten diese wesensmäßigen Zwangsorganisationen ihren Terror andauernd steigern. Angesichts der einzig lebenssichernden Strategie der unterernährten Häftlinge, ihre Arbeitsleistung zu drosseln und dadurch ihre versiegenden Kräfte zu schonen, konnten nur immer häufigere Gewaltexzesse jenen lähmend-motivierenden Effekt verbreiten, der die Häftlinge zur selbstvernichtenden Arbeitsleistung veranlaßte. In diesem Sinne spricht Lammers davon, daß die Ausuferung der Gewalt ins Unermeßliche eine nichtintendierte Konsequenz der nach Kriegsbeginn verfügbaren Doppelzwecke der Lager war. Er schreibt dazu:

»I wonder if it is not at least as plausible to see the death toll of these camps as an – at least partly – unintended consequence of the systems' own momentum in interaction with various for Germany in the end desastrous military, economic and socio-political developments« (Lammers 1995, S. 147).

Mommsens These läßt sich vor diesem Hintergrund zunächst soziologisch als eine zweistufige Denkfigur der nichtbeabsichtigten Folgen lesen. Man kann daraus nachvollziehen, daß die einerseits weltanschaulich und andererseits ausbeuterisch motivierte Rassenpolitik in den besetzten Gebieten des Ostens zu einer schließlich ausufernden Mordpraxis führte. Dabei war ein utopisches Moment zunächst mit im Spiel, nämlich die Siedlungsprogramme im Dienst der Eindeutschung und »Umvolkung« als Maßnahmen zur Optimierung der Rassenqualitäten der Arier (siehe dazu auch Mommsen 1983). Doch als nicht-antizipierte Folge der Art, wie die Zielsetzungen verfolgt wurden, nämlich mittels – um Sofskys Ausdruck zu benutzen – Terrorarbeit, stellte sich das Problem ein, was denn mit den Millionen Arbeitsunfähiger geschehen solle. Daraus entstand das systematische Ausrottungsprogramm, das den bürokratischen Titel einer »Endlösung der Judenfrage« erhielt. Schließlich, so Mommsen, hatte die Durchführung von Mordexzessen wiederum eine nicht-antizipierte Konsequenz. Die residuale Moral der Unterführer und auch der Volksgenossen verwilderte gänzlich zur gefühllosen Mordanordnung, -ausführung und -toleranz. Damit war der Zustand höchster Anomie erreicht, in dem der Krieg aller gegen alle zugleich durch die Universalität des Terrors in Schach gehalten wurde.

Mommsens Argument überzeugt und bleibt doch an einer Stelle offen. Unterstellt man, daß seine These soziologisch mit jener der nicht-beabsichtigten Folgewirkungen in einem ersten Schritt zu verdeutlichen ist, dann schließt sich eine zweite Frage direkt an. Sie betrifft den Typus des Handelns, gemäß Max Webers drei Grundformen, um dessen nicht-antizipierte Konsequenzen es geht. Zwar wird das Rationale als stets auch im Nationalsozialismus präsent angesprochen, etwa hinsichtlich der Effizienz der Bürokratie oder der Eisenbahnen. Doch wendet Mommsen sich begründet gegen die vereinfachende These, der Nationalsozialismus sei als entgleiste instrumentale Rationalität zu erfassen. Demgegenüber hebt er auf die Spielräume begrenzter Handlungswillkür bei den Satrapen des Regimes und das dahinter wirksame zugleich informelle und hermetische Weltanschauungsdiktat Hitlers ab, das dem Regime einen analytisch schwer zu verdeutlichenden Charakter aus Ordnung und Chaos verlieh. Man muß sich nun fragen, ob daraus zu folgern ist, daß das soziale Handeln, dessen nicht-antizipierte Folgen zu analysieren sind, *charismatisch* war.

Der Nationalsozialismus als charismatische Herrschaft

Die These, daß der vorherrschende Herrschaftstypus im Nationalsozialismus charismatisch war, wird in der heute zeitgenössischen Soziologie von M. Rainer Lepsius vertreten, und in der damals zeitgenössischen Soziologie wurde sie von Talcott Parsons ausgeführt.

Lepsius (1993) erkennt im Charisma als nationalsozialistischem Legitimationsprinzip die Motive, durch die die Staatsbürger im Deutschland der frühen dreißiger Jahre freiwillig die Weimarer Verfassung preisgaben. Die Machtübergabe – denn es war sogar nicht nur eine Machtübernahme, so Lepsius – geschah als Weg zur Rekonstituierung der deutschen Staatsnation. Deren Integrität wurde das Schibboleth prinzipiell bedingungsloser Gefolgschaft. Das Regime etablierte eine quasi-religiöse Macht, die zur eigenen megalomanischen Selbstbestätigung den imperialistischen Krieg brauchte. Dessen Ziele und auch die den Volksgenossen aufgenötigten Opfer konnten charismatisch weithin bis in die Phase der Aussichtslosigkeit des Krieges gerechtfertigt werden.

Parsons bietet ein anderes Argument in seinen Arbeiten zum Nationalsozialismus, die im wesentlichen zwischen 1938 und

1946 entstanden und in *The Social System* (1951) noch einmal zusammengefaßt wurden. Die Grundtypen der Herrschaft im Sinne Max Webers sind rational-legal und traditional, wobei ein qualitativer Sprung zugunsten ersterer mit der Modernisierung der industriellen Gesellschaft verbunden ist. Doch lauert dabei bei allzu forcierter Rationalisierung die Gefahr, daß traditionale Elemente übermäßig entlegitimiert werden, wodurch traditional fühlende Bevölkerungsteile verunsichert und ausgebootet werden. Herrschaft, die sich charismatisch legitimiert, bricht *von außen* in das Szenario sowohl der rational-legalen als auch der traditionalen Lebensformen ein. Diese werden dann zu residualen institutionellen Praxisnormen, und ihre Dynamik ordnet sich jener des Charisma unter.

Weber, so Parsons, beschrieb die Dynamik des Charismas über Zeit als Routinisierung (Veralltäglichung). Auch der Nationalsozialismus, charismatische Herrschaft mit quasi-religiös symbolorientierter Handlungslogik, unterlag im Laufe der zwölf Jahre 1933 bis 1945 der Routinisierung seines Herrschaftsmediums Charisma. Doch noch viel deutlicher als während der Kriegszeit, so urteilte Parsons 1940 und 1942, würde dies nach dem Krieg hervortreten. Sollten die Nazis den von ihnen angezettelten Eroberungsfeldzug gewinnen, so würden die Herrschaftsnormen des Patrimonialismus danach besonders ausgeprägt entstehen. Webers Analyse, daß die Veralltäglichung des Charisma zu Patrimonialismus führt, übertrug Parsons auf den Nationalsozialismus. Er merkte an, daß der Patrimonialismus eine besonders atavistische Variante des Traditionalismus ist. Dem Patrimonialismus ist – klassisch im Sinne Webers – Gewaltenteilung fremd, und die Durchdringung sämtlicher Lebensbereiche im charismatischen Geist ist autoritativ. So waren in Nazideutschland, wenn es siegreich gewesen wäre, Zukunftszustände zu erwarten, die den epochalen Rückschritt der Gesellschaftsorganisation vollends vollzogen hätten. Die fortschreitende Veralltäglichung des Charismas wäre zu einem umfassenden Patrimonialismus ausgebaut worden.

Die Verhältnisse, die sich für Deutschland aus der Entwickungsdynamik des Nationalsozialismus herleiten ließen, charakterisierte Parsons 1940 folgendermaßen:

»What comes nearest to the probable long run outcome of all this in our Western history is Feudalism. It would be a society in which authority and privileges would be distributed on a basis of personal loyalities rather than on individual ability and achievement. Culturally, it would be without the leaven which has been so fundamental to Western history, namely, the liberal humanistic tradition and rational theology in the church. [...] Perhaps the outcome of the present struggle with revolutionary National Socialism will determine whether Western society as a whole is to continue the path of development which has brought it its most distinctive achievements, or to fall backward into what must be regarded in relation to all the fundamental values of our history, as a more primitive state« (Parsons 1940/1993, S. 156 f.).

In einem im Frühjahr 1942 veröffentlichten Aufsatz faßte er denselben Gedanken unter der Überschrift »Die möglichen Konsequenzen dauerhafter Konsolidierung der nationalsozialistischen Macht« folgendermaßen zusammen:

»It should be remembered that the party has broken the state's monopoly of the use of physical force – various organizations within the party structure exercise force in their own right, notably the *Gestapo* and the SS. It is quite possible that those who control these organizations can establish a high degree of independence of the central party leadership. Hence the following seems likely: The system has gone far to break the restrictions on arbitrary power which were constitutionally established in the old regime. In its place has come a charismatic absolutism of the dictator. But in the longer run the break-up of the hierarchy into a variety of different elements which jealously guard their own rights, territorially or functionally segregated from the whole, is probable. This might well lead to a situation akin to feudalism« (Parsons 1942a/1993, S. 177 f.).

Er fährt fort, daß dabei allerdings nicht Land das Treueverhältnis zwischen Führer und Vasallen begründete. Sondern das Verhältnis stütze sich – und werde sich nach Kriegsende erst recht stützen – auf Verläßlichkeit im Sinne der nationalsozialistischen Weltanschauung. Was dies bedeutete, kann man sich klarmachen, wenn man hier Mommsens Argument aufgreift. Die Analyse des Nationalsozialismus als Charisma wird dadurch um eine Bedeutungsseite erweitert, die Parsons in den Arbeiten der Jahre bis 1942 zwar nicht verschweigt, deren zentrale Erklärungsrelevanz für den Nationalsozialismus ihm zu dieser Zeit aber noch nicht deutlich war. Erst die Lektüre des 1942 erstmals veröffentlichten Traktats über Struktur und Praxis des Nationalsozialismus, Franz Neumanns *Behemoth*, öffnete Parsons die Augen über den entscheidenden Systemwert des Rassenantisemitismus. Im Aufsatz über die Webersche Herrschaftsanalyse beim Verständnis der politischen Krise seiner Epoche behandelte er die Judenverfolgung als Zeichen manichäisch verallgemeinernder Vorurteilsbildung gegen systematisch diskriminierte Gruppen. Diese sollten zugleich die Demokratie wie die moderne Kunst, den Kapitalismus wie den Bolschewismus verkörpern.

Denkt man Parsons' Argument zu Ende, das auf den Feudalismus des Nazitums in der patrimonialen Staatsgesellschaft anspielt, so ist bereits darin Mommsens These angedeutet. Daß Gewaltexzesse der Rassenpolitik zu den weltanschaulichen Grundpfeilern des sich entwickelnden nationalsozialistischen Feudalismus gehörten, war 1942 von außerhalb Deutschlands analytisch in Umrissen zu erkennen. Aber erst die Eskalierung der Terrorgewalt bis 1945 und danach die über Jahrzehnte geleistete Verständnisarbeit, die das Furchtbare nach und nach durchdrang, setzten Maßstäbe für eine umfassende soziologische Analyse.

In die soziologische Debatte über das nationalsozialistische Deutschland gehören die Erkenntnisse über Charisma und seine Veralltäglichung zum Patrimonialismus (Pfründenfeudalismus mit Zügen des Beutekapitalismus). Erst Parsons' erklärende Hypothese über den Entstehungszusammenhang der Machtergreifung (im Sinne einer Machtübergabe), die sich mit Mommsens Anomiethese sozusagen im Unendlichen trifft, verhilft zu einem weiterführenden Verständnis. Dieses erfordert, das Verhältnis zwischen Charisma und Terror zu klären.

Das sozialpsychologische Korrelat totalitärer Aggressivität

Die zeitgenössische Soziologie des Nationalsozialismus suchte eine Erklärung für den Umschwung einer Kulturnation zu einem Terrorregime. Eine 1933 erstmals dargestellte Erklärung war Harold Lasswells *The Psychology of Hitlerism*. Er legte dort dar, daß Identifikationsverlust mit identitätsstiftenden Gesellschaftsinstanzen – etwa Nation, Heimat, Großmachttradition – zu einem massenpsychologischen Zustand des Selbstbestimmungsdefizits führen konnte, den er »Unsicherheit« [*personal insecurity*] nannte. Dieser Zustand erlaubte, daß sinngebende Instanzen, die eine neue Sicherheit versprachen oder symbolisch gewährten, mit

Loyalität der massenhaften Individuen rechnen konnten. Zwar waren es in Nazideutschland vor allem die unteren gesellschaftlichen Schichten, bei denen eine surrogathafte Sicherheit entstand, als sie den Rassenantisemitismus übernahmen, das psychologische Gegenmittel gegen Verarmung und Entwurzelung. Aber die herrschenden Eliten wurden anders befriedigt, nämlich durch Privilegien und die Zerschlagung ihrer Gegner durch das neue Regime (Auflösung der Gewerkschaften, Verbot aller Parteien außer der NSDAP). Die dadurch gewährleistete Überwindung der Unsicherheit für alle Volksgenossen im Volk war der Nährboden für eine den neuen Machthabern zuträgliche Loyalität zum Nationalsozialismus.

Parsons nahm Lasswells These der Unsicherheit ernst. Er brachte sie mit Durkheims Theorie der Anomie zusammen. Daraus entwickelte er eine Erklärung dafür, daß der Fundamentalismus der damals zeitgenössischen faschistischen Bewegungen massenhaft glaubhaft war. Das psychologische Korrelat der Anomie beschrieb er mit einem dichotomen Bild gesellschaftspolitischer Emotionalität:

»The general character of the typical reaction of the individual to anomie is that usually referred to in psychological terms as a state of insecurity. The personality is not stably organized about a coherent system of values, goals, and expectations. Attitudes tend to vacillate between indecision which paralizes action – and all manner of scruples and inhibitions – and on the other hand compulsively ›overdetermined‹ reactions which endow particular goals and symbols with an excess of hatred, devotion or enthusiasm over what is appropriate to a given situation. Generalized insecurity is commonly associated with high levels of anxiety and aggression, both of which are to an important extent ›free-floating‹ in that they are not merely aroused in appropriate form and intensity by fear or anger-provoking situations but may be displaced onto situations or symbols only remotely connected with their original sources« (Parsons 1942b/1993 S. 205).

Das Problem der »freischwebenden« Aggression wurde erstmals umfassend 1939 in einem Theorieentwurf des Wirkmechanismus zwischen Frustration und Aggression angesprochen (Dollard u. a. 1939). Dessen zentrale These war, daß im Alltag der Erziehung, des Wirtschaftslebens und anderer Institutionen vor allem in verarmten und krisenhaft destabilisierten Gesellschaften epidemisch Frustration – ein Zustand der Bedürfnis- und Bedarfsbefriedigungsblockade – entsteht. Dieser erzeugt eine verallgemeinerte

Tendenz der Individuen zu Aggression, das heißt dazu, andere physisch zu verletzen oder sogar zu töten. Der Ursprung der Frustration aus Alltagszwängen und -defiziten bringt es hervor, daß Aggressivität im Übermaß in Krisenzeiten entsteht. Derartige Aggressivität definiert sich durch ihren Ursprung aus den Versagungen, die wiederum aus generellen oder persönlichen Lebensbedingungen erwachsen, nicht aus irgendeiner Erfahrung der Benachteiligung durch Gruppen wie Juden, Slawen oder ausländische Mächte. Erst sekundär wird die Aggression gegen gesellschaftliche Pariagruppen gerichtet. Von diesen wird reaktiv behauptet, sie seien der Anlaß der Aggression.

Parsons' Sicht der »freischwebenden« Aggression erkennt immerhin, daß hier gesellschaftliche Kräfte wirken, nicht psychologische. Aber er thematisiert nicht den besonderen Charakter faschistischer Terroraggressivität. Er spricht nicht an, daß durch die Gewaltexzesse nicht etwa Minderung der Aggressivität, sondern sogar deren Steigerung zu mehr und zu immer schlimmeren Taten erfolgte.

Die letztere Besonderheit der nationalsozialistischen Gewaltaggressivität wird in einem wenig bekannten, psychologischen Ansatz erkannt, der sich in den dreißiger und vierziger Jahren mit dem Phänomen der Ohnmacht befaßte. Unter dem Stichwort »Frustration« wandte sich Norman Maier der Untersuchung gänzlicher Orientierungslosigkeit zu. Sie wurde überwiegend bei Ratten experimentell erforscht. Gleichzeitig zog Maier von seinen Forschungsbefunden Rückschlüsse auf das typische Handlungsrepertoire im Faschismus.

Orientierungslosigkeit, so Maiers These, führt zu Stereotypien und Fixierungen des Verhaltens. Zunächst wird durch systematische Verhinderung einer Lernleistung, die auch Vertrauen in das Funktionieren der Umgebung ermöglichen würde, ein Zustand der Rat- und Hilflosigkeit geschaffen. Dieser führt bei den Individuen (auch den Tieren) dazu, daß unangepaßte und erfahrungsresistente Stereotypien des Handelns »gewählt« werden. Das Individuum handelt dann mit rigiden Strategien, ohne dabei auf die Beschaffenheit der Umwelt oder die Folgen für die eigene Person oder Individualität noch zu achten. Das Interesse an eigener Leidensvermeidung erlischt. Zugleich werden die Individuen unfähig, ihr Verhaltensrepertoire selbst dann umzustrukturieren, wenn dadurch eigener Schmerz hätte vermieden oder der eigene

Vorteil besser oder überhaupt erreicht werden können. Insofern, so Maier u. a. als Kritik an der These bei Dollard u. a., aggressionsproduzierende Frustration epidemisch ist, muß man von zwei Zuständen aggressiver Handlung ausgehen, also »normal« von »abnormal« unterscheiden. Sie schreiben:

»We prefer to limit the term frustration to designate the state where continued failure causes learning functions to cease operating and other mechanisms of adjustment to begin operating. In this sense abnormal behavior becomes qualitatively different from normal« (Maier u. a. 1940, S. 540).

Das abnormale Verhalten ist abnormal, weil es erfahrungs- und interaktionsresistent ist. Es ist aggressiv nicht als Reaktion auf die Welt, sondern als ziellose Abreaktion, die keinen nachvollziehbar rationalen Zweck verfolgt. Daher ist Verletzung oder Schädigung anderer nichts, was die rigiden Handlungsstrategien stört, und das Mitleid mit den Opfern des eigenen Tuns erscheint als Verstoß gegen die Ordnung aus Handlungsstereotypien. Maier schreibt über den Automatismus der Aggressivität in seiner 1949 erschienenen Monographie *Frustration*, die die Erkenntnisse seiner zwanzigjährigen Forschungen zusammenfaßte:

»It seems that barriers and obstacles often are attacked because they are convenient objects to attack, particularly when behavior preceding frustration is centered around the obstacle that blocks progress to a goal. [...] Always the innocent by-stander is a convenient object. Attacks on minority groups are clearly cases in which the object of attack is convenient. Our culture and propaganda have furnished us with these hate objects and thus have built attacks on them into responses with a high degree of availability. After the response occurs it is rationalized and justified, but such reasons and justifications must not be confused with causes or goals. Brutal parents justify the abuse of their own children by contending that the children are being trained, but the cause of the abusive behavior is their own frustration« (Maier 1949, S. 103 f.).

Daraus ergibt sich die These, daß die SS-Schergen, die die Menschen zu Tode quälten oder qualvoll verenden ließen, ihrerseits durch einen Erlebniszustand des Drills und der Gewalt gegangen sein müssen. Dadurch müssen sie jenen abnormen Handlungstypus der ziellosen Routinisierung erworben haben, den Maier Frustration nennt. Dieser erzeugt immer neu aus sich heraus Aggressivität, die ihrerseits kein Ziel hat, nur Wiederholungszwang. Sie kann sich nicht einmal durch die Leiden der Opfer abreagieren und dadurch vorübergehend gestillt werden. Sie entsteht aus der Dynamik des abnormen Verhaltensrepertoires, das sekundär Rechtfertigungsgründe für sich sucht und findet (vgl. zur »Demütigung und Verletzung der Menschenwürde« mittels Drill zwecks Ausbildung der »SS-Mentalität«: Buchheim 1967/1989, S. 247-263).

In einem 1937 veröffentlichten Text nannte Erich Fromm den sozialpsychologischen Zustand, den Maier beschreibt, jenen der »Ohnmacht«. Dabei wird unterstellt, die Welt durch rationales Verhalten nicht beeinflussen zu können. Irrationale, stereotype Handlungsstrategien, oftmals erworben durch Identifikation mit aggressiven Autoritäten, denen blindlings gefolgt wird, ersetzen die selbständige Verhaltenskontrolle. Dieser Zustand der Ohnmacht, den Fromm bei den Tätern nationalsozialistischer Gewalthandlungen diagnostiziert, wurde von diesen den Opfern ihres Tuns aufgezwungen. Die Entrechtung und Beraubung der Wehrlosen im Vorfeld der Massenvernichtung und auch als Begleiterscheinung der Gewaltexzesse waren geeignet, die Verfolgten in einen ähnlich hilflos-ohnmächtigen Zustand gänzlicher Selbstpreisgabe zu versetzen, wie ihn die Täter wohl selbst erlebt haben müssen (vgl. auch Hilberg 1961). Sie versetzten ihre Opfer nun in jenen Zustand der Entmenschlichung, ehe sie sie töteten, in dem sie selbst sich befunden haben dürften, ehe sie sich ihm durch kompulsive Identifikation mit den charismatischen Autoritäten entwunden hatten. Die charismatischen Autoritäten verlangten von ihnen nun, die Taten zu begehen oder geschehen zu lassen, aus Furcht vor denen sie sich selbst diesen Autoritäten allererst verschrieben hatten.

Die dunkle Seite des Charismas

Mommsens Argument der sich steigernden Verwilderung der Mordpraxis ist vereinbar mit den sozialpsychologischen und daraus hergeleiteten soziologischen Überlegungen über Ohnmacht als Triebkraft totalitärer Aggressivität, wenn man klärt, welches soziale Handeln dabei angesprochen ist. Sein Argument der nichtantizipierten Folgen, so behaupte ich, bezieht sich auf das charismatische Handeln. Charismatisch auf die Utopie der völkischen Rassenkultur bezogenes Tun diente dazu, die Legitimität der

Machthaber durch weltanschaulich verläßliches – also verbrecherisches – Handeln zu sichern. Je verzweifelter das Regime sich propagandistisch um die Loyalität der Massen bemühte, bis sogar eine Massenversammlung im Chor den totalen Krieg verlangte, desto unmäßiger mußte der Terror sein, der die Anerkennung der Heilsqualität der arischen Rasse erzwang. »Beweis« für weltanschauliche Loyalität gegenüber dem im Krieg versagenden Regime waren schließlich nur noch die Verbrechen. Sie machten die Volksgenossen aller Stände zu Komplizen des charismatischen Unrechtsstaates.

Diese Welt des ausufernden Terrors war zweigeteilt. Auf der einen Seite standen – strahlend im Scheinwerferglanz der nationalsozialistischen Heilserwartung – die Volksgenossen arischer Rasse, als Träger der Macht und als Täter oder wie immer unwillkürliche Mitwisser der Massenverbrechen. Auf der Gegenseite – weggedrängt ins absolute Dunkel der Rechts- und Schutzlosigkeit – standen die Bevölkerungen der zu Untermenschen erklärten Juden, Slawen, Zigeuner und Kommunisten. Ihnen durfte jeder Nationalsozialist – und erst recht jeder SS- oder Gestapoführer – alles rauben, auch Nahrung und Leben. Sie bildeten den Gulag der totalen Heilsherrschaft. In ihnen hatte das Charisma einen Nadir, der als allzeit gegenwärtige Hölle bekannt war, in die man geworfen wurde, wenn man den Machthabern gefährlich schien oder entgegentrat.

Mommsen These impliziert, daß die manichäisch zweigeteilten Welten auf Dauer nicht unabhängig voneinander blieben. Sondern die Mordtaten von Nationalsozialisten an den zur Antirasse stilisierten Juden bewirkten als nicht-antizipierte Folge eine moralische Verrohung der Täter. Deren neue Ordnung zerrann ihnen dementsprechend zu einem Krieg aller gegen alle. Nur der immer umfassendere Terror (auch mittels Justiz und Polizei) und der Zusammenhalteffekt des für die Zivilbevölkerung verlustreichen Bombenkrieges stabilisierte vordergründig den in Anomie versinkenden Staat. Damit zerstörte der Gulag jene Utopie, die ihn hervorgebracht hatte und die wie ein Moloch unaufhörlich immer neue fremdvölkische Opfermassen gefordert hat. Die negative Folie des Charismas überwältigte die positive. Die Barbarei bemächtigte sich des letzten vielleicht verbliebenen Restes einer unbestimmt heilen Welt.

Literatur

Bauman, Zygmunt, *Modernity and the Holocaust*, Cambridge 1989; deutsch: *Dialektik der Ordnung. Die Moderne und der Holocaust*, Hamburg 1992.

Broszat, Martin, »Nationalsozialistische Konzentrationslager 1933-1945«, in: ders. u.a. (Hg.), *Konzentrationslager Kommissarbefehl Judenverfolgung*, Olten 1965.

Buchheim, Hans, *Anatomie des SS-Staates*, Bd. 1: *Die SS – das Herrschaftsinstrument. Befehl und Gehorsam*, München 1989.

Dollard, John, Neil E. Miller, Leonard W. Doob, O. H. Mowrer und Robert W. Sears, *Frustration and Aggression*, New Haven/London 1939.

Etzioni, Amitai, *A Comparative Analysis of Complex Organizations. On Power, Involvement and their Correlates*, New York 1961.

Feingold, Henry L., »How Unique is the Holocaust?«, in: A. Grobmann und D. Landes (Hg.), *Genocide: Critical Issues of the Holocaust*, Los Angeles 1983.

Fromm, Erich, »Zum Gefühl der Ohnmacht«, in: *Zeitschrift für Sozialforschung*, Bd. 6, 1937, S. 134-154;wieder herausgegeben in: F. Funke (Hg.), *Die Gesellschaft als Gegenstand der Psychoanalyse. Frühe Schriften zur analytischen Sozialpsychologie*, Frankfurt /Main 1993.

Gerhardt, Uta, »Die Erklärung des nationalsozialistischen Antisemitismus durch die amerikanische Soziologie im Zweiten Weltkrieg«, in: *Jahrbuch für Antisemitismusforschung* 1 (1991), S. 253-274.

–, »Identifikation und Anomie. Zum gesellschaftswissenschaftlichen Verständnis ethnozentrischer Gewalt«, in: Hans Ulrich Derlien u. a. (Hg.), *Systemrationalität und Partialinteresse*, Baden-Baden 1994, S. 53-82.

–, (Hg.), *Talcott Parsons on National Socialism*, New York 1993.

Hilberg, Raúl, *The Destruction of the European Jews*, Chicago 1961; deutsch: *Die Zerstörung der europäischen Juden*, Frankfurt am Main 1983.

Lammers, Cornelis J., »Review Essay: The Organization of Mass Murder. Wolfgang Sofsky: *Die Ordnung des Terrors: Das Konzentrationslager*«, in: *Organization Studies* 16 (1994), S. 139-156.

Lasswell, Harold, »The Psychology of Hitlerism«, in: *The Political Quarterly* (1933), S. 383-394.

Lepsius, M. Rainer, »Das Modell der charismatischen Herrschaft und seine Anwendbarkeit auf den ›Führerstaat‹ Adolf Hitlers«, in: ders., *Demokratie in Deutschland. Ausgewählte Aufsätze*, Göttingen 1993, S. 95-118.

Maier, Norman R. F., *Frustration. The Study of Behavior Without a Goal*, Ann Arbor 1949.

Maier, Norman R. F., Nathan M. Glaser und James B. Klee, »Studies of Abnormal Behavior Fixations Through Frustration«, in: *Journal of Experimental Psychology* (1940), S. 521-546.
Merton, Robert K., »The Unanticipated Consequences of Purposive Social Action«, in: *American Sociological Review* (1936), S. 893-903.
Mommsen, Hans, »Die Realisierung des Utopischen: die ›Endlösung der Judenfrage‹ im »Dritten Reich«, in: *Geschichte und Gesellschaft* (1983), S. 395-420.
Neumann, Franz L., *Behemoth. The Structure and Practice of National Socialism*, 2. Auflage, New York 1944; deutsch: *Behemoth. Struktur und Entwicklung des Nationalsozialismus*, Frankfurt am Main 1973.
Parsons, Talcott, »New Dark Ages Seen If Nazis Should Win« (1940), in: Gerhardt 1993.
–, »Max Weber and the Contemporary Political Crisis« (1942a), in: Gerhardt 1993.
–, »Some Sociological Aspects of Fascist Movements« (1942b), in: Gerhardt 1993.
–, *The Social System*, Glencoe, Ill. 1951.
Sofsky, Wolfgang, *Die Ordnung des Terrors: Das Konzentrationslager*, Frankfurt am Main 1993.
Weber, Max, *Wirtschaft und Gesellschaft. Grundriß der Sozialökonomik*, Tübingen 1922.

Ralf Dahrendorf
Widersprüche der Modernität

Es ist meine Absicht, die Frage zu beleuchten, wie sich moderne Gesellschaften schützen können vor jenen schlimmsten Widersprüchen, denen sie ausgesetzt sind und die sich mit dem Stichwort »Barbarei« bezeichnen lassen. Der Versuch, dazu ein paar Anmerkungen zu machen, führt nicht zu einer befriedigenden Antwort, er führt aber, so hoffe ich, in eine Richtung der Analyse, die, wenn man sie weiter verfolgt, möglicherweise sowohl für das Verständnis als auch für unser praktisches Tun einiges verspricht.

Modernität bedeutet die Teilnahme aller am gesellschaftlichen Prozeß durch einen im Prinzip jedem zugänglichen gleichen Grundstatus, jedem und jeder. Ich verbinde das mit dem im Deutschen so schwierigen Begriff des Bürgers – ich habe es mir abgewöhnt, Staatsbürger zu sagen, weil der Begriff des Staatsbürgers eigentlich genau das widerlegt, was gemeint ist, wenn man vom Bürger spricht, der seine Position nicht dem Staat verdankt und der seine Position nicht für den Staat innehat.

Teilnahme durch einen allen zugänglichen gleichen Grundstatus bezieht sich auch auf den wirtschaftlichen Prozeß, den sogenannten Arbeitsmarkt oder, vielleicht genauer, auf die Stellung als Konsument in unserer Gegenwart, von der manche sagen, daß eigentlich die charakteristische soziale Tätigkeit im öffentlichen Raum nicht mehr das Wählen, sondern das Einkaufen ist. Ein Status also, der im Prinzip niemandem verwehrt ist und der dazu führt, daß es das gibt, was im Englischen mit einem modischen Ausdruck heute immer wieder als *level playing field* bezeichnet wird. Das ist ein Spielfeld, bei dem nicht die eine Seite von oben nach unten und die andere von unten nach oben spielt, ein Spielfeld, das auch nicht allzu holperig ist, ein Spielfeld vor allem, in dem zugeschriebener Status keine Zugangsprivilegien schafft. Das ist jener bekannte, wichtige, folgenschwere Prozeß *from status to contract*, vom Traditionalen zum Legalen, die Befreiung von ererbter Unmündigkeit.

Die beiden offenkundigen Probleme, denen moderne Gesellschaften sich insbesondere im 20. Jahrhundert ausgesetzt sehen, die ihre Widersprüche kundtun und die an den Rand der Barbarei oder zur Barbarei geführt haben, sind die Probleme des Totalitarismus und des Fundamentalismus. Diese beiden großen Probleme bestimmen die vielen Tränen und das viele Blut dieses 20. Jahrhunderts mit seinen wenigen Licht- und vielen Schattenseiten. Totalitarismus ist spezifisch modern, weil er auf der totalen Mobilmachung beruht, also auf Macht als Mißbrauch der Moderne. Er ist allerdings, wenn man auf das Jahrhundert zurückblickt, besonders bedrohlich und auch besonders wahrscheinlich, wenn die Modernität noch nicht ganz da ist: wenn sich so etwas ergibt wie ein Zwischenraum der Entwicklung, in dem alte Strukturen nicht mehr existieren und neue noch nicht vorhanden sind und in dem es sich daher für einzelne und organisierte kleine Gruppierungen anbietet, die Unsicherheiten dieses Überganges auszubeuten, um etwas ganz Eigentümliches zu tun, nämlich im Namen alter Werte ganz neuartige Mobilisierungsstrukturen zu schaffen.

Vielleicht gilt das auch für Jugoslawien. Ich habe zu denen gehört, die am Anfang der bosnischen und überhaupt der postjugoslawischen Ereignisse unvorsichtigerweise davon gesprochen haben, daß da alte historische Feindschaften aufbrechen. Inzwischen habe ich mich völlig überzeugen lassen, von Michael Ignatieff, aber auch Ernest Gellner und anderen, daß im Gegenteil das, was wir dort erleben, eher ein spezifisch modernes Phänomen ist. Nämlich die Benutzung der Unsicherheit des Überganges zur vollen Modernisierung durch Warlords, durch sich als Mächtige Aufspielende, die die Unsicherheit von Menschen in dieser Situation mobilisieren und in dieser Mobilisierung Strukturen schaffen, die sich kaum als Herrschaftsstrukturen beschreiben lassen, weil sie nicht den Grad von Institutionalisierung haben, den man mit organisierter Herrschaft verbindet, die also eher Machtstrukturen sind. Wenn man diese Erscheinungen analysiert und sie auch in anderen Teilen der Welt genauer betrachtet, dann liegen die Analogien zur russischen Situation und zu einem Teil der deutschen Geschichte auf der Hand. Hier liegt also einer der großen Widersprüche des Prozesses der Modernisierung, einer der erklärungsbedürftig ist, bei dem ich aber hier vor allem die Frage stellen werde: Was kann eigentlich dagegen getan werden?

Wenn Totalitarismus eine Art Mißbrauch der Moderne ist, dann ist Fundamentalismus eine andere. Die Welt der Verträge, die Welt der rationalen, der legalen, der geregelten menschlichen Beziehungen läßt zweifellos Fragen offen. So hat die moderne offene Gesellschaft auch eine offene Flanke. Das sind vor allem Fragen der Zugehörigkeit, also die Frage: »Wohin gehöre ich eigentlich?« – und eine rationale Antwort auf diese Frage. Wenn diese Fragen der Zugehörigkeit unbeantwortet bleiben, dann bieten sie denen Chancen, die mit Ideologien auftreten, durch die sie mögliche Strukturen der Modernität und insbesondere mögliche Strukturen freier Gesellschaften aufheben und grundsätzlich zerstören. Beide, Fundamentalismus und Totalitarismus, erscheinen manchmal zusammen in einer bedrohlichen Mischung von »Blut und Boden«, der Verbindung einer fundamentalistischen Ideologie mit spezifisch modernen Organisationsformen.

Viele haben darüber reflektiert, warum die große Chance der Modernität immer mit einem Risiko verbunden ist; immer mehr kommen heute zu dem Schluß, zu dem manche der großen Autoren unseres Faches schon vor einem Jahrhundert oder bald danach gekommen sind, nämlich daß eines der Merkmale moderner Gesellschaften in ihrer Gefährdung durch Anomie liegt; also durch Strukturen, in denen die Begründung von Geltung schwierig geworden ist und in denen daher Regeln nicht mehr zu Bindungen führen oder durch Bindungen getragen werden, die allein am Ende Regeln wirksam machen können. Wenn Menschen sich auf der Straße abwenden, während neben ihnen Verbrechen geschehen, dann nützt keine Polizei, dann nützen keine (papiernen) Institutionen etwas – da liegt der Grundfehler der rein äußerlichen »Law-and-order«-Politik –, sondern dann ist etwas in die Brüche gegangen, was sich nicht durch noch soviel Geld oder durch noch soviel Uniformierte wieder herstellen läßt.

Was fehlt? Nun, da gibt es eine ganze Menge Vokabeln, die heute gerne verwendet werden: Bürgertugenden, Ethik, Wirtschaftsethik, öffentliche Moral. Ich bewege mich in den folgenden Bemerkungen auch in dem Bereich, den Habermas und andere gemeint haben und meinen, wenn sie von »Verfassungspatriotismus« sprechen. Es fehlt also irgendwo eine Bindekraft, die den Institutionen, die die Modernität möglich machen, Haltbarkeit gibt. Sicher bezieht sich hier die Vexierfrage (jedenfalls in Deutschland ist es eine Vexierfrage) auf die Nation mit ihren beiden Gesichtern, auf die »Ethnic Nation« und die »Civic Nation«, zu. Mit dem einen Gesicht zeigt sich die Nation selbst als fundamentalistisch. Mit dem Beharren auf das *ius sanguinis* definiert sie sich jedenfalls nicht als modern. Mit dem anderen Begriff dagegen, bei dem Nation durch Bürgerrechte und den Bürgerstatus definiert wird, schließt sie die Moderne ein.

Die Frage, die ich hier stellen will, ist: Wie müssen eigentlich Gesellschaften aussehen, die zwar den Weg zur Modernität mit all den darin enthaltenen Gefahren beschritten haben, die aber dennoch einigermaßen immun sind gegen die beiden großen Bedrohungen: den Totalitarismus und den Fundamentalismus? Dies ist inzwischen eine Frage, die sich bis zu einem gewissen Grade historisch beantworten läßt. Es gab Gesellschaften, die sich in diesem gefährdeten Jahrhundert lange Zeit und vielleicht bis heute oder bis vor kurzem gegen diese Bedrohungen als immun erwiesen haben. Zum Teil sind es relativ kleine Länder, die Schweiz, Schweden und in nicht unbeträchtlichem Maße Holland. Es würde sich lohnen, jedes dieser Länder unter diesem Aspekt genauer zu untersuchen.

Hier werde ich ein paar Bemerkungen über zwei andere Länder machen, weil sie charakteristische Formen der Immunisierung gegen die Barbarei entwickelt haben – in beiden Fällen heute gefährdete Formen –, nämlich England oder vielleicht Großbritannien und die Vereinigten Staaten von Amerika. Warum diese beiden? Einige Hinweise zu ihrer Immunität gegenüber Nationalsozialismus und Kommunismus, aber auch gegenüber Fundamentalismus beantworten die Frage. Es sind übrigens Bemerkungen, die ich nicht sehr gerne mache, sie haben mit dem Phänomen der unvollständigen Modernität zu tun. Denn der Widerstand gegen die Gefährdungen der Modernität war am effektivsten dort, wo die Modernität selber unvollständig geblieben war. Das stimmt nachdenklich und ist nicht unbedingt ermutigend.

Nehmen wir zunächst den britischen Fall. Großbritannien und in Sonderheit England waren sicher bis tief in dieses Jahrhundert hinein, möglicherweise bis ins letzte Jahrzehnt hinein, ein Beispiel für eine höchst unvollständig moderne Gesellschaft. Geradezu ein Beispiel für jenes Bild, das Aristoteles zuerst so deutlich ausgemalt hat, als er von gemischten Verfassungen sprach und davon, daß es vielleicht am wünschenswertesten ist, nicht eine eindeutige Verfassung zu haben wie die Demokratie – er würde »Politie« gesagt haben, denn für ihn war Demokratie eigentlich die Abart der »Politeia« – eine Verfassung also, die vielmehr ihre demokratischen Grundzüge mit anderen vermischen wie zum Beispiel denen der Aristokratie.

Das kennzeichnende Merkmal für die britische Gesellschaft bis in die siebziger und vielleicht achtziger Jahre hinein war, daß es zwar Bürgerrechte, zwar den Rechtsstaat, zwar demokratische Institutionen gab, aber zugleich eindeutig tonangebende, nicht demokratisch gewachsene Institutionen. Das waren nicht nur tonangebende Institutionen, sondern im großen und ganzen unbestrittene Institutionen: unbestritten als tonangebend, also als Werte setzend. Insofern waren sie ganz eindeutig »vormodern« – das heißt Institutionen, die das *level playing field* für die Mehrzahl einschränken. Offenkundig gilt das für die Monarchie, es gilt auch – oder galt – für die Aristokratie, also für jenes House of Lords, dessen späte Überreste ich gegenwärtig selber erlebe, eine Aristokratie, die in England bis vor einem Jahrzehnt – im Unterschied zum Kontinent – nicht in erster Linie Material für illustrierte Zeitungen lieferte, sondern die tatsächlich eine stilsetzende Funktion im Lande hatte.

Es galt aber auch für andere Einrichtungen, und jede davon erlaubt heute eine interessante Analyse des Wandels. Die britische Beamtenschaft mit ihrer Unparteilichkeit, die in der Vergangenheit sehr weit ging, viel weiter als selbst im preußischen Beispiel; die sich selbst regulierenden, disziplinierenden und verwaltenden freien Berufe, die *professions*; die englische Staatskirche mit ihrer stark wertsetzenden Rolle; so etwas wie die alte Londoner *Times*, bevor sie von einem australisch-amerikanischen Massenblattmacher übernommen wurde; so etwas wie die BBC, die sogar bis in die Sprache hinein, in die akzeptierte Sprache hinein, tonangebend war und wirkte; und dann natürlich auch so etwas wie bestimmte Schulen und bestimmte Universitäten, insbesondere die Universitäten von Oxford und Cambridge. Das alles bedeutete, daß durch Institutionen klar und gesichert blieb, was man tut und was man nicht tut, und daß diese Institutionen zugleich den Versuch der Briten, ganz aus dieser Tradition herauszutreten, durchweg effektiv verhindert haben.

Das Phänomen Oswald Mosley ist faszinierend in diesem Zusammenhang, denn er kam aus der Aristokratie, er war ein Teil der tonangebenden Gruppen. Darum waren zunächst auch manche Mitglieder der englischen Oberschicht fasziniert von den Schwarzhemden und dem, was sie veranstalteten, aber von einem bestimmten Punkt an wurde er schlicht ausgeschlossen. Damit war es dann auch schon vorbei mit der britischen Episode des Faschismus. Es gab also durch die tonangebende Schicht Grenzziehungen, die nicht ausschließen konnten, daß jenseits der Grenzen Versuche gemacht wurden, einerseits weiter in die Modernität hineinzugehen und andererseits die Modernität für persönliche Macht zu mißbrauchen. Aber diese Versuche bewirkten nichts, sie änderten die Gesellschaft nicht, sie kamen nicht an den Kern der Gesellschaft heran. Es gab also sicher kein *level playing field*.

Wenn wir die Zeit dazu hätten, wäre es von ungewöhnlichem Interesse, die Frage im einzelnen zu analysieren: Warum Margaret Thatcher jede einzelne dieser tonangebenden Institutionen angegriffen und zerstört hat? Das heißt also: Warum eine aus dem Kleinbürgertum kommende Politikerin ohne viel Rückhalt in irgendeiner dieser Gruppen erstens diese Zerstörung wollte und sie zweitens vollzogen hat? Die Antwort muß natürlich lauten: weil diese Institutionen ohnehin wackelig geworden waren, denn keine Einzelperson wird es schaffen, eine solche Menge von bestehenden tonangebenden Institutionen zu zerstören. Aber sicher ist, daß es die ausdrückliche Politik von Frau Thatcher war, die tonangebenden Institutionen, die nach ihrer Meinung ein Hindernis für die volle Entwicklung des Marktes und des Kapitalismus waren, aufs Horn zu nehmen und jedenfalls stark zu erschüttern, wenn nicht zu zerstören. Das könnte man an jeder einzelnen der Institutionen, die ich genannt habe, deutlich machen. Diese Erschütterung hält bis auf den heutigen Tag an. Daraus könnte man schließen, daß das jetzt entstehende Großbritannien genauso gefährdet ist, wie andere Gesellschaften, die keine solchen tonangebenden Institutionen hatten, es schon seit längerem waren. Daß also die Sondersituation, die vielleicht in dieser Gesellschaft bestand, jedenfalls nicht mehr so ausgeprägt und nicht mehr so wirksam ist und daß insofern die Frage der Widersprüche der Modernität, der Bedrohung durch Totalitarismus und Fundamentalismus, sich heute ebenso für die britische oder die englische Gesellschaft stellt wie für die deutsche oder die französische.

Nun muß ich hier eine Fußnote anfügen, denn ich sehe manche unter Ihnen, die, wenn ich das nicht täte, mich sofort an diesem Punkt aufspießen würden. Es ist ja ein Teil der Analyse des deutschen Modernisierungsprozesses, zu sagen, daß auch in Deutschland lange Zeit eine merkwürdige Mischung von Modernitätsanspruch, wohl auch Modernitätsentwicklung einerseits und traditionellen Formen der Herrschaftsausübung andererseits vorhanden war. Sozusagen das Veblen-Syndrom, »Das kaiserliche Deutschland und die industrielle Revolution«: der Feudalismus, der sich durch die industrielle Revolution hin erhält; die Organisationsformen und Strukturen der Wirtschaftsunternehmen, die politisch nichtdemokratischen Strukturen bei einer gleichzeitig vorhandenen kapitalistischen Form des Arbeitsmarktes. Ich kann nicht gut erklären, wo der Unterschied liegt zwischen der englischen Verbindung von Vormodernität und Modernität und der deutschen Verbindung von Vormodernität und Modernität. Ich kann nicht gut erklären, warum in England diese Verbindung ein Schutz gewesen sein soll, während in Deutschland diese Verbindung zu zusätzlichen Bedrohungen geführt zu haben scheint, und ich lasse diese Frage hier unbeantwortet stehen.

Liest man nach bei Aristoteles, wie er die gemischten Verfassungen sieht, so findet man, daß es für ihn im Prinzip drei Formen der politischen Ordnung gibt: die, bei der ein einzelner den Ton angibt; die, bei der es eine Gruppe ist, und die, bei der jeder seinen Beitrag oder jede ihren Beitrag leisten kann. Königtum, Aristokratie und Politie oder dann die Abarten: Tyrannis, Oligarchie und Demokratie. Das alles sind aristotelische Begriffe. Es könnte sein, daß eines der Merkmale der spezifisch deutschen Verbindung von alt und neu darin lag, daß es eigentlich nicht eine sich selbst tragende, aristokratische Schicht gab, sondern daß die Aristokratie sehr stark hierarchisch organisiert auf jemanden an der Spitze bezogen war, und es könnte sein, daß diese hierarchische Struktur für manche der deutschen Probleme verantwortlich ist, während ja die kennzeichnende institutionelle Form der britischen Geschichte darin liegt, daß sie Demokratie in der Oligarchie gepflegt hat.

Wer zur Oligarchie gehört, ist natürlich privilegiert gegenüber denen, die nicht dazugehören. Aber innerhalb der privilegierten Gruppe gibt es keine Führung – auch der Leiter eines Colleges ist nur ein *fellow*, wirklich nur ein *fellow*, nicht einmal *primus inter pares*, denn alle Entscheidungen werden gemeinsam getroffen. Es herrscht also eine stärker aristokratische und nicht eine monarchische Form der Organisation. Dementsprechend ist eines der Hauptmerkmale der britischen Geschichte die Schwäche der Zentralgewalt. Die »eine Zentralgewalt« hat sich ja nie so durchgesetzt gegen die Barone, gegen die Mitglieder der Aristokratie, so daß vielleicht die deutsche Mischung die der Hierarchie mit der Demokratie war und die englische Mischung die einer großen und wichtigen, starken tonangebenden Gruppe mit der Demokratie. Aber ich füge dem drei Fragezeichen an, es ist eine der vielen Fragen, die hier letztlich offen bleiben.

Lassen Sie mich zum amerikanischen Fall etwas sagen. Auch dort kann man in gewisser Hinsicht, was Sie überraschen mag, von unvollständiger Modernisierung sprechen. Nur wenn man Amerika sehr genau kennt, weiß man, daß hinter dem Anschein der Gleichheit ausgeprägte hierarchische Formen und ein tiefer Respekt vor Autorität und Reichtum stecken. In der Tatsache, daß man sich nach fünf Minuten mit dem Vornamen anredet, sind tief verwurzelte Differenzierungen der »Gleichheitsstruktur« enthalten, die keineswegs einfach als erwerbbar beschrieben werden können. Wichtiger scheint mir allerdings im amerikanischen Fall der Zusammenhang von Bürgergesellschaft und sozialer Kontrolle zu sein und die Wirkung dieser sozialen Kontrolle auf das Verhalten von Menschen.

Wenn Sie die *Federalist Papers* gelesen haben, erinnern Sie sich, daß es unter deren Autoren vor allem Madison war, der sich Gedanken gemacht hat über den Schutz vor Tyrannis und der zu dem Schluß gekommen ist: Es gibt nur einen wirksamen Schutz. Und der liegt nicht in Hamiltons Idee des Rechtsstaates, des Obersten Gerichts usw., sondern der liegt darin, daß es so viele kohärente soziale Gruppen gibt, daß niemand in der Lage wäre, Macht effektiv zu mißbrauchen: Bürgergesellschaft also im Sinne einer ungeplanten Vielfalt von starken, autonomen sozialen Gruppen. Das war einer der vielen Gründe, warum die Autoren der *Federalist Papers* zwar zu argumentieren versucht haben, daß man eine Bundesregierung brauche, aber doch immer den Gedanken einbezogen haben, daß diese nicht zu mächtig werden dürfe. Zumal es ohnehin gar nicht ganz leicht ist zu begründen sei, warum man sie brauche. Die Bürgergesellschaft, *civil society*, bietet Schutz vor der Tyrannis, weil der Zentralstaat ihr zwar einerseits gewisse Funktionen entreißen muß, weil sie im übrigen aber die meisten Menschen die meiste Zeit dadurch trägt, daß diese sie tragen.

Gruppenzugehörigkeit bedeutet grundsätzlich sehr starke soziale Kontrolle. Ich kenne eigentlich kein Land – mit der möglichen Ausnahme der Schweiz –, in dem die soziale Kontrolle auf den einzelnen so ausgeprägt ist und so tiefgreifende Wirkung hat wie in den USA. Um noch ein Beispiel zu nennen: Wenn Sie in den Vereinigten Staaten ein Unternehmen haben, können Sie sich es praktisch nicht leisten, *nicht* jenem Ein-Prozent-Club beizutreten, der ein Prozent der Gewinne für öffentliche Zwecke zur Verfügung stellt. In der Tat ist dieser Club inzwischen über den Eineinhalb-Prozent zum Zwei-Prozent-Club geworden. Bei diesen Prozenten handelt es sich nicht um Steuern, nicht um eine staatliche Verpflichtung, sondern um schiere soziale Kontrolle mit tiefgreifenden Wirkungen auf die Unternehmenspolitik, auf die Aktionäre, auf diejenigen, die normalerweise Gewinne erwarten würden.

Einer von Frau Thatchers Freunden, ein britischer Unternehmer, wollte in Großbritannien einen solchen Ein-Prozent-Club aufmachen. Er ging beglückt zur Premierministerin und sagte: »Das müssen wir hier doch auch tun.« Sie aber guckte ihn entsetzt an und sagte: »Was? Das können Sie doch den Aktionären nicht antun!« – Hier zeigt sich sozusagen die extreme Form der Modernität, bei der eine bürgergesellschaftliche Art von sozialer Kontrolle nicht mehr akzeptiert wird, und zu der auch Frau Thatchers berühmter Satz paßt: »There is no such thing as society, there are only individuals.« (Und dann hat sie sich bekanntlich plötzlich erinnert, daß sie doch konservative Premierministerin ist und hinzugefügt: »und Familien«.)

In den Vereinigten Staaten ist demgegenüber soziale Kontrolle nicht nur in einem vergleichsweise harmlosen Sinn Verhaltenskontrolle, sondern sie reicht tief hinein in die Interessen der Menschen und bestimmt diese. Sie hat dann auch etwas damit zu tun, daß Politik nach wie vor sehr stark von der Gemeinde her lebt, daß die Beteiligung an der Wahl der Aufsichtführenden für die Schulen oder für die Polizei für die meisten Amerikaner nach wie vor interessanter ist als die Beteiligung an nationalen Wahlen. Die Kirchen und Kongregationen spielen hier eine besondere Rolle. Da ist die Flagge der Vereinigten Staaten im Grunde nur der Zuckerguß auf der Torte der Bürgergesellschaft. Sie gehört auch dazu, aber sie ist nicht das, was den Zusammenhalt stiftet. Der Zusammenhalt wird gestiftet durch tiefer liegende, vielfältige, sich überlappende Gruppenzugehörigkeiten mit der Bestimmungskraft, die diese haben.

Da ich von Frau Thatcher gesprochen habe, sei auch über Amerika gesagt, daß auch dieses sich in den letzten Jahrzehnten entscheidend verändert hat. In den Vereinigten Staaten ist die Hauptveränderung, glaube ich, dadurch geschehen, daß die Bürgergesellschaft von einem bestimmten Punkt an in den letzten Jahrzehnten immer stärker ethnisch differenziert und zugleich geprägt wurde. So ist der Prozeß in Gang gekommen, den Arthur Schlesinger in seinem Buch vor einigen Jahren als *The Disuniting of America* beschrieben hat: das heißt also ein Prozeß, bei dem nicht mehr ein Netz von sich teils überlappenden, teils ergänzenden Gruppierungen eine Grundsicherung gegen totalitäre und fundamentalistische Anfechtungen schafft, sondern bei dem Zugehörigkeiten viel klarer definiert werden, so klar, daß dann auch jene Art von Konflikt möglich wird, die uns aus anderen Teilen der Welt – Jugoslawien habe ich schon erwähnt – nur allzu gut bekannt sind.

Damit bin ich schon beinahe am Ende meiner Bemerkungen. Beides, die unvollständige Modernität und die Bürgergesellschaft in dem starken, faßbaren amerikanischen Sinn, sind weder nachahmbar noch schaffbar noch, so scheint es, in den Ursprungsländern selbst haltbar. Damit stellt sich eine der Kernfragen für die entwickelten modernen Gesellschaften unserer Zeit: Was kann getan werden, um diese Gesellschaften von innen her zu stärken gegen die Widersprüche, die Modernität zu schaffen scheint?

Ich habe Verständnis für die Mode des Kommunitarismus und bin trotzdem nicht sicher, daß er uns die Antwort gibt. Es ist eigentlich mehr so, daß die Mode zeigt, wo eine Notwendigkeit liegt, die viele wahrnehmen. Wie manche von Ihnen wissen, glaube ich nach wie vor, daß der wichtigste Ansatz bei der Bürgergesellschaft liegt, also bei den vielen autonomen Assoziationen und Institutionen. Aber auch das ist leichter gesagt als geschaffen, insbesondere in jenen Gesellschaften – das sind die des europäischen Kontinents –, in denen die autonomen Assoziationen und Institutionen nur allzu oft ihre kärgliche Autonomie dem Staat abtrotzen müssen, der sie gegebenenfalls auch wieder nehmen kann; so daß Privatschulen eben nicht privat sind, sondern zum größten Teil nicht nur steuerbegünstigt, sondern auch staatlich bezuschußt; so daß Gemeinden eben nicht aus sich selber leben, sondern abhängig davon sind, daß sie gute Beziehungen pflegen mit Landes- und Bundesregierungen; so daß Universitäten nur dem Buchstaben des Gesetzes nach autonom, aber doch immer den Eingriffen des Staates ausgesetzt sind. Die Bügergesellschaft bekommt hier etwas eigentümlich Prekäres, Mißbrauch wird möglich durch diejenigen, die Herrschaftspositionen inne haben.

Trotzdem meine ich, daß die Stärkung der autonomen Organisationen, Assoziationen und Institutionen die Kernaufgabe moderner Staaten und ihrer Bürger ist und auch, daß da manches getan werden kann und getan werden sollte, was hier nicht mein Thema ist. Dies allein ist eine zureichende Grundlage für einen Verfassungspatroitismus, der etwas hergibt; oder anders formuliert: Ich glaube nicht, daß man dasselbe erreichen kann nur durch eine explizite oder selbst verinnerlichte Loyalität gegenüber den Prinzipien der politischen Verfassung, in der man lebt.

Wenn Jürgen Habermas hier wäre, würde er dazu sicher etwas sagen. Hans Ulrich Wehler hat, wie ich meine, ein paar schöne Bemerkungen in seinem *FAZ*-Artikel über »What's right« zu diesem Thema gemacht. Dennoch setzt sich bei mir gegenüber dem bloßen Appell an wertbezogene Loyalitätsbekundungen der Soziologe durch, der meint, daß dieser Appell nicht genug hergibt, wenn er sich nicht auf strukturell begründete Widerstandspotentiale gegen die Versuchungen der Modernität verlassen kann.

Cora Stephan
Vom Segen der Formen

Als ich feststellen mußte, daß mich die Rührung überkam während der Lektüre jenes mit der Selbstdistanz des Ethnographen verfaßten Berichtes, in dem Lord Dahrendorf seine Einführung ins britische Oberhaus protokolliert, glaubte ich es endlich zu wissen: warum die Bücher Rosamunde Pilchers auch in Deutschland Bestseller sind. Es ist die unbefriedigte Sehnsucht nach Institutionen, die sich hierzulande bemerkbar macht, vorausgesetzt allerdings, der Anlaß garantiert Harmlosigkeit: Institutionen, die – in der Definition Ralf Dahrendorfs – Ritual und Tradition generieren, also Zusammenhang herstellen. Rituale und Konventionen etwa einer selbstbewußten Mittelschicht, wie sie Rosamunde Pilcher zu beschreiben versteht, und der völlig fehlt, was die Deutschen aus Gründen auszeichnet: das gebrochene Verhältnis zur eigenen Geschichte. Institutionen und Traditionen wie das britische House of Lords, Zeremonien wie jene von Dahrendorf beschriebene, deren Charme darin gipfelt, daß der Anwärter auf die *baroncy* seinen Treueeid, nach mehrmaligem Ziehen des Dreispitzes, vor einem Wollsack knieend abgibt. Glückliches England, in dem man es sich bislang so gut hat einrichten können zwischen Tradition und Moderne, weshalb nicht nur die Connaisseure bunter Blätter hierzulande bedenklich finden, daß es den Angehörigen des britischen Königshauses zu gelingen scheint, diese altehrwürdige Institution zu schleifen. Wozu es womöglich der kleinbürgerlichen Attacke der Margaret Thatcher gar nicht bedurfte, der Ralf Dahrendorf zufolge so vieles zum Opfer fiel, das einst den britischen Konformismus verbürgte.

Sehnsucht danach? Hierzulande? Man ist geneigt, solche Stimmungsanfälle mit Mißtrauen zu sehen, leben wir doch in einer Gegend, in der man überkommenen Riten und dem eigenen nationalen Kitsch zu mißtrauen gelernt hat, nachdem man mit ihm einige Male zu deren bitterem Nachteil andere Länder hatte beglücken wollen.

Deutsche Traditionen und Institutionen von britischer Dignität und Skurrilität stehen nicht zur Verfügung, hat doch kaum eine den Zivilisations- und Kontinuitätsbruch durch zwei von Deutschland ausgehende Weltkriege überstanden. Im Gegenteil: die deutschen Eliten waren überwiegend Teil jener modernen Strömung, die sich von der rücksichtslosen Zerstörung des Alten Befreiung und Aufbruch versprach und die in den Ersten Weltkrieg ebenso hineinführte wie in den Nationalsozialismus. Jeder Versuch, an hergebrachte Institute der untergegangenen deutschen Adels- und Bürgergesellschaften anzuknüpfen, scheitert daran, daß kaum eines den Bruch des Nationalsozialismus überlebt hat; damit gingen auch die »besseren« deutschen Traditionen verloren wie etwa jene Vorstellung von der nationalen Einheit, die vor der Bismarckschen Reichsgründung mit Freiheit und sozialer Demokratie verbunden war. Daß der politische Nationalstaat, wie Ralf Dahrendorf immer wieder betont, noch immer die erste Adresse als Garant von Demokratie und Menschenrechten ist, ist ein mit dem Nationalsozialismus gründlich desavouierter Gedanke.

Wir sind ein an Institutionen, Traditionen, Ritualen und Zeremonien armes Land, was wenige als Mangel zu empfinden geneigt sind, wohl nur dann, wenn Rührung auftaucht bei der Besichtigung anderer Gesellschaften mit einer Vielzahl von lebendigen Ligaturen – das müssen nicht die Briten sein, die uns da komisch vorkommen, oder die Amerikaner, deren »Nationalreligion« mit Ansingen der Flagge wir nicht verstehen. Noch fernere Völker, denen wir Unschuld unterstellen können beim Festhalten an alten Wegen, sind hierzulande durchaus beliebter.

Fehlt uns also etwas? Was bedeuten Institutionen für das Gefüge eines Landes, was heißt ihre Abwesenheit bzw. die Tatsache, daß die vorhandenen Institutionen noch nicht in den Stand ehrwürdigen Alters geraten sind? Lord Dahrendorf selbst, Wandler zwischen den institutionsgesättigten Welten Großbritanniens und dem ungleich karger ausgestatteten deutschen Wohnzimmer, bekennt sich dazu, die Bedeutung von Institutionen erst in der Mitte des Lebens entdeckt zu haben. Dann wäre auch die Bundesrepublik just im richtigen Alter.

Tatsächlich ist ja die Debatte hierzulande längst im vollen Lauf – die Debatte einer Frage, die in den letzten Jahren seit der deutschen Einigung dringlicher geworden zu sein scheint: Was hält uns zusammen hierzulande? Daß die stetige Umverteilung wachsenden Wohlstands auf Dauer gemeinschaftsbildend bleiben könnte, eine Ausrichtung an der Ökonomie, wie sie ja auch für die DDR ausschlaggebend war, wenn auch auf minder erfolgreichem Niveau, glaubt hierzulande kaum noch einer, seit mit dem Aufreißen des Eisernen Vorhangs unübersehbar deutlich geworden ist, daß sich dieser Wohlstand einem weltpolitischen Ausnahmezustand verdankte. Die religiösen und die regionalen Bindungen nehmen seit der Adenauer-Republik unübersehbar ab. Die Familie nähert sich in ihrer Bedeutung wieder der Zeit vor dem 19. Jahrhundert an, als sie nur eine unter vielen oft ungleich wichtigeren Beziehungen war – man vergesse nicht die Vielzahl von Personen, die einen Handwerkerhaushalt bevölkerten, oder auch die engen Beziehungen zwischen Herrschaft und Dienstpersonal, eine heute hierzulande fast völlig vergessene soziale Tatsache auch in Deutschland bis zur Jahrhundertwende.

Selbst die Arbeit scheint gefährdet als sinnstiftende, verbindende und vor allem kontrollierende Instanz, wie sie insbesondere in der DDR eine überragende Rolle spielte – nicht nur seit Massenarbeitslosigkeit zum bleibenden Faktor geworden ist, sondern auch durch den allgemeinen Rückgang des Anteils der Erwerbsarbeitszeit an einer revolutionär länger gewordenen Lebenszeit. Auch Wohnort oder »Heimat« sind heutzutage von abnehmender Bindekraft: längst hat sich nicht nur die Arbeit globalisiert, das heißt, sie findet da statt, wo sie billig zu haben ist, was zur Folge haben könnte, daß auch die Arbeitskräfte mehr und mehr der Arbeit hinterherziehen – eine der Ost-West-Migration des 19. Jahrhunderts vergleichbare Tendenz; es haben sich auch die verschiedenen Lebensalter von einem festen Ort abgelöst. Während die mittleren Generationen zwischen Flughafen und Landgemeinden hin und her pendeln, werden die verarmenden Städte mehr und mehr von arbeitslosen Jugendlichen, Ausländern und Alten bewohnt, wobei die wohlhabenden Alten gleich ganz auswandern: nach Mallorca zum Beispiel.

Dies alles sind Tendenzen aller modernen Gesellschaften, gewiß; aber für Deutschland ist die Mahnung des britischen Historikers Harold James von Bedeutung. Er fragt, warum sich hier als Ersatz für die abnehmende Kohäsionskraft der Ökomomie nicht so etwas herausbilde wie ein Stolz auf die *Institutionen* des Landes, er meint: die demokratischen Institutionen, den Parlamentarismus, die rechenschaftspflichtigen Verwaltungen, Rechtsstaatlichkeit. Ein Stolz auf das unglaubliche Wunder, daß die Sache mit der

Demokratie ja gar nicht schlecht funktioniert, daß Menschen doch überwiegend Umgang miteinander pflegen, ohne einander den Schädel einzuschlagen. Mir persönlich wäre dieser Bezug entschieden lieber als die Suche nach Quellen »primordialer Gemeinschaft« (Eisenstadt), und ich glaube, daß hier auch etwas zu verteidigen wäre gegen eine gewisse ostdeutsche Nostalgie, die anstelle des »bloß Formalen« der westdeutschen Demokratie sehnsüchtig »soziale Wärme« erinnert, also jene Herzlichkeit, die als Ausdruck eines Zwangszusammenhangs, als Währung der Tauschgemeinschaft einer Mangelökonomie zirkulierte. Der Stolz auf seine demokratischen Institutionen, auf die »westdeutschen Errungenschaften« wäre etwas, das Deutschland auch seinen westlichen Nachbarn näher brächte und Ängste vor neuen »mitteleuropäischen« Orientierungen womöglich zu dämpfen geeignet wäre.

Dieser Gedanke ist, man spürt es in der derzeitigen Debatte, vielen ziemlich fremd. Es gibt eine durchaus schlechte Tradition, was das deutsche Mißtrauen in das »bloß« Formale, Äußerliche, »nur« Zivilisierte betrifft, wie es Helmuth Plessner 1924 in seinem fulminanten Essay »Die Grenzen der Gemeinschaft« analysiert hat. Aber gibt es dafür nicht gute Gründe? Formen allein schützen nicht vor Barbarei, das haben deutsche Beamte unter dem Nationalsozialismus wieder und wieder demonstriert. Vielleicht ist das der Grund, warum es ein in der Öffentlichkeit recht dominantes moralisierendes Gespräch gibt über das, was es an Solidaritätsquellen gibt und wie man der Barbarei wehren kann, das sich nicht auf den Rechtsstaat oder auf die ausführenden Organe des Gewaltmonopols des Staates bezieht, sondern die Quelle zivilisatorischen Empfindens in etwas indes so Unzuverlässigem wie dem Charakter des einzelnen Menschen selbst sucht. Das macht öffentliche Debatten oft so anstrengend moralisierend und so seltsam unpolitisch: Statt des pragmatischen Rechnens mit den Unzulänglichkeiten der Menschen, zu deren Kontrolle und Schutz sie sich Institutionen und Regeln des Umgangs geben, wird hier an die Moral des einzelnen appelliert, der stets unmittelbar zu Gott ist, ohne das Dazwischentreten von Regelungsinstanzen und Institutionen.

Es fehlt uns, mit anderen Worten, an jener Konformität, die schon der junge Adolph Lowe, der 1933 von den Nazis vertriebene Frankfurter Sozialwissenschaftler, analysierte, als er nach den

Quellen suchte, die die Briten offenkundig unempfänglich für die Anfechtungen des Totalitarismus und Fanatismus machte. Ganz offenbar ist diese, wie Lowe sagt, Anpassung des Individuums an das, was die öffentliche Meinung als ungeschriebenes Gesetz ansieht, diese »Kristallisation routinemäßigen Verhaltens«, dieses Gespür dafür, »was sich gehört«, nicht nur ein Quell der Verbohrtheit und Unflexibilität, also von Todsünden nach den Standards moderner Verhaltensanforderungen; sondern es erzeugt jene Bindungen, die Dahrendorf als unerläßlich ansieht für die anhaltende Geltung jener Regeln, ohne die Gesellschaft nicht existieren kann. Dieser Konformismus entspringt einer »Schamkultur«, in der sich der einzelne mißt an seiner Wirkung auf die soziale Gruppe; er entspringt offenbar nicht jener in Deutschland ausgeprägten Schuldkultur, die seit Luther und Fichte die Instanzen der Gewaltenteilung ins Innere des Menschen selbst verlegt, wo er vor Gott Angeklagter, Ankläger und Richter zugleich ist. Hierzulande neigt man dazu, Konformität für einen Zug des autoritären Charakters zu halten und nicht für die Tugend, an den Grundregeln des zivilen Zusammenlebens festzuhalten.

Das Mißtrauen in Institutionen und Instanzen, das ja auch seine guten Gründe hat, verbindet sich so wiederum mit einer älteren deutschen Tradition, derjenigen der deutschen Kultur und Innerlichkeit, die indes wiederum ihren Anteil hat an der schlimmsten Barbarei des Jahrhunderts. Und so sind wir auf sehr ambivalente Weise immer noch ein sehr modernes Land in diesem Deutschland.

Nun hülfe natürlich wirklich wenig, wenn sich die Deutschen eine neue, eine »gute« Tradition erfänden, ähnlich wie sich die Schotten im Kilt ein Symbol glorreicher Vergangenheit schufen. Wir haben eine von keinerlei altertümlichen Institutionen vergangener Klassenverhältnisse durchsetzte Demokratie der Kleinbürger in diesem Lande, und das ist schlechterdings nicht rückgängig zu machen. Und: War es nicht gerade das Angenehme und Beruhigende der letzten Jahrzehnte, daß die bundesdeutsche Demokratie ganz ohne Fahnenschwingen und große Worte auskam und statt dessen mit ein paar Kanzlersprüchen durchweg zufrieden war? Vielleicht; aber wir ahnen, daß die kommenden Jahre mehr an Antworten erheischen werden.

Zwischen moralischer Allzuständigkeit und politisch-praktischer Allhilflosigkeit schwankt die öffentliche Meinung, schwanken die Bürger hierzulande hin und her. Haben wir uns, mit Enzensberger, wieder auf das Naheliegende zu konzentrieren und, statt über Bosnien betroffen zu sein, rassistische Morde und Synagogenbrennerei nebenan und vor der eigenen Haustür zu verhindern? Wäre das schon viel oder noch zuwenig? Oder brauchen wir darüber hinaus nicht auch noch etwas anderes, ist in diesem Land nicht mindestens das vonnöten, was man als schlichten Verfassungspatriotismus in anderen Ländern den Zuwanderern dorthin abverlangt – ein Bekenntnis zu den tragenden Pfeilern des Zusammenlebens als Schutz gegen Fundamentalismus wie Werterelativismus zugleich?

Zygmunt Bauman hat einmal die gewagte Behauptung aufgestellt, Menschen hätten eine Hemmschwelle, anderen Menschen zu schaden; sie verfügten über eine Art Instinkt, anderen zu helfen, wenn sie in Schwierigkeiten sind. Vielleicht fehlt es uns hierzulande einfach nur an allgemein und allen verständlichen Gesten der Zuvorkommenheit, die an diese Grunddisposition des Menschen appellieren. Diese *lingua franca* des menschlichen Umgangs, früher auch Höflichkeit genannt, wäre jedenfalls eine gesellschaftsstiftende Tradition, deren Erfindung sich lohnte.

Johannes Weiß
Antinomien der Moderne

1. Ralf Dahrendorf hat schon früh (insbesondere in seinem Buch *Gesellschaft und Demokratie in Deutschland*) – längst bevor dies in Mode kam und zu einer Allerweltsbehauptung wurde – bestimmte Modernisierungsleistungen der nationalsozialistischen Barbarei hervorgehoben. Und er hat nie Zweifel an seiner Auffassung zugelassen, daß dem sowjetkommunistischen respektive realsozialistischen Weg der Modernisierung spezifische, und zwar ganz und gar endogene (also nicht von außen oder durch ungünstige Randbedingungen aufgezwungene) Barbarismen zu eigen seien.

Beides hat ihm viel aggressive Kritik eingetragen – wegen allzu liberaler, soll sagen: standpunktloser, Relativiererei und Verharmlosung einerseits, wegen eines verstockten Antikommunismus andererseits. Er hat diese Anfeindungen gelassen ertragen und pariert, und dabei hat ihm die mehrfache (und wiederholte) Distanznahme zu den deutschen Querelen gewiß sehr geholfen. Nunmehr – nach allem, was in der Zwischenzeit geschehen und von den ehemaligen Kontrahenten zu diesen Geschehnissen gesagt worden ist – könnte er sich der gepflegten Besserwisserei überlassen und erfreuen; es geschieht ja – leider – viel zu selten, daß Fehldeutungen solcher Größenordnung so deutlich eingestanden werden, wie dies Ulrich Beck vor einiger Zeit – gegenüber Dahrendorf, Parsons und Hannah Arendt als Theoretikern der Modernisierung und des Totalitarismus – getan hat. Zu einer solchen Reaktion aber sieht Ralf Dahrendorf offenbar keinen Anlaß, eben darum, weil seine Sicht der Dinge die Vieldeutigkeit und tiefe Widersprüchlichkeit der Moderne vor Augen stellt. Seine Vorstellungen von der »Modernität« laufen in der – von Popper herkommenden – Leitidee der »offenen Gesellschaft« zusammen: »Unter allen erprobten und bewährten Ideen ist die wichtigste jene fundamentale Entdeckung der Modernität, die offene Gesellschaft« (Dahrendorf 1990, S. 27). Und die offene Gesellschaft ist kein Hort der Gemütlichkeit (und zwar in keiner der vielen, hohen und niederen, profanen und metaphysischen Ausprägungen von Gemütlichkeit), kein System, welcher Provenienz auch immer, und auch keine große neue »Kultur-Synthese«, sondern ein sozialer Erfahrungs-, Verständigungs- und Handlungsraum, in dem die Menschen genötigt und in den Stand gesetzt sind, in einer freien, produktiven Weise, unter Verzicht auf alle endgültigen und absorptiven Wahrheiten und Lösungen (und erst recht unter Verzicht auf Gewaltsamkeit als deren regelmäßige Funktion und Folge) mit den Chancen und Belastungen, den Ambivalenzen und Antagonismen der Moderne umzugehen. Die Leitidee der offenen Gesellschaft hat im übrigen das Gute an sich, daß sie ihre Anhänger befähigt, in zeitdiagnostischen Analysen mit neuen Einsichten und überraschenden Argumenten aufzuwarten. Andere politische Wertbindungen scheinen dies zuverlässig zu verhindern; hier weiß man in der Regel im voraus, wie beliebige Tatsachen und Tendenzen gesehen und erklärt werden müssen.

2. Die offene Gesellschaft ist das normative Korrelat der »Entzauberung der Welt«. Diese – die Entzauberung der Welt – ist also keineswegs nur von philosophischer oder intellektueller bzw. kultureller Bedeutung; vielmehr müssen auch die politischen und moralischen Prinzipien – also die Menschen- und Bürgerrechte im allgemeinen, die Ideen der Freiheit und Gleichheit sowie (mittelbar) der Solidarität im besonderen – als unvermeidliche Folge dieses Entzauberungsgeschehens verstanden werden. Das gilt jedenfalls dann, wenn die Entzauberung der Welt in der Moderne zur Selbstentzauberung der Moderne fortgeschritten ist. Diese, wie man heute gerne sagt, Reflexivität (das heißt: Selbstproblematisierung und Selbstbegrenzung) der Moderne aber ist alles andere als eine neue Entwicklung oder allerneueste Entdeckung. Eine nähere Betrachtung zeigt vielmehr, daß sie, mehr oder minder ausgesprochen, die Herausbildung der Moderne von Anfang an begleitet, und zwar so, daß *sie* (bzw. die von ihr ausgehenden tiefen Irritationen) und keineswegs die Entzauberung der Welt *als solche* die unerhörte Dynamik der modernen Kultur erzeugt.

3. Ralf Dahrendorf hat der »Entzauberung der Moderne« einen – 1993 publizierten – Essay gewidmet (*Eine große, universelle Sicht*), in dem er »drei große«, vom »Projekt der Moderne« gestellte Fragen erörtert. Diese haben es, so bemerkt er, »allesamt mit Widersprüchen zu tun, die im Projekt selbst angelegt sind, und sie

geben Anlaß zum Zweifel an der fortwirkenden Kraft des Projekts«.

Im einzelnen beziehen sich die drei Fragen *erstens* auf die sich ausbreitende Enttäuschung über die Zerstörung religiöser oder quasi-religiöser »Tiefenbindungen« und die darauf reagierenden neuen Fundamentalismen (»Entzauberung der Moderne« im engeren Sinne), *zweitens* darauf, ob der in den westlichen Gesellschaften erreichte Lebenszuschnitt und Wohlstand sich im globalen Maßstab (also als universeller Rechtsanspruch) durchsetzen lasse (Dahrendorf bezweifelt dies), und schließlich *drittens* auf die Überlagerung und endliche Zerstörung der leitenden Ziele (Sicherheit, Freiheit, Mobilität, Wohlstand etc.) durch die aufgewendeten (technischen) Mittel.

Man wird nicht bestreiten, daß damit zentrale Probleme und Widersprüche der Modernisierung benannt sind. Mir scheint jedoch, daß sie gründlicher bedacht werden müßten, und zwar unter anderem hinsichtlich der Frage, ob es sich hier um prinzipielle (also notwendige) oder bloß um – noch so schwerwiegende – faktische Widersprüche handelt. Nur im ersten Falle wäre im strengen Sinne von Widersprüchen *der* Moderne zu reden. Dann aber könnte man kaum, wie Dahrendorf es trotz aller Problematisierungen immer wieder tut, ihnen gegenüber zur Verteidigung des »Projekts der (wirklichen und echten) Moderne« aufrufen wie am Ende des erwähnten Essays oder da, wo er hinsichtlich des großen sowjetkommunistischen Experiments zwar von Modernisierung, aber doch nur in einem uneigentlichen oder defizitären Sinne, etwa als Modernisierung für »Zuspätgekommene« (1990, S. 108), oder wie im Vortrag vom »Mißbrauch der Moderne« reden möchte.

4. Ich will in aller Kürze darlegen, worin ich die wichtigsten prinzipiellen, also zwar pragmatisch (politisch oder existentiell) zu überspielenden, aber nicht wirklich, auch nicht dialektisch, aufzulösenden Widersprüche der Moderne sehe – Widersprüche also, die ganz angemessen als »Antinomien« bezeichnet werden. Diese Antinomien lassen sich keineswegs auf den Gegensatz von gut und böse, das heißt von guter – also eigentlicher – und böser – also uneigentlicher oder pervertierter – Moderne reduzieren, unter anderem deswegen nicht, weil es zur Moderne gehört, die Allzuständigkeit einer moralischen Beurteilung abzuschaffen

(was durch die Allgegenwart des Moralisierens nicht widerlegt, sondern bestätigt wird). Etwas ganz anderes aber ist es, daß die verschiedenen und verschieden gewichtigen Erscheinungsformen und Auswüchse spezifisch moderner Barbarei aufs engste mit jenen Antinomien zusammenhängen.

5. Die Eigentümlichkeit der modernen Kultur liegt im Universalitätsanspruch bzw. in der universellen Geltung ihrer Schöpfungen. Modernität bemißt sich demnach am Grad der Befreiung von den überkommenen Beschränkungen und Ausgrenzungen geistiger und gesellschaftlicher Art respektive am Grad der Durchsetzung wahrhaft universeller, nichts und niemanden ausschließender Formen des Denkens und des gesellschaftlichen Handelns. »Modern« ist die Eröffnung immer weiterer Horizonte des Erkennens und immer weiterer Möglichkeiten des Erlebens und Handelns, und zwar für immer mehr, tendenziell für alle Menschen.

Als »antimodern« müßte dementsprechend alles gelten, was sich diesem Universalisierungsgeschehen, dessen Leitvorstellung der Mensch als solcher (oder, wie es bei Alexander Pope heißt, der »abstrakte Mensch«) ist, entgegenstellt – also alle Partikularismen, Besonderungen und Eigensinnigkeiten, seien sie (bloß) intellektueller oder auch kultureller, sozialer und politischer Art. In Wahrheit aber liegen die Dinge durchaus nicht so einfach. Vielmehr hat die alte (etwa von Edmund Burke und der deutschen Romantik vorgebrachte) und die allerneueste Kritik eines alle kulturelle Differenzen einebnenden Universalismus sich ihrerseits auf ganz und gar moderne (nämlich universelle) Prinzipien berufen können. Wenn nicht im historischen Sinne gleichursprünglich, so doch gleichberechtigt steht nämlich neben dem Universalismus der Gleichheit das universelle, also von jedem Individuum, jeder Gruppe etc. zu beanspruchende Recht zur größten, der Sache nach durchaus unversöhnlichen Differenz oder Andersartigkeit. Im Anschluß an Simmels höchst wichtige Unterscheidung zwischen dem quantitativen Individualismus – der Aufklärung – und dem qualitativen Individualismus – der Romantik – wäre hier von einem quantitativen und einem qualitativen Universalismus zu reden.[1]

1 An dieser Stelle waren im Referat einige Anmerkungen zum Vortrag von Claus Offe gemacht worden. Sie bezogen sich in der Hauptsache

6. Damit ist die erste und grundsätzlichste Antinomie der Moderne bezeichnet. Als strukturell antinomisch erweist sich die moderne Kultur darüber hinaus und des näheren, wenn man sie unter dem Gesichtspunkt der gesellschaftlichen Differenzierung, also der Emanzipation zentraler Funktionen des gesellschaftlichen Lebens aus dem sie bis dahin bindenden und begrenzenden Zusammenhang einer »Einheitskultur« betrachtet. Dieser Prozeß befördert die Entfesselung eines je funktionsspezifischen Entwicklungs- und Rationalisierungspotentials von Politik, Recht, Ökonomie, Wissenschaft, Kunst etc., erzeugt aber zugleich eine zentrifugale Dynamik und ein Konfliktpotential, das schon sehr früh bemerkt und scharf kritisiert worden ist. Tatsächlich entspricht diese Entwicklung nicht der vorherrschenden Selbstbeschreibung der Moderne. Für diese war vielmehr die Annahme bestimmend, daß sich eine ganz neue, von der neuen Wissenschaft eröffnete, begründete und gesicherte (und deshalb hochstabile) Einheit der Kultur ergeben werde. Die Politik, die Ökonomie und das Recht, aber eben auch die Moral und Kunst sollten in einer streng wissenschaftlichen Weise aufgefaßt und entfaltet werden.

Diese Vorstellung gehört keineswegs nur in die Entstehungsphase der neuzeitlichen Philosophie und der Erfahrungswissenschaften oder in die Aufklärung, sie erreicht ihre größte Wirkung vielmehr erst im 19. Jahrhundert (etwa bei Auguste Comte und Karl Marx), und auch im 20. Jahrhundert ist sie durchaus noch

darauf, daß dessen Zentralbegriff der symbolischen und physischen Integrität einer genaueren Bestimmung bedürfe, und zwar vor allem in der Hinsicht, daß die integritätsichernden Grenzen nicht einfach vorgegeben, sondern jeweils kulturell und moralisch zu definieren sind, daß aber Integrität in jedem Falle und im Kern als Differenzbehauptung zu verstehen ist. Aus diesem Grunde hielt ich es dann auch für unangemessen, daß Offe sich, wie mir schien, kritisch nur mit den barbarischen Erscheinungsformen (und Begründungen) der »Differenzversicherung« befaßt hatte, nicht aber mit den für die jüngere Geschichte, wie ich glaube, viel charakteristischeren Formen der Differenzzerstörung, die vom Tugendterror der Französischen Revolution bis zu den verschiedenen Ausprägungen des kommunistischen Terrors einerseits, zum Nazi-Terror andererseits reichen. Das eigentliche Problem liegt natürlich in der unaufhebbaren Dialektik von Differenzversicherung und Differenzzerstörung.

vorfindbar, und zwar nicht nur im Umkreis des Marxismus/Sozialismus. Jedenfalls aber ist das sowjetkommunistische Modernisierungsmodell, sofern es (und gerade es) auf genau diesem Vorstellungssyndrom beruht, nicht abseitig oder defizitär. Es sollte ja nicht vergessen werden, von wie vielen klugen und gebildeten, integren und unabhängigen Gelehrten und Intellektuellen sogar noch das Reich Stalins als eine, ja die einzige »neue Zivilisation« gepriesen wurde. Es ist eben, bestimmte Weltanschauungs- oder politische Bedürfnisse bzw. eine ununterdrückbare Neigung zu gedanklicher Radikalität vorausgesetzt, nicht leicht, die Wahrheit der Einsicht zu akzeptieren, »daß etwas heilig sein kann nicht nur: obwohl es nicht schön ist, sondern *weil und insofern* es nicht schön ist [...] und daß etwas schön sein kann nicht nur: obwohl, sondern: in dem, worin es nicht gut ist ... [und] daß etwas wahr sein kann, obwohl und indem es nicht schön und nicht heilig und nicht gut ist« (Max Weber). Modern ist es, sich dieser Einsicht auszusetzen und mit ihr fertig zu werden, und in einem durchaus wertfreien Sinne »modern« sind deshalb auch die verschiedenen Versuche, notfalls mit Mitteln des gedanklichen und physischen Terrors eine neue Einheit zu erzwingen. Demgegenüber läuft die »postmoderne« Attitüde darauf hinaus, den Widerstreit der Wertordnungen nicht mehr ernst zu nehmen, sondern als intellektuelles Spielmaterial zu betrachten. Es hat sich aber schon jetzt herausgestellt, daß dies nur eine Scheinlösung ist, und zwar vor allem deshalb, weil ein solches Spiel über kurz oder lang seine eigenen Voraussetzungen zerstört.

7. Auf eine dritte Bedeutung der Rede von Antinomien der Moderne stößt man, wenn man – über die wechselseitige Exklusivität und Unvereinbarkeit der sinnhaft und sozial ausdifferenzierten »Wertsphären« hinaus – fundamentale innere Ambivalenzen und Widersprüche der einzelnen Sinnprovinzen in den Blick nimmt. Es zeigt sich dann, daß es zu diesen Widersprüchen und Aporien kommt nicht obwohl, sondern weil sich die einzelnen Sphären streng ihren je eigenen Prinzipien und ihrer Eigenlogik gemäß entfalten. So werden die Wirtschaftlichkeit, die (demokratische) Partizipation – oder, bei einer anderen Definition, die Folgebereitschaft –, die Wahrheit, das Schöne (oder das Ästhetische) und schließlich das Gute (oder die Freiheit) zugleich befördert und gefährdet (wenn nicht vernichtet) in dem Maße, in dem sie

ausschließlich der Ökonomie, der Politik, der Wissenschaft, der Kunst und der Moral zugewiesen und überlassen werden.

Warum das nicht nur de facto, sondern notwendigerweise so ist, kann ich nicht erörtern. Es muß jedenfalls damit zusammenhängen, daß Unterscheidungen, die auf der analytischen Ebene – und im Kontext des modernen okzidentalen Rationalismus – gemacht werden können und müssen, doch nicht als Regulative des gesellschaftlichen Differenzierungsprozesses zureichen.

8. Was folgt aus alledem für das Verhältnis von Moderne und Barbarei? Es folgt *nicht*, daß die Moderne, sofern sie durch jene Antinomien gekennzeichnet ist, barbarisch sei oder die Barbarei befördern *müsse*. Vielmehr folgt, daß es zu – kleinen und großen, intellektuellen und politischen, ideellen und institutionellen – Barbarismen regelmäßig dann kommt, wenn versucht wird, diese Antinomien – respektive die Ideen, Institutionen und Menschen/Menschengruppen, die sie repräsentieren – mit Gewalt (und ohne Gewaltsamkeit geht dies eben nicht) aus dem Weg zu räumen oder aus der Welt zu schaffen, statt zu versuchen, Verhältnisse einer »stabilisierten Spannung« zu erhalten und zu stärken (davon sprach Ralf Dahrendorf im Blick auf England und die USA) oder, was außerordentlich schwer ist, allererst zu schaffen.

Gerade in Deutschland haben große Denker und Dichter seit jeher mit besonderer Sensibilität auf die Widersprüche und die Antinomien der Moderne reagiert (Kant, noch mehr Hamann, Fichte, Hegel, Marx, Nietzsche, Simmel, Weber, Heidegger, Bloch, Adorno/Horkheimer und viele andere). Dies wird man auch im nachhinein nicht beklagen. Einige dieser Denker aber wollten und konnten sich mit der Unaufhebbarkeit dieser Widersprüche nicht abfinden, und dies hat sie selbst oder ihre Adepten für Fundamentalismen und Totalitarismen der einen oder anderen Art anfällig gemacht. Das ist wahrhaftig keine neue Einsicht, auch nicht aus dem ominösen Jahr 1989, als es so vielen »wie Schuppen von den Augen fiel«. Die Frage ist aber, wie man mit dieser Einsicht umgehen soll.

Einen Hinweis dazu mag, nicht von ungefähr, ein romantischer Philosoph, Friedrich Schlegel (im Athenäum-Fragment Nr. 53), geben, und zwar in Gestalt der folgenden Maxime: »Es ist gleich tödlich für den Geist, ein System zu haben und keines zu haben. Er wird sich also wohl entschließen müssen, beides zu verbinden.« Das ist ironisch und paradox formuliert, und dies kann man in Anbetracht des geforderten Reflexionsstandes auch erwarten.

Literatur

Dahrendorf, Ralf, *Betrachtungen über die Revolution in Europa*, Tübingen 1990.

–, »Eine große, universelle Sicht. Die Entzauberung der Moderne«, in: *Spiegel Spezial* 4/1993.

Weiß, Johannes, *Vernunft und Vernichtung. Zur Philosophie und Soziologie der Moderne*, Opladen 1993.

Niklas Luhmann
Jenseits von Barbarei

I

Angesichts des Sinnwandels wichtiger kosmologischer, sozialer und politischer Begriffe in der zweiten Hälfte des 18. Jahrhunderts hat man oft das Problem, ob man alte Worthülsen weiterbenutzt oder aufgeben soll. Dieses Problem haben wir nicht, wenn es um Barbaren/barbarisch/Barbarei geht. Diese Worte werden heute nur noch zur Äußerung von Mißfallen benutzt und um dem eigenen Mißfallen den Anschein von Objektivität zu geben. Darauf kann man verzichten. Dafür gibt es zahllose andere Möglichkeiten.

Es gibt freilich auch moderne Begriffsauffassungen. Man denke zum Beispiel auch an die Unterscheidung von »Wilden« und »Barbaren« in Schillers *Briefen über die ästhetische Erziehung des Menschen*. Die Wilden sehen die Welt durch ihre Sinnlichkeit und erfahren sie deshalb als Vielfalt des Verschiedenen. Die Barbaren sind auf Vernunft abonniert. Sie sind diejenigen, die der Einheit der Vernunft einen unbedingten Vorrang geben vor der Vielfalt und Individualität der Erscheinungen. Barbaren sind die, die nur noch ein Eisen im Feuer haben. Sie pflegen sozusagen die Monokultur der Vernunft. Es mag politisch suggestiv sein, diese Begriffsdisposition fortzusetzen; aber es empfiehlt sich nicht, weil man dann heute nicht mehr an Robespierre denken würde, sondern an Habermas. Robespierre hatte eine Guillotine zur Hand. Die modernen Anhänger der Vernunft zeichnen sich – angenehmerweise – dadurch aus, daß sie provokantes und appellatives Reden schon für Politik halten und sich damit begnügen.

Außerdem verlöre man mit der Fortsetzung des Sprachgebrauchs die Möglichkeit, antike Begriffsdispositionen mit modernen zu vergleichen. Wenn man darauf Wert legt, verbietet es sich, Barbarei als eine historische Universalkategorie anzusehen; und man verlöre die Möglichkeit, auf die es im folgenden ankommen soll: nach dem *Problem* zu fragen, das mit der Unterscheidung von Barbaren und Hellenen zum Ausdruck gebracht worden war und das unter heutigen gesellschaftsstrukturellen Bedingungen wahrscheinlich ganz andere Formen annimmt als in der Welt des griechischen Altertums. Die Vermutung drängt sich auf, daß es sich hier um die Unterscheidung von Inklusion und Exklusion handeln könnte.

II

Für die Erfassung von Begriffsdisposition der alten Welt kann man an Kosellecks Darstellung asymmetrischer Gegenbegriffe oder an Louis Dumonts »englobement du contraire« anknüpfen (Koselleck 1975; Dumont 1963). Die Unterscheidung von Hellenen und Barbaren ist dann nur ein Fall unter vielen. Solche Unterscheidungen verdanken sich dem Versuch, trotz zunehmender Komplexität eine hierarchische Weltarchitektur aufrechtzuerhalten. Die Welt ist perfekter, wenn sie nicht nur Engel, sondern auch Steine, nicht nur Männer, sondern auch Frauen, nicht nur Hellenen, sondern auch Barbaren enthält. Formal geht es um Oppositionen oder abstrakter: um Unterscheidungen, bei denen die Höherwertung der einen Seite nicht nur ihre Gegenstellung, sondern zugleich die Zugehörigkeit des Unterschiedenen zu einer hierarchischen Ordnung bestätigt. Die »bessere« Seite hat mithin eine Doppelfunktion in horizontaler und in vertikaler Richtung. Sie repräsentiert die Hierarchie in der Unterscheidung, und das wiederum begründet ihre Besserstellung.

Es ist wichtiger zu registrieren, daß Oppositionen dieser Art nicht als Antagonismen verstanden werden. Es sind nur Einteilungen gemäß einer Ordnung von Arten und Gattungen, wie sie schon Platon konzipiert und Aristoteles logisch ausgearbeitet hat. Es kommt darauf an, aus einer Seite der Unterscheidung die andere, aus der Gattung die anderen, aus einer Bestimmung deren Gegenteil auszuschließen. Danach können die Barbaren nicht Hellenen sein und Hellenen nicht Barbaren. Und das genügt als logische Garantie von Ordnung. Würde Opposition als Antagonismus, als Aufforderung zum Konflikt verstanden werden, würde das eine stabile Ordnung ausschließen und moderne Verhältnisse antezipieren – etwa die Individuenkonstellation eines Thomas Hobbes, die nur noch eine sich selbst transzendierende (später wird man sagen: dialektische) Lösung zuläßt oder die späteren Ansätze zu einer totalitären Logik, die es darauf anlegt, alle Menschen zu Menschen zu machen.[1] Erst die moderne Gesellschaft wird, jenseits von Barbarei, derartige Instabilitäten konzipieren und zu verkraften suchen.

Die Stabilität des semantischen Typus der asymmetrischen Opposition und die Vielfalt seiner Anwendungen läßt vermuten, daß er sozialstrukturelle Korrelate hatte, die ihm trotz aller Ambiguität hinreichende Plausibilität verschafften. Wir können diese Korrelate, grob vereinfachend, auf drei Gesichtspunkte reduzieren:
(1) Die Gesellschaften sind Regionalgesellschaften, sind aber durch zunehmende grenzüberschreitende Kontakte genötigt, ein Vielvölkerbewußtsein auszubilden und für den Verkehr mit anderen Völkern Regeln vorzusehen, auch wenn die entsprechenden Regeln und Benennungen keine universelle, sondern nur gesellschaftsspezifische Anerkennung finden. Niemand wird von den Barbaren erwartet haben, daß sie sich selbst als Barbaren beschreiben. Die entsprechenden Probleme finden sich schließlich sogar in der eigenen Stadt – wie man an der Ausbildung eines *ius gentium* in Rom erkennen kann.
(2) Die Gesellschaften sind de facto Adelsgesellschaften, auch wenn die Gewichtung von Geburt und bürokratischen Ämtern stark variiert. In Griechenland behält der Adel, auch wenn er auf die Besetzung von politischen Ämtern verzichtet, erhebliche interhellenische Bedeutung in der Diplomatie, im Sport, auch wohl als *theorós*, der über auswärtige Begebenheiten zuverlässig berichtet. Die Gesellschaftsbeschreibung muß deshalb der Differenz von sozialem Status Rechnung tragen. Und das heißt vor allem: sie kann Menschen allein deshalb nicht ausschließen, weil sie keinen sozialen Rang, keine Freiheit, keine »dignitas« haben. Zur Verwirklichung von Hierarchie sind alle Ränge nötig. Und das hat
(3) Konsequenzen für die Regelung von Inklusion und Exklusion. Die Inklusion bleibt im wesentlichen den Familienhaushalten überlassen, und damit ist dann gleichsam automatisch die Exklusion deren Angelegenheit – vom Töten oder Aussetzen von Neugeborenen bis zur Vertreibung von Heranwachsenden, die dann irgendwie, zum Beispiel als Kriminelle, als Bettler, als Söldner oder (in England) in der Marine ihr Leben fristen müssen. Seit dem Mittelalter kommen Korporationen als Auffanginstitutionen hinzu, etwa in der Form von Gilden und Zünfte, der Kirche, der

1 Siehe hierzu die Logik-Typologie von Herbst 1976, S. 69 ff.

Orden, der Klöster, der Universitäten. Aber sie bedienen natürlich nicht die untersten Schichten, vor allem nicht die Bauern.

III

Dieser Zusammenhang der Semantik asymmetrischer Gegenbegriffe mit sozialstrukturellen Plausibilitätsbedingungen verliert mit dem Übergang zur modernen Gesellschaft seine Bedeutung – zunächst gleichsam ersatzlos. Wenn man heute noch in Neapel »saraceni« zu erkennen meint und sie entsprechend verpflichtungsfrei behandelt, kann das nur noch als regionale Merkwürdigkeit registriert werden.

Im Groben kann die Veränderung als Übergang von einer stratifikatorischen zu einer in Funktionssysteme gegliederten Gesellschaftsordnung begriffen werden. Das delegitimiert zunächst einmal soziale Schichtung. Sie ist nur noch ein Nebenprodukt der Funktionssysteme, vor allem des Wirtschaftssystems und des Bildungssystems. Ferner kann man jetzt nicht mehr von einer regionalen Konvergenz der Grenzen aller Funktionssysteme ausgehen. Die Grenzen der Staaten sind keine Grenzen des Wirtschaftssystems, die Grenzen des Systems der Wissenschaft und des Systems der Massenmedien sind ohnehin weltweit konzipiert. Seit der zweiten Hälfte des 19. Jahrhunderts gibt es eine Weltzeit, nach der alles, was geschieht, gleichzeitig geschieht, ob es nun regional gesehen Morgen oder Abend ist. Die regionale Grenzen überschreitende Kommunikation verliert ihren Ausnahmestatus. Nationale Geschehnisse werden international beobachtet. Ob man das Ergebnis nun als Weltgesellschaft bezeichnen soll oder als »global system«, bleibt umstritten, weil keine dafür ausreichende Gesellschaftstheorie zur Verfügung steht. Jedenfalls verlieren aber Identitätsklassifikationen nach dem Muster »wir und alle anderen« ihre Bedeutung. Es kann allenfalls noch um Serben und Kroaten gehen und um die zeitweilige Hervorhebung bestimmter Unterscheidungen im Verhältnis zu ebenfalls möglichen anderen.

Mit diesen strukturellen Veränderungen des Typus primärer Differenzierung verlieren Familienhaushalte ihre Funktion, Inklusion und Exklusion zu diskriminieren. Sie werden Privatfamilien – was unter anderem heißt, daß sie nicht mehr die Lebensform ihrer Teilnehmer bestimmen, auch nicht mehr öffentlich einsichtig operieren, sondern individuelle Lebensformwahlen zu akzeptieren und dafür Verständnis und Unterstützung aufzubringen haben. Auch gibt es nicht mehr das Auffangsystem der Korporationen alten Stils, sondern statt dessen moderne Organisationen, die auf Mitgliedschaftsentscheidungen, also auf Inklusion weniger Mitglieder und Exklusion aller anderen beruhen.

Im Gegensatz dazu ist das Gesellschaftssystem und sind dessen Funktionssysteme auf Inklusion der Gesamtbevölkerung angelegt. Es gibt keine ersichtlichen Gründe, jemand von der Verwendung von Geld, von der Rechtsfähigkeit oder einer Staatsangehörigkeit, von Bildung oder vom Heiraten auszuschließen oder all dies von systemexternen Genehmigungen oder Sonderkonditionen abhängig zu machen. Bei prinzipieller Vollinklusion aller entscheiden die Funktionssysteme selbst, wie weit es jemand bringt: ob er Recht oder Unrecht bekommt, ob sein Wissen als wahr anerkannt wird oder nicht, ob es ihm gelingt, im System der Massenmedien Reputation zu gewinnen, also öffentliche Aufmerksamkeit auf sich zu ziehen, wieviel Geld er ausgeben kann usw. Diese Souveränität in der Graduierung von Inklusion garantiert ihrerseits die Differenzierung der Funktionssysteme und wird andererseits symbolisch dadurch gefeiert, daß sie als Freiheit und Gleichheit der Individuen zum Ausdruck gebracht wird – was aber nur heißt, daß die Funktionssysteme die Bevölkerung als homogene Umwelt unterstellen und nur nach eigenen Kriterien diskriminieren dürfen.

Offensichtlich hat es keinen Sinn, die Beziehungen zwischen den Funktionssystemen in die Form asymmetrischer Gegenbegriffe zu bringen – so als ob die Wissenschaft alle nichtwissenschaftlichen Kommunikationen als barbarisch klassifizieren könnte. Nicht einmal die Religion bezeichnet die anderen Funktionssysteme als heidnisch, und ihre Besorgnisse richten sich mehr auf Konkurrenzlagen innerhalb ihres Funktionssystems als auf rechtliche, politische, ökonomische Aktivitäten als solche.[2] Die Intersystembeziehungen kombinieren, in der Terminologie der

2 »In Toscana ci sono più maghi che preti«, äußern sich alarmiert die zuständigen Bischöfe nach einem Bericht der Zeitung *La Repubblica* vom 23. April 1994, während die Stellungnahmen der katholischen Kirche zu den gleichzeitigen politischen Turbulenzen eher verhalten wirken.

»pattern variables« (Parsons) ausgedrückt, Universalismus und Spezifikation, nämlich Allzuständigkeit – aber nur für die eigene Funktion.[3]

IV

Damit ist die Barbarei verschwunden – jedenfalls wenn man unter diesem Begriff eine Form versteht, die eine andere Seite hat, auf der es *éthos*, *philía*, Schönheit der Lebensform und vor allem einen engen Zusammenhang zwischen diesen Auszeichnungen gibt. Das muß jedoch nicht heißen, daß die moderne Gesellschaft mit sich selbst zufrieden sein könnte. Schon die Vorstellung, die von Europa ausgehende Lebensform des rationalen, nur noch Vernunft verehrenden, aufgeklärten, sozial responsiven Menschen sei das *télos* der Menschheit, die Husserl in seinen berühmten Vorträgen (Mai 1935) skizziert hatte[4], muß erschrecken. Denn das liefe, wie bereits gesagt, auf eine totalitäre Logik hinaus, die kein »Außen« mehr anerkennen könnte, der also die andere Seite fehlte, die sie schon aus mathematischen Gründen benötigt, um Form sein zu können und Möglichkeiten der Beobachtung zu gewähren.[5] Die Konsequenzen zeichnen sich in einer Übergangslage ab, die zwar die Veränderungen in ihren tiefgreifenden Auswirkungen registriert, aber noch nicht über eine den Verhältnissen angemessenen Gesellschaftstheorie verfügt. Drei Gesichtspunkte sollen besonders hervorgehoben werden, nämlich (1) die Umformung früherer Exklusionen in Inklusionen, (2) die Formulierung philosophischer Theorien, die kein »Außen« mehr anerkennen (während gleichzeitig Begriffe wie »Umwelt«, »environment« als Neologismen in die Sprache eingeführt werden), und (3) die Erfindung von »Kultur«. All das scheint dazu zu dienen, die Barbaren in die Gesellschaft einzusaugen.

3 Nichts anderes besagt im übrigen, bei genauer Lektüre, Hegels berüchtigte These vom »Ende der Kunst«. Die moderne Kunst darf jetzt *alles* thematisieren, aber nur, sofern sie es *als Kunst* kann. Vgl. Plumpe 1993, Bd. 1, S. 302.

4 Siehe den Abdruck unter dem Titel *Die Krisis des europäischen Wissenschaften und die transzendentale Phänomenologie, Husserliana*: Husserl 1954, S. 314-348.

5 Vgl. Spencer Brown 1979; siehe auch Baecker (Hg.) 1993.

Abweichendes Verhalten ist jetzt nicht mehr Grund für Exklusion, sondern für Sonderbehandlung zum Zwecke der Inklusion. Es gibt noch Strafkolonien angesichts der enormen Zunahme von Deliquenten, das heißt zunächst: von Strafgesetzen; aber gleichzeitig werden nach neuen architektonischen Gesichtspunkten Gefängnisse gebaut.[6] Arbeitslosigkeit, Bettelei usw. wird nicht als Schicksal oder Plage definiert, sondern mit Erziehungsprogrammen, Arbeitshäusern, Industriepädagogik usw. beantwortet. Generell stellt sich die Pädagogik von Haushalten auf Schulen um. Hoffnungslose Fälle werden psychiatrisiert, das heißt: als Krankheit aufgefaßt, die in der Verantwortung der Gesellschaft liegen, und mit Sonderrechten und Sonderpflichten, das heißt: anstaltlich zu lösen sind. All das ist mit dem neuen Roman, dem Individuen-Roman, eingeführt worden, der mit Robinson Crusoe und Moll Flanders gezeigt hatte, daß Isolierung zur Reflexion und Reflexion zur Verhaltensänderung führt. Die Individuen machen der Gesellschaft Hoffnung, und zwar gerade dadurch, daß sie aus vorgegebenen Bindungen freigesetzt, also »emanzipiert« und zur Selbstdisziplinierung gebracht werden. Aber werden sie tun, was erwartet wird? Und nach welchen Kriterien?

Wenig später zieht die große Philosophie nach, indem sie für das Subjekt oder den Geist eine Welt ohne »Außen« formuliert. Kants Reduktion der Außenwelt auf das unerkennbare Ding an sich zeigt die Richtung an. Schellings Auflösung jeder Unterscheidung, auch der von innen und außen, in »Indifferenz« (symbolisiert sei es durch Kunst, sei es durch Religion), ist ein weiterer Fall. Und schließlich Hegels Theorie des absoluten Geistes oder Husserls ontologische *epoché*. Kann man das verstehen als eine neue Kosmologie für eine Gesellschaft ohne Exklusion?[7]

Im selben Kontext kommt es zur Erfindung von »Kultur«. Von »Erfindung« kann man deshalb sprechen, weil der moderne Begriff der Kultur erst in der zweiten Hälfte des 18. Jahrhunderts entsteht und in der alteuropäischen Semantik keinen Vorläufer hat. Kultur ist zunächst einfach die Verdoppelung aller Artefakte,

6 Vgl. speziell hierzu Bender 1987.

7 Ohne Exklusion – das gilt für Husserls Spätphilosophie übrigens nicht. Denn »die Eskimos oder die Indianer der Jahrmarktsmenagerien oder die Zigeuner, die dauernd in Europa herumvagabundieren« (1954, S. 318 f.), nehmen an der geistigen Entelechie des europäischen Menschentums nicht teil.

Texte eingeschlossen. Neben ihrem unmittelbaren Gebrauchssinn gewinnen sie einen zweiten Sinn, eben als Dokumente einer Kultur. Töpfe sind einerseits Töpfe, zum anderen aber auch Anzeichen einer bestimmten Kultur, die sich durch die Art ihrer Töpfe von anderen Kulturen unterscheidet. Und was für Töpfe gilt, gilt auch für Religionen. Im Kielwasser der neuen Kultursemantik verändert sich auch der alte, auf Herkunft bezogene Begriff der Nation. Nationenvergleiche waren zwar auch früher schon üblich gewesen (zum Beispiel im Kontext von unterschiedlichen Adelskriterien), nehmen aber jetzt die Form von Kulturvergleichen an. Dabei haben Nationen den kommunikationspraktischen Vorteil, Eigennamen zu haben, so daß man nicht in die Verlegenheit kommt, erklären zu müssen, worüber man eigentlich redet.

Dem Interesse an Kultur liegt also ein Interesse an Vergleichen zu Grunde – seien es nationale, seien es historische Vergleiche. In der Vergleichsperspektive kann nichts ausgelassen werden; oder genauer, was eingeschlossen und was ausgeschlossen wird, regelt sich durch den Vergleichspunkt, also durch ein Erfordernis des Vergleichens selbst, und nicht durch autochthone Qualitäten. Wieder also: Ersetzung von Exklusion durch mobile, flexible, differenzierbare Inklusion.

Vergleiche sind, in der Modeterminologie des 18. Jahrhunderts ausgedrückt, »interessant«. Was aber interessant ist, kann, wie Friedrich Schlegel notiert, immer noch interessanter sein. Das Vergleichsinteresse ist auf Expansion hin angelegt, und der Begriff der Kultur ist so angesetzt, daß er dem Vergleich keinen Widerstand entgegensetzt. Weder in der Geschichte noch in der Völkerkunde stößt man auf etwas, was sich der Vergleichbarkeit entzieht oder was prinzipiell uninteressant wäre. Das Regulativ liegt ausschließlich in der Spezifikation und in der Abstraktion der Vergleichsgesichtspunkte.

Und wer disponiert darüber? Zunächst das moderne Europa der Zeitgeist der Gegenwart. Man findet jetzt eine merkwürdige Wiederkehr der asymmetrischen Gegenbegrifflichkeit. Denn der Standpunkt, von dem aus verglichen wird, beschreibt seine Befunde unter dem Gesichtspunkt von Kultur, während die Kulturen die so verglichen werden, zumeist gar nicht wissen, daß sie Kulturen sind. Man lese »Die Christenheit oder Europa« von Novalis oder Schillers »Über naive und sentimentalische Dichtung«. Das Mittelalter hat sich nicht als gelungene geistige Totalität reflektiert, und nur so konnte es dies sein. Die naive Dichtung wußte nicht, daß die Unmittelbarkeit ihres Realitätsverhältnisses naiv ist. Das sagt ihnen erst die Unterscheidungsweise der Moderne – mit der Folge, daß die Moderne in ihrer Reflexionskultur überheblich und unglücklich wird. Sie beginnt an sich selbst zu leiden – und auf Zukunft zu setzen.

Der Zusammenhang dieser semantischen Dispositionen der Moderne wird sichtbar, wenn man sie unter der Leitdifferenz von Inklusion und Exklusion betrachtet. Man bestreitet die Existenz der Hölle, muß dann aber im Himmel bessere und schlechtere Plätze vorsehen. Man erkennt Problemfälle und muß dann mit Therapie oder Sozialarbeit oder Entwicklungshilfe nacharbeiten. Die Logik der funktionalen Differenzierung schließt gesellschaftliche Exklusionen aus, muß es dann aber erlauben, innerhalb der Funktionssysteme nach systemeigenen Kriterien zu differenzieren. Aber ist diese Logik haltbar? Wie kann es Inklusion geben, wenn es keine Exklusion gibt?

V

Zur Überraschung aller Wohlgesinnten muß man feststellen, daß es doch Exklusionen gibt, und zwar massenhaft und in einer Art von Elend, die sich der Beschreibung entzieht. Jeder, der einen Besuch in den Favelas südamerikanischer Großstädte wagt und lebend wieder herauskommt, kann davon berichten. Aber schon ein Besuch in den Siedlungen, die die Stillegung des Kohlebergbaus in Wales hinterlassen hat, kann davon überzeugen. Es bedarf dazu keiner empirischen Untersuchungen. Wer seinen Augen traut, kann es sehen, und zwar in einer Eindrücklichkeit, an der die verfügbaren Erklärungen scheitern.

Wir wissen: es ist von Ausbeutung die Rede oder von sozialer Unterdrückung oder von »marginalidad«, von einer Verschärfung des Gegensatzes von Zentrum und Peripherie. Das alles sind jedoch Theorien, die noch vom Desiderat der Allinklusion beherrscht sind und folglich Adressaten für Vorwürfe suchen: Der Kapitalismus, die herrschende Allianz von Finanz- und Industriekapital mit dem Militär oder mit den mächtigen Familien des Landes. Wenn man jedoch genau hinsieht, findet man nichts, was auszubeuten oder zu unterdrücken wäre. Man findet eine in der

Selbst- und Fremdwahrnehmung aufs Körperliche reduzierte Existenz, die den nächsten Tag zu erreichen sucht. Um zu überleben, braucht man Fähigkeiten zur Gefahrenwahrnehmung und zur Beschaffung des Nötigsten; oder auch Resignation und Gleichgültigkeit in bezug auf bürgerliche Bewertungen – Ordnung, Sauberkeit, Selbstdarstellung mit eingeschlossen. Und wenn man das, was man so sieht, hochrechnet, könnte man auf die Idee kommen, daß dies die Leitdifferenz des nächsten Jahrhunderts sein könnte: Inklusion und Exklusion.

Die Suche nach Adressaten für Vorwürfe und nach Angriffspunkten für Änderungen in Richtung auf Allinklusion rechnet nach wie vor mit einer primär stratifizierten Gesellschaft. In dem Maß, als diese Voraussetzung inadäquat wird und nur noch als Wunschvorstellung tradiert wird und man die Phänomene nicht mehr gut auf Aktivitäten herrschender Kreise zurückführen kann, lohnt sich die Suche nach einer anderen Erklärung. Hier kann man auf die Theorie funktionaler Differenzierung zurückgreifen, sofern man sie von der klassischen Theorie der Arbeitsteilung (Wohlstandgewinn mit unvermeidbaren Kosten) ablöst.

Denn funktionale Differenzierung kann, anders als die Selbstbeschreibung der Systeme es behauptet, die postulierte Vollinklusion nicht realisieren. Funktionssysteme schließen, wenn sie rational operieren, Personen aus oder marginalisieren sie so stark, daß dies Konsequenzen hat für den Zugang zu anderen Funktionssystemen. Keine Ausbildung, keine Arbeit, kein Einkommen, keine regulären Ehen, Kinder ohne registrierte Geburt, ohne Ausweis, ohne Zugang zu an sich vorgesehenen Anspruchsberechtigungen, keine Beteiligung an Politik, kein Zugang zur Rechtsberatung, zur Polizei oder zu Gerichten – die Liste ließe sich verlängern, und sie betrifft, je nach den Umständen, Marginalisierungen bis hin zu gänzlichem Ausschluß. Niemand will behaupten wollen, das müsse so sein nach einer Art Bevölkerungsgesetz im Stile Malthus'. Es genügt jedoch, zu sehen, daß es so ist und wie ein solcher Verstärkereffekt an den Rändern der Funktionssysteme zustandekommt. Vielleicht könnte die Religion eine Ausnahmechance bieten. Aber wenn man die zahllosen neuen Kulte der modernen Welt genauer ansieht – Trancezustände als Medium, keine Trennung von schwarzer und weißer Magie, Heilung als Versprechen ohne Differenzierung von medizinischen und anderen Lebensproblemen –, dann versteht man das Zögern der katholischen Kirche, genuine Religiösität dieses Typs in den Kirchen zu inszenieren.

Tatbestände dieser Art stellen die übliche Integrationstheorie der Soziologen auf den Kopf. Die moderne Gesellschaft ist in der Tat hochintegriert, aber nur in ihrem Exklusionsbereich, nur als Negativ-Integration und vor allem: ohne Konsens. Im Inklusionsbereich herrscht dagegen die normale Stabilitätsbedingung sozialer Systeme: lockere Kopplung, relative Fehlerfreundlichkeit, Karriere als Modus der Integration von Individuen und Gesellschaft, Polykontexturalität der Beobachtungsperspektiven, bessere oder schlechtere Lebensbedingungen bei hohem Grad akzeptierter Individualisierung der Kommunikation.

Aber auch die korrespondierende Desintegration im Inklusionsbereich gibt zu denken – und damit vor allem beschäftigen sich heute die Theoretiker der Moderne. Hier seien nur zwei Punkte erwähnt. Die Integration von Individuum und Gesellschaft kennt keine konsensfähigen Prinzipien mehr; sie ist von Herkunft (und, dadurch bestimmt, von *éthos*) auf Karriere umgestellt worden, das heißt auf prozessierte Kontingenz. Außerdem hat sich der von den Neuhumanisten postulierte Steigerungszusammenhang von Kultur (Bildung) und Freiheit nicht eingestellt, vielmehr aufgelöst. In der modernen Angebotsgesellschaft wird Freiheit nicht mehr durch Zwang eingeschränkt, sondern durch Angebote so strukturiert, daß die Ausübung nicht mehr als Selbstverwirklichung des Individuums zugerechnet werden kann. Man kauft günstig ein, sieht die empfohlenen Filme, wählt eine Religion oder nicht nach eigenem Gutdünken – wie andere auch. Selbst Gott wird als Anbieter-Gott geführt. Er offeriert, und das Modell ist hier natürlich Pascals Wette, seine Liebe so eindrucksvoll und so unabhängig von moralischer Wertungen, daß die Zurückweisung sinnlos wäre beziehungsweise, theologisch gesprochen, den Begriff der Sünde definiert. Das zeigt: Durch Kultur und soziale Bedingungen ist die Ausübung von Freiheit stark asymmetrisiert, daß dem Individuum nur noch belanglose Entscheidungen bleiben – oder Proteste, die nichts ändern.

Das ist natürlich nie anders gewesen. Aber in der modernen Gesellschaft trifft dies auf einen entscheidenden Punkt der Selbstbeschreibung des Systems als »human«.

Mit einer gewissen Nostalgie können wir jetzt an die Barbaren zurückdenken oder an die anderen Völker, die Heiden, die Wilden. Ihnen blieb ihre eigene Sozialordnung überlassen. Wir hatten nichts damit zu tun. Es stand uns frei, sie zu bekehren oder zu versklaven oder sie im Tausch zu übervorteilen. Und es waren unsere Begriffe, europäische Begriffe, wenn wir von *humanitas*, von *ius gentium*, von Menschheit oder von Menschenrechten sprachen. Das alles wird der Situation, in der die moderne Gesellschaft sich heute findet, nicht mehr gerecht – ganz zu schweigen von Begriffen wie *societas civilis* oder *communitas*, die wir wie Sauerkraut aus unseren Kellern holen, um es aufgewärmt zu genießen.[8]

Wenn diese Diagnose auch nur ungefähr zutrifft, wird die Gesellschaft von der Soziologie weder Rat noch Hilfe erwarten können. Aber es könnte ein Sinn darin liegen, Theorien zu suchen, die den Fakten besser gerecht werden als das optimistisch-kritische Traditionsgut unserer eigenen Disziplin – und zwar den Fakten, die die Gesellschaft selbst konstruiert.

Literatur

Baecker, Dirk (Hg.), *Kalkül der Form*, Frankfurt am Main 1993.

Bender, John, *Imagining the Penitentiary: Fiction and Architecture of Mind in Eighteenth-Century England*, Chicago 1987.

Dumont, Louis, *Essais sur l' individualisme*, Paris 1963.

Herbst, Philip G., *Alternatives to Hierarchies*, Leiden 1976.

Husserl, Edmund, *Die Krisis der europäischen Wissenschaften und die transzendentale Phänomenologie. Husserliana*, Bd. VI, Den Haag 1954.

Koselleck, Reinhart, »Zur historisch-politischen Semantik asymmetrischer Gegenbegriffe«, in: H. Weinrich (Hg.), *Positionen der Negativität. Poetik und Hermeneutik*, Bd. VI, München 1975, S. 65-104.

Plumpe, Gerhard, *Ästhetische Kommunikation der Moderne*, Bd. 1, Opladen 1993.

Spencer Brown, George, *Laws of Form*, New York 1979.

8 Im mündlichen Vortrag hatte ich mich an dieser Stelle auf die Witwe Bolte berufen. Das hat Mißfallen erregt. Vielleicht war ich der Sache zu nahe gekommen.

Johannes Berger
Entfernung von der Truppe
Realanalytische Grenzen des Konstruktivismus in der Soziologie

Es gibt wohl kaum einen zeitgenössischen Autor, der die in der Soziologie herrschenden Vorstellungen über die Konstitution des Sozialen einerseits und die Organisation der modernen Gesellschaft andererseits nachhaltiger beeinflußt hat als Niklas Luhmann. Dank seiner Schriften hat die Soziologie endgültig eine Vorstellungswelt hinter sich gelassen, die noch um die Problemstellung »Mensch und Gesellschaft« rankte. Sein Werk steht für eine pointierte Kritik akteurstheoretischer Ansätze in der Soziologie und für eine Neufassung der Systemtheorie, die soziale Systeme nicht als feste Blöcke konzipiert (»Gehäuse der Hörigkeit«), sondern als kontingente, durch ihre Reduktionsleistungen Handlungen erst ermöglichende Gebilde. Wenn ich recht sehe, sind es vor allem vier in Luhmanns Schriften immer wiederkehrende Leitmotive, die den Ton angeben in Debatten, in denen es um eine von überholten Vorstellungen freie Analyse der Teilsysteme der modernen Gesellschaft geht: die Kritik hierarchischer Gesellschaftsmodelle, die Betonung der Kontingenz, die Abwertung von Integration und Konsens sowie eine ausgeprägte Skepsis gegenüber jeglichem Steuerungsoptimismus.

Die Kritik hierarchischer Gesellschaftsmodelle ist in Luhmanns vielzitierter Äußerung, moderne Gesellschaften seien Gesellschaften »ohne Zentrum und ohne Spitze«, auf den Punkt gebracht. Mit dieser Annahme sind sowohl »Basis/Überbau-Vorstellungen« als auch die in den sozialen Bewegungen verbreitete Auffassung der »Dominanz des Politischen« (»Alles ist politisch« – soll heißen: schierer Ausdruck von Macht) unvereinbar. Sie artikuliert eine Konzeption der Gesellschaft als ein Gefüge ungleichartiger, aber gleichrangiger Subsysteme, von denen keines das Ganze der Gesellschaft repräsentiert. Mit jedem Wechsel der Systemreferenz wechselt auch die Umwelt. Für jedes System stellt sich »die« Gesellschaft anders dar. Polykontexturalität wird somit zur zentralen Eigenschaft der sozialen Welt. Diesem Perspektivenwechsel entspricht die soziologische Forschung, indem nicht mehr die Orientierung auf ein Zentrum, sondern die Eigenlogik der Systeme in den Mittelpunkt des Interesses rückt.

Wenn noch die Systemtheorie Talcott Parsons' den Eindruck einer harten, festgefügten Ordnung mit klaren Grenzen und Zugehörigkeiten erweckt, ist die Welt der Systemtheorie Luhmanns frei von solchen Vorstellungen. In ihr hat die Idee der Notwendigkeit keinen rechten Platz mehr. Die Kontingenz des Sozialen und die Unwahrscheinlichkeit jeder Strukturbildung werden zu leitenden Gesichtspunkten der Analyse. Auf kaum etwas ist Verlaß. Jede Ordnungsleistung ist prekär, sie muß einer widerspenstigen Realität mühsam abgerungen werden. Alles könnte eben anders sein – auch wenn es so ist wie es ist. Der begriffliche Apparat ist so gebaut, daß Differenzen, Andersartigkeit und Nichtidentität aufgewertet und Einheit, Ordnung, universale Geltung etc. abgewertet werden. Die Systeme selbst sind flüchtige und instabile Gebilde, die ihre Grenzen wechseln und ihrer Strukturen verlustig gehen können. Zu ihrer Kontinuierung sind sie restlos auf die Autopoiesis der systemspezifischen Kommunikationen verwiesen. In einem solchen Bezugsrahmen gewinnen die Subsysteme der modernen Gesellschaft eine denkbar verflüssigte und »entdinglichte« Form. Ihre Grenzen liegen nicht ein für allemal fest. Systeme dehnen sich aus und schrumpfen zusammen je nachdem, wieviel systemspezifische Kommunikation stattfindet.

In einer sozialen Welt ohne festgefügte Ordnung ist normative Integration auch nicht mehr der alles überragende Bezugspunkt der Analyse. Für den abgesenkten Integrationsbedarf einer konturlos gewordenen Gesellschaft reicht es aus, daß Kommunikationen noch einen Anschluß finden, also irgendwie weitergehen können. Moderne Gesellschaften, betont Luhmann, sind integriert ohne Konsens. Für ihre Stabilität reicht lockere Kopplung und relative Fehlerfreundlichkeit aus. Wertekonsens, Freiheit, Gleichheit als Grundwerte der Gesellschaft, universale Menschenrechte: bei dem Glauben an sie handelt es sich gewiß um wichtige soziale Tatsachen, von denen sich auch der Systemtheoretiker wünscht, sie möchten im Alltag ihre praktische Wirksamkeit entfalten. Aber sie definieren weder die Struktur noch den Entwicklungspfad moderner Gesellschaften. Sich auf sie zu berufen erinnert den Systemtheoretiker nur noch an die Witwe Bolte und ihr Sauerkraut, das am besten »aufgewärmt« schmeckt.

In einer derart desintegrierten, in ihre *disjecta membra* zerfallende soziale Welt ohne starke Integration, in der jedes Teilsystem für sich und aus sich heraus lebt, ist schließlich die Vorstellung, von einer gesellschaftlichen Zentrale aus die Entwicklung steuern zu können, fehl am Platze. Jeder Steuerungsversuch würde an der Eigenlogik der Systeme eine definitive Grenze finden. Vom Planungsoptimismus der sechziger und siebziger Jahre, von dem noch die Bielefelder Fakultät mit ihren Abteilungen für die unterschiedlichsten Politikfelder ein beredtes Zeugnis ablegt, ist die fortgeschrittene Systemtheorie denkbar weit entfernt. Angesichts des Standes der Vergesellschaftung kann es nicht die Aufgabe der Soziologie sein, Planungswissen zu liefern. »Rat und Hilfe«, so Luhmann am Ende des hier zu kommentierenden Beitrags, wird sich die Gesellschaft von der Soziologie nicht erwarten können.

In der Tat wären diesbezügliche Erwartungen an die autopoietische Systemtheorie verfehlt. Die Frage bleibt aber, ob es alternative Ansätze in der Soziologie gibt, die für die Lösung der praktischen Fragen, mit denen Gegenwartsgesellschaften konfrontiert sind, nicht doch relevantes Wissen produzieren. Bevor ich auf diese Frage zurückkomme, möchte ich mich zunächst mit Luhmanns Beitrag zu dem Tagungsthema befassen.

Das Bild, das ich von zentralen Tendenzen der Luhmannschen Soziologie entworfen habe, mag stark überzeichnet sein. Aber auch wenn es nur partiell zutrifft und der Autor gar nicht so radikal ist, wie hier unterstellt, liegt es auf der Hand, daß eine Auseinandersetzung mit der Problemstellung der Tagung – welches Potential an »Barbarei« westliche Gesellschaften trotz oder wegen gelungener und rasch fortschreitender Modernisierungsprozesse noch bereithalten – anhand der hier skizzierten Leitlinien für neuartige und überraschende Einsichten gut ist. Skeptiker mögen bezweifeln, daß an den vorgestellten Leitmotiven der Luhmannschen Soziologie irgend etwas neu und originär ist. Zum Beispiel hatte schon Weber (1972, S. 13) »substanzielle« Auffassungen sozialer Systeme bekämpft und ihre Existenz in der Chance aufgehen lassen, daß »ein seinem Sinngehalt nach in angebbarer Weise aufeinander eingestelltes Handeln« stattfindet. Sie können ferner auf eine breite soziologische Debatte zur Pluralisierung von Lebenswelten, Entstrukturierung, Auflösung von Herkunftmilieus, neuer Unübersichtlichkeit, Individualisierung und Flexibilisierung verweisen und insbesondere hervorheben, daß wichtige Motive der Luhmannschen Soziologie doch von jenseits des Rheins stammen. In der Tat kann man sich fragen, ob die genannten Tendenzen zwingend aus der begrifflichen Anlage der Theorie entwickelt sind oder ob sie nur aus einer zeitgenössischen Debatte aufgegriffen und in den eigenen Ansatz inkorporiert sind. Für unsere Zwecke ist eine Entscheidung dieser Frage irrelevant, da zum einen alle Denkströmungen Kinder ihrer Zeit sind und sich zum anderen die Überlegenheit eines Ansatzes auch darin zeigt, ob er in der Lage ist, Anstöße von außen aufzugreifen und zu verarbeiten.

Gemessen an den durch die avancierte Position der Luhmannschen Soziologie geweckten Erwartungen, bleibt der vom Autor vorgelegte Beitrag eigentümlich blaß und konturenlos, und man fragt sich irritiert, woran das nur liegen könnte. Zum Beispiel liefert die Theorie der funktionalen Differenzierung doch die begrifflichen Grundlagen für den Nachweis, daß die Teilsysteme der modernen Gesellschaft sich legitimerweise indifferent gegenüber Problemstellungen verhalten, die außerhalb ihres eng zugeschnittenen Kompetenzbereiches fallen. Daraus könnten möglicherweise »barbarische« Tendenzen erwachsen, jedenfalls dann, wenn man diesen Begriff weit genug faßt. Oder die Idee der Abschwächung des normativen Konsenses könnte dazu benutzt werden, zu begründen, daß auf Weltmaßstab nicht mit jener Solidarität zu rechnen ist, die für die nationalstaatliche Sozialpolitik wie selbstverständlich in Anspruch genommen wird. Statt dessen beginnt Luhmann mit einer Reflexion des Begriffs der Barbarei in der Antike. Die asymmetrische Bauweise des Begriffs als Pol eines Gegensatzpaares, in dem der Begriff des Hellenen die superiore Stelle einnimmt, bedinge, daß er mit dem Übergang zur Moderne seine Bedeutung verliert. Asymmetrische Begriffsdispositionen sind mit funktionaler Differenzierung unverträglich; schließlich mache es keinen Sinn, die Beziehungen zwischen den Funktionssystemen in asymmetrischen Gegensatzpaaren zu deuten. Damit ist Barbarei in der Moderne verschwunden – so einfach ist das. Bleibt noch, nach einem Begriffspaar zu suchen, das die Stelle des der antiken Welt zugehörigen Gegensatzpaares Hellenen und Barbaren einnimmt. Luhmann vermutet, dies sei der Gegensatz von Inklusion und Exklusion. Die betreffenden Ausführungen bleiben auf der Ebene begrifflicher Analyse und beschränken sich darauf, die »semantischen Dispositionen der Moderne« aufzuhellen. Die Logik funktionaler Differenzierung schließe Exklusion aus. Gleichwohl gibt sie es, wie Luhmann mit Blick auf Verelendungsprozesse in Brasilien und Wales feststellt. Dies zu sehen, dazu bedürfe es keiner empirischer Untersuchungen. (Mit offenen Augen durch die Welt reisen genügt.) Die Erklärung, die Luhmann für die Fortexistenz eines Phänomens anbietet, das es der Logik funktionaler Differenzierung nach eigentlich gar nicht geben dürfte, besteht in einer Berufung auf ebendie Theorie, welche diese Logik zu ihrem Zentrum macht: Anders als die »Selbstbeschreibung der Systeme« (?) dies behauptet, heißt es dunkel, könne die funktionale Differenzierung die postulierte Vollinklusion nicht realisieren. Funktionssysteme schließen, wenn sie rational operieren, Personen aus. Das ist eine starke Behauptung, über die man gerne mehr wüßte, aber der Rest des Textes verweigert die Auskunft.

Dies kann natürlich daran liegen, daß ein kurzer Tagungsbeitrag nicht der geeignete Ort ist, eine so schwierige Frage angemessen zu beantworten. Auch kann es durchaus sein, daß Niklas Luhmann sich zu dieser Frage bereits umfassend geäußert hat und dem geplagten Kommentator dies nur entgangen ist – was bei einer Produktion von etwa vierzig Büchern und Artikeln jährlich ja auch nur zu verständlich wäre. Auch auf die Gefahr hin, einen zentralen Beitrag übersehen zu haben, beschränke ich mich auf die Frage, warum das hier zu kommentierende Referat hinter den Möglichkeiten der soziologischen Systemtheorie selbst zurückbleibt. Die Antwort hierauf sehe ich in einer weiteren Eigenschaft der Luhmannschen Soziologie, die bisher noch nicht zur Sprache kam: ihre Neigung, die gesellschaftliche Realität in Kommunikationen über sie aufzulösen. Mit dieser Neigung beschäftige ich mich zunächst, bevor ich abschließend auf das Problem zurückkomme, welche alternativen Denkmittel der Soziologie zur Verfügung stehen, um unter anderem ein zentrales, im Text aufgeworfenes Problem – das der Unvermeidbarkeit von Exklusion – zu bearbeiten.

Nicht daß in Luhmanns Arbeiten überhaupt keine sachhaltigen Analysen mehr zu finden seien. Aber in seinen empirisch orientierten Arbeiten wird die Analyse sozialer Strukturen und Prozesse häufig ersetzt durch begriffsgeschichtliche Analysen. Diese sind an dem von Reinhard Koselleck initiierten Forschungsprogramm einer historischen Semantik orientiert, das in dem Wörterbuch der geschichtlichen Grundbegriffe einen eindrucksvollen Niederschlag gefunden hat. An einem solchen Forschungsprogramm ist natürlich nichts »falsch«; die Frage ist nur, welches seine Grenzen sind und in welchem Umfang es sich auf die Soziologie übertragen läßt. In der Geschichtswissenschaft hat dieses Programm ein neues Forschungsfeld eröffnet. Aber schon der Realitätssinn des Historikers wird ihn daran hindern, Begriffsgeschichte mit realer Geschichte in eins zu setzen. Von solchen Anwandlungen ist ein soziologischer Denkansatz, der das Soziale als einen Text auffaßt, nicht frei. Obwohl mentalitätsgeschichtliche Studien hoch im Kurs stehen, wird es eine Geschichtswissenschaft ohne handelnde Personen kaum geben können. Das gleiche kann nicht für die Soziologie gesagt werden, für die ein konstitutiver, die Identität des Fachs begründender Schritt darin liegt, Personen in die Umwelt des sozialen Systems abzuschieben. Wenn dann noch die Elemente des sozialen Systems sprachlich gebaut sind, ist der Weg frei, soziologische Analyse mit Sinnanalysen in eins zu setzen. Kommunikationen, also die Elemente sozialer Systeme nach Luhmann, sind wie die Rede definiert durch die Dreieinigkeit von Wendung an eine andere Person, informativem Gehalt und Verstehen der Botschaft. Kommunikationen schließen sich zu Systemen zusammen. Aber vielleicht wäre es treffender, mit Wittgenstein zu sagen: zu Sprachspielen. Diese Spiele folgen je eigenen Regeln. Ihre Elemente sind beileibe nicht Sprecher, sondern Sprechhandlungen oder, besser, Kommunikationen. Das Interesse der Soziologie kann sich dann prozeßanalytisch auf die Kommunikationen oder strukturanalytisch auf die Regeln, nach denen sie hervorgebracht werden, richten. In der wissenssoziologischen Rekonstruktion werden die Regeln aus für den individuellen Akteur externen sozialen Tatsachen zu systemspezifischen Mustern der Selbstbeschreibung des entsprechenden Spiels. Ein soziales Spiel ist definiert durch die ihm spezifischen Unterscheidungen, mit denen es sich selbst und seine Umwelt wahrnimmt. Jedes Spiel endet an seinen eigenen Grenzen, und Übersetzungen von einem »Sprachspiel« ins nächste sind in einer aus solchen Spielen zusammengesetzten sozialen Welt so gut wie ausgeschlossen. Wie sich unschwer erkennen läßt, hat dieser Typus Soziologie einen klassischen Vorläufer: die sinnverstehende Soziologie. Diese war einerseits interessiert an der Erklärung von Handlungen, andererseits an der Analyse von Sinnzusammenhängen, die Handlungen erst verständlich machen. Eine Handlung erklären heißt dann, sie in den sinnadäquaten Zusammenhang einzurücken. Alles kommt auf diesen sinnhaften Kontext an, und die Handlung selbst, die dadurch erklärt wird, darf man mit Fug und Recht mehr oder weniger vergessen. Der Sinnzusammenhang selbst, der die Handlung erklärt, ist eine symbolische, für das jeweilige Sozialsystem konstitutive Repräsentation dieses Systems.

Auch in der Soziologie, die abstrakter argumentiert als die Geschichtswissenschaft, ist an einem solchen Forschungsprogramm nichts »falsch«, solange es sich seiner Grenzen bewußt ist und keinen Universalitätsanspruch erhebt. Einen solchen reklamiert aber die Systemtheorie; sie sieht weit und breit keinen Gegner mehr und meint, daß, falls es solche gäbe, sie sich heute gut versteckt hielten. Ich möchte mit wenigen Worten verdeutlichen, warum eine Systemtheorie, soweit für sie die semantische Wende – oder man könnte auch sagen: die wissenssoziologische oder konstruktivistische Wende – konstitutiv ist, diesen Anspruch nicht erheben kann.

Zunächst einmal ist das Unternehmen der historischen Semantik an sogenannten »Sattelzeiten« orientiert. Im Zentrum der Analyse steht der Wandel der Begrifflichkeit im Übergang von der vormodernen zur modernen Welt. So lehrreich solche Analysen sind, sie bleiben in einem bestimmten Sinn vergangenheitsorientiert. Die große Dichotomie zwischen Vergangenheit und Gegenwart frißt die Unterschiede, die sich auf dem Boden der Gegenwart einstellen, förmlich auf. Wenn »die Anstrengung des Begriffs« auf die Analyse des Schritts von der Vergangenheit in die Gegenwart konzentriert ist, bleibt wenig Aufmerksamkeit übrig für die Analyse des Schritts von der Gegenwart in die Zukunft. Das an »Sattelzeiten« aufgehängte konzeptuelle Schema hat keinen Raum für Stadien der Entwicklung auf dem Boden der Moderne. Gerade aus Luhmanns Studien zur historischen Semantik kann man lernen, wie tiefgreifend sich die »semantischen Dispositionen« der Moderne und Vormoderne unterscheiden. Aber bewußtseinsmäßige Wandlungen auf dem Boden der Moderne selbst, von realen ganz zu schweigen, treten dafür in den Hintergrund.

Wichtiger ist ein zweiter Einwand. Er wendet sich gegen die dieser Art von Zugriff auf die Realität inhärente »Semantisierung des Sozialen« (Peters 1993, S. 16). Sie ist das Beiprodukt des soziologischen Konstruktivismus. Darunter verstehe ich nicht den Marxschen Gemeinplatz, daß die Menschen ihre Geschichte machen (wenn auch unter vorgefundenen Umständen), also alle Erscheinungen der sozialen Welt »irgendwie« Schöpfungen vergesellschafteter Individuen sind. Auch der »labeling approach« in der Soziologie, der alle sozialen Kategorien, zum Beispiel Kriminalität, Geschlecht etc., als soziale Konstrukte ansieht, ist, obwohl er eine viel zugespitztere Behauptung enthält, nicht identisch mit dem wissenssoziologischen Konstruktivismus, den ich hier im Auge habe. Er besteht, sehr kurz und sehr mißverständlich zusammengefaßt, in dem Versuch, soziale Wirklichkeit in Diskurse über sie aufzulösen. Zur Begründung kann sich der Konstruktivismus auf den Sachverhalt berufen, daß es einen anderen Zugang zur Realität als den »diskursiven« schlechterdings nicht gibt. Realität ist entweder als »Bewußtseinstatsache« präsent, oder sie existiert nicht für uns. Dann ist es nur konsequent, Husserl folgend der Soziologie die Aufgabe zu stellen, die Leistungen zu analysieren, in denen soziale Realität präsent gehalten wird. Es mag Husserls Fehler gewesen sein, solche Leistungen als Bewußtseinsakte identifiziert zu haben, doch ist dieser Fehler leicht korrigierbar. Man muß nur für das Bewußtsein ein mit Realitätsvorstellungen ausgestattetes soziales System setzen. Dann ergibt sich die Aufgabenstellung der Soziologie, Beobachtungen zu beobachten, wie von selbst.

Der soziologische Konstruktivismus gehört heute zu den zentralen Herausforderungen der soziologischen Theorie. Sosehr er sich auf den Sachverhalt berufen kann, daß Realität nur präsent ist, wenn es zugehörige »Leistungen« (eines Bewußtseins, eines sozialen Systems) gibt – sein Anspruch begründet sich auf einem Kategorienfehler. Zwar konstituiert sich die soziale Welt durch Bezugnahme auf Sinn, aber gleichwohl gehört auch die Kultur als der Inbegriff von Sinnwelten, ebenso wie Personen in ihrer konkreten Leiblichkeit, zur Umwelt des Sozialen. Soziologie ist nicht Kulturwissenschaft. Das gilt auch noch dann, wenn man »neufranzösischen« Diagnosen Glauben schenkt und die Bedeutung der materiellen Reproduktion im Vergleich zur symbolischen Reproduktion im Niedergang begriffen sieht. Baudrillard hat bekanntlich mit der These Furore gemacht, daß für das fortgeschrittenste Land der westlichen Welt, Amerika, gilt, Bilder und

Simulationen erzeugten dort die Realität derart, daß die übliche Auffassung des Verhältnisses von Realität und Bild: Urbild und Abbild, sich in ihr Gegenteil verkehrt.

Mag sein, daß die soziale Realität heute weit mehr durch Bilder, Kommunikationsmedien, die veröffentlichte Meinung, den »superhighway of information« etc. geprägt ist, als dies für frühere Phasen der Modernisierung oder für vormoderne Gesellschaften insgesamt der Fall war – ein Thema, über das man übrigens einmal besser informiert werden möchte als durch Essays. Aber selbst wenn die Grenzen zwischen »Sinn« und materialer Sozialstruktur verschiebbar sind: auch für die soziale Realität der fortgeschrittensten Gesellschaften gilt, daß sie beides zugleich sind (vgl. Berger 1978). Wie eine soziologische Analyse aussehen könnte, die dem Doppelcharakter der sozialen Welt als sinnhafter Aktivität und äußerer Faktizität (Peters 1993, S. 40) Rechnung trägt, möchte ich anhand von zwei Beispielen abschließend erläutern.

Ein die öffentliche und fachwissenschaftliche Diskussion lange Zeit beherrschendes Thema waren die »Grenzen des Wachstums«. Genuin soziologische Beiträge hat es zu diesem Jahrhundertthema kaum gegeben, und man fragt sich, warum dem so ist. Als ein sich der Grenzen des Fachs bewußter Soziologe könnte man zunächst anführen, daß die Sammlung von Informationen über den Zustand der Umwelt (wie groß ist das Ozonloch, ab welcher Größe wird es für menschliches Leben gefährlich) ebensowenig wie die Aufstellung von Materialbilanzen eine Aufgabe der Soziologie ist. Derartige Untersuchungen sind die Domäne von Naturwissenschaftlern, Statistikern und Medizinern, und die Aufgabe der Soziologie kann hier lediglich darin bestehen, sich ein möglichst zutreffendes Bild über den Stand der Debatte zu beschaffen.

Aber heißt dies, daß der Soziologie in der Frage des Konflikts zwischen Ökonomie und Ökologie keine andere Aufgabe zukommt als die »Beobachtung von Beobachtungen«? Eine solche Einengung des Aufgabenspektrums der Soziologie bedeutete im konkreten Fall, daß ihre Domäne die Diskursanalyse ist, also die Analyse des Musters der ausgetauschten Argumente. Unbestreitbar kann eine solche Analyse der in den Diskursen verwandten Argumentationschemata, Unterscheidungen etc. höchst lehrreich sein, aber darin die eigentliche Aufgabe der Soziologie zu erblikken, leuchtet nur unter den Prämissen einer »Semantisierung des

Sozialen« ein. In diesem Fall gibt es nämlich keinen Rest jenseits der symbolischen Repräsentation von Bedeutungen, mit dem soziologisch sich zu beschäftigen noch von Belang sein könnte. Anders sieht dies für eine Konzeption der Soziologie aus, die den nichtsymbolischen, materiellen Komponenten des sozialen Lebens Gewicht beimißt. Eine erste Aufgabe der Soziologie bestünde dann in der Ermittlung der Rückwirkungen der Umweltverschmutzung auf die verschiedenen Teile des sozialen Körpers, auch und gerade dann, wenn ihre Zuständigkeit sich nicht darauf erstreckt, den Grad der Umweltverschmutzung selbst zu ermitteln. Der vielleicht wichtigste Beitrag der Soziologie bestünde aber in der Aufdeckung der strukturellen Ursachen für ein Verhalten, das im Raubbau von Ressourcen und der Abgabe toxischer Stoffe an die Umwelt resultiert. In diesem Zusammenhang wäre es etwa außerordentlich lohnend, die Rolle sogenannter »sozialer Dilemmata« zu untersuchen, in denen sich Produzenten und Konsumenten befinden. Ein solches Dilemma liegt immer dann vor, wenn es sich – die Geltung bestimmter Annahmen über Rationalverhalten einmal vorausgesetzt – nicht lohnt, Beiträge für die Erhaltung des Kollektivguts saubere Umwelt zu leisten. Wenn alle anderen Beiträge leisten, hängt vom eigenen Beitrag nichts mehr ab, und das gleiche gilt auch für den Fall, daß alle anderen keine Beiträge leisten.

Anhänger des Konstruktivismus in der Soziologie könnten auf diesen Einwand mit dem Hinweis reagieren, daß ich auch nur ein Argument, eine Sichtweise beschrieben hätte, die dann in ein umweltschädliches Verhalten mündet. In der Tat wurzelt alles umweltschädliche Verhalten letzten Endes in einer Art Blindheit oder Blickverengung, in der die Folgen des eigenen Handelns für die Umwelt nicht mehr präsent sind. Wären sie präsent und würden anderes gewertet (Parsons: »value orientation«!), dann würde sich die Umwelt in einem weniger traurigen Zustand präsentieren, als dies heute der Fall ist. Aber soziale Dilemmata sind für unser Problem deswegen so instruktiv, weil sie die prägende Kraft struktureller Faktoren demonstrieren. Letztere wirken auch dann, wenn die Akteure durchaus sehen, was sie mit ihren Handlungen anrichten. Aufgabe der Soziologie ist es, die sozialen oder institutionellen Determinanten eines Verhaltens aufzudecken, das die beklagten Folgen hat. Wenn Verhalten etwas mit strukturellen oder institutionellen Kontexten zu tun hat, dann ist es auch nicht abwegig, sich von einer Änderung dieser Kontexte steuerungspolitische Erfolge zu erwarten. Auch wenn steuerungspolitischer Optimismus fehl am Platze ist, läßt sich der Erfolg der Steuerung, deren Chancen mit dem Politikfeld und den Akteuren wechseln, doch nicht über begriffliche Vorentscheidungen ermitteln.

Von Fragestellungen der angegebenen Art entfernt sich ein soziologischer Ansatz, der soziale Systeme nicht mehr in Austauschbeziehungen mit ihrer natürlichen Umwelt sieht und der für das Verhältnis beider Größen nur noch den blassen Begriff der strukturellen Kopplung übrig hat. Während die Wirtschaftswissenschaften seit einiger Zeit die Perspektive zurückgewonnen haben, daß die Wirtschaft ein offenes System ist, das in Austauschbeziehungen mit der natürlichen Umwelt steht, zieht sich die konstruktivistische Soziologie auf das Konzept geschlossener Systeme zurück, in denen nur noch gleichsinnige Kommunikationen miteinander verknüpft sind. Im Falle der Wirtschaft sollen dies Zahlungen sein. Es ist schon erstaunlich, daß in dem gleichen Augenblick, in dem in der Nachbardisziplin die Erweiterung der volkswirtschaftlichen Gesamtrechnung auf dem Programm steht, in der Soziologie der Rückzug auf die überholte Vorstellung der Wirtschaft als eines Geldkreislaufs, der nur »strukturell« gekoppelt ist mit einem gegenläufigen Warenstrom, fröhliche Urständ feiert. »In other words, economics is not just about money«, heißt es in einem neuen Lehrbuch der Umweltökonomie (Pearce u. a. 1993, S. vii). Die konstruktivistische Soziologie wird sich hiervon nicht erschüttern lassen und sich darauf zurückziehen, daß andere eben anders beobachten.

Die »Materialität« des Sozialen macht sich aber nicht nur in der Beziehung auf die natürliche Umwelt geltend. Sie ist direkt relevant für das Studium der sozialen Ungleichheit, auch wenn sie auf diesem Gebiet etwas anderes meint als im ersten Fall. Hier geht es um die differentielle Verteilung von Ressourcen jedweder Art auf Personen oder Personengruppen, und es ist interessant zu sehen, wie die konstruktivistische Soziologie mit diesem Problem umgeht. Weder möchte ich nun behaupten, daß die an der autopoietischen Reproduktion sozialer Systeme orientierte Soziologie hierzu überhaupt keinen Zugang hat, noch gar daß von einem Autor vom Range Luhmanns zu diesem Thema keine erhellenden und intelligenten Argumente zu erwarten wären. Ganz das Gegenteil ist der Fall. Auf der Hamburger Tagung blieb es ausgerechnet Luhmann vorbehalten, das Augenmerk auf das Problem der krassen internationalen Ungleichheit zu lenken; auch gegen Schluß seiner Rechtssoziologie (1993) kommt er auf dieses Problem – sicherlich eines der zentralsten für die weitere gesellschaftliche Entwicklung – zu sprechen. Mir geht es um die Art der Behandlung des Themas, und hier erblicke ich deutliche Grenzen des Luhmannschen Ansatzes, die dazu motivieren, sich nach Alternativen umzusehen. Gewiß kann man Elend sehen, aber das unbewaffnete Auge reicht keinesfalls mehr aus, wenn es darum geht, dessen Ausmaß festzustellen, Aussagen über den zeitlichen Verlauf zu treffen oder internationale Vergleiche anzustellen. Was Brasilien anbelangt, so hat sich in den letzten dreißig Jahren die Lage des Landes deutlich gebessert. Die wichtigsten entwicklungspolitischen Indikatoren wie Bruttosozialprodukt, die Überlebenschancen von Säuglingen, die Beteiligung an Bildungsprozessen weisen nach oben (vgl. United Nations Development Programme 1994, S. 136). Gerade deswegen wird die Frage unabweisbar, warum diese Entwicklung nicht alle erreicht.

Mit dieser Frage haben sich zwei amerikanische Soziologen in einem jüngst in der *American Sociological Review* erschienenen Artikel befaßt (Firebaugh/Beck 1994). Sie behandeln das Problem, ob Wachstum den Massen in der dritten Welt zugute gekommen ist oder nicht. Zu diesem Zweck stellen die Autoren sich die Aufgabe, zu ermitteln, ob sich der Lebensstandard der Massen in Ländern der dritten Welt verbessert hat oder ob Wachstum die Massen nicht erreicht, weil seine Früchte sich in den Händen der Reichen konzentrieren. Zunächst stellen sie die Argumente vor, die entweder dagegen oder dafür sprechen, daß Wachstum den Massen zugute kommt. In den Gegenargumenten gilt »dependence« in den beiden Formen, Abhängigkeit von Auslandsinvestitionen und vom Handel mit Industrieländern, als Haupthindernis der Entwicklung. Der Hauptteil des Artikels besteht dann in einem ökonometrischen Test des Einflusses von Wachstum und Abhängigkeit auf die Nahrungsmittelversorgung, die Kindersterblichkeit und die Lebenserwartung der Armen. Der konstruktivistische Clou des Artikels liegt in dem Nachweis, welchen Einfluß (ökonometrische) Modelle auf das Forschungsergebnis haben. Nur wenn das richtige Modell gewählt wird, kann der positive Zusammenhang zwischen Wachstum und der Versorgung der Armen mit lebenswichtigen Gütern sichtbar werden und können »Dependence«-Argumente entkräftet werden. Realanalytisch geht es um die Ersetzung schlechterer durch bessere Modelle und nicht um die Analyse der Brillen, mit denen andere sehen.

Ich weiß, ich weiß: aus diesen Sätzen spricht noch der »antediluvianische« Glaube an eine Realität, der durch Erkenntnis es sich schrittweise anzunähern gilt. Aber wie der aufgeklärte Konstruktivist doch weiß, alles ist Konstruktion! Die Realität ist nicht nur ein »moving target«, sondern bewegt sich zu allem Übel noch in Abhängigkeit vom »Zielen«. Sei dem, wie es wolle: Analysen wie die von Firebaugh/Beck behaupten nicht einfach, Exklusion sei unvermeidbar, sondern prüfen die einschlägigen Argumente und führen zudem empirische Tests durch. Damit leisten sie genau das, wodurch wissenschaftliche Äußerungen sich von Meinungen unterscheiden: nicht durch »mehr« Wahrheit, sondern durch einen größeren Reichtum an Argumenten und an Fakten.

Apropos Argumente: In dem Tagungsbeitrag selbst findet sich keine Erläuterung, warum Exklusion Funktionsvoraussetzung der Subsysteme ist. Aber es kann, wie gesagt, durchaus sein, daß dies alles an anderer Stelle *in extenso* behandelt ist. Ganz unabhängig davon, was die Systemtheorie dazu zu sagen weiß: was die Wirtschaft anbelangt, könnte man sich etwa auf das Konzept der natürlichen Rate der Arbeitslosigkeit berufen. Damit ist jenes Niveau an Unterbeschäftigung bezeichnet, bei dessen Unterschreitung inflationäre Prozesse in Gang kommen. Die noch verbleibende Arbeitslosigkeit wird aber (von einigen Autoren jedenfalls) als freiwillig angesehen und kann insoweit nicht dem Funktionssystem »Wirtschaft« angelastet werden. Solange es rational operiert, schließt es ein, nicht aus! Es kann nicht die Aufgabe eines Kommentars sein, auf diese Zusammenhänge näher einzugehen. Worauf ich hinauswill, ist lediglich, daß sachhaltige Analysen von Ausschließungsprozessen im Beschäftigungssystem mit anderen Konzepten arbeiten als die auf Perzeptionsweisen konzentrierte autopoietische Systemtheorie.

Was ich eben für das Beschäftigungssystem gesagt habe, gilt aber generell für das Studium der Schließung von sozialen Beziehungen. Eine der zentralen Aufgaben der Soziologie heute besteht darin, die geeigneten begrifflichen Mittel für das Studium solcher Schließungsprozesse zu entwickeln, und hier sieht es, milde gesagt, keineswegs so aus, als sei der beste Rat für einen »Studenten«

dieser Prozesse, sich an die Systemtheorie zu wenden. Rat und Hilfe verspricht sie ohnehin nicht, aber genau darauf kommt es an, wenn man etwa das Problem von Hunger und Armut wirklich ernst nimmt. Über das Phänomen weltweiter Hungersnöte haben Drèze und Sen (1989) eine ausgezeichnete Studie vorgelegt, die nicht nur das Ausmaß von Hungerkatastrophen genau zu erfassen versucht, sondern auch die Mechanismen analysiert, die Hungersnöte verursachen. Sen hat für das Studium konfligierender Ansprüche auf das Sozialprodukt das Begriffspaar von »entitlements« und »provisions« eingeführt. Das probateste Mittel, Hunger zu vermeiden, ist immer noch der gesicherte Zugang zu Beschäftigungsverhältnissen, also eine bestimmte Klasse von »entitlements«. Eine Analyse, die mit diesen Begriffen arbeitet, rechnet keineswegs modernisierungsoptimistisch mit einem wechselseitigen Steigerungsverhältnis beider Größen, sondern anerkennt die Möglichkeit von *trade-offs*. Wie dem auch sei: auch diese Begriffe sind, um mit Husserl zu sprechen, auf dem Boden der natürlichen Welterfahrung formuliert, den die Soziologie mit allen objektiven Wissenschaften teilt. Letzten Endes gewinnt das Fach nichts, wenn es sich mit einer Art phänomenologischer *epoché* versucht.

Gewiß, Sen und Drèze sind Ökonomen. Sollte das ein Einwand sein und als Begründung dafür herhalten, das Spezifische des Fachs in der Wissenssoziologie zu suchen, dann würde durch eine solche Reaktion nur in grelles Licht gerückt, daß die einst des »Modellplatonismus« bezichtigte Ökonomie heute realitätsnäher operiert als die vormals auf ihren Empirismus so stolze Soziologie. Ich beeile mich hinzuzufügen, daß ich jetzt nicht gerade dabei bin, das Fach mit seiner konstruktivistischen Vorhut in einen Topf zu werfen. Wenn die Vorhut sich verläuft, bahnt sie nicht mehr den Weg. Dann hätten beide, Vorhut und Truppe, mehr von einem »welcome back to the crowd«! Das weite Feld globaler Exklusionsprozesse wäre ein geeignetets Terrain für die Wiederannäherung.

Literatur

Berger, Johannes, »Intersubjektive Sinnkonstitution und Sozialstruktur. Zur Kritik handlungstheoretischer Ansätze in der Soziologie«, in: *Zeitschrift für Soziologie* (1978), S. 327-334.

Drèze, Jean, und Amartya Sen, *Hunger and Public Action*, Oxford 1989.

Firebaugh, Glenn, und Frank D. Beck, »Does Economic Growth Benefit the Masses? Growth, Dependence and Welfare in the Third World«, in: *American Sociological Review* (1994), S. 631-653.

Luhmann, Niklas, *Das Recht der Gesellschaft*, Frankfurt am Main 1993.

Pearce, David, Kerry Turner, Ian Bateman, *Environmental Economics. An Elementary Introduction*, Baltimore 1993.

Peters, Bernhard, *Die Integration moderner Gesellschaften*, Frankfurt am Main 1993.

United Nations Development Programme, *Human Development Report 1994*, New York/ Oxford 1994.

Weber, Max, *Wirtschaft und Gesellschaft*, 5., revidierte Auflage, Tübingen 1972.

Wolf-Dieter Narr
Jenseits der Barbarei?

Hat Reinhart Koselleck seinen Begriff der »Sattelzeit« so gemeint? Die Annahme einer breitgesteckten Scheide zwischen Vormoderne und Moderne, die alle Wahrnehmungen, Begriffe und hintergründigen Realitäten qualitativ verändert hat? Kaum. Allem begrifflichen Anachronismus sollte der Kampf angesagt werden. Koselleck wollte darauf aufmerksam machen, welcher Verzeitlichung gerade der Begriffe »wir« Modernen unterliegen, einer letztlich linear vorgestellten Dynamik im Unterschied zur raumorientierten »Statik« der Vormoderne.

Niklas Luhmann, ein Künstler, wenn es gilt, Probleme auszusparen, wenn letztere die »operative Geschlossenheit« seiner Weltanschauung als Arrangement ausdifferenzierter Systeme irritieren, hakt »Barbarei« als vormoderne Erscheinung ab. Mit der bekannten Technik, die offenkundig eine der Faszinationen seiner Art ausmacht, »Welt« zu erfassen, mit einem aseptischen Begriff der »asymmetrischen Opposition«, wird Barbarei in die Schublade »vormodern« einsortiert. Seinerzeit, so Luhmann, dominierten Inklusionen einerseits, Sklaven, Unterdrückung und Ausrottung schaffende Exklusionen andererseits. »Wir und die anderen«. Heute indes, auf der Spitze der Modernität, im Aufstieg zu ihr errungen, gelte funktionale Differenzierung; prinzipiell die »Vollinklusion aller«. Identifikatorische Herrschaftskonstruktionen nach dem Muster »wir und alle anderen« seien bedeutungslos geworden. Happy new modern world.

Luhmann arbeitet mit der aus der Musik bekannten Stiltechnik des Scheinschlusses. Der im »Prozeß der Zivilisation« disziplinierte moderne Mensch hatte sich schon erhoben, um Beifall zu klatschen. Denn der vierte Abschnitt hebt mit den geflügelten Worten an: »Damit ist die Barbarei (in der Moderne, WDN) verschwunden«. Da trifft ihn der Nachtrag des fünften Abschnitts unvorbereitet und irritierend. Dieser letzte Abschnitt beginnt nämlich mit einer Überraschung über Luhmanns Überraschung – um mich einer beliebten rhetorischen Figur Luhmanns zu bedienen, der am liebsten den Beobachter des Beobachters der Beobachtenden spielt. »Neue« Exklusionen werden notiert. Unter den stromlinienförmig glänzenden Karosserien funktional ausdifferenzierter Systeme strotzt massenhaftes Elend. Zwar soll erneut »die Theorie der funktionalen Differenzierung« über die Not des Unerklärlichen (und damit möglichst auch über die unsägliche Not selbst) hinweghelfen. Indes endet Luhmann eher düster und erinnert fast an Günther Anders' »Antiquiertheit des Menschen«. Im Unterschied zu den zeitgenössischen Verkündern fröhlich fortschreitender »Individualisierung« wird von einem Individuum gesprochen, dessen Freiheit am modernen Ende »trocken« schmecken mag (Gottfried Keller): »Das zeigt: durch Kultur und soziale Bedingungen ist die Ausübung von Freiheit so stark asymmetrisiert, daß dem Individuum nur noch belanglose Entscheidungen bleiben – oder Proteste, die nichts ändern.« Die Sprachlosigkeit der Konfliktsoziologie und der Integrationssoziologie wird angemerkt. Von dieser Sozialwissenschaft sei nicht zu erwarten, daß sie das Phänomen einer katastrophenhaften, millionenzählenden Marginalisierung von Menschen aller Art verstehbar machen könnte.

Auf den wenigen Seiten, die mir in diesem Diskussionsband gegeben sind, muß ich mich auf zwei knapp pointierte analytisch-polemische Aussagenbündel konzentrieren. Zuerst werde ich Luhmanns evolutionäre Diagnose der nachbarbarischen Gegenwart kurz apostrophieren. Ich tue dies, indem ich mich weitgehend auf den in diesem Band abgedruckten Text »Jenseits von Barbarei« beschränke. In einem zweiten Abschnitt handele ich mit Luhmanns Hilfe (siehe dessen fünften Abschnitt) und unabhängig von derselben davon, wie die rationalisierenden Schematismen und *catchwords* sozialwissenschaftlicher Theorie zu erklären sind. Gerade auch die proteushafte Modernisierungstheorie gehört zu den »Blendwerken«, die nüchterne Analyse behindern (vgl. in diesem Zusammenhang das von C. Wright Mills und Alvin Gouldner bis Richard Sennett seit Jahrzehnten verhergesagte Ende der Soziologie – und der Politikwissenschaft – als gesellschaftlich, sprich kognitiv-analytisch zuallererst relevanter Disziplin).

I

Es lohnt kaum, Luhmanns wie ahnungslose Diagnose der vergangenen Vergangenheit der Barbarei in den ersten vier Abschnitten seines Essays zu zerpflücken. Es sei denn als Luhmannianer oder Anti-Luhmannianer. Beides in sich »operationell geschlossene Systeme« (*incurvata in se ipsa*). Ich tue dies nur, soweit diese Diagnose für gegenwärtige Gesellschaftstheorie (und selbstverständlich Politiktheorie) symptomatisch ist.

(1) Luhmann arbeitet mit einem semantischen Trick (genau genommen, mehreren) und einer Unterstellung.

Das Wort »Barbarei« wird zurecht historisiert. Luhmann vertritt indes einen geradezu absoluten Anachronismusvorbehalt. Als ob Historisierung bedeutete, anzunehmen, die dauernde Gegenwart beispielsweise von Genozid als immer präsent gestellter Möglichkeit menschlicher Gesellung sei nicht gegeben. Selbstverständlich aber ist jeder Genozid im jeweiligen historischen Kontext genau zu ergründen; auch ob es sich um einen solchen begriffsgemäß handele. Außerdem ist zu fragen, inwieweit die historisch einem bestimmten Genozid günstigen Faktoren in veränderter Form weiterbestehen. Ein »absoluter« Anachronismusvorbehalt frißt sich selber. Welche Kriterien lassen klar und eindeutig zwischen Vor- und Nachsattelzeit, zwischen Moderne und Vormoderne unterscheiden? Sind, wenn die Unterscheidung plausibel gelingt, Kontinuitäten auszuschließen? Ist ein herkömmlicher Begriff, zum Beispiel der Begriff der Barbarei, ersatzlos wegzuwerfen, wenn sich manche Rahmenbedingung und manche Erscheinungsweise geändert haben? Mit Neologismen kommt man nicht sehr viel weiter, wohl aber mit einer soziohistorisch bewußten Begriffsgeschichte. Luhmann versucht es indes nicht einmal mit einem zeitgemäßeren Neologismus, wie er etwa aus einer veränderten Totalitarismustheorie hergeleitet werden könnte. Fast alle gesellschaftlichen Kernbegriffe, beispielsweise derjenige der Rationalität, wie Max Weber und Max Horkheimer trefflich zeigten, sind je nach Kontext und gemeintem wie praktiziertem Sinn neu zu bestimmen, ohne daß man dieselben und die mit ihnen unterschiedlich erfaßt-konstruierte »Sache« umstandslos auf den Müllhaufen der Geschichte – ohne Recyclinggefahr – werfen dürfte.

Luhmann unterstellt, an dem mit dem Ausdruck »Barbarei« Gemeinten könne nur festgehalten werden, wenn man von Robespierre bis Habermas an einer »Monokultur der Vernunft« festhalte. Unbeschadet der Frage, ob die beiden Genannten einfach zusammengezwirnt werden können, stellt die Annahme einer »Monokultur der Vernunft« (der Moderne) allenfalls *eine* Variante dar. Eine andere Variante besteht in der Vermutung einer genauer gefaßten »Dialektik der Aufklärung«.

Genauer ist letztere zu fassen, indem sie ihrerseits stärker historisiert und aus der Entwicklungsdynamik der Moderne herausgearbeitet wird. Genauer ist sie zu dechiffrieren, indem eine Valenz der Moderne darin erkannt wird, daß ihre Hauptagenten, Staat und globaler Kapitalismus, das eigenständig Besondere identifikatorisch »totschlagen«. Der zugleich notwendige normative Universalismus der (westwärts konzipierten) Menschenrechte verliert seine voraussetzungslose »Unschuld«, sieht man seine Doppeldeutigkeit ein. Daß universelle Normen herrschaftlich in Form angewandter Abstraktion eingesetzt werden können. Daß in ihren Abstraktionen besondere Annahmen stecken, die nicht umstandslos als selbstverständlich behauptet werden dürfen. Dementsprechend kommt es ausschlaggebend darauf an, Menschenrechte in ihrem universellen Geltungsanspruch immer erneut spezifisch zu begründen (Menschenrecht ist eben nicht gleich Menschenrecht). Außerdem ist darauf zu achten, daß sie kontextgerecht vermittelt werden. Erst so wird man hoffen können, ihrem universellen Anspruch, für jeden Menschen zu gelten, historisch gerecht zu werden, angewandt auf Personen als in einem bestimmten sozialen Raum und einer bestimmten sozialen Zeit lebenden Wesen. Leider hat Zygmunt Bauman, der den Ambivalenz-»Haß« »der« Moderne zugespitzt herausarbeitet hat, die Moderne ihrerseits zu wenig in ihrer Ambi-Valenz analysiert. Dann wäre deutlich geworden, daß normativ und praktisch nicht ohne weiteres Aschenbrödel gespielt werden kann, weil beide Valenzen zusammenhängen. Ebensowenig ist es jedoch angezeigt, alle universalistischen Ansprüche zu negieren. Als könne man erkenntnistheoretisch, handelnd und ethisch ohne solche auskommen. Der Terrorismus des Besonderen ist nicht weniger schrecklich als der des Allgemeinen. Beide konvergieren vielmehr. Darum ist es geboten, immer erneut ausgewiesen Allgemeines (Menschenrechte, Politik) und ausgewiesen Besonderes (Pluralität) in ihrem wechselseitigen Bedingungsverhältnis historisch zu erfassen.

Schließlich ist präziser auf der »Dialektik der Aufklärung« insofern zu beharren, als man diese nicht unversehens als »eindimensionale Gesellschaft« auslaufen lassen kann.

(2) Luhmanns epochale Einteilung in »alt« und »neu«, in »vormodern« und »modern«, und die in diesem Zusammenhang angestellten Beobachtungen sind geradezu emphatisch unhistorisch. Der Systemblick nivelliert. »Die« Vormoderne wird unmäßig schematisiert und vereinheitlicht. Sie wird damit zum unbekannten Kontinent tief in der Vorzeit. Die Moderne indes wird entproblematisiert und enteignet. In diesem Sinne wird sie geradezu unwirklich. Nicht nur scheinen sich ihre Rumpelstilzchen, Staat(en) und Kapital, voraussetzungslos zu entwickeln, obgleich gewalttätiger Ausschluß und Ungleichheit an ihrem Anfang stehen. Gänzlich außer acht bleibt vielmehr, daß diese dynamischen »Faktoren« in Form von Durchkapitalisierung und Verstaatlichung Ungleichheiten und Exklusionen notwendig produzieren. Da hilft kein Wachstum. Im Gegenteil. Das wachsende Wachstum auf der Schiene der dichter werdenden Konkurrenz verstärkt die Ungleichheiten auch und gerade dort, wo ausschließende Grenzen eine geringere Rolle zu spielen scheinen. Diese Produktion der Inklusion/Exklusion-Dichotomie ist beim identifikationstrunkenen, auf seinen wohlständischen Standort erpichten Nationalstaat noch handgreiflicher als beim dissoziativen Prozeß der Kapitalisierung, der große Bevölkerungsteile, wenn nicht »ungleichzeitige« Gesellschaften insgesamt, an den Rand drängt – Aspekte des »Prozesses der Zivilisation«, die von Elias und anderen gänzlich ausgespart werden.

Nur eine mit evolutionären Scheuklappen versehene »Systemtheorie« kann eine solche »evolutionäre« Produktion verkennen und Sätze wie den folgenden formulieren lassen: »Jedenfalls verlieren Identitätsklassifikationen nach dem Muster ›wir und die anderen‹ ihre Bedeutung.«

Gewiß: »Nationen«, »Ethnien« und andere soziopolitische »Schließungen« (Weber) werden »imaginiert«; sie werden »erfunden« (Benedict Anderson). Auch hier ist »Gott tot«. Auch hier gibt es keine *fundamenta inconcussa* mehr. Deren Annahme, *physei*, von Natur aus, wie es bei Aristoteles heißt, schreiben wir früheren, »naiven«, »metaphysischen« Jahrtausenden zu. Jedoch: Die identifikatorische Grenzziehung und die Ausmerzungsgelüste in Richtung alles Nicht-Identischen, alles A-Normalen, sind keine Adiaphora der Moderne. Sie sind nationalstaatlich (einschließlich der identifikatorischen Produktion des Staats-Bürgers, der *citizenship*), sie sind in anderen Ausschlußformen kapitalistisch essentiell. Diese Grenzblockaden und Ausgrenzungen stecken mitten in dem funktional Differenzierten à la »Politik« und »Ökonomie«. Die funktional differenzierten »Systeme« überschneiden sich außerdem fortdauernd. Gerade mitten im westlich geborenen Universalismus, der seinerseits Voraussetzung und Folge der »Ausdifferenzierungen« darstellt, sind Grenzziehungen enthalten. Grenzen werden einseitig gezogen. Grenzen werden imperial verschoben, indem man die Expansion mit universellen Ansprüchen legitimiert. Alles sozial »autochthon« Besondere wird geleugnet und abgedrängt. Ihm werden die Existenzgrundlagen entzogen. Darum installiert man in manchen lateinamerikanischen Ländern gegenwärtig »neoökonomisch« einen Öko- und Ethno-Tourismus. Wie anders sollten die »indigenen Völker« profitabel überleben? Über »die anderen« wird, so sie nicht hart ausgeschlossen und abgeschoben werden, hinweggegangen. Sie sind obsolet, nicht auf der Höhe der Zeit; sie sind unnütz (vgl. selbst die Art, wie die Vormoderne bei Luhmann und anderen zugerichtet wird).

II

Warum irritiert Luhmanns Begrifflichkeit, die einem sogleich entgleitet, wie man sie fassen will, unbeschadet ihrer wohlfeilen Evidenzen (deswegen mag sie im übrigen so universell zu urteilslosem Verständnis geeignet sein)? Ist dies nur der Fall, weil seine Begriffe dem in diesem Band »verhandelten Gegenstand« gegenüber in geradezu makaberer Weise unangemessen erscheinen?

Kein gegen Ende des 20. Jahrhunderts naheliegendes »De profundis« wird angestimmt; kein – in Form von Buchstaben kostenloser – moralischer Zeigefinger wird dürr vorgestreckt; kein kataklysmatisches Raunen, nicht nur im Umweltbereich üblich geworden, vermittelt dem Gesagten eine von vergangenem oder vorhergesagtem Leiden geborgte Aura. Nein, daß Luhmann den schier unaufhaltsamen, radikal geschmacklosen Mißbrauch von »Auschwitz als Metapher« vermeidet, gerade bei dem Thema dieses Buches schier unvermeidlich, wirkt überaus sympathisch. Seine distanzierte Nüchternheit läßt erleichtert aufatmen, bedenkt man gegenwärtig (1995) allein die Fülle der bigotten 50-Jahre-Gedenkveranstaltungen. Wie frische Luft in miefigem Raum.

Die Irritationen, die von diesem Text ausgehen, sind anderer Art. Sie betreffen die nicht nur von Luhmann verkörperte Ahnungs- oder Phantasielosigkeit sozialwissenschaftlicher Theorie.

(1) Zuerst stört der offenkundige Evolutionismus. Dessen »wertfreie« Präsentation hindert nicht daran, daß derselbe im Kontext des »westlichen« Fortschrittsgedankens blüht. Bis heute hat dieser Fortschrittsgedanke unbeschadet aller reflexiven Spinnweben nahezu alle »soziologische Aufklärung« in ihren diversen und unterschiedlich karätigen Varianten getragen. In diesem Sinne schleppt Luhmann das »optimistisch-kritische Traditionsgut« der Soziologie (allgemein: der Sozialwissenschaften) mit, dessen Wirklichkeit verblendenden Effekt er im letzten Satz seines Essays zu Recht ironisch-sarkastisch pointiert. Als hätten die Sozialwissenschaftler die furchtbaren Nachrichten dieses Säkulums und dessen, was zukunftsschrittig in seinen Gebeinen steckt, noch nicht empfangen. Es hat den Anschein, als hätte für die Sozialwissenschaftler das »Ende der Nachkriegszeit« früh begonnen.

Luhmanns »Bewegung« – er bewegt freilich allenfalls als unbewegter Beweger in lichten und darob dunkel wirkenden Abstraktionen – fördert die heute erforderlichen Anstrengungen des Begriffs nicht. Die Kriterien seiner pauschalen Analyse, so dieser Begriff überhaupt zutrifft, und seines Urteils, hintergründig wie dieses in der Regel bleibt, sind verschwommen. Der flächige »Positivismus« neuerer Soziologie und Sozialphilosophie, der frohgemut alle möglichen global ausgreifenden »Projekte« »pessimismusmüde« (Ulrich Beck) verkünden läßt, wird durch die prätendierte »Wertlosigkeit« Luhmannscher Systemtheorie nicht konterkariert. Beiderseits besteht eine normativ-moralische Drückebergerei. Bei den einen werden Demokratie, Menschenrechte, die sogenannte Diskursethik selbst und andere »Dispositive« wie süße Soßen behandelt, mit denen alle Probleme optimistisch in – zu Gesinnung verkommener – Kritik verschmiert werden können. Hier hat Luhmann unverkürzt recht: »Das alles wird der Situation, in der die moderne Gesellschaft sich heute befindet, nicht mehr gerecht – ganz zu schweigen von Begriffen wie *societas civilis* oder *communitas*, die wir wie Sauerkraut aus unseren Kellern holen, um es aufgewärmt zu genießen.«

Dem gesellschaftlich radikalen, zuallererst analytischen Anspruch demokratisch-menschenrechtlicher Werte wird durch eine sachte normative Körperdrehung entgangen. Die systemischen Hindernisse der Verwirklichung der Menschenrechte werden meist nur oberflächlich analysiert. In Angst und Abscheu vor der utopischen Falle werden alle konkreten Utopien betulich verwässert. Wie aber kann man von Menschenrechten heute sprechen – und ich selbst gehöre durchaus zu denjenigen, die dies unablässig zu tun versuchen –, ohne deren bis in ihre Wurzel reichende innere Spannung, wenn nicht Widersprüchlichkeit erfahren zu haben und die Widerstände zu entdecken, die in den Strukturen und Funktionen heutiger »ausdifferenzierter« Gesellschaften lokal und global gegeben sind? Ohne Primo Levis Erfahrungen und die zahlreicher anderer nicht allein im Umkreis nationalsozialistischer »Niemandsherrschaft« (Hannah Arendt) nachzuerfahren, soweit dies Nachgeborenen überhaupt möglich ist – Lawrence L. Langer hat diese Nachricht neuerdings für mich am eindrücklichsten formuliert –, sollte man von Menschenrechten und Demokratie schweigen.

Besagte normative Drückebergerei ist bei Luhmann nahezu perfekt (zuweilen blitzt es, Gottseidank, »inkonsistent« verräterisch normativ). Damit überwindet er mitnichten den oben apostrophierten normativen Flachsinn zahlreicher »Neopositivisten«, die sich ihrerseits gegen die »Negativisten« kehren. Er täuscht damit nicht nur sich und andere erkenntnistheoretisch. Als könne unsereins, menschlich, den Gott der dritten Beobachterebene spielen. Vielmehr wird seine Theorie farblos und urteilsarm. Dieselbe vermag bestenfalls in extremer Allgemeinheit nachvollziehen zu lassen, was ohnehin geschieht. In dieser Hinsicht zeitigt sie ohne Zweifel manche Einsichten. Ansonsten aber stärkt diese Art paradox augenloser Theorie das, was man die sozialwissenschaftlichen Theorien ohne Eigenschaften nennen könnte, genauer: Gesellschaftstheorien ohne unabdingbar historisch kontextnah gewonnenen und davon durchsichtig abstrahierten Gesellschaftsbegriff.

(2) Was soll eine den »neuen Verhältnissen angemessene Gesellschaftstheorie«, wie Luhmann sie verlangt, wenn alle Maßstäbe mangeln, ihre Angemessenheit zu ermessen? Dann rotieren Begriffe gegenwärtiger (Welt-!) Gesellschaft dem Sande gleich, der in eine Mischmaschine für Beton ohne Zement geschaufelt wird: leer und zusammenhanglos. Sie bleiben Sand. Am gesellschaftslosen Gerede von der Individualisierung, dem ein begründet profilierter Begriff der gesellschaftlichen Person abgeht, kann dieses leere, aber folgenreiche Rotieren vielfältig angeschaut werden.

Um aber einen problemkundigen Gesellschaftsbegriff in »gesellschaftsloser« Zeit zu gewinnen, ist banalerweise der Mut zu einer letztlich nur moralisch begründbaren Fragestellung notwendig – wobei man die »Halle der Resignation«, als sei diese Moral »ontologisch« begründbar, durchschritten haben muß. Eine solche Fragestellung, die ihre Krallen und Kriterien im Wechselspiel mit den zu erkennenden Problemen schärfen muß, liegt im Zusammenhang der vielfachen »Barbareien« des 20. Jahrhunderts geradezu auf der Straße. In Fortsetzung der von Wilhelm Hennis trefflich herausgearbeiteten Weberschen Fragestellung kann sie sozialwissenschaftlich im Kern gar nicht anders lauten als: Welche Menschen- und, in eins damit, Gesellschafts-»Typen« sind am Ende des 20. Jahrhunderts noch möglich? Und verbunden damit: Welche Mensch- und Gesellschaftskonzeptionen kann man und will man wie erhalten? Diese Fragestellungen sind nicht nur in Form einer »geschulten Rücksichtslosigkeit« des Problemblicks zu verfolgen. Diese Fragen setzen auch die Einsicht voraus, daß wir es heute mit modernen, ja in diesem Sinne mit postmodernen Problemen einer globalen Ökonomie (Wissenschaft, Technologie usw.) zu tun haben. Die Abgründe der Moderne/Postmoderne sind nicht gestriger oder vorgestriger Art. Als ob es nur weiterer »Modernisierung« bedürfte, und alles wäre wachstumsökonomisch und wachstumspolitisch in Ordnung. Die in diesem Jahrhundert kenntlichen Dammbrüche sind solche genuin moderner Art. Sie sind im wörtlichen Sinne unbeschadet der in der Moderne »aufgehobenen« Vormoderne unerhört, weil diese zivilisatorischen Dammbrüche inmitten, ja aufgrund der Zivilisation in ihren Dimensionen und in den Bedingungen ihrer Möglichkeit erst »Innovationen« der Moderne darstellen.

Werden die Fragen in dieser Richtung und mit diesen Einsichten gestellt, dann darf es, betreibt man nicht eine Soziologie des Wegsehens und der Amnesie, keine Sozialwissenschaft der wechselseitig isolierten »-ismen« und Nachkriegszeiten geben. Hannah Arendts Feststellung aus dem Jahr 1954 bleibt richtig, wie ihre schon 1946 angemerkte methodische Regel: »If we want to be at home on this earth, even at the price of being at home in this century, we must try to take part in the interminable dialogue with the essence of totalitarianism.«

Darüber, worin diese »Essenz« besteht, wird ebenso gestritten werden müssen, wie es heute, ein halbes Jahrhundert danach, mit dem Verständnis des »historischen« Totalitarismus nicht mehr sein Bewenden haben kann. Die Arendtsche Richtung ist jedoch klar und eindeutig. Ebenso ihre allgemeiner Hinweis, wie zu verfahren sei: »[...] who have left the field of surface descriptions behind them, who are no longer interested in any particular aspect nor any particular new discovery because they know that the whole is at stake, are forced into the adventure of structural analyses and can hardly be expected to come forward with perfect books«; oder, wie man angesichts von Luhmann hinzuzufügen geneigt ist, mit perfekten Theorien. Letzteres macht gerade eine der signifikanten Schwächen von Luhmanns Theoriegebäude aus (und dem des anders- und doch merkwürdig gleichartigen Jürgen Habermas), daß sein Konstrukteur allemal primär daran interessiert zu sein scheint, seine Theorie »sauber« und in sich stimmig zu halten, statt dieselbe inmitten der sperrigen Wirklichkeit zu riskieren, selbige immer wieder aufs neue schindend. Auch das ist am Ende des 20. Jahrhunderts unzulässige Hybris.

Spezifischer noch: das Problem von Inklusion und Exklusion bleibt mehr denn je auf der Tages- und Zukunftsordnung. Gesellschaft und Politik bedeuteten bis heute notwendig soziale und politische Schließung, in der Moderne ungleich stärker als in vormodernen Zeiten. Diese verschlungenen Schließungen dürften allen modernen Enträumlichungen und Beschleunigungen zum Trotz nicht schlechterdings beseitigt werden können. Die sozialen Kategorien Raum und Zeit kennzeichnen in all ihrer qualitativen historischen Differenz unvermeidlich das körperliche, also räumlich extensive, zeitlich begrenzte und soziale, also auf andere hin plural angelegte Mängelwesen Mensch. Solche humanen »Bleigewichte« können aber nicht restlos erleichtert werden; sie dürfen es menschenrechtlich nicht. Denn zur Person wird ein »abstraktes Individuum« nur in spezifischen historischen Schwere-Mischungen von dynamisch flexiblen und statisch widerborstigen Elementen. Deswegen stellt sich angesichts wachsender Globalität, Ungleichheit und Konkurrenz mehr denn je die Frage: Wie ist Gesellschaft ohne dauernde feindliche Exklusionen, feindliche Projektionen möglich? Da die herkömmlichen vor- und frühmodernen Institutionen auch inmitten der westlich »entwickelten« Gesellschaften nicht mehr problemlos und normativ angemessen funktionieren (können) – zum Beispiel: die liberale Demokratie –, ist heute mehr denn je die organisatorische soziale Phantasie vor dem Hintergrund nüchterner Analyse gefragt.

(3) Welch eine Bürde, welche eine Aufgabe, welch eine Chance für Gesellschaftstheorie(n)! Deren Repräsentantinnen und Repräsentanten müßten nur wissen: sie können sich ebensowenig wie gesellschaftliche Reformer aller Couleur auf irgendeine Fortschrittsdynamik verlassen. Letzterer seitherige Spuren können ohnehin fast nur schrecken. Eher im Gegenteil. Die gegenwärtig erkenntliche globale systemische Dynamik, angetrieben von der kapitalistischen Konkurrenz- und der in ihr steckenden Habens- und Herrschenslogik, läßt selbst Walter Benjamins verzweifeltes Bild von der Notbremse, die es gegen den rasenden Zug des Fortschritts einzusetzen gelte, als zu kühn erscheinen. Welche soziale Institution besäße die Muskelkraft, die tausendgriffig nötigen Notbremsen in systemisch differenzierten und eng gekoppelten, sprich analog funktionierenden Systemen zu ziehen, die von Millionen und Aber-Millionen von Interessenten getragen und täglich neu hergestellt werden? Auch nur die nötige Selbstreflexion und Reform der Sozialwissenschaften, die diese erst zu relevanter theoretischer Diskussion in der Lage versetzten, ist nicht im Sinne erfahrener Hoffnung zu erwarten. Zuallererst müßte Sozialwissenschaft »wieder« zur Oppositionswissenschaft werden (eine *laudatio temporis acti* ist auch diesbezüglich nicht angezeigt), zu einer Wissenschaft, die über gesellschaftliche Distanz verfügte, gerade um unverkürzt kritisieren und phantasieren zu können. Insofern durchaus ein unzeitgemäßes Lob des »Elfenbeinturms«. Wie indes sollten die institutionellen Voraussetzungen solcher urteilsbedachter Selbstreflexion verbunden mit entsprechender Analyse und Konstruktion geschaffen werden können angesichts des heutigen sozialwissenschaftlichen Mankos an schöpferischer Selbstreflexion?

Jenseits von Barbarei? Selbst Luhmann antwortet auf das in den ersten vier Abschnitten fehlende, dann nur implizit angefügte Fragezeichen zwar verhalten sibyllinisch mit einem: Nein! Barbarei in Form systemischer Marginalisierung, die Luhmann auch vor seiner Haustür genaueren Blicks hätte kennenlernen können (oder auch indem er den unüblichen Soziologen Bourdieu und seine Mitarbeiter in *La Misère du Monde* gelesen hätte), ist Teil des Zentrums, der Zentren und ihrer expansiven Logik. Der soziale Darwinismus weltweit dürfte ohne qualitativ unwahrscheinliche, in keinem Fall vorhersehbare und nicht sanguinisch auf »Gegengifte« verlagerbare Änderungen zunehmen. Damit die barbarischen Kosten. Die Gesellschaftswissenschaften werden in jedem Fall an diesen Problemen substantiell zugrunde gehen oder sich rechtzeitig wenigstens teilweise besinnen. Indem sie unter anderem das 20. Jahrhundert unverkürzt erinnern. Luhmannsche Theorie kann allerdings trotz macher Einsicht kaum Hilfestellung leisten. Dafür ist ihr Konstruktionsprinzip den mehrfach vermittelt beobachteten, funktional ausdifferenzierten Systemen zu mimetisch geraten. Ein letztes Mal: operationell geschlossen.

Claus Offe
Moderne »Barbarei«: Der Naturzustand im Kleinformat?[1]

Für U. O. zum 30. 5. 1994

In Fachlexika und Handbüchern findet man den Begriff der Barbarei kaum, am wenigsten in sozialwissenschaftlichen. Wo über die Begriffsgeschichte berichtet wird, ergibt sich eine vielfältig verzweigte Semantik. Am Anfang der griechischen Verwendung bei Homer und Herodot sind die Barbaren Menschen fremder Sprache – die Sprachfremden, mit denen wir uns weder in ihrer noch in unserer Sprache verständigen können. Dabei hatten die Griechen die Bewohner Kleinasiens, vor allem aber die Perser im Sinn. Die Fremdheit der Sprache und des religiösen Kultus als Kennzeichen barbarischer Lebensweise wurde zunächst nicht in herabsetzender Bedeutung verwendet – Homer wie Herodot lassen sogar, wie ein Philologe feststellt, gelegentlich einen »eigentümlichen Hang zur Idealisierung der Barbaren« erkennen. Paulus (1. *Kor.* 14, 11) warnt die Gemeinde vor »Zungenrednern« und vergleicht sie mit Barbaren (»Menschen aus wildfremdem Volk«); er meint damit jene religiösen Sonderlinge, die Gott in einer Art Privatsprache verehren, die den Mitgläubigen »Erbauung« und »geistliche Erkenntnis« vorenthält und dadurch die Gemeinschaft der Gläubigen untergräbt.

Eine eindeutig negative Färbung nimmt die Bezeichnung »Barbaren« im Griechischen erst seit der Zeit des Xerxes und im Zuge der militärischen Konfrontation zwischen Griechen und Persern an. Seit dem 4. vorchristlichen Jahrhundert bildet sich eine Bedeutung heraus, die mit Adjektiven wie unzivilisiert, unkultiviert, wild (»savage« und »ferocious«), ignorant, fremd, grausam, inhuman umschrieben wird.

Bei den Römern wird der Barbar dann in der Kaiserzeit zum Teil gleichbedeutend mit dem militärischen Fremdarbeiter: die Barba-

1 Kritik und Anregungen verdanke ich schriftlichen Kommentaren, die ich von Ulrich K. Preuß, Volker Schmidt und Michael Zürn erhalten habe.

ren sind die in den auswärtigen Provinzen des Imperiums und ihren *nationes* angeworbenen Söldner.

Es ist dieses Bedeutungsfeld, das von einer klassizistisch orientierten pessimistischen politischen Anthropologie der frühen Moderne, vor allem in Frankreich, wiederentdeckt und in den philosophischen, juristischen und ästhetischen Diskurs eingeführt wird. Baudelaire erörtert die Frage der »éternelle et incorrigible barbarie de l'homme«, und die Sozialisten (Jean Jaurès, daran anschließend auch Rosa Luxemburg) treten am Vorabend des Ersten Weltkriegs unter dem Kampfruf »socialisme ou barbarie« an. Gleichzeitig schreibt das französische Kriminalrecht (Code pénal) verschärfte Strafen für den Fall vor, daß ein Angriff auf Leib und Leben in »barbarischer« Weise, das heißt unter »emploi des tortures corporelles«, ausgeführt worden ist.[2]

Über diese französische Verwendung des 19. und frühen 20. Jahrhunderts hat der Begriff der Barbarei nach dem Zweiten Weltkrieg auf breiter Front Eingang gefunden in die Sprache der deutschen Zeitgeschichte und Zeitdiagnostik, wo er, vor allem im Hinblick auf die systematische Judenvernichtung während des Krieges, zur Kennzeichnung eines äußersten Gegenpols zum vermeintlichen Normalzustand von Zivilisation und Modernität verwendet wird.

Daran ist sozialwissenschaftlich die implizite zivilisationspessimistische Hypothese von größtem Interesse: Je mehr zivilisatorische Fortschritte es gegeben hat, desto größer wird nicht nur (aus trivialen logischen Gründen: weil einfach die Fallhöhe größer geworden ist) die Möglichkeit eines Absturzes in die Barbarei, sondern aus beunruhigend rätselhaften empirischen Gründen

2 Zur Konfusion trägt weiter bei, daß in der französischen und älteren deutschen Terminologie der Ausdruck »berberie« bzw. »Barbarei« (engl. »Barbary«) als geographische Sammelbezeichnung der von den Berbern bewohnten Länder Nordafrikas (Libyen, Tunesien, Algerien, Marokko) dient. Diese Bezeichnung für die heute noch halbnomadischen Ureinwohner Nordafrikas, deren Siedlungsgebiete im 7. Jahrhundert von den Arabern kolonisiert wurden, wird auf eine arabische Wurzel (»barbar«) zurückgeführt. Interessant daran ist allenfalls der freilich etymologisch und semantisch ungeklärte Umstand, daß im Deutschen das Wort »Berber« auch zur Benennung und (stolzen) Selbstbezeichnung von nicht-seßhaften Stadt- und Landstreichern dient.

auch die Wahrscheinlichkeit eines solchen Absturzes. Barbarei und Zivilisation werden in dieser von Adorno und Bauman begründeten Sicht zu dialektisch vermittelten, wechselseitig konstitutiven Gegensätzen.[3]

Was Sozialwissenschaftler hier ausrichten können, beschränkt sich auf den Versuch, begriffliche Distinktionen einzuführen. Sie hoffen dabei nicht auf »Lösungen«, allenfalls auf partielle Erklärungen, und vor allem darauf, durch Verbreitung triftiger Distinktionen einen günstigen Einfluß auf das Niveau der Debatte nehmen zu können, der akademischen wie der außerakademischen. In diesem Sinne werde ich versuchen, (1) zwei Arten von Barbarei zu unterscheiden, (2) innerhalb des zweiten Typus auf Makro- vs. Mikrophänomene einzugehen und (3) drei Erklärungshypothesen für das Auftreten von »Mikro-Naturzuständen« zu skizzieren.

I

Eine Durchsicht von 540 Buchtiteln (dem Datennetz sei Dank!), die im 19. und 20 Jahrhundert in diversen europäischen Sprachen erschienen sind und den Begriff »Barbarei« enthalten, führt neben (und lange vor) dem für uns paradigmatischen Fall der vom nationalsozialistischen Staat betriebenen Massenmorde zu der folgenden (ganz unvollständigen) Liste von Zuständen, Phänomenen, Epochen und Handlungen, die von den jeweiligen Autoren als »barbarisch« qualifiziert werden:

- Anarchismus
- Antisemitismus
- argentinische Militärdiktatur
- ästhetische Qualität von Gebrauchsmöbeln in Krankenhäusern und anderen öffentlichen Einrichtungen
- aztekische Zivilisation
- Bolschewismus
- Burenkrieg

3 Das ist ersichtlich eine These, die sich durch ihre eigene Radikalität uninteressant macht. Denn sollten ihre Vertreter recht haben mit der deterministischen Behauptung eines zivilisatorischen Autodestruktionsprogramms und der Aussichtslosigkeit aller Versuche der Gegensteuerung – was bliebe dann noch zu diskutieren?

- Bürgerkrieg allgemein, besonders Bosnien
- die Beschränkung des Freihandels durch Schutzzölle
- Frühgeschichte der Menschheit (Morgan)
- Gallizismen in der kastilianischen Sprache (»una lengua que se corrompe es siempre indicio de una sociedad corrompida«)
- grausame Haftbedingungen
- Heidentum
- indianische Kriegpraktiken
- jüdische Ernährungsvorschriften
- Kolonialherrschaft
- Kriegsverbrechen
- Megastädte
- Militarismus
- Mißachtung grammatischer Regeln
- nicht-metrische Maße und Gewichte
- nicht-vegetarische Ernährung (»meat is murder«)
- politische Kultur der Ostdeutschen nach 1990
- Polygamie
- Praxis oder Tolerierung der Abtreibung
- Protestantismus
- die Prügelstrafe (»caning«) im Strafvollzug der Republik Singapur
- Rassismus
- Sklaverei
- staatliche Diskriminierung von Homosexualität
- Terrorismus
- Todesstrafe
- Totalitarismus
- Umweltzerstörung
- Verwahrlosungserscheinungen aus pastoraltheologischer Sicht
- viktorianische Sexualmoral
- zwanzigstes Jahrhundert.

Gemeinsam ist diesen Phänomenen allenfalls ein Bezug auf die Verletzung, Zerstörung oder Mißachtung von Kategorien physischer und symbolischer Integrität und kultureller Identität. Die »Barbaren« sehen anders aus, kleiden und ernähren sich anders, haben andere sexuelle Regeln, wohnen an anderem Ort, reden anders usw.; oder sie verletzen durch ihr Handeln die für »uns« geltenden Regeln physischer und symbolischer Integrität, insbesondere in »grausamer«, »wilder« oder »gewalttätiger« Weise.

Der Begriff des Barbaren markiert ein krasses Gefälle zwischen »uns« und »ihnen« und moniert die Verletzung »unserer« zivilisatorischen und ästhetischen Mindeststandards durch »sie«.

»Barbarei« ist also kein eingeführter soziologischer Begriff, und es fragt sich angesichts dieser Vielfalt der Verwendungen, ob sich die Mühe überhaupt lohnen könnte, ihn zu einem solchen zuzuspitzen. Es handelt sich, so scheint es, eher um einen Sammelbegriff für das den Beobachter jeweils erschreckende Jenseits sozialer Phänomene. Oder schlicht um eine Passepartout-Phrase zum Zwecke negativer Dramatisierung? Dieser Eindruck verflüchtigt sich, wenn man sieht, daß sich beim Versuch der Klassifikation »barbarischer« Phänomene eine überraschend klare Zweiteilung ergibt. Wir können von einer externen und einer internen Verwendung des Begriffes sprechen – oder von einer Barbarei *vor* der Zivilisation und einer *nach* der Zivilisation.

(1) Bei externer Verwendung sind die Barbaren alle diejenigen, die »nicht dazugehören«. Die binäre Logik des Begriffs ist die der Exklusion von Interaktion, der Verweigerung von Reziprozitätsnormen gegenüber den »Barbaren«, die an der Zivilisation dessen, der sie so bezeichnet, nicht teilhaben.[4] »Barbaren« sind diejenigen, mit denen ein mehr als punktueller Kontakt nicht in Betracht kommt. Unsere Sprache und unsere Sitten sind ihnen fremd und umgekehrt uns ihre. Falls es doch zu einem Kontakt kommt, dann kann und muß dieser notgedrungen ungeregelt bleiben. Weiterer Kontakt ist nicht zu erwarten; es gibt kein »Gesetz des Wiedersehens«. Man kann deshalb andere Personen, insofern sie »Barbaren« sind, nicht als Personen, sondern darf sie als »Sache« behandeln – sei es, daß man sie zum Gegenstand zivilisationsmissionarischer pädagogischer Anstrengungen macht, sei es, daß man sich für berechtigt hält, ihre Rechte und ihre körperliche Verletzbarkeit zu ignorieren. Barbaren sind die, die uns nichts angehen. »Barbaren« sind ein historisches und geographisches Phänomen: sie sind an einem weit entfernten anderen Ort zu Hause. Oder sie gehören – vor allem in evolutionstheoretischer Sicht – einer fernen Zeit an, nämlich den Anfängen der menschlichen Geschichte.

4 Noch Adorno (1969, S. 87 ff.) sieht die Gefahr der Barbarei unter der Landbevölkerung als größer an als in den Städten und macht sich Gedanken über Initiativen zur »Entbarbarisierung auf dem platten Land«. Dasselbe Motiv der »De-Urbanisierung« als Quelle der Barbarei bei Weber 1989/1924.

Immer ist hier »Barbarei« gleichbedeutend mit der Markierung von Punkten in Raum und Zeit, an der »unsere« Vorstellungen von Zivilität (noch) keine Geltung hatten oder haben. Wenn dieser außerhalb »unseres« Territoriums gelegene Ort überhaupt entdeckt, betreten und kolonisiert wird, dann mit der Konsequenz der zumindest jederzeit in Betracht kommenden physischen Vernichtung von »Ureinwohnern« und ihres Territoriums, das eigentumsrechtlich als »terra nullius« gilt. Die Barbaren sind das soziale Nullum, die »gooks« der Vietnam-Filme wie *Platoon*.

(2) Die Differenz, die der Begriff der Barbarei immer zwischen der ersten und der dritten Person Plural markiert, bleibt auch dann erhalten, wenn von derselben Gruppe die Rede ist, die einmal (»wir«) zivilisatorische Standards setzt und verteidigt und dann doch (»sie«) zu Teilen oder zu einem anderen Zeitpunkt hinter diese Maßstäbe zurückfällt. Bei interner, zeitdiagnostisch-selbstkritischer Verwendung bezeichnet der Begriff die Selbstaufhebung von Zivilität, einen plötzlichen[5] Rückfall. Barbaren sind alle diejenigen, welche die normativen Prämissen gemeinsamer Zugehörigkeit fallenlassen und verraten. Diese Prämissen bestehen in der zugemuteten Pflicht, vom Anderssein der anderen zu abstrahieren. Diese Pflicht wird zum Beispiel durch »barbarische« Arten der Bestrafung verletzt, nämlich dann, wenn jemand nur deshalb, weil er bestimmte Eigenschaften aufweist oder inkriminierte Handlungen begangen hat, auf Dauer oder in demütigender Weise physisch oder symbolisch aus der Rechts- und Zivilisationsgemeinschaft achtenswerter Personen ausgestoßen und wie ein fremdes Ding behandelt wird. Barbaren in diesem »internen« Sinne sind diejenigen, die andere Menschen als Barbaren (im soeben skizzierten »externen« Sinne) ansehen und behandeln, obwohl sie mit ihnen in sozialem Verkehr stehen, das heißt einer zuvor beiderseits anerkannten faktischen und rechtlichen Beziehung gemeinsamer Zugehörigkeit.

In diesem Sinne ist Barbarei ein hier und jetzt, nicht ein fernab oder in grauer Vorzeit stattfindendes Phänomen. Und es handelt sich um ein modernes Phänomen, insofern Nationalstaat und Arbeitsmarkt, Welthandel und transnationale Regimes, die Globalisierung von Kultur und Kommunikation moderne Phänome-

5 Eine Asymmetrie zwischen zivilisierenden und de-zivilisierenden Prozessen besteht offensichtlich darin, daß jene langsam und stetig verlaufen, diese aber plötzlich und abrupt. Vgl. Mennell 1990, S. 215.

ne sind, welche die Kreise der faktischen Inklusion beständig ausgedehnt haben und dadurch erst die Gelegenheit bzw. Versuchung zu »barbarischem« Handeln, zur inneren Exklusion schaffen – zur Aufkündigung einer schon praktizierten Gemeinsamkeit von Sprache, Rechten und Sitten.[6] In einer Welt, in der es keine »wilden« Völkerschaften mehr gibt, werden diejenigen zu Barbaren, welche die innere Exklusion[7] betreiben, indem sie faktisch Zugehöriges zu etwas Nichtswürdigem und Fremdem erklären.

Man kann also wohl in begriffsgeschichtlich-semantischer Abfolge zwei Konstellationen unterscheiden, die der Begriff des »Barbaren« oder der »Barbarei« markiert: Barbaren sind die radikal Anderen – zu ihnen besteht das Verhältnis der Sprachfremdheit und Unmöglichkeit der Verständigung bei zunächst durchaus ambivalenter Bewertung der Fremden durch »uns«. Zu einer eindeutigen Bewertung gibt es anfangs kaum Anlaß, solange die Berührung mit den Fremden eine zufällige und punktuelle ist. Die Fremden werden erst inferior oder sogar Feinde, wenn sie »uns« angreifen oder sich unseren Expansionsbestrebungen widersetzen. Ihre militärische und physische Vernichtung ist von »unseren« zivilisatorischen Normen nicht untersagt, eben weil die Opfer der Vernichtung diese Normen nicht teilen und deshalb außerhalb des Schutzbereiches unserer Normen stehen.

Zu Barbaren werden wir selbst, wenn wir unsere eigene Sprache gleichsam verlernen. Barbaren sind die abgespaltenen Teile unseres kollektiven Selbst, die trotz des erreichten Standes der Interdependenz, der Rechts- und Interessengleichheit andere (sei es

6 Weber (1989/1924, S. 289 ff.) spricht davon, daß »die Barbarei längst von innen heraus gesiegt hatte«, von einer endogenen »Kulturdämmerung«, der »inneren Selbstauflösung einer alten Kultur« usw. »Barbarei« ist hier also das Ergebnis von Verfall und Verfehlung.

7 In dem 1933 geschriebenen Denkbild »Erfahrung und Armut« entwikkelt Walter Benjamin (*GS*, Bd. II,1, S. 213 ff.) einen »positiven Begriff des Barbarentums«, der einen Aspekt dieser inneren Exklusion als Merkmal moderner Gesellschaften und ihrer Ästhetik hervorhebt. Für Benjamin ist das »neue Barbarentum« durch Erfahrungs- und Erinnerungsverlust und die Aktualitätsverfallenheit gekennzeichnet: in Kunst und Leben werden die »Opfergaben der Vergangenheit« und das »Menschheitserbe« zur Spurlosigkeit verdammt. – Den Hinweis auf diese Schrift Benjamins und weitere Anregungen verdanke ich Hartmut Dießenbacher.

durch ihr Handeln, sei es durch ihr Unterlassen) als »Wilde« ausgrenzen und behandeln. Dieser interne Begriff der Barbarei suggeriert eine dreipolige Konstellation von Beobachter, Täter und Opfer: Wir, die Beobachter, behandeln (zum Beispiel in der Einstellung der Kritik oder Reue) andere (die Täter) als anders (nämlich als Barbaren), weil diese gegenüber dritten Anderen (den Opfern) die Bestimmungen eines schon bestehenden Zivilisationsvertrages gebrochen haben. So hat offenbar der Begriff des Barbaren die Position im Handlungsschema gewechselt. Barbarisch sind nicht die Fremden, die mit den grausamen Sitten; sondern »barbarisch« sind die, die als Ergebnis eines negativ-regressiven Lernprozesses einen erreichten Stand der Zivilisierung verletzen und andere, die keineswegs *a limine* »fremd« und »grausam« sind, so behandeln, als wären sie es. Moderne Barbaren sind die, die andere mit allen Konsequenzen für vormoderne Barbaren erklären.

Was sich dabei abspielt, ist die Betäubung des Sinnes für die elementare Unzulässigkeit von Handlungen und Unterlassungen[8], welche die physische und symbolische Integrität anderer Menschen verletzen, die als faktische Teilhaber an einem zivilisatorischen Gefüge von Interaktionen und Normen durchaus Anspruch auf den Schutz dieser Normen haben. Es geschieht etwas – und alle tun dann so, als wäre nichts gewesen. Unter moderner Barbarei könnte man eine eigentümliche Unempfindlichkeit gegenüber Normverletzungen verstehen, die Gleichgültigkeit gegenüber »eigentlich« geltenden Ansprüchen anderer auf Integrität und Anerkennung. In diesem Sinne können »barbarisch« nicht nur Handlungen, sondern sehr wohl auch Unterlassungen sein – und hier nicht nur der Standardfall der unterlassenen Hilfeleistung gegenüber Personen, sondern auch die unterlassene Kenntnisnahme von Sachverhalten (vgl. Arendt 1986/1950). Menschen und Sachverhalte, die uns qua geteilter Lebenswelt sehr wohl etwas angehen, werden dann mutwillig in die Fremdheit oder

8 Die Einbeziehung auch von »negativen Handlungen« (Unterlassungen) in den Bereich »barbarischer« Phänomene ist zumindest dadurch gerechtfertigt, daß es in jeder Gesellschaft einen Grundstock an rechtlich oder zumindest moralisch geforderter Hilfsbereitschaft und an Kenntnisnahme- und Eingriffspflichten (»existing morality«) gibt, die durch spezifisches Nichtstun verletzt werden können. Vgl. James 1990, S. 272 ff.

Belanglosigkeit entrückt; die hintergründige Mittäterschaft passiver Passanten (auch wenn sie »wegschauen« und insofern etwas verletzten, das man als eine zivilisatorische »Pflicht zur Kenntnisnahme« nennen könnte) gehört bekanntlich durchaus zu den Phänomenen, die als moderne Barbarei bezeichnet worden sind.

Nun ist nicht leicht Gewißheit in der Frage zu gewinnen, ob die massenhaften Greueltaten, über welche die Zeitungen in diesen Jahren aus der »zweiten« wie aus der dritten Welt berichten, aus der Teilnehmerperspektive dieser Länder als Barbarei im vormodernen oder im modernen Sinne erlebt werden. Gilt die Eruption gewalttätigen Hasses gegen Sprach- und Religionsfremde in den betroffenen Gesellschaften selbst als eine unabwendbare, fatalistisch zu ertragende Naturgewalt des sozialen Lebens? Oder gilt sie als ein mit Bedauern und Reue verfolgter Rückfall gegenüber Normen der Zivilität, von denen auch in der Binnenperspektive zumindest die Vorstellung verbreitet war, sie könnten und sollten Gemeingut werden? Gegen die erste Alternative würde wohl sprechen, daß, wo auf Dauer mit unbezähmbar elementaren Naturgewalten der auf Fremdgruppen gerichteten und von diesen ausgehenden Aggression gerechnet würde, es keinen konsistenten Sinn ergibt, mit der Übertragbareit von Teilen der materiellen Kultur des Westens, sprich: mit der Perspektive auf »Entwicklung«, zu operieren. Wer umgekehrt mit einer solchen Perspektive operiert, beweist damit, daß er die Gesellschaft, für die er das tut, für schon zivilisiert oder im Prinzip zivilisierbar hält, weil sonst die Bedingungen der Möglichkeit von »Entwicklung« entfallen. Wer Eisenbahnbau und Schulpflicht, Gesundheitsdienste und Eigentumsrechte als wünschbare Modernisierungsschritte ernsthaft ins Auge faßt, der kann das nur tun, wenn er die vormoderne und »externe« Semantik des Barbaren überwindet. Insofern erledigt sich zumindest zum Teil auch das (zum Beispiel mit Blick auf Bosnien) beunruhigend beliebte Argument: Was »bei uns« und aus unserer zivilisierten Perspektive ein Rückfall in die Barbarei wäre, ist »dort« nur deren niemals überwundenes Fortwirken – sozusagen der graue Alltag der vorzivilisierten Geschichte. Wer »Entwicklung« anstrebt, erhebt damit Anspruch auf eine Teilhabe an nicht nur den kognitiven Elementen der Weltzivilisation, also an Standards technischer und ökonomischer Rationalität; er legt sich auch, zumindest implizit und jenseits aller religiösen und kulturellen Differenz, auf ebenso universale moralische Standards und Menschenrechte fest. Denn welchen Sinn sollte es haben, die Lebenschancen großer Gruppen von Menschen verbessern zu wollen, ihr Leben aber nach Maßgabe von Stammesfeindschaften als nichtswürdig zu behandeln? Gewiß können die beiden Seiten von »Zivilität«, die technische und die moralische, in ihren jeweiligen Fortschrittsraten auseinanderfallen und sich beim »Fortschritt« der Militärtechnologie sogar antinomisch zueinander entwickeln. Aber solche Antinomien setzen doch unabwendbar das Problem auf die Tagesordnung nationaler Regierungen und internationaler Organisationen, wie die Diffusion rationaler (Militär-) Technik und ihrer Anwendung durch die nachholende Diffusion von Standards der Zivilität diszipliniert werden kann.

Wenn es eine »Soziologie des Bösen« gäbe, hätte sie zumindest die folgenden vier Erscheinungsformen ihres Gegenstandes zu unterscheiden, die in der philosophischen Diskussion zwischen Kant (»Religion in den Grenzen...«) und Hegel modelliert worden sind (vgl. Zizev 1993). Erstens den schlichten und alltäglichen Fall der Devianz, das heißt der Verletzung von Normen, die trotz ihrer Verletzung weiterhin (»kontrafaktisch«) gelten. Zweitens den Fall der Ideologie, das heißt des strategischen Gebrauchs von Normen: ich bilde oder vertrete eine Norm oder klage ihre Befolgung allein deshalb ein, weil das meinen Interessen dient – nicht weil ich von ihrer Geltung überzeugt bin. Drittens den schwer konstruierbaren Grenzfall eines Normensystems, das selbst »böse« ist – ein allseits gewissenhaft befolgter Satanskult also – oder das, was sich Präsident Reagan wohl unter der Sowjetunion als dem »kingdom of evil« vorgestellt hat.[9] Und viertens den Fall, der uns hier unter dem Stichwort »Barbarei« interessiert: das Absterben einer Gesittung und der unter Umständen ganz unspektakuläre Verlust nominell vielleicht durchaus weiterhin »vorhandener« Normen an operativer Geltungskraft im tatsächlichen Leben der Gesellschaft.[10] Dieser Fall unterscheidet sich von dem der Durkheim-

9 Vgl. die philosophisch exakte Definition bei Zizev (1993, S. 95 ff.): »Acts which, although »evil« as to their content, thoroughly fulfill the formal criteria of an ethical act. [...] their sole motivating ground is Evil as a principle, which is why they can involve the radical abrogation of one's [...] interests, up to the sacrifice of one's life«.

10 Feher und Heller (1994, S. 97) sprechen treffend vom »deliberate weakening of the prohibiting forces of culture and historicity«. Hier werden also nicht Normen verletzt, sondern bestimmte Kategorien

schen Anomie wohl dadurch, daß nicht die Normen selbst ungewiß werden (und die Akteure unter der damit gegebenen Ungewißheit bis zum Extrem der Selbstzerstörung im »anomischen Selbstmord« leiden: »lack of definition of what is desirable«, Parsons), sondern daß die Akteure aus dem Geltungsbereich eines durchaus präsenten und wohldefinierten Normensystems mutwillig austreten oder sich für seine Anforderungen unempfindlich machen. Wir haben es mit dem psychologisch rätselhaften, ja eigentlich unmöglichen (vgl. Elster) Vorgang zu tun, daß jemand etwas »vorsätzlich vergißt«. Barbarei ist nicht mit Normlosigkeit zu verwechseln, weil es sich bei ihr um die negatorische Praxis der Entwertung, Verletzung und Subversion von Normen handelt.

Barbarische Handlungen können deshalb so definiert werden: Ihr Ergebnis ist die gravierende Beschädigung der symbolischen oder physischen Integrität von Individuen oder Gruppen von Personen, und die Motivation des Handelns ergibt sich (in negativer Hinsicht) daraus, daß die Akteure sich selbst von einer an sich bestehenden Pflicht dispensieren, ihr Handeln zu rechtfertigen oder zu erklären, indem sie zum Beispiel ein »Recht des Stärkeren«, also das Gegenteil von Recht, in Anspruch nehmen. Diese Anmaßung der rechtfertigungsfreien Ausübung oder Duldung zerstörerischer Gewalt soll im folgenden – unabhängig vom Urheber und vom Ausmaß der Zerstörung – »barbarisch« genannt werden. »Barbarische« Handlungen und Unterlassungen sind das Ergebnis von dezivilisierenden Prozessen (vgl. Mennell 1990), in denen (motivational) »Selbstzwänge« (Elias) fallengelassen und (kognitiv) Interdependenzen und Zugehörigkeiten ignoriert werden.

II

Ich werde mich nun mit soziologischen Vermutungen über die Umstände beschäftigen, unter denen Phänomene des zweiten Typs, also Phänomene der post- oder innerzivilisatorischen Barbarei, auftreten. Die »starke« These dazu ist, wie gesagt, die, daß der Rückschlag der Zivilisation gegen sich selbst ein Vorgang ist,

von Handlungen werden aus dem Geltungsbereich von Normen herausdefiniert – »the very notions of right and wrong lose their meanings« (Zizev 1993, S. 100).

der in die Zivilisation selbst einprogrammiert ist. Die Auffassung von der befriedenden, sublimierenden, triebregulierenden, reziprozitätssichernden, rational-repressiven Funktion der Kultur wäre demnach fragwürdig, und an ihre Stelle müßte die Hypothese eines zivilisatorischen Scheinfriedens treten, dessen Prämissen so ausgelegt sind, daß er zusammenbrechen muß. Daß solche Regressionen vorkommen können, ist nicht strittig. Strittig – oder zumindest unbekannt und ungesichert – sind die Eigenschaften, das heißt die Konstruktionsfehler einer Zivilisation, die diese, falls an der genannten Hypothese etwas daran ist, zu einem selbstsubversiven Programm[11] zu machen tendieren und dafür verantwortlich sind, daß die Regression mit einer gewissen Zwangsläufigkeit eintritt – so wie es Robert Altman in seinem Film *Short Cuts* vorführt. Was wir fälschlich für den zivilisatorischen Frieden halten, wäre nach dieser Hypothese in Wahrheit nur der Zustand eines Waffenstillstandes, mit dessen Dauer sich die Mittel wie die Motive, ihn zu brechen, anstauen. Beschreibt der Prozeß der Modernisierung den Pfad einer zivilisatorischen U-Kurve?

Immerhin waren wir bis vor kurzem bereit, uns auf die Eventualität eines staatlich organisierten Massenmordes moralisch und militärstrategisch einzurichten, insofern die glaubwürdig demonstrierte Bereitschaft, A-Waffen zur Vergeltung einzusetzen, als geeignet galt, die andere Seite von einem Erstschlag abzuhalten. Der Bestand zivilisierter Verhältnisse im internationalen System hing also nach breitestem Einverständnis davon ab, daß man den Rückgriff auf barbarische Handlungsweisen bei anderen und bei sich selbst als *ultima ratio* in Betracht zog. Die Zivilisation findet eine Außenstütze in ihrem diametralen Gegenteil. Der Erstschlag unterbleibt nur aus Furcht vor dem Gegenschlag. Der Gegenschlag setzt aber voraus, daß nach eingetretenem Erstschlag der Betroffene blitzschnell zu regredieren bereit ist, nämlich auf das Niveau jener radikalen Bedenkenlosigkeit, die erforderlich ist, wenn man ohne jeden militärischen Sinn große Teile der gegnerischen Zivilbevölkerung mit strategischen Atomwaffen vernichten

11 So im Ergebnis – trotz späterer optimistischerer Spekulationen über »kulturelle Kristallisation« – auch Gehlen (1954, S. 45), der die »fortschreitende Zivilisation« mit »Enthemmungen fürchterlicher Art« in Zusammenhang bringt und die negative Utopie ausbreitet, daß »die Menschen sich in dem stählernen Raume der Technik mit fürchterlicher Natürlichkeit bewegen«.

will. (Ich habe nie verstanden, wie man – anders als durch perfekte Automatisierung ohne jede Steuerungs- und Abschaltoption – diese »Response«-Erwartung auf der anderen Seite befestigen kann. Wenn sie aber nicht befestigt ist, dann könnte der Gegner auf intakte moralische Hemmungen, das heißt auf das Ausbleiben des Gegenschlages spekulieren, und der Abschreckungseffekt verlöre seine logische Voraussetzung.) Die Zivilisation wird in diesem Szenario allein durch die Bereitschaft aufrechterhalten, die von ihr auferlegten Hemmungen im hypothetischen Falle ohne Zögern abzuschütteln – und diese Bereitschaft darf nicht nur vorgetäuscht, sondern sie muß zweifelsfrei vorhanden sein. Die Zivilisation, an der wir teilhaben, ist eine, an der wir nur so lange teilhaben können, wie wir uns (für andere und uns selbst) überzeugend darauf einrichten, daß wir auf ihre Errungenschaften im Ernstfall auch verzichten, das heißt zu Barbaren werden können.

Fünf Merkmale machen den Holocaust und seine idealtypische Einmaligkeit zum Paradigma für das, was wir unter Barbarei im »internen« oder nach-zivilisatorischen Sinne verstehen:
(a) Die plötzliche und ausdrückliche Aufkündigung
(b) hoch entwickelter zivilisatorischer Standards durch eine
(c) terroristische Staatsgewalt mit der
(d) zielstrebig organisierten Folge militärischer und nicht einmal militärisch motivierter
(e) Massenmorde
ist ein durch seine Dramatik herausragender, aber vielleicht auch blendender Extremfall von moderner, post-zivilisatorischer Barbarei.

Im Gegensatz zu Makro-Naturzuständen, in denen durch Angriffskrieg und Genozid die Staatsgewalt selbst sich zum Präzeptor einer Wolfsmoral macht und die Gebote der Zivilität aufkündigt, kann man von Mikro-Naturzuständen sprechen: von der Erosion nicht-formaler Regelsysteme im Prozeß der Modernisierung selbst, die zum gleichgültigen Geschehenlassen oder zur opportunistischen Verübung barbarischer Exklusions- und Gewaltakte disponieren.

Für zeitdiagnostische Überlegungen zum Verhältnis von Modernisierung, Zivilisation und Barbarei relevant sind, wie ich meine, heute vor allem nicht-staatliche Formen von Rassismus, Exklusion, Dezivilisierung und Gewaltsamkeit. Nicht die staatlich veranstalteten und verantworteten Großereignisse (Khmer

Rouge, argentinische Militärdiktatur), sondern nicht-staatliche Gewaltsamkeit innerhalb einer vielleicht nur vermeintlich »zivilen« Gesellschaft und zivilen Ökonomie machen den Großteil der »barbarischen« Phänomene aus, die uns heute beunruhigen.

Ungezügelte und unterschiedslose Gewaltsamkeit ist zunächst das Kennzeichen von Konfliktformen, die sich nicht in intakten Staaten zutragen, sondern in den zeitgenössischen Ruinen von Staatlichkeit. In Bosnien, Georgien, Somalia, dem Libanon und in Ruanda haben die jeweiligen bis auf die Außenmauern abgebrannten Staatsgewalten ein Feld für Bandenkriege freigegeben, die schon deshalb nicht eigentlich als »Bürgerkriege« bezeichnet werden können, weil eine Staatsgewalt, die den Parteien Bürgerrechte verleihen oder diese schützen könnte, nicht mehr besteht. Die beteiligten Akteure sind nicht ausgebürgert, sondern »entbürgert«. Im Umkehrschluß aus dieser Beobachtung kann es so scheinen, als ob der bloße Bestand einer organisierten Staatsgewalt (und sei es nur der Bestand einer ungebrochenen militärischen Befehlskette) heute eher Gewähr als Gefahr für ein Minimum an Zivilität bedeutet.[12]

Zum anderen sind wir in den Kernbereichen des sogenannten zivilen Lebens mit den hemmungs- und ziellosen Gewaltakten derjenigen konfrontiert, die mit der Zumutung offensichtlich überfordert sind, Differenzen des Geschlechts, der Sexualität, des Alters, der körperlichen Integrität, der Religion und der ethnischen Zugehörigkeit in ziviler Weise, das heißt unter Beachtung von Abstraktionsgeboten, auszuhalten und anzuerkennen. Der qualifizierte Schutz vor Gewaltakten, den die Zivilisation den Orten des Gebets bzw. den Betenden, den Kindern, den Sterbenden und den Toten (insgesamt also: den kategorialen »Nicht-Kombattanten«) gewährt, hat an Selbstverständlichkeit verloren. Die Art von Mikro-Naturzuständen, in denen dieser Verlust manifest wird, sind ebenfalls nicht durch die Staatsgewalt hervorgerufen oder autorisiert, sondern eindeutig gegen deren erklärte Absichten und evidente Interessen gerichtet. Nur ist sie präventiv und kurativ machtlos. Die (a') schleichende Erosion von Hemmschwellen, zivilisatorischen Ansprüchen und Selbstverständlich-

12 Mit dieser These würde ich gern den Widerspruch (oder auch die gründliche Selbstkritik) derjenigen hervorlocken, die vor nicht allzu langer Zeit im Selbstgenuß ihrer eigenen Radikalität das Vorhandensein »staatlicher Gewaltmonopole« bemängelt haben.

keiten kann (b') unabhängig vom erreichten Grad der zivilisatorischen Vervollkommung (c') auch bei anderen Akteuren als der Staatsgewalt und ihren Agenten auftreten, (d') auf affektivem Handeln oder auf Unterlassen beruhen und (e') auch ohne Todesfolgen abgehen – und dennoch alle Merkmale barbarischen Handelns (oder Unterlassens) aufweisen.

Wichtig erscheint mir insbesondere, daß barbarische Folgen nicht nur vom (rationalen oder affektiven) Handeln, sondern auch vom Unterlassen ausgehen können. Schuldhaftes Handeln ist (im Prinzip) immer nach Tat und Täter identifizierbar, schuldhaftes Unterlassen dagegen nicht. Wenn man vom Ergebnis aus auf die Urheber schließen will, dann stellt sich ein Attributionsproblem: Wer hätte wie handeln (statt gebotene Handlungen unterlassen) müssen und ist insofern durch sein indifferentes Geschehenlassen kausal am Ergebnis beteiligt?

Ebenso wichtig ist mir die verwandte Unterscheidung zwischen barbarischen Folgen, die sich aus der »tätlichen« Anwendung symbolischer oder physischer Gewalt ergeben, und solchen, die sich aus der Vorenthaltung von Recht oder materiellen Ressourcen ergeben. Es liegt auf der Hand, daß der Exklusionseffekt im zweiten Fall – seiner Qualität und vor allem seiner Quantität nach – nicht prinzipiell »harmloser« sein wird als im ersten.

Ich möchte deshalb anhand dieser beiden Merkmalsprofile und der weiteren Unterscheidungen die Beobachtung verallgemeinern: Nicht erst seit dem Ende des Kalten Krieges ist das letztgenannte Merkmalsprofil von »Barbarei« aktueller und beunruhigender als das herkömmliche, in dem die Staatsgewalt durch ihr rationales gewaltsames Handeln selbst Urheberin »barbarischer« Auswirkungen ist.

Gewiß gibt es für den Begriff der »Barbarei« eine spezifisch deutsche Semantik. Der 1933 außer Kontrolle geratene Super-GAU der deutschen Geschichte (Eberhard Jäckel) lenkt den Blick auf dessen Folgen, auf Angriffs- und Eroberungskrieg und Holocaust. Die Bemühung um mentale Dekontamination und Vorbeugung dieses Falles leitet deshalb bei uns paradigmatisch alle Reflexionen über den Begriff der Barbarei. Allerdings ist der Bereich der Phänomene, auf die sich dieser Begriff erstreckt, nicht auf diejenigen beschränkt, die für diesen Super-GAU kausal, genetisch von ihm herzuleiten oder in eine mehr oder weniger einleuchtende Analogie zu ihm zu rücken sind. Sollte sich der Begriff der Barbarei überhaupt als ein soziologischer eignen, dann muß er offen gehalten werden für ganz andere Phänomene, die, was die Folgen angeht, seinen Bestimmungen ebenso genügen – vor allem der Bestimmung, daß Barbarei die Aufkündigung der Verbindlichkeiten aus einem einmal bestehenden Zivilisationsvertrag ist und insofern der Rückfall ins Jenseits des Sozialen. Es gibt keinen ersichtlichen Grund und hätte schwerlich willkommene Folgen, wollte man den Begriff der Barbarei für seinen erschreckendsten Anwendungsfall reservieren, nämlich das nationalsozialistische Herrschaftssystem und die Singularität seiner Untaten. Verführe man so, dann gerieten auch aktuelle Gefahren und keineswegs analog verursachte Erscheinungsformen dessen aus dem Blick, was ich »interne Exklusion« genannt habe.

III

Das Problem, das uns heute beschäftigt, ist nämlich das einer soziologischen Erklärung der Erosion von lebensweltlichen Kategorien wie Alltagsgesittung, Stil, Anstand, moralische Sensibilität, von internalisierter Disziplin und zivilisatorischen Hemmungen, sofern diese Erosion durchaus »barbarische« Folgen auslösen kann. Es handelt sich dabei offenbar um strukturtheoretisch schwer prognostizierbare und erklärbare »Einbrüche«, die eigentümlich verstreut, lokal, kontingent auftreten und nach Urheber, Adressaten und Maßstab von Gewaltakten rasch wechseln. Diese Akte oder Unterlassungen sind nicht evident an strukturelle *cleavages* gebunden; eher handelt es sich um ein geradezu zufällig wirkendes Wuchern von Symptomen der Zivilitätsverletzung, sei es aufgrund individueller Handlungen oder kollektiver Unterlassungen. Was wir allenfalls versuchen können, ist eine soziologische Kartographie dieser Phänomene.

Dafür bieten sich die topographischen Metaphern »unten«, »außen« und »innen« an. Damit meine ich (1) eine »vertikale« Dimension: den Ausschluß von »normaler« Teilnahmefähigkeit (Ausgrenzung nach unten, Marginalisierung und »Überflüssigkeit«); (2) eine »horizontale« Dimension: den Ausschluß vom Inländer-Status (Migration und ethnonationalistische Ausgrenzung); und (3) Formalisierung und Differenzierung, als deren Folge Handlungsfelder und institutionelle Sektoren für einander gleichsam zum »inneren Ausland« werden können, sofern die Grenzen zwischen ihnen nicht durch geteilte »zivile« Orientierungen und Erwartungen überbrückt werden können und die Beteiligten in ihrer jeweiligen »autopoietischen« Monomanie befangen bleiben. In allen drei Fällen handelt es sich ersichtlich nicht um die vergleichsweise harmlose, »vormoderne« Konstellation einer noch nicht zustande gebrachten zivilisatorischen Inklusion, sondern um regressive Phänomene, die dazu führen, daß Individuen und Gruppen wegen ungenügender Erfüllung anspruchsvoller »moderner« Teilnahmevoraussetzungen »aussortiert« und so als Angehörige der »gesellschaftlichen Gemeinschaft« disqualifiziert werden.

(1) *»Unten«: Marginalisierung und Ausgrenzung einer »neuen Unterklasse«*

Moderne Zivilisationen mit ihrer schon technisch erklärbaren Intoleranz für »inkompetentes« Verhalten produzieren Situationen von Verletzbarkeit. Ihre Teilnahmebedingungen werden kontinuierlich anspruchsvoller. Jedes Spiel codiert drei Klassen von Personen: (a) Gewinner, (b) Verlierer und (c) Nicht-Kompetente, Nicht-Teilnahmeberechtigte, »Überflüssige«. Der verteilungspolitische Ausgleich zwischen (a) und (b) und die Niveausteigerung der Ressourcen, die für die Befriedung des Verhältnisses zwischen (a) und (b) benötigt werden, hat die Befestigung der gegen (c) gerichteten Barrieren zur Folge. Im Ergebnis bedeutet dies die Schrumpfung der Geltungshorizonte von »Normalität«, Zugehörigkeit und Anspruch auf Anerkennung auf diejenigen, die – gleichgültig, ob sie nun relative »Gewinner« oder relative »Verlierer« sind – über fünf »Essentials« sozialer Teilnahme verfügen: Arbeit bzw. arbeitsmarktgängige Qualifikation; Legalität (»clean criminal record« bzw. Aufenthaltsrecht bzw. gültige Personaldokumente); intakte oder wiederherstellbare physische und mentale Gesundheit; soziale und familiale Sicherheit; ausreichende sprachliche, kulturelle und ethnische Affinität.

Diese Dreiteilung des Spektrums von Lebenschancen führt zur Differenz von »Verlierern« und »Untauglichen«. Nicht die Verlierer sind marginalisiert (paradox könnte man sogar sagen: Wenn man bloß Verlierer ist – in institutionalisierten Verteilungskämpfen, in formalen Bildungs- und Gesundheitseinrichtungen, auf Märkten und in Wahlen –, dann hat man schon gewonnen, weil man über die Statusrechte eines legitimen Teilnehmers verfügt). Marginalisiert sind die von der Teilnahme Ausgeschlossenen: Nicht-Versicherte, Schulabbrecher, »the unemployable«, Ausländer ohne Aufenthalts- und Arbeitserlaubnis (»Illegale«), Kriminelle, physisch und psychisch Behinderte und chronisch Leistungsgeminderte, Drogenabhängige. Ihnen mangelt die Verkehrsberechtigung bzw. die basale Zahlungs- und Teilnahmefähigkeit für Teile oder die Gesamtheit des bürgerlichen Lebens.

Gemessen an diesen (untereinander teilweise in Wechselwirkung stehenden) außerordentlich anspruchsvollen De-facto-Voraussetzungen »normaler« Teilnahmefähigkeit breitet sich eine »neue Unterklasse« aus (übrigens auch im internationalen System, dort manchmal »vierte Welt« genannt), der gegenüber Standards der Zivilität zwar nicht insgesamt suspendiert, aber doch prekär und vielfach durchlöchert sind.

(2) *»Außen«: Migration und Minderheitenprobleme*

Unter diesem Stichwort möchte ich recht schematisch eine Kombination der sozialstrukturellen Merkmale der Minderheitenbevölkerung (Angebotsseite, Konstitution von Problemen) und der rechtlich-kulturellen Struktur der Aufnahmeländer (Nachfrageseite, Lösungskapazität) durchspielen. Das geschieht unter Verwendung einer Reihe von sozialräumlichen und demographischen Kategorien, die für die Analyse europäischer Sozialstrukturen offensichtlich an Bedeutung gewinnen (Beispiele sind Begriffe wie Wanderung, interregionale Wohlstandsgefälle, Region, Grenzen, Nähe, Territorium, Heimat, Wohnbevölkerung, Entwicklungspole).

Die beiden sozial-räumlichen Variablen, mit denen ich das Feld erschließen möchte, sind die »Territorialität« (im Sinne von angestammtem und anerkanntem Wohnsitz, von Nachbarschaft oder Region) ethnischer Minderheiten innerhalb der Wohnbevölkerung einerseits und das Vorhandensein eines (mehr oder weniger entfernten bzw. interventionsfähigen) »Patronagestaates« andererseits, der als Quelle politischer und materieller Ressourcen sowie gegebenenfalls als Rückzugsgebiet in Betracht kommt. Kombinieren wir diese beiden Dimensionen in dichotomisierter Weise, so ergeben sich vier Problemfälle von höchst unterschiedlichem Gewicht:

		Territorialität	
		+	-
externer Patronagestaat	+	1	2
	-	3	4

Abbildung 1

Dabei bedeuten die einzelnen Zellen dieses Schemas:
Zelle (1): angestammtes Territorium und »starker« Schutz durch (unmittelbar angrenzenden) Patronagestaat (Beipiel: die ungarische Minderheit in Rumänien);
- Variablen: räumliche Nähe/Entfernung des Staates (vgl. Québec) bzw. einer transnationalen Agentur, Eignung als Rückzugsgebiet (bzw. Ort der Wiederaufnahme nach befristetem Aufenthalt oder Ausweisung), hohes ökonomisches und militärisches Sanktionspotential.
- Dieser günstigste Fall verkehrt sich allerdings dann in den ungünstigsten, wenn *zwei* ethnische Gruppen miteinander konfligieren und beide über starke Patronagemächte verfügen: Nordirland und Israel.

Zelle (2): Diaspora mit Patronage (Türken in Deutschland);
- Variablen: Mikro-Territorialität durch Ghetto-Bildung (USA)
- Sonderfall: Patronageansprüche gegen die ehemalige Kolonialmacht im Gebiet der ehemaligen Kolonialmacht (Algerier in Frankreich, Inder in England);
- begünstigende Bedingung: beabsichtigte oder erzwungene Befristung
- begünstigende Bedingung: Pull-Migration, Anwerbung mit entsprechend aushandelbaren Schutzpflichten des Aufnahmestaates, die auf Initiative des entsendenden (Patronage-) Staates implementiert werden können (Türken in Deutschland);
- erschwerende Bedingung: Flüchtlinge, das heißt Push-Migration aufgrund ökonomischer, medizinischer, militärischer, ökologischer Krisen im Herkunftsland (Südasien, Afrika) ohne beabsichtigte oder erzwingbare Befristung.

Zelle (3): Territorialität ohne Patronage (Beispiel: Basken in Spanien); eine Garantiefunktion wird hier, wenn überhaupt, durch die Zentralregierung des Staates ausgeübt, innerhalb dessen die Minderheit lebt (zum Beispiel das spanische Autonomiestatut).

Zelle (4): Diaspora ohne (effektive) Patronage: Juden vor 1949, Zigeuner; weitgehend Arbeitsmigranten von außerhalb der EU (»Extracomunitari«), asiatische Arbeitskräfte in Singapur und in den Golfstaaten sowie generell Kriegs-, Bürgerkriegs- und Armutsflüchtlinge.

Ein Vergleich der vier Fälle zeigt, daß im Rahmen globaler Migrationsprozesse der Fall (4) die aktuell und potentiell am stärksten wachsende Kategorie ethnischer Minderheiten bezeichnet.

Diese Problemstruktur trifft nun jeweils auf die Rechtsordnung und die politische Kultur des Aufnahmelandes[13], welche die Verarbeitungs- und Problemlösungskapazität bestimmt. Es geht dabei im Kern um die Frage, welche Assimilationsleistungen als Voraussetzung für die dauerhafte Gewährung von Aufenthalts- und Teilhaberechten gefordert werden und wem eine aussichtsreiche Kandidatur für solche Leistungen zugebilligt wird. Es geht, anders gesagt, um das Niveau der Assimilationsforderungen (»notwendig/nicht notwendig«) und zugeschriebene Assimilationsfähigkeit bzw. -bereitschaft (»möglich/nicht möglich«). Auch hier möchte ich beide Variablen nur dichotomisieren und werde alle internen Differenzierungen in den vier Zellen weggelassen. Dann ergibt sich: Die Assimilation einer ethnischen Migrationsbevölkerung gilt als

	nicht notwendig	notwendig
nicht möglich	1	2
möglich	3	4

Abbildung 2

Zelle (1): Sezession bzw. Gewährung starker (regionaler) Autonomie- und Selbstverwaltungsrechte (Beispiele: Spanien, Belgien, Kanada; Sezession der beiden Teile der CSFR).

Zelle (2): Rassismus bzw. alle Formen von *ius sanguinis* und abstammungsorientierter Migrationssteuerung: Hier wird eine

13 Ich stütze mich bei dieser Kategorisierung auf Bauböck (1994).

hohe Assimilationsleistung gefordert, während zugleich Teile der (potentiellen) Minderheitsbevölkerung kategorisch für unfähig erklärt werden, dieser Forderung zu genügen. Ein Beispiel ist das deutsche Staatsangehörigkeitsrecht und seine Grundlagen in Art. 116 GG und im Reichs- und Staatsangehörigkeitsgesetz von 1913.
Zelle (3): Multikulturalismus; realisiert allenfalls in einigen urbanen Zentren einiger ehemaliger britischer Kolonien wie Sidney oder Toronto.
Zelle (4): Assimilationismus, repräsentiert zum Beispiel durch das Prinzip der französischen Minderheitenpolitik.

Nun kann man im Prinzip jeden Problemtypus aus Abbildung 1 mit jeder Problemlösung aus Abbildung 2 sinnvoll kombinieren. Empirisch wahrscheinlich ist aber, was die Problemlösungen angeht, das folgende Prioritätenschema:

Der Fall (4) aus Abbildung 2 erscheint heute empirisch aussichtslos (vgl. das faktische Ende der *Melting-pot*-Theorie in den USA, die sich auf dem Weg zu einem *mosaic* und einem faktisch zweisprachigen Land befinden; dort und in anderen Ländern scheint die dominante »weiße« Kultur und Sprache nicht (mehr) hinreichend »hegemonial«, um als Konvergenzpunkt ethnischer Assimilationsprozesse in Betracht zu kommen.

Fall (3): die Toleranzspielräume der Mehrheitsbevölkerung für »Multikulturalismus« erscheinen in den meisten Gesellschaften des OECD-Raums weithin erschöpft. Dieses Programm generiert Symptome der Statuspanik. Die Option des Multikulturalismus bringt angesichts fortgeschrittener ethnischer Schichtung und Arbeitsteilung, erst recht bei Anwendung auf »extracomunitari«, innenpolitisch ohnehin prekäre Verteilungsgleichgewichte (Wohnungsmarkt, Arbeitsmarkt) zum Kippen.

Die Variante (1) kommt allenfalls für kompakt siedelnde territoriale Minderheiten in Betracht, wohl nur theoretisch für ethnische Migrationsbevölkerungen mit Diaspora-Merkmalen[14], also für den Fall (4) aus Abbildung 1.

Nach dieser Subtraktionslogik ergibt sich eine gewisse Gravitation in Richtung des Falles (2) aus Abbildung 2, die allenfalls gemildert wird durch zeitlich gestreckte Formen von (4) (das heißt volle Naturalisierung für die Angehörigen der im Inland aufgewachsenen zweiten Generation). Die Überlegungen deuten dar-

14 Vgl. die Denkspiele autoritärer Regimes, einen »Judenstaat« in Patagonien, in Madagaskar oder eben »im Osten« einzurichten.

auf hin, daß die ungünstigste Konstellation – diejenige, die mit größter Wahrscheinlichkeit »barbarische« Folgen nach sich zieht – zugleich die wahrscheinlichste ist, nämlich die Kombination des Falles (4) aus Abbildung 1 mit dem Fall (2) aus Abbildung 2.

(3) »Innen«: Modernisierung als selbstwidersprüchliches Programm?

Die geschichts- und sozialwissenschaftlichen Bemühungen um den Begriff der Modernität bzw. der Modernisierung haben zur Identifizierung von drei säkularen Entwicklungstendenzen geführt:

(a) Soziale Ausweitung und sachliche Spezialisierung von Märkten; »doux commerce«, Wachstum und Positivsummen-Spiel; das heißt: Alle können kaufen und verkaufen, aber nicht alles ist käuflich oder verkäuflich (zum Beispiel nicht Ämter, Bräute, Seelenheil, Sklaven, Freistellung vom Wehrdienst, Aufenthaltsrechte).

(b) Gleichheit (vor dem Gesetz, bei der politischen Partizipation): Exklusions- und Diskriminierungsverbote im Rahmen des Nationalstaats und der von ihm verliehenen *citizenship*.

(c) Verwissenschaftlichung und Professionalisierung, das heißt die Institutionalisierung von Wahrheits- und fachlichen Kompetenzansprüchen in der kognitiven Kultur moderner Gesellschaften. Hier zeigt sich ebenfalls das Zusammentreffen sozialer Generalisierung – jeder kann lernen und Wahrheitsansprüche geltend machen – bei sachlicher Spezialisierung: Wahrheitsansprüche über guten Geschmack und den Sinn des Lebens werden unzulässig.

Überall beginnt die politische Modernisierung damit, daß bisher »Fremde« (also die Barbaren im älteren Sinne) in eine interne Statusordnung eingefügt werden. Die »Wilden« werden (politisch) Untertanen der Krone und (ökonomisch) gegebenenfalls Sklaven. Nachdem im Jahre 1542 Bartolomé de las Casas am spanischen Hofe in der theologischen Auseinandersetzung mit Sepúlveda obsiegte, stand fortan fest, daß die Ureinwohner der Kolonien der spanischen Krone zumindest einen Aspirantenstatus im göttlichen Heilsplan hatten: Sie hatten von jetzt an im kirchenamtlichen und rechtlichen Sinne eine Seele und kamen daher für die Bekehrung zum Glauben und in der Folge für die Teilhabe an den Sakramenten in Betracht. Mit der Festlegung ihres politischen, ökonomischen und theologischen Status haben die »Wilden« an einer (rudimentären, höchst asymmetrischen, aber entwicklungsfähigen) Reziprozität teil. Sie sind von nun an jedenfalls kein »nullum« und keine Sache mehr, sondern Inhaber eines Status, der die Modalitäten ihrer Inklusion regelt.

Die weiteren rechtlichen und politischen Modernisierungsprozesse sind – bei den Errungenschaften des Rechtsstaates, der Demokratie und des Wohlfahrtsstaates gleichermaßen – Vorgänge, in denen (zumindest in den Grenzen des Nationalstaats) schrittweise bestimmte Differenzen zwar nicht eingeebnet werden, aber von ihnen in rechtlicher Hinsicht und mit zivilisierenden Folgen doch abstrahiert wird. Die Gleichheit, die wir vor dem Gesetz und als Aktivbürger genießen, normiert das Gebot, faktische Differenzen zwischen Bürgern in spezifischen Kontexten als unmaßgeblich zu behandeln.[15] Gibt es eine kulturelle und sozialpsychologische Überforderung durch dieses Gebot, ein »Zuviel« an Gleichheit (im Sinne von Zumutung von Abstraktionspflichten)? Gibt es einen Punkt, an dem die Angleichung der Rechtspositionen bisher untergeordneter oder ausgeschlossener sozialer Kategorien zu Symptomen von Streß und Überanstrengung bei denjenigen führen, die Vorsprung und relative Privilegien einbüßen?[16] Was macht für wen die Abstraktionszumutung unerträglich?

Wo die rechtlich-politische Modernisierung »zuviel« Differenz für unmaßgeblich erklärt, ist zu beobachten, daß individuelle und kollektive soziale Akteure sich ihren Abstraktionspflichten durch eine Re-Biologisierung von Differenz entziehen und die Angleichung von Rechten so unterlaufen. Der republikanische Nationalstaat, die Massenmigration nach Nordamerika, die Judenemanzipation, die Enteignung des Adels und die Abschaffung der Sklaverei in den amerikanischen Südstaaten waren – etwa gleichzeitig in der Mitte des 19. Jahrhunderts – maßgebliche Ent-

15 »Modernity made the great sacrifice, at least in words, of going colorblind. [...] The democratic order is anonymous, markless, nameless« (Feher/Heller 1994, S. 93, 97).

16 Mennell (1990, S. 211 f.) diskutiert in diesem Zusammenhang die Hypothese, daß »the link between structural complexity and »civilizing controls« on people's behavior is curvilinear [and] that perhaps beyond a certain point it generates pockets of metropolitan anonymity within which the external constraints on impulses and [...] also the effectiveness of pressures towards self-constraint are diminished«.

stehungsbedingungen für den modernen, biologistisch eingekleideten Rassismus. Seine Botschaft ist die der Differenzversicherung[17]; sie besteht darin, daß es irrational (weil faktisch unmöglich) sei, von Differenzen in dem Maße, wie Recht und Verfassung es fordern, abzusehen. Was rechtlich gefordert ist, wird für biologisch unmöglich erklärt. Staats- und Statusgrenzen, die als solche durchlässig oder nichtig geworden waren, wurden, einem verbreiteten Deutungsschema zufolge, nun durch die Neuerrichtung wirklich »unumstößlicher«, weil naturwissenschaftlich approbierter biologischer Grenzen ersetzt. Der Rassismus erklärt die Abstraktion von bestimmten Differenzen für unsinnig und unzumutbar – und plädiert statt dessen häufig (nämlich in seinen »sozialen« und volksgemeinschaftlichen Versionen) für die Abstraktion von anderen Differenzen. (Zum Beispiel wird bei der Differenz »Deutscher« versus »Asylant« das Abstraktionsgebot im Zusammenhang mit Fragen der Wohnungsversorgung zurückgewiesen und anstelle dieser Differenz die Abstraktion von einer anderen Differenz, etwa der zwischen Ostdeutschen und Westdeutschen, eingeklagt. Vgl. die Daten von Giegel). Es spricht viel dafür, daß wir es nach dem Wegfall der durch den Eisernen Vorhang gewährten Differenz heute mit einem erneut virulenten sozialen und politischen Bedarf an »Differenzversicherung« zu tun haben, das heißt mit einem Bedarf an Entscheidungen und Legitimationen, welche die essentielle Nicht-Zugehörigkeit von Personenkategorien zur Sphäre gleicher Rechte und Versorgungsansprüche betreffen.

Daraus wäre zu folgern, daß die Gewährung von Rechtsgleichheit und die rechtliche Abstraktion von Differenzen (der Kultur, des Erwerbsstatus) ein durchaus prekärer Pfad der Zivilisierung ist. Er ist so lange gegen xenophobische und rassistische Reaktionsbildungen nicht gefeit, wie für die jeweils De-Privilegierten (das heißt die Kategorie (b) der Verlierer im Verteilungsspiel) die Anlässe nicht ausgeräumt sind, mit Statuspanik auf die Nullsummen-Spiele zu reagieren, die sich nach jeder Gleichstellung auf Arbeits- und Wohnungsmärkten ebenso wie in den kulturel-

17 Viele »kleine« Gewaltakte lassen sich nach diesem Modell der physischen »Differenzversicherung« deuten: der Angreifer »möchte mal sehen/zeigen, wer hier der Stärkere ist« bzw. wo die Rechte enden, die der Angreifer für sich in Anspruch nimmt und zugleich dem Angegriffenen verweigert.

len Diskursen ausbreiten. Die Abstraktionspflichten, welche die Rechtordnung auf Verfassungsebene bloß normiert (und damit der Kontingenz des Wählerwillens entzieht), sind mit den Mitteln der Rechtsordnung allein nicht durchzusetzen; das ist die Achillesferse politischer Modernität, die den Bürgern Rechtsgleichheit trotz Differenz gewährt und zumutet. Die Pflichten zur Abstraktion von dieser Differenz müssen, wenn sie überhaupt Geltung erlangen sollen, von den Bürgern in ihren alltäglichen Lebensvollzügen anerkannt und zur Geltung gebracht werden. Dieser Anerkennung stehen verteilungspolitische Interessen (im engeren und weiteren Sinne: Interessen an der Verteidigung von Ressourcen und an der Verteidigung von Diskursen und kulturellen Terrains, zum Beispiel dem der Heterosexualität oder des christlichen Abendlandes) im Wege, deren Gewicht es wenig aussichtsreich erscheinen läßt, allein auf die »weichen« Medien der Erziehung und Gewöhnung zu setzen. Jede Wahrnehmung von Freiheitsrechten, erst recht die Wahrnehmung von Leistungsansprüchen, ist eine »Zumutung« für »alle anderen« – eine Zumutung überdies, deren Belastungseffekt sich politisch leicht dramatisieren läßt.

Die oben getroffene sozialstrukturelle Dreiteilung moderner Gesellschaften in Gewinner, Verlierer und faktisch Disqualifizierte – sie ließe sich übrigens auch auf das internationale politisch-ökonomische System und seine drei »Welten« anwenden – impliziert zwei Demarkationslinien: eine obere, an der »Verteilungskämpfe« stattfinden, und eine untere, an der Kämpfe um Anerkennung und Inklusion stattfinden. Wenn sich barbarische Exklusionen an irgendeinem strukturell identifizierbaren Ort häufen, dann an der unteren dieser beiden Demarkationslinien, also bei Personen und Gruppen (vielleicht auch Staaten: der Irak vor dem Golfkrieg oder Serbien nach dem Zerfall Jugoslawiens oder der nordkoreanische Plutoniumkonflikt wären wohl Beispiele), die von der panikartigen Ungewißheit über der Frage umgetrieben werden, ob sie »noch« zu den Verlierern gehören oder »schon« zu den Parias. Der Versuch der gewaltsamen »Differenzversicherung« gegenüber den Fremden und Nicht-Normalen scheint jedenfalls, wie auch Fallstudien von ostdeutschen Skinheads und Rechtsradikalen nahelegen, denjenigen besonders verlockend, die sich selbst in der Gefahr sehen, definitiv deklassiert zu werden. Dagegen pflegen diejenigen, die sich gesichert oberhalb der oberen Demarkationslinie befinden, also die Angehörigen der ökonomisch und politisch gesicherten Mittelschichten und ihrer sozialen Bewegungen, eine politisch eigentümlich kraftlose Rhetorik der Zivilität und des Universalismus. Selbst die Frage, ob es sich bei den modernen Erscheinungsformen der Barbarei um eine reale Zunahme der bloß um Beobachtungsartefakte von links-libertären Angehörigen der neuen Mittelschichten und ihrer geschärften Sensibilität handelt, ist nicht leicht zu entscheiden. Diese Schichten sind, zumindest ihrem Selbstbild zufolge, in der Lage, Fremde anzuerkennen, Differenz auszuhalten und zivilisatorischen Abstraktionspflichten zu folgen.

Solange in Reaktion auf diese Zumutungen die Sabotage der Abstraktionspflichten passiv bleibt, ist die Grenze zur Barbarei schwer zu bestimmen. Sie wäre zu messen an dem Geltungsverlust dessen, was Axelrod (1986) als »Meta-Normen« bezeichnet hat. Der Norm »Du sollst nicht töten« entspricht die Meta-Norm: »Du sollst an der Verletzung dieser Norm, hier also an Tötungshandlungen, Anstoß nehmen«.[18] »Postmoderne« Gesellschaftsverhältnisse diskreditieren offenbar das Anstoßnehmen oder relativieren jedenfalls seinen sozialen Horizont. Sie tragen damit zur Schwächung der Primärnormen bei, ja, wirken an ihrer passiven Sabotage mit. Sobald diese Sabotage jedoch aktiv wird und Abstraktionspflichten und Unmaßgeblichkeitsgebote in Wort und Tat aufgekündigt werden, ist, wo es um die physische und symbolische Integrität von Kategorien anderer Menschen geht, die Grenze zur Barbarei mit Sicherheit überschritten. Jenseits dieser Grenze beginnt, durchaus nicht auf Betreiben der Staatsgewalt, vielmehr als Zeichen des Rückfalls von Teilen der Gesellschaft hinter die von der staatlichen Rechtsordnung vergeblich behaupteten Grundsätze, der Mikro-Naturzustand »barbarischer« Gewaltsamkeit, Gewaltbereitschaft und Indifferenz.

Auf diese Zusammenhänge kann man, wozu manche Kommuni-

18 Insofern setzt auch die von Elias betonte »Verinnerlichung« der Disziplin voraus, daß im Falle des Versagens jener inneren Kontrolle subsidiär andere Kontrollen einsetzen; der Modus der Innenkontrole muß selbst extern sanktioniert werden. Wenn Akteure damit rechnen können, daß dies nicht der Fall sein wird und Normverletzung nicht einmal durch soziale Mißbiligung seitens der *by-stander* geahndet wird, verliert die Anstrengung der »Verinnerlichung« ihr Motiv bei »mir« und ihre Erwartbarkeit im Bezug auf »alle anderen«.

taristen neigen, mit dem Zugeständnis reagieren, die Protagonisten der politischen Modernisierung hätten sich wohl zuviel vorgenommen bzw. seien in Gefahr, dem Bürger zuviel zuzumuten. Sie gehen dabei mit der trügerischen Verheißung eines moralisch weniger anstrengenden Lebens hausieren, in dem man die eigene Fähigkeit, Differenz auszuhalten, nicht untunlich strapazieren muß. Die substantialisierende Markierung und Abschottung einer nicht frei gewählten Gemeinschaft und ihrer Tradition als eines Terrains, an dessen Grenzen auch die Abstraktionspflichten enden, ist allerdings ein Vorschlag, der mir im Ansatz ebenso gefährlich wie im erwarteten Ergebnis unrealistisch erscheint. Gefährlich, weil das Risiko einer Eskalation in Kauf genommen wird, in deren Verlauf die Grenzen der jeweils maßgeblichen »lokalen Sittlichkeit« dann immer enger gezogen werden. Und unrealistisch, weil Welthandel, Mobilität und kulturelle Globalisierung gesellschaftliche Gewalten sind, gegen welche die porösen Außengrenzen der »Gemeinschaften« schwerlich eine Gewähr bieten. Insofern besteht wenig Aussicht, aus dem Dilemma der politischen Modernität anders als durch die Aufbietung jener Kräfte der Zivilität herauszukommen, deren Versagen die diffuse Gewaltsamkeit vieler kleiner nachzivilisatorischer Naturzustände heraufbeschwört.

Das Recht allein verbürgt nicht selbst Zivilität, sondern markiert die Ansprüche an Zivilität, die im sozialen Leben außerrechtlich zur Geltung zu bringen sind. Das Recht behandelt zwar alle Personen gleich, aber nicht alle Lebenssphären und Arten von Ansprüchen bzw. Anspruchsverletzungen. Nicht alle Situationen und Interaktionen sind durch Recht überformt oder überhaupt einer effektiven Verrechtlichung zugänglich: Gewalt in Familien, *sexual harassment* am Arbeitsplatz, der gesamte Kernbereich der betrieblichen Verfügung über Arbeitskraft sind weitgehend rechtsfreie Räume – bzw. Räume, in denen die Beanspruchung von Rechtsschutz selbst außerrechtlich sanktioniert werden kann. Es handelt sich bei diesen »Grenzen des Rechts« um zwei reziproke Sachverhalte: den begrenzten Zugang des Rechts zu den Akteuren und ihren prekären Interaktionen einerseits, den begrenzten Zugang der Akteure zum Recht (zum Beispiel Kinder und andere *dependents*, Klienten) andererseits. Rechte erweisen sich, auch gegen ihren gesetzlichen Wortlaut, sehr wohl als »abdingbar«, und ihre faktische Schutzwirkung wird dann zum Handelsobjekt (wie im Falle des Kündigungsschutzes, der im Konfliktfall nicht eigentlich »schützt«, sondern nur einen Markt für Aufhebungsverträge konstituiert), oder die Kosten der Inanspruchnahme von Rechten erweisen sich als prohibitiv hoch.

Rechte tragen keineswegs also die Aura ihrer Anerkennung mit sich und disponieren nicht automatisch zur Übernahme der korrespondierenden Pflichten. Auch ihre »erzieherische« Wirkung ist in dem Maße prekär, wie ihre »Positivität« reflektiert wird, also die Tatsache, daß sie gestern anders waren und je nach politischer Konstellation morgen wieder anders sein können und wahrscheinlich sein werden. Die Aura der Anerkennung wird weiter prekär durch ihre »Formalität«, das heißt durch die Reflexion des Umstandes, daß ihre Geltung ja nicht automatisch eintritt, sondern das Ergebnis häufig aufwendiger förmlicher Prozesse und Prüfungen ist; zudem sind die Anforderungen, welche die Rechtsförmlichkeit stellt, bekanntlich von den einen leichter zu erfüllen als von den anderen und in manchen Rechtsgebieten leichter als in anderen. Die Merkmale der Positivität und der Formalität vergrößern den Abstand zwischen rechtlichen und sozialen Normen und den ihnen jeweils entsprechenden Pflichten. So kann gerade die detaillierte Positivierung und Formalisierung sozialer Normen ihrer faktischen Geltungskraft Abbruch tun, Spielräume für den strategischen Umgang mit Normen eröffnen und so Lücken der sozialen Integration aufreißen, die mit den Mitteln des Rechts allein nicht wieder zu schließen sind.

Die zivilisierende Wirkung von Rechten ist oft davon abhängig, daß es in ihrem Anwendungsfeld aufgrund von eingelebten Normen ziviler Gesittung, Anerkennung, Toleranz, Respekt, Kompromißbereitschaft, Empathie usw. zu einer nicht-formalisierten Spontan-Akkommodierung der wechselseitigen Rechtswahrnehmung kommt. Ohne dieses Unterfutter zivilen Umgangs ist das Recht nicht friedensstiftend, sondern zumindest virtuell konfliktverschärfend.[19] (Ein Erster-Klasse-Passagier über dem Atlantik zum Purser: »Nehmen Sie diesen Krüppel da aus meinem Blickfeld. Ich habe ein Luxus-Ticket gekauft und darf erwarten, daß

19 Das zeigt sich schon am einfachsten Fall des gleichen Rechts auf freie Rede. Es kann kann nicht von allen Anwesenden gleichzeitig sinnvoll ausgeübt werden, sondern nur in einer zivilisierten und moderierten Abfolge und Dauer, die jedoch ihrerseits kaum legal zu formalisieren ist.

mir nicht für den gesamten Flug der Anblick eines sabbernden Spastikers zugemutet wird.«[20])

»Moderne« Gesellschaften sind, das ist eine Folge sowohl ihrer kognitiven Kultur (»Verwissenschaftlichung«) wie ihrer formal-rationalen Bürokratisierung, solche, in denen »immer jemand anders zuständig ist«. Ein Nebeneffekt dieser so ungemein erfolgreichen Strukturprinzipien ist sekundärer Analphabetismus als Massenphänomen. Entweder vertikal: Formale Autorität, das heißt Anweisungsbefugnis und Verantwortung bedeuten, daß jeder die Verantwortung nach oben abwälzen kann, auf höheren Ortes vorentschiedene Prämissen des eigenen Handelns. Oder horizontal: Die Omnipräsenz abrufbaren Spezialisten- und Expertenwissens führt zur chronischen Inkompetenzvermutung gegen soziale Akteure wie der Akteure gegen sich selbst – auch bei den schlichtesten alltagspraktischen Handlungen. (»Wenn Sie einen Unfall mit Verletzten sehen«, lehrt der Fahrlehrer, »dann fahren Sie schnell weiter. Wenn Sie das Unfallopfer transportieren, versaut es Ihnen den Rücksitz, und hinterher sind Sie auch noch schuld, wenn etwas schiefgeht. Wenn Sie weiterfahren, kann Ihnen nichts passieren.«) Alles ist immer schon durch Recht und Zuständigkeit oder durch Wissen und Professionalität vorgeregelt. Zumindest bietet sich ständig die das Nichtstun entschuldigende Unterstellung an, daß das Ambulanzfahrzeug schon unterwegs sei. Bürokratie, Verwissenschaftlichung und Professionalisierung können so beitragen zur Unterforderung des *common sense* und zur Schwächung alltäglicher Gesittung.[21]

Die Frage ist: Unter welchen Bedingungen können medial spezialisierte, das heißt durch Geld, Recht oder Wissen und Fachkompetenz vermittelte Interaktionen ihre möglichen de-zivilisierenden Nebeneffekte kompensieren? Der Verschleiß an Zivilität, der dem Fortschritt in den drei genannten Dimensionen des Modernisierungsprozesses (Markt, Recht, Wissen) als Tendenz innewohnt, kann nicht, um die These vorwegzunehmen, im Vertrauen auf eine glückliche Automatik des Umschlagens von Modernisie-

20 »Die Richter eines Flensburger Amtsgerichtes [haben] Touristen eine Ermäßigung des Reisepreises zugestanden, weil ihre Urlaubsfreude durch den Anblick von schwerstbehinderten Gästen im Hotelrestaurant getrübt worden sei« (*Frankfurter Rundschau* vom 18. 5. 1994).

21 Immerhin regelt das Recht viel aus; es zivilisiert, wie das Beispiel der »uncivil economies« zeigt (R. Rose; Morphium-Beispiel).

rung in Zivilisierung (wie in allen liberalen Theorien unterstellt), sondern nur dann aufgehalten werden, wenn er als Möglichkeit und Tendenz und mitsamt der moralischen Katastrophen, auf die dieser Verschleiß hinauslaufen kann, im modernisierungsskeptischen Bewußtsein der Beteiligten vergegenwärtigt und »deliberativ« mitgeführt wird.

Die Medien der Zivilisierung – Recht, Geld, professionelles Wissen – generieren den Irrtum, daß man alles Notwendige getan hat, wenn man den Preis bezahlt, sich an rechtliche Regeln hält und professionellen Rat einholt bzw. sachkundig handelt. Wenn dennoch etwas schiefgeht, ist das niemandem vorzuwerfen. »Anstand« wird zur Residualkategorie; es herrscht ein moralischer Minimalismus, und alles, was über seine Grenzen hinausgeht, gilt als supererogativ, nicht einklagbar.

Die ruhige Zuversicht, daß die anderen, auch weit jenseits der Grenzen primordialer Gemeinsamkeit, sich schon so ähnlich verhalten werden (vgl. Adam Smith' »sympathy«) wie ich selbst und daß im übrigen die Differenzen durch ein gemeinsames Interesse an den wechselseitig vorteilhaften Beziehungen von »doux commerce« und im Rahmen einer überwölbenden Rechtsordnung auf ein leicht erträgliches Maß reduziert werden – diese Strukturvoraussetzungen ziviler Bewältigung von Differenz sind in modernen Gesellschaften utopisch, zumindest selten geworden. Hohe Kontingenz der Teilnehmer und ihrer Motive macht *assurance games*, also den selbstverstärkenden Zirkel von wechselseitigem Entgegenkommen, prekär.

Andererseits: Mit dem Wohlstand wächst, um die Sentenz eines Interviewpartners aus einem Arbeitgeberverband zu zitieren, auch das Bedürfnis nach Harmonie – und mit der kompromißbereiten Realisierung dieses Bedürfnisses wiederum der Wohlstand! Dieser gefällige Zirkel autokatalytischer sozialer Integration beruht, wo er denn wirklich vorkommt, unter anderem auf intertemporalen Tauschakten von robusten Kollektivakteuren. Wo dagegen Parteien, Verbände, Vereine und Gewerkschaften ihr chronisches Hauptproblem darin haben, daß Wähler und Mitglieder gehalten und zufriedengestellt werden müssen, geraten in der Vergangenheit aufgenommene informelle Schulden und Kooperationspflichten, die nicht anders als zu Lasten der jeweiligen Mitgliederbasis abgetragen werden könnten, leicht in Vergessenheit. Ein Vorschuß an Kooperation *a conto* zukünftig zu erwartender Gegenleistungen funktioniert auch nur dann, wenn es die Erwartung unbefristet wiederholter Kontakte und Austauschgelegenheiten gibt, wie sie zwischen einem Stammkunden und seinem Lieferanten besteht. Wo dies nicht der Fall ist, sind Einstellungen wie Empathie, Vertrauen, Wohlwollen, Anteilnahme und Weitsicht zwar nicht ausgeschlossen, aber sie ergeben sich nicht als ohne besonderen Aufwand anfallende Nebenprodukte eingespielter Interaktionen zwischen klugen Partnern, die gegenüber »relevanten Anderen« Achtung und Respekt zu verlieren haben, sondern sie bedürfen sozusagen einer ausdrücklichen moralischen Anstrengung; und das erforderliche Maß dieser Anstrengung wird durch die Erwägung noch vergrößert, daß sie von konkreten Interaktionspartnern unerwidert bleiben könnte.

»Moderne« Gesellschaften sind solche, die in allen drei der hier betrachteten Dimensionen (»unten«, »außen«, »innen«) Differenz ausbrüten. So haben wir es täglich mit Menschen zu tun, mit denen die Interaktion beiderseits unter der Prämisse steht, daß wir wohl nie wieder mit ihnen zu tun haben werden. Diese Differenzen erschweren es, im Konfliktfall Zugehörigkeit anzuerkennen. Angesichts dieses Wucherns von Differenz wird Zivilität anstrengender. Die Pflichten, deren wir uns anderen gegenüber entledigen, erfüllen wir überwiegend nicht gegenüber guten Nachbarn, sondern gegenüber Fremden – und entsprechend riskanter wird die Erwartung reziproker Gegenleistungen und geteilter Handlungsdispositionen. Aus dieser bei allen Beteiligten präsenten Kenntnis kann sich eine Abwärtsspirale des Interaktionsverzichts, der Indifferenz und der weiteren Spezialisierung von Kommunikation ergeben.

Der sozialen Differenzierung zwischen Personen und Gruppen, deren Interaktionen monothematische soziale Sekundenphänomene bleiben, entspricht die Differenzierung zwischen Lebenssphären und den in ihnen jeweils gültigen lokalen Rationalitätskriterien. Das betrifft, wie oft bemerkt worden und in Habermas' Theorie des kommunikativen Handelns paradigmenbildend ausgearbeitet ist, vor allem die Differenz zwischen den Handlungssphären, in denen es allein auf instrumentelle oder strategische Rationalität ankommt, und denjenigen, in denen soziale und moralische Normen einen legitimen Platz haben. In diesem Sinne spricht auch Bauman (1989, S. 28) von der Tendenz des Zivilisationsprozesses »to demote, exprobate and deligitimise the ethical motivations of social action. [...] The civilising process is, among other things, a process of divesting the use and deployment of violence from moral calculus, and of emancipating the desiderata of rationality from interference of ethical norms and moral inhibitions.«

So gibt es in modernen Gesellschaften einen wachsenden Bedarf, aber gleichzeitig eine abnehmende Zufuhr an der nicht-erneuerbaren Ressource, an »sozialem Kapital«[22] kooperativer und ziviler Selbstkoordination. In der Lücke zwischen beiden nistet das Potential moderner Barbarei.

Literatur

Adorno, Theodor W., »Erziehung nach Auschwitz«, in: ders., *Stichworte*, Frankfurt am Main 1969.

Arendt, Hannah, »Besuch in Deutschland« (1950), in: dies., *Zur Zeit. Politische Essays*, Berlin 1986, S. 43-70.

Axelrod, R., »An Evolutionary Approach to Norms«, in: *American Political Science Review* (1986), S. 1095-1111.

Bauböck, Rainer, »Kulturelle Integration von Einwanderern«, in: *Journal für Sozialforschung* (1994), S. 71-76.

Bauman, Zygmunt, *Modernity and the Holocaust*, Cambridge 1989; deutsch: *Dialektik der Ordnung. Die Moderne und der Holocaust*, Hamburg 1992.

Feher, Ferenc, und Agnes Heller, *Biopolitics*, Wien 1994.

Gehlen, Arnold, *Macht einmal anders gesehen*, Zürich 1954.

James, Susan, »The Duty to Relieve Suffering«, in: Cass R. Sunstein (Hg.), *Feminism and Political Theory*, Chicago 1990, S. 261-278.

Mennel, Stephen, »Decivilizing Processes: Theoretical Significance and Some Lines of Research«, in: *International Sociology* (1990), S. 205-223.

Putnam, Robert D., *Making Democracy Work. Civic Traditions in Modern Italy*, Princeton 1993.

Weber, Max, »Die sozialen Gründe des Untergangs der antiken Kultur« (1924), in: ders., *Gesammelte Aufsätze zur Sozial- und Wirtschaftsgeschichte*, Tübingen 1989, S. 289-311.

Zizev, Slavoj, *Tarrying with the Negative. Kant, Hegel, and the Critique of Ideology*, Durham 1993.

22 Vgl. dazu den *instant classic* Putnam 1993.

Karl-Siegbert Rehberg
Ambivalente »Filter«[1]

I. Kassandra – wissenssoziologische Vorüberlegungen

Gesellschaftstheorie hat es – was als Nachweis ihrer Überflüssigkeit gerne ins Feld geführt wird – mit Prognosen, überhaupt mit Thematisierungen der Zukunft schwer. Sie verweist zurück auf Theorien des Fortschritts, die zugleich Programmentwürfe der Zivilisierung waren und Anspruchstheoreme des Aufstiegs der nicht hochadeligen Standesgruppen und Klassenformierungen (genauer: ihrer Reflexions- und Führungseliten). In diesem Theorietyp waren »Wissenschaft«, »Kritik« und Zukunftsvision noch verbunden. Diese Einheit ist zerbrochen. Entstanden ist eine Arbeitsteilung zwischen einem, unter dem Druck erfreulicher Prognoseerwartungen stehenden »Positivismus der Akteure« und einer Verpflichtung zur Negation für die »kritischen Kritiker«. Es hat diese Aufteilung des antizipierenden Blicks durchaus einen guten Sinn: komplexe Verhältnisse und Prozesse bedürfen zur mehrebenigen Selbstbeobachtung auch der »Kassandra«-Perspektive. Aber wer sie übernimmt, muß sich dieser Bedingungen bewußt sein, darf die aus seiner Rollenposition entworfenen Bilder nicht einfach für zukünftige Realitäten nehmen.

Das ist keine abwiegelnde Bemerkung, keine Verharmlosung der möglichen Schrecknisse, die zu denken und vielleicht zu erleben, wir gezwungen sind. Lediglich ist es die Klärung des Status von Aussagen, zu denen uns Themenstellungen, wie die von Max Miller und Hans-Georg Soeffner provozierte, zwingen.

II. Zivilisation und Barbarei

Eingehen möchte ich zuerst auf Claus Offes Unterscheidung von vor- und (wie er zuweilen formuliert) *post*-zivilisierter Barbarei. Als eine vorzivilisatorische Form des »Barbarischen« erscheint

1 Dank für Anregungen und Verbesserungsvorschläge sage ich Rose-Marie Schulz-Rehberg.

die »Wildheit«, Fremdheit, unbegreifliche Ferne der Bewohner der »terra nullius«, die »moderne« Variante meint Formen eines barbarischen Verhaltens *nach* der Entwicklung und Durchsetzung von Zivilisationen und hochkulturellen Formen der Herrschaft. Wenn mir der Ausdruck »post-zivilisatorisch« auch nicht glücklich gewählt erscheint, so ist der Vorschlag einer begrifflichen Differenzierung doch einleuchtend. Jedoch sollte ein weiterer »*Post*«-Terminus eher vermieden werden, denn hier lädt er zu Mißverständnissen geradezu ein; exakter wäre es, von *inner*-zivilisatorischen Formen der Barbarei zu sprechen – aber das ist keine Differenz in der Sache.

Treffend ist jedenfalls das Gemeinte, die Gewinnung eines idealtypischen Begriffs *moderner* Barbarei durch eine semantische Umkehrung: nicht mehr das ängstigende Fremde heißt »barbarisch«, sondern die Methoden des Fremd*machens*, der Bestreitung von Gemeinsamkeiten in Sprache und Lebensformen; »barbarisch« ist die gewaltsame oder gewaltandrohende Exklusion bis hin zur Infragestellung des menschlichen Status anderer Individuen oder Gruppen.

Allerdings gibt es noch andere Bedeutungsvarianten einer »zweiten Barbarei«: Bei Max Weber (und dem von ihm wenig geschätzten) Oswald Spengler taucht eine weitere, wirklich *post-zivilisatorische* Variante auf: »Barbarei« als Geschichtslosigkeit, als Existenz des »letzten Menschen«, wie Nietzsche (1973, Bd. II, S. 283 ff.) ihn beschrieb, als zurückgefallen in die kognitive und ethische Lethargie eines durch Überlagerung gezähmten Dahinlebens.[2] Nur kommen die Eroberer nicht mehr von außen[3], sondern

2 Ähnlich Burckhardt (1982, S. 182 f.), der die »Reihenfolge der Culturstufen« (nach Bacon und Lasaulx) so anordnet: Entfaltung der Künste und Wissenschaften als Krönung einer langen zivilisatorischen Entwicklung, sodann »das allmälige Zurücksinken in Barbarei«; auch unterscheidet er die »Racenmäßigkeit im Handeln der jugendlichen Völker« von der »Reflexionsmäßigkeit im Handeln der alternden«. Auf diesen Vorteil verzichteten nur »Barbaren, welche ihre Culturhülle als eine gegebene nie durchbrechen und Americaner, d.h. ungeschichtliche Bildungsmenschen, welche dann doch das Geschichtliche aus der alten Welt nicht ganz los werden« (1982, S. 229 f.).

3 Alexander Demandt (1984, S. 311 f.) hat gezeigt, wie das negative *Barbaren*klischee der Diffamierung der Interessen des Dritten Standes dienstbar gemacht wurde: »Die prägende Erfahrung [...] lieferte die Französische Revolution in den Augen ihrer Gegner. 1793 begegnet

aus dem Inneren eines perfektionierten Versorgungs-, Unterhaltungs- und Kontrollsystems. Dann eben kann das von Weber befürchtete wie von Spengler als unabwendbar prophezeite neue »Fellachentum« Wirklichkeit werden.[4] Selbst Adornos Terminus von der »verwalteten Welt« verrät noch Anklänge an solche Vorstellungen. Auch mag man an Giambattista Vico denken, der die frühen Barbaren und ihre »großzügige Wildheit« von der späten »Barbarei der Reflexion« schied, welche »entsetzlicher als die erste« sei, nämlich feige und falsch.[5]

Offe steht in einer Kritiktradition, an deren Intentionen er festhält, die er jedoch zugleich erfahrungswissenschaftlich relativiert. Der entscheidende Vorzug seiner Annäherung an das Thema liegt in seinem Verzicht auf die – selbst zum Stereotyp verkommene – anheimelnde Unheimlichkeit der Behauptung eines strukturell »*notwendigen*«, eines ins Extrem gesteigerten Barbarismus in der Moderne, also des aus Pluralisierung und Formalisierung geborenen Zwangs zur Vernichtung der Differenz angesichts ihres unablässigen Produziertwerdens. Andererseits entwickelt er thesenhaft, welche Gründe dazu führen, daß Regressionen (bis in die Zuspitzungen einer barbarischen Zerstörungswut) auch in modernen Gesellschaften so unwahrscheinlich nicht sind, welche Belastungen durch Umverteilungseffekte und Gleichheitszumutungen – gerade für die jeweils relativ Privilegierten – entstehen. Und auch die enormen Streßfaktoren auf der anderen Seite, welche der wachsenden Zahl der von den gesellschaftlichen »Spielen« Ausgeschlossenen zugemutet sind, bleiben nicht unerwähnt.

Offe faßt – ganz wie Horkheimer und Adorno, neuerdings auch Zygmunt Bauman (1992a, S. 189; 1992b, S. 34) – das »Barbari-

der Gedanke, daß die neuen Barbaren nicht von außen, sondern von unten kämen. [...] Seit 1794 liefert der Begriff *Vandalisme* eine Analogie zwischen den völkerwanderungszeitlichen Germanen und den jeweils verteufelten Kulturfeinden, angefangen mit den Jakobinern. Der Gedanke wurde übernommen von Benjamin Constant (1813), der den Begriff der »zweiten Barbarei« auf »das späte Rom und auf die Französische Revolution anwandte«. Mit Condillac unterschied Constant »eine Barbarei vor und eine nach der Aufklärung«: in der Antike sei die Barbarei von außen, 1789 von innen gekommen (Demandt 1984, S. 398, 512).

4 Vgl. zum Beispiel Spengler o. J./1923, S. 125, 202, 222 f., sowie Weber 1984/1918, S. 464.

5 Vgl. Vico 1990, S. 604 f. (Aph. 1106), und Hösle 1990, S. CCXX.

sche« nicht als katastrophischen Einbruch in eine »zivilisierte« und pazifizierte Welt auf. Es ist weder als historischer »Betriebsunfall« zu bagatellisieren noch als »metaphysisches Geheimnis, an das kein Soziologe zu rühren vermag«, wie Leopold von Wiese das nach 1945, auf dem ersten bundesdeutschen Soziologentag, nahezulegen suchte (vgl. Rehberg 1994a). Derlei (zumindest unbewußte) Entlastung der Mörder, der Folterer und der Erledigungsbeamten einer monströsen Vernichtungsnormalität wäre von Offe auch kaum zu erwarten. Aber er vermied es ebenso, der anderen Verdeckungsvariante von Kausalitäten Vorschub zu leisten, welche (ungewollt) den gleichen Effekt hat, wenn nämlich Massenmord oder brutalste Existenzbedrohung und -vernichtung als Systemdeterminanten bürokratischer Apparaturen angesehen werden, so als wenn die im Nazi-Deutschland begangenen Verbrechen *nur* eine Extremisierung moderner Erfassungs- und Kontrolltätigkeiten gewesen wären.

III. Das Barbarische als Faszinosum

Allerdings gehören zum Verständnis dieses demokratischen und zugleich (im Gegenzug) barbarischen Jahrhunderts auch Aspekte, die in Offes anregender Begriffsanalyse unberücksichtigt blieben. Man kann das an einer von ihm nicht aufgenommenen Motivgeschichte deutlich machen, die hierher gehört. Ich meine die *Faszination* des »Barbarischen«, den Exotismus der Grausamkeit, den es seit der Antike gab.[6] Für unser Jahrhundert erwies sich Friedrich Nietzsches Werk als Einstiegsdroge: Abwertend meint »Barbarei« bei ihm (ähnlich wie oft noch bei Adorno) zwar häufig lediglich Banausentum oder »Philisterei« (1973, Bd. I, S. 143)[7]

6 Woran – in ironischer Relativierung der klassizistischen Reinigungen durch Lessing und Winckelmann – auch Goethe (1981, S. 76 ff.) in einem mit Friedrich Schiller gemeinsam entworfenen »Spaß« erinnert, dies allerdings einem dialogischen Widerpart (mit dem Schiller gemeint ist) zuschiebend (vgl. Trunz' Erläuterungen in: Goethe 1984, S. 603 f.).

7 Das hat nachgewirkt, etwa bei Ortega y Gasset, den Ignazio Silone (1965/1939, S. 107 f.) exzerpierte: »Der Mensch, der jetzt zu herrschen beginnt [...] im Gegensatz zu der differenzierten Kultur, aus der er hervorgegangen ist, ein Primitiver, ein Barbar, ein Individuum, das aus der Kellertür kommt, ein Eindringling von unten; seine Individualität

oder auch jene aufzehrende »moderne Unruhe«, wie sie heute in den neuen Bundesländern überall beklagt wird: »Aus Mangel an Ruhe läuft unsere Zivilisation in eine neue Barbarei aus« (ebd., S. 620). Aber zumeist ist es doch die hymnische Verkündigung der Überwindung des »schwächenden, verzärtelnden, verkränkelnden« Geistes, die bei Nietzsche als »barbarisch« *gepriesen* wird, ohne »Lust am *Maß*«, welches sich ja auch die griechischen Götter nicht auferlegt hatten. Barbarei – so kehrte er das Selbstbewußtsein der europäischen Gesellschaften um – erlaube das größere, das durch Erkenntnistriebe nicht geschwächte, das *ungehemmte Glück* (1973, Bd. III, S. 449; Bd. I, S. 1223). Gegen das »kosmopolitische Affekt- und Intelligenzenchaos« der arbeitsamen, neugierigen, willensschwachen »Sklaventiere« versprach Nietzsche (1973, Bd. III, S. 690) die Heraufkunft der »*Barbaren* des zwanzigsten Jahrhunderts«, die übrigens erst nach »ungeheuren sozialistischen Krisen« sichtbar würden.

Hier ist nicht die Rede von der Anziehungskraft, die das Barbarische auf Nietzsche ausübte, vielmehr von der damit verbundenen Voraussage einer doppelten »Gefahr des Barbaren« für jedes »demokratische Wesen«, welche ebenso von unten komme wie »aus der Höhe«. Von dort, von oben, kommen die Nietzsche berauschenden »schönen Männer«, diese »erobernden und herrschenden Naturen, welche nach einem Stoffe suchen, den sie gestalten können« (1973, Bd. III, S. 435, 846). Ich weiß, daß es außer Mode gekommen ist, Nietzsche nach der Erfahrung des Faschismus nicht mehr ablösen zu *wollen* von dieser Wirkungsmöglichkeit (allzu leicht wird das mit der zensorischen Verleugnung Nietzsches verwechselt, wie – aus gewiß ehrenhaften Motiven, aber mit einem entscheidenden, nämlich dem diktatorischen Denkfehler – Wolfgang Harich (1987) sie in der Spätzeit der DDR hartnäckig durchzusetzen versuchte). Aber: wenn Nietzsche auch kein Skript für das noch immer chiliastisch fehlbenannte »Dritte Reich« schrieb, ist die Gesetzestafel, ist die kulturelle Fundierung des barbarischen Tuns doch von ihm aufgerichtet worden. Da, wie gesagt, der Holocaust aus der bürokratisch organisierten Welt nicht herauszulösen ist, sich aber gleichwohl aus administrativer Sacherledigung nicht wie von selbst ergibt, ist das Ideologiethema

ist völlig undifferenziert; er ist ein Mensch, der nur in Gruppen zu handeln vermag, mit einem Wort: der Massenmensch.«

nichts Nebensächliches: bürokratisch, organisationstechnisch, militärisch bzw. angemaßt para- oder metamilitärisch waren die *Werkzeuge* der *Massen*vernichtung im Zeitalter der Massenproduktion und des beginnenden Massenkonsums. Aber daraus allein wird die offene Gewalttat nicht geboren. Nicht brauchte es Nietzsche dazu – aber es bedurfte einer Ideologie der Hochwertung der Grausamkeit, einer mentalen Vertreibungs- und schließlich Vernichtungsbereitschaft auf der Basis einer ressentimenthaft eingefärbten Weltwahrnehmung. *Das* auch bedeutete es, wenn der *Zarathustra* in den Tornistern der »Feldgrauen« mitgeführt wurde, Gebet- und Gesangbuch der im Schlamm verendenden »starken Menschen«. Dem Desaster der sich verschärfenden ökonomischen und sozialen Krisenlage nach dem Inferno von Verdun folgten um so mehr neue Übermenschen-Träume. Es mußte erst ganz Deutschland zerstört, geteilt, seiner kulturellen und historischen Identität fast ganz beraubt sein, damit (für eine Zeitlang wenigstens und bei einer Mehrheit der Deutschen) das Loblied auf den Barbarismus verstummte.

Nietzsches Barbaren-Phantasmen waren – aller Formulierungsschärfe zum Trotz – keine große Philosophie, aber auch nicht bloßes Philosophengerede, vielmehr Alltagsideologie (aber unverhüllt vorweggenommene). Das wird deutlich, wenn man Sätze liest wie diesen:

»Mit was für Mitteln man rohe Völker zu behandeln hat und daß die ›Barbarei‹ der Mittel nichts Willkürliches und Beliebiges ist, das kann man *in praxi* mit Händen greifen, wenn man mit aller seiner europäischen Verzärtelung einmal in die Notwendigkeit versetzt wird, am Kongo oder irgendwo Herr über Barbaren bleiben zu müssen« (1973, Bd. III, S. 624).

Ganz anders urteilte Nietzsches älterer Basler Kollege Jacob Burckhardt, von dem der Jüngere manches Motiv entlehnt haben mochte, gegen den (einstmals Bewunderten) sich aber auch viele seiner Umkehrungen und Zuspitzungen zu richten scheinen: Wenn »die Meisten«, so Burckhardt (1982, S. 261), auch zugeben würden, daß es ein »Königsrecht der Cultur zur Eroberung und Knechtung der Barbarei« gebe, so gelte doch der Grundsatz: »Jedenfalls darf man nicht in den Mitteln der Unterwerfung und Bändigung die bisherige Barbarei selber überbieten.«

Hans Mommsen demonstrierte auf der Hamburger Konferenz über »Modernität und Barbarei« geradezu eine Verächtlichmachung ideologiekritischer Überlegungen, da sie die Eigendynamik der NS-Barbarei nicht zu erklären vermöchten. Demgegenüber meine ich, daß Ideologisierungen kollektiver Selbstdeutungen auch für Dezivilisierungsprozesse nichts Sekundäres sind. Allerdings ist die Kombination von kalter Sacherledigung und der Verletzung und Demütigung von Menschen auf totalitäre Regime nicht beschränkt, aus »Staatsräson« verursachte, hingenommene, vertuschte Grausamkeiten sind vielfältig beobachtbar, auch in einem freien Land wie den USA (man denke an die kriminellen Verbindungen von Atomwaffenentwicklung und Nuklearmedizin, an Menschenversuche und das damit verbundene, nicht wieder gut zu machende psychische und physische Elend). Aber es bedarf doch einer Erklärung, wie es unter bestimmten Umständen zum *offenen* Ausbruch destruktiver Potentiale kommt. Nicht sollen die Vernichtungslager aus Nietzsches Nachlaß abgeleitet werden, sowenig wie der Gulag aus den Marxschen Schriften. Aber ohne die großtönende Illuminierung der Barbarei als der »großen Menschlichkeit«, ohne diese kulturelle Formung vorliegender Aggressionsbereitschaften und Ängste und eben: der Herstellung moralischer Indifferenz wäre ein gesellschaftlich beglaubigtes Wahnsystem wie der Faschismus so erfolgreich nicht gewesen. Es gibt durchaus auch andere Aufladungen: geschichtsphilosophische Selbstgewißheit kann Bereitschaften und Selbstrechtfertigungen einer »objektiv« entschuldigten Grausamkeit ebenso steigern, wie Gewaltbereitschaft auch durch medial erzeugte Abstumpfungen des Sensoriums für den Schrecken gefördert zu werden vermag.

IV. Institutionen und Pazifizierung

Dienten die letzten Bemerkungen ergänzenden Gesichtspunkten zu Offes Analyse, so möchte ich nun meine Skepsis in einem zentralen Punkt anmelden:

Brutalität, Erniedrigung und Todesdrohungen sind an der Tagesordnung; aber es scheint, als gäbe es neue Akteure. Nicht die Monopole der ihre physische Zwangschance als »legitim« behauptenden Staaten – um der Weberschen Definition (1976/1922, S. 29) zu folgen – scheinen heute am meisten zu beängstigen. Vielmehr sind es die explosionsartig vervielfältigten Gewaltdrohungen partikularer Kräfte, welche die – mit dem Ende des Ost-West-Konflikts greifbar nahe gerückte – »neue Weltordnung« (wie George Bush das etwas voreilig nannte) in Scherben legen, in TV-News Abend für Abend und vor unseren Augen (denn das ist ja der Ort, in dem Weltereignisse konstituiert und wahrgenommen werden). Was man dort sieht, sagt Offes Vortragstitel treffend, sind eben: »Naturzustände im Kleinformat«. Ich denke an Hans Magnus Enzensbergers Bürgerkriegs-Essay, in welchem ganz gleichgerichtete Beobachtungen und Einschätzungen zu finden sind.

Beide Autoren beobachten sehr genau Zersetzungsprozesse staatlicher Ordnung in den »reichen« Industriegesellschaften, die sich nun tatsächlich – wie Hegel in seiner *Rechtsphilosophie* (1970/1821, S. 390, § 245) prognostiziert hat – als »nicht reich genug« erweisen, dem Übermaß der Armut und der Erzeugung des »Pöbels« zu steuern. Enzensberger wie Offe sehen die wirklichen Gefahren der heutigen Situation in der Ablösung staatlicher Kriege oder sogar der (durch objektivierbare Interessengegensätze ausgelösten) Bürgerkriege durch schnell wechselnde und ziellose Formen der Gewalttätigkeit. Nicht in den großen Machtzusammenballungen, sondern in den zerstreuten Konfliktherden, in »zeitgenössischen Ruinen von Staatlichkeit« (wie dem ehemaligen Jugoslawien) oder in nicht intakten Staaten entwickelten sich die Zerstörungen der Zivilisation. In einer solchen Situation mag man glauben, daß ungebrochene militärische Befehlsketten »eher Gewähr als Gefahr für ein Minimum an Zivilität« böten. Das kann wahr sein. Aber man hat ebendies auch schon von anderer Seite gehört, erinnert sich der in der frühbürgerlichen Staatstheorie entwickelten, retrospektiv von Carl Schmitt aufgenommenen Formel vom Staat als dem Überwinder und Neutralisator des (eben nicht nur religiösen) Bürgerkrieges (Schmitt 1938, S. 47 ff.).

Aber es geht nicht nur um den Staat: Auffällig ist, daß Offe neuerdings recht umstandslos in den *Institutionen* jene bewahrenden, die menschlichen Begehrlichkeiten und Aggressivitäten stillstellenden Mächte entdeckt, von denen bereits alle Autoren in der Tradition des »Hobbismus« sprachen. Zugegeben, Offe springt nicht von einer naturalen Basis sofort zu den Notwendigkeiten »einwandsimmuner« Ordnungsmächte, vielmehr formuliert er sehr genau *soziale* Bedingungen für »ambivalente« (Bauman 1992b) Ordnungsleistungen. Aber es wird dabei doch *eine*

Funktion, die Institutionen *auch* haben, sehr einlinig herausgehoben, nämlich die des Schutzes und der Hegung. Offes Option für institutionelle Regulierungen verarbeitet schmerzhafte Erfahrungen. Seine Analysen der politischen Transformationsprozesse im »Neuen Osten« haben ihm die Bedrohlichkeiten anomischer oder schlichtweg außer Kraft gesetzter Ordnungen vor Augen geführt. Von daher steht für ihn nicht mehr die Kritik überzogener Geltungsansprüche bestehender Institutionen im Mittelpunkt, sondern die Notwendigkeit der Etablierung von Ordnungsarrangements angesichts einer komplizierten Gleichzeitigkeit von Demokratisierung, Marktwirtschaftsimplementation und Territorialpolitik (Offe 1994, S. 57-80).

Die Differenz zwischen konservativem Institutionalismus und Offes Position ist offenbar: ihm geht es nicht um einen unbefragten Vorrang des Institutionellen, um die Unbedingtheit der über den Menschen errichteten Ordnung, sondern – wie er in der Habermas-Festschrift gezeigt hat – um »intelligente Selbstbeschränkung« (Offe 1989). Institutionen sind ihm – wie schon Jean-François Lyotard[8] formulierte – *»Filter«*, durch welche moralische Sensibilität und Realitätssinn auf Dauer gestellt werden sollen. Gegen die Entrechtung von Menschen, gegen Prozesse der Naturzerstörung und Integritätsverletzung (seiner Definition nach also: gegen Möglichkeiten der Barbarei) sollen Veto-Institutionalisierungen aufgebaut werden.

Das ist sympathisch gedacht, aber vielleicht doch zu harmlos. Unleugbar wirken Institutionen entlastend, können sie Schutz bieten vor unkontrollierbaren Zumutungen. Und entscheidend ist: sie sind persönlichkeits- und habitus*formierend*. So kommt es darauf an, *welche* Haltungen prämiert werden.

Jedoch sind – und das betrifft die Bestimmung des Verhältnisses von Zivilisation und Barbarei ganz entschieden – die enormen Gefährdungs- und Gewaltsamkeitspotentiale der legalen Gewalten auch heute nicht zu unterschätzen; weiterhin existiert auch in ihnen, was John Galtung »strukturelle Gewalt« genannt hat. Deshalb darf nicht vergessen werden, daß solche Leistungen in aller Regel eine gewisse Überziehung der zur Verfügung stehenden Legitimationspotentiale voraussetzen, genauer: deren unbe-

8 Vgl. Lyotard 1986, S. 60 ff., der Institutionen als »Filter« auffaßt, die den Diskurs steuern, Tabus und Regelzwänge festlegen bzw. genauer: Spielzüge vorschreiben oder ermöglichen.

stimmte Verwendung, woraus sich Selbstverstärkungen ergeben. Institutionen tendieren dazu, Geltungen »unverfügbar« zu machen. Das gilt bekanntlich auch von den – die eigenen Grundprinzipien schützenden – demokratischen Institutionen (und kann uns insofern nur recht sein). Es ist also nicht von einem notwendig repressiven Gehalt von Institutionen auszugehen oder gar in den »total institutions« deren Ideal zu erblicken. Und doch ist daran zu erinnern, daß die Mechanismen institutionell verfestigter Ordnungen immer auch auf der Durchsetzung von schwer kontrollierbaren Eigenverstärkungen beruhen. Man kann diesen Sachverhalt systemtheoretisch als »Autonomien« beschreiben, um das daran Beunruhigende zum Verschwinden zu bringen. Jedoch ist dies alles von Machtprozessen nicht abzulösen, von dem Zusammenspiel von Machtsteigerung und Machtverleugnung. Sicher ist hier die Unterscheidung von Macht und Gewalt wichtig, aber auch, daß die *ultima ratio* der Macht in der Gewaltchance liegt. Zwar können dagegen Kontrollen und – seinerseits institutionalisierbarer – Dissenz gesetzt werden. Aber: Institutionen sind immer auch Privilegierungsordnungen, eben nicht *nur*, was Offe sich von ihnen wünscht (Rehberg 1994b).

Um zu den »barbarischen« Verhaltensentriegelungen zurückzukommen: Viele der privatisierten, schwer kontrollierbaren, Gesetz und Ordnung unterlaufenden oder in Frage stellenden Gewaltformen hängen mit denen des – viele Gruppenkämpfe niederhaltenden – Staates eng zusammen. Angriffe auf Asylbewerber, der Haß der Hilflosen auf die noch Hilfloseren, sind erschreckend und an Scheußlichkeit mit bundesdeutschen Polizeieinsätzen – denen es an Brutalität auch nicht immer fehlte[9] – nicht gleichzusetzen. Aber so ganz unabhängig von staatlicher Politik sind diese Exzesse ja nicht. Jedenfalls sollte nicht vergessen werden, daß im Sommer- und Konfliktloch von Vorwahlkampfzeiten das Ressentiment gegen Ausländer von Teilen der beiden größeren Bonner Regierungsparteien geschürt worden, die Formen der Ängste mobilisierenden Thematisierung »erfunden« worden sind. Viele der (zumeist jungen) Gewalttäter bieten so

9 An manchen Großeinsatz der Polizei (nicht nur in der Bundesrepublik Deutschland) ist dabei zu denken, aber auch daran, daß im Spätsommer 1994 Brutalitäten gegen Ausländer in mehreren deutschen Polizeirevieren untersucht werden mußten und immerhin zum Rücktritt des Innensenators der Freien und Hansestadt Hamburg führten.

etwas wie die verzerrte, mißlungene Idee einer Ordnung, mit der sie so gerne sich identifizieren würden. Und auch international sind viele der verbrecherischen Bandenkriege nicht ohne Mitwirkung fremdstaatlicher Instanzen möglich; Waffenlieferungen und die Kette der »Stellvertreterkriege« belegen das nur allzu gut. Offe dürfte recht haben, daß im Augenblick die – aus unserer Sicht unübersichtlichen – Lokal- und Regionalkämpfe bedrohlicher erscheinen könnten, als es die existierende Staatlichkeit des Iran, des Irak, der Türkei etc. sein mögen. Aber es ist doch sehr fraglich, ob das nicht wirklich nur eine *Momentaufnahme* – zudem mit engem Fokus – ist. Ganz vergessen scheint der Aufstieg von »Volkstribunen« – selbst wenn man Schirinowski und Berlusconi nicht gleichsetzen will, repräsentieren sie doch Entwicklungsmöglichkeiten, welche die Eroberung der Staatszentralen durch Anheizen von Gefolgschaften nicht ausschließen. Da hat man dann wieder das Barbaren-Thema: Spengler postulierte ja den Aufstieg des Cäsarismus aus dem »Fellachentum« der privatisierten, nachhistorischen Menschen.[10]

Immerhin hat Offe – und in vielem parallel zu ihm Enzensberger – den Blick auf Gefährdungspotentiale gelenkt, die zunehmend sichtbar werden, das heißt aus deutscher Perspektive: näherrücken. Aus alledem ist zu lernen, daß nun auch die kleinen, aufgeräumten, die – gerade im Kontrast zum Osten – ein integrierendes Erscheinungsdesign bietenden (sozusagen »frisch gestrichenen«) Gesellschaften bedroht sind von Erosionsprozessen. Statt der Revolution, statt der großen Zusammenbrüche mögen es schleichende Auflösungsprozesse sein, welche in den Krisen und Verteilungskämpfen der »reichen« Gesellschaften zunehmend bedeutsam werden. Autos als Symbole individueller Unabhängigkeit können zu Symbolen des Untergangs werden. Jean-Luc Godards *Weekend* hatte das ins Bild gesetzt[11], die Autowrack-Halden gehören auch dazu, und die Zahl derer, die zuerst an systemische Schadstoff- und Stau-Rückkopplungen denken,

10 Vgl. zum Beispiel Spengler o. J./1923, S. 542 f.: »Es beginnt mit dem staatenzerstörenden Wunsch einer allgemeinen Versöhnung und endet damit, daß niemand die Hand rührt sobald das Unglück nur den Nachbar trifft [...] Das ›In Form sein‹ geht von den Nationen auf die Scharen und Gefolgschaften von Abenteurern über.«

11 Jean-Luc Godard, »Weekend«, franz./ital. Produktion 1967 mit Mireille Darc, Jean Yanne, Jean-Pierre Léaud und anderen.

wird größer. So stellen sich Metaphern des »Rostens« ein, der Mikrozersetzung des noch Prächtig-aussehen-Könnenden und des oberflächenhaft noch Funktionierenden.

v. Prognostische Potentiale und ihre Konsequenz

»Zivilisation« und »Barbarei« sind Schlüsselbegriffe für dieses zu Ende gehende Jahrhundert. Deshalb schließt die Themenstellung einen rekonstruktiven Blick ein. Von da aus konnte Claus Offe seinen Ansatz zu einer Gegenwartsanalyse entwickeln. Auch gibt es bei ihm einen, mehr unausgesprochen bleibenden, Aspekt von Prognose. Aus dem Gesagten wären Konsequenzen abzuleiten, auch politische. Kaum würde jemand annehmen (auch Offe nicht), daß die Zentralgewalten, die staatlichen und suprastaatlichen Machtzusammenballungen *nur* befriedende Wirkungen hätten. Jedoch tragen sie – im ganzen gesehen und im Augenblick – mindestens zu einer *Entmilitarisierung* vieler Konflikte bei, allerdings nicht ohne Gewaltanwendung, militärische eingeschlossen. Das ist eine der wichtigsten Debatten, die Soziologen, die Zeitdiagnose treiben – und besonders jene, welche die konfliktstillstellende Kraft staatlicher Institutionen (keineswegs zu Unrecht) hervorheben – nicht einfach ignorieren sollten. Ich will Claus Offe kein anderes Thema aufdrängen. Aber die Art und Weise, wie er das Problem faßte, müßte ihn und uns zwingen, darüber nachzudenken. Ich meine das nicht als Aufforderung zu politischen Erklärungen, gar zu einer Resolution (wie Offe sie früher vielleicht vorgeschlagen hätte[12]) für oder gegen »Blauhelmeinsätze« oder UN- und NATO-Eingriffe in Bosnien, damit verbunden immer auch über die Formen deutscher Beteiligung. Aber wenn die von Offe thesenhaft herausgearbeiteten Entwicklungslinien

12 Vgl. zum Beispiel als auf den 16. Deutschen Soziologentag verweisende Reminiszenz: Dahrendorf 1991, S. 140, wo er auf die (im entsprechenden Verhandlungsband nicht dokumentierte) Präsentation eines weitsichtigen und folgenreichen Vortrages (Bergmann u.a. 1969) anspielt, dessen einer Co-Autor Offe war. Vgl. zur »Erregung« bei diesem achtundsechziger Soziologentag auch Dahrendorfs Vorbemerkung zu seinem (gleich betitelten) Korreferat in: Adorno 1969, S. 88 f.

nicht nur einer Ad-hoc-Idee folgen, dann müßte soziologische Forschung institutionelle Weltpazifizierungs-Prozesse (welche schon innerstaatlich nie gewaltfrei waren) sowie deren mögliche Folgen und Nebenfolgen wirklich zum Thema machen.

Obwohl die Zivilisationstheorie von Norbert Elias (1969/1939, Bd. II, S. 123-311) die den von ihm modellhaft geschilderten Prozeß begleitenden und zugrundeliegenden Gewaltsamkeiten im einzelnen nicht durchleuchtet hat und obwohl er die dem Staatsbildungsprozeß korrespondierenden Gewalttätigkeiten – eingeschlossen Aufstände, Hexenwahn, Barbarismen auch im Namen des Fortschritts – überging, hat er doch in seiner Darstellung der Staatsgenese und des »Königsmechanismus« die ständigen Ausscheidungskämpfe zwischen den adligen Kriegern und deren Niederzwingung durch mächtige Zentralherren als »materiellen« Untergrund der Befriedungsleistung immer wieder betont. So macht Elias' Modell klar, daß die Stillstellung der partikularen Gewalten selbst Gewalt voraussetzt, weshalb eben die Staaten, welche die wichtigsten Gewaltmittel erfolgreich monopolisiert haben, höchst gefährliche institutionelle Zwangsapparaturen sind (womit er an Max Weber anschloß). Zwar sind Pazifizierungsprozesse nicht naturwüchsig. Die Einigung und die immer wichtiger werdenden juristischen Steuerungskompetenzen der Europäischen Union bedurften nicht der gleichen Durchsetzungsmittel wie die Etablierung etwa des französischen oder anderer Nationalstaaten. Aber eine »Weltinnenpolitik« hat eben doch noch eine andere Gewaltsamkeitsdimension als die zunehmende Vernetzung und die verdeckte Souveränitätsabgabe im Prozeß der fortschreitenden Integration der europäischen Staaten. Solche Themen – und eben bereits Claus Offes Thesen – müßten im Horizont hegemonialer Interessen und sich verschärfender globaler Verteilungs- und Eingriffskonflikte durchdacht werden – das erst wäre die Probe auf Offes Exempel.

Will man von alledem *nicht* reden, verzichtet man darauf, dies zu einem Thema für unser Fach (und die anderen Sozialwissenschaften) zu machen, etwa nur weil dies politisch aktuelle Themen sind – sozusagen trivialisiert durch die theoretisch unterbestimmten Diskurse der Massenmedien und der Politiker (deren Themen von Intellektuellen zuweilen verachtet werden, nur weil sie nicht die argumentative Vielschichtigkeit aufweisen, die man an atypischen Fällen wie Peter Glotz schätzt) –, so würde es sich bei Offes

Thesen allenfalls um eine Gesellschaftstheorie aus der Perspektive gehobener Vororte gehandelt haben, also um einen Blick auf die durch die TV-Nachrichten und Presseberichte hereingeschwemmte Dauerkatastrophe, wie man sie in den komfortablen und abgeschirmten Randzonen der Metropolen wahrnimmt, permanent beängstigend und zugleich flüchtig. So gesehen haben sich auch hier vertraute Orientierungsbegriffe der sechziger Jahre verschoben, haben »Peripherie« und »Zentrum« sich verkehrt: Macht, Reichtum, Rechtssicherheit, Chancen zur Liberalität, »Multikulturalismus«, aber auch die größeren Beängstigungen entwickeln sich in den privilegierten Randzonen der von Gewaltsamkeit, Hunger und Tod gekennzeichneten Weltzustände.

Daraus kann man übrigens durchaus andere Konsequenzen ziehen, als es Claus Offe tat, nämlich nach »Alteuropa« nun auch die Moderne zu verabschieden, diese Langzeitgeschichte der Inklusionen (bis zur Durchgesetztheit zumindest der Idee, daß alle Menschen Grundrechte beanspruchen können). Diese Lösung führt Niklas Luhmann in seinem Beitrag zum vorliegenden Band vor Augen: es ist dies ein blendendes Exempel, wie kühle Genauigkeit des beobachtenden Blicks und intelligente Registrierung des Unheils zu einem Zynismus führen können, der den Autor vor den Schrecken, die zu sehen er gezwungen ist, schützen mag, der aber – zum methodischen Prinzip der Subjektausschaltung sublimiert – Verantwortlichkeiten und Handlungschancen gleichermaßen unsichtbar macht. »Barbarei« ist dann auch schon ein altmodischer Ausdruck geworden, eine Metapher aus Alteuropas letzter großer Selbstzerstörung. Der postmodern gewitzte Autor sieht hingegen ganz andere Dimensionen: nicht mehr Ausbeutung oder interessengeleitete Ignoranz, nicht mehr die strukturellen Folgen einer nachimperialistischen Ressourcenverteilung, nicht einmal die Unlösbarkeit vieler Probleme in den Weltzonen der Armut werden zum Thema gemacht. Vielmehr wird nun endlich diejenige Theorie produziert, die dem (nicht einmal menschenverächtlich gemeinten) Sprachgebrauch von einer »dritten« und »vierten Welt« folgt: die Geschichte der Inklusion wird zu einer der »reichen« Länder, während die Welten des Elends künftig aus diesen Inseln des Glücks einfach herauszudefinieren sind. Tödliche Exklusion wird dann zum Schicksal der Menschheit, nicht mehr (die persönlich immer noch zurechenbare) »Barbarei«.

Literatur

Adorno, Theodor W. (Hg.), *Spätkapitalismus oder Industriegesellschaft? Verhandlungen des 16. Deutschen Soziologentages*, Tübingen 1969.

Bauman, Zygmunt, *Dialektik der Ordnung. Die Moderne und der Holocaust*, Hamburg 1992a.

–, *Moderne und Ambivalenz. Das Ende der Eindeutigkeit*, Hamburg 1992b.

Bergmann, Joachim, Gerhardt Brandt, Klaus Körber, Ernst Theodor Mohl und Claus Offe, »Herrschaft, Klassenverhältnis und Schichtung«, in: Adorno 1969, S. 67-87.

Burckhardt, Jacob, *Über das Studium der Geschichte. Der Text der »Weltgeschichtlichen Betrachtungen«*, herausgegeben von Peter Ganz, München 1982.

Dahrendorf, Ralf, »Die offene Gesellschaft und ihre Ängste«, in: Zapf 1990, S. 140-150.

–, »Herrschaft, Klassenverhältnis und Schichtung«, in: Adorno 1969, S. 88-99.

Demandt, Alexander, *Der Fall Roms. Die Auflösung des römischen Reiches im Urteil der Nachwelt*, München 1984.

Elias, Norbert, *Über den Prozeß der Zivilisation. Soziogenetische und psychogenetische Untersuchungen* (1939), Bern/München 1969; Frankfurt am Main 1976.

Enzensberger, Hans Magnus, *Aussichten auf den Bürgerkrieg*, Frankfurt am Main 1993.

Galtung, Johan, *Strukturelle Gewalt. Beiträge zur Friedens- und Konfliktforschung*, Reinbek 1975.

Goethe, Johann Wolfgang von, »Der Sammler und die Seinigen«, in: ders., *Werke*, Bd. XII: *Schriften zur Kunst. Schriften zur Literatur. Maximen und Reflexionen*, hg. von Erich Trunz, 11. Aufl., München 1981, S. 73-96.

Harich, Wolfgang, »Revision des marxistischen Nietzschebildes?«, in: *Sinn und Form* (1987), S. 1018-1053.

Hegel, Georg Wilhelm Friedrich, *Grundlinien der Philosophie des Rechts oder Naturrecht und Staatswissenschaft im Grundrisse* (1821), in: ders., *Werke* Bd. 7, Frankfurt am Main 1970.

Hösle, Vittorio, Einleitung »Vico und die Idee der Kulturwissenschaft«, in: Vico 1990, S. XXXI-CCLXXVII.

Lyotard, Jean-François, *Das postmoderne Wissen. Ein Bericht* (1979), Graz/Wien 1986.

Nietzsche, Friedrich, *Werke in drei Bänden*, hg. von Karl Schlechta, Bde. I-III, 7. Aufl., München 1973.

Offe, Claus, »Bindung, Fessel, Bremse. Die Unübersichtlichkeit von Selbstbeschränkungsformeln«, in: Axel Honneth u. a. (Hg.), *Zwi-*

schenbetrachtungen. Im Prozeß der Aufklärung. Jürgen Habermas zum 60. Geburtstag, Frankfurt am Main 1989, S. 739-774.
–, *Der Tunnel am Ende des Lichts. Erkundungen der politischen Transformation im Neuen Osten*, Frankfurt am Main/ New York 1994.
Rehberg, Karl-Siegbert, »Mythen der Kontinuität und Diskontinuität. Die Kölner Soziologie und der Nationalsozialismus«. Vortrag im Rahmen des wissenschaftlichen Symposiums »75 Jahre Forschungsinstitut für Soziologie der Universität zu Köln« am 29.4.1994 in Köln, unveröffentlichtes Manuskript, 1994a.
–, »Institutionen als symbolische Ordnungen. Leitfragen zur Theorie und Analyse institutioneller Mechanismen (TAIM)«, in: Gerhard Göhler (Hg.), *Die Eigenart der Institutionen*, Baden-Baden 1994b, S. 47-84.
Schmitt, Carl, *Der Leviathan in der Staatslehre des Thomas Hobbes. Sinn und Fehlschlag eines politischen Symbols*, Hamburg 1938.
Silone, Ignazio, *Die Kunst der Diktatur* (1939), Köln/ Berlin 1965.
Spengler, Oswald, *Der Untergang des Abendlandes. Umrisse einer Morphologie der Weltgeschichte* (1918/1923), 2 Bde., München o. J.
Vico, Giovanni Battista, *Prinzipien einer neuen Wissenschaft über die gemeinsame Natur der Völker*. Mit einer Einleitung von Vittorio Hösle, 2 Bde., Hamburg 1990.
Weber, Max, »Parlament und Regierung im neugeordneten Deutschland«, in: *Max Weber-Gesamtausgabe*, Bd. I/15: *Zur Politik im Weltkrieg. Schriften und Reden 1914-1918*, hg. von Wolfgang J. Mommsen, Tübingen 1984, S. 421-596.
Weber, Max, *Wirtschaft und Gesellschaft. Grundriß der verstehenden Soziologie* (1922), 5., rev. Aufl., Tübingen 1976.
Zapf, Wolfgang (Hg.), *Die Modernisierung moderner Gesellschaften. Verhandlungen des 25. Deutschen Soziologentages in Frankfurt a. M. 1990*, Frankfurt am Main/New York 1991.

Dieter Senghaas
Auswege aus der Barbarei

Wie entgeht man in modernen Gesellschaften der Barbarei? Diese Frage kann auch mit konstruktiver Perspektive formuliert werden: Wie gelangt man in einer modernen Gesellschaft zu einer Ordnung des Gemeinwesens, in der zivilisierte Konfliktbearbeitung trotz Fundamentalpolitisierung, die bekanntlich solche Gesellschaften kennzeichnet, leidlich garantiert ist? Die Antwort auf diese Frage impliziert systematische Hinweise auf Rahmenbedingungen, die erforderlich sind, um den von Offe geschilderten spezifischen Problemlagen erfolgreich – das heißt mit dem Ziel, *Zivilität* zu erreichen bzw. zu bewahren – zu begegnen. Wie also läßt sich der latente *moderne* »Naturzustand« einhegen?

1. Die Problemlage

Zivilisierte Konfliktbearbeitung findet statt, wenn kollektive Akteure ihre inneren und externen Konflikte ohne Rückgriff auf kollektive Gewalt erfolgreich bewältigen. Die Problematik ist eine allgemeine, aber sie stellt sich insbesondere in sozial mobilen, politisierten Gesellschaften. Solche Gesellschaften sind das Ergebnis von immer noch nicht abgeschlossenen säkularen Emanzipationsprozessen, wozu insbesondere zu rechnen sind: die Herausbildung überdörflicher Verkehrswirtschaften, die eine enorme Horizont- und Handlungserweiterung von Menschen bewirkt haben; die Verstädterung mit der Folge, daß die meisten Menschen in kommunikationsmäßig verdichteten Räumen organisationsfähig und interessenbewußt werden; die Alphabetisierung, die die geistige Emanzipation großer Bevölkerungsteile fördert, sowie die Erweiterung politischer Mitbestimmung als Ergebnis langwieriger und wechselvoller, aber schließlich erfolgreicher politischer Konflikte.

Solchermaßen mündig gewordene Gesellschaften sind *per definitionem* konflikt- und gewaltträchtige Gesellschaften, weil es in ihnen auf breiter Basis zu einer Politisierung von vielfältigen

Identitäts- und Interessenkonflikten kommt. Wenn solche Gesellschaften nicht in potentiell gewaltsame Dauerkonflikte, in bürgerkriegsähnliche Zustände oder in tatsächliche Bürgerkriege versinken sollen, bedarf es in ihnen der Vereinbarungen: also der Verständigung über Koexistenz gerade wegen der prinzipiell nicht überwindbaren Meinungs- und Interessenvielfalt. Angesichts einer Situation, in der alle gesellschaftlichen Auseinandersetzungen sich als politische und alle politischen sich als gesellschaftliche darstellen, wird zivilisierte Konfliktbearbeitung zu einem übergeordneten Imperativ. Diese zentrale zivilisatorische Aufgabe – verläßliche zivilisierte Konfliktbearbeitung bzw. anhaltende friedliche Koexistenz im Sinne dauerhaften Friedens – obliegt der Politik, die angesichts von vielfältigen Identitäts- und Interessenunterschieden Vereinbarungen im Grundsätzlichen (Verfassungen) und im Konkreten (in einzelnen Politikfeldern) zustandezubringen hat (Senghaas 1995).

Welches sind in modernen bzw. sich modernisierenden, das heißt sozial mobilen und damit politisierten Gesellschaften Voraussetzungen und Bedingungen für eine zivilisierte Konfliktbearbeitung trotz Fundamentalpolitisierung?

2. Das zivilisatorische Hexagon

Unter modernen Bedingungen ist eine dauerhafte zivilisierte Konfliktbearbeitung die Folge von wenigstens sechs Komponenten, einschließlich der zwischen ihnen bestehenden vielfältigen Rückkopplungen:

Grundlegend, aber nicht zureichend für die Zivilisierung von Konflikten in solchen Gesellschaften ist die Entprivatisierung von Gewalt, das heißt die »Entwaffnung der Bürger« bzw. die Herausbildung eines legitimen, in aller Regel staatlichen *Gewaltmonopols*, dem die einzelnen untergeordnet sind. Wo das Gewaltmonopol zusammenbricht und sich die Bürger zur Sicherung ihrer Identität und zur Durchsetzung eigener Interessen wiederbewaffnen, kommt es zur Renaissance von Bürgerkriegssituationen.

Eine zweite Komponente besteht in der *Kontrolle des Gewaltmonopols*, also der Herausbildung von *Rechtsstaatlichkeit*. Denn ein Gewaltmonopol, das nicht durch Rechtsstaatlichkeit eingehegt wird, wäre im Grenzfall nichts mehr als eine beschönigende

Umschreibung von Diktatur. Seine gesellschaftlichen Träger wären dann nichts anderes als eine von mehreren Konfliktparteien in einer latenten Bürgerkriegssituation. Rechtsstaatlich verfaßte politische Ordnung hegt das Gewaltmonopol ein: Es verliert dadurch seinen ursprünglichen Charakter, nämlich einfach eine Instanz von letztlich kriegerisch errungener, also willkürlicher Vormacht zu sein. Über das Verhältnis von Gewaltmonopol und Rechtsstaat ist sachlogisch betrachtet deshalb festzuhalten: Ohne die vorgängige Konstitution eines übergeordneten Gewaltmonopols ist der Rechtsstaat nicht vorstellbar. Der Rechtsstaat selbst wird aber, wo ausgebildet, zum Inbegriff der Kontrolle des Gewaltmonopols: Das Gewaltmonopol wird verrechtlicht.

Eine dritte Komponente, die für die Zivilisierung von Konflikten von Bedeutung ist, läßt sich mit den beiden Begriffen *Interdependenzen* und *Affektkontrolle* bezeichnen: Die Entprivatisierung von Gewalt und die Sozialisation der Bürger in eine Fülle von institutionalisierten Konfliktregelungen im Spektrum zwischen Alltagsbereich und politisch-öffentlichem Raum implizieren eine Kontrolle von Affekten. Solche Selbstkontrolle wird maßgeblich durch die Herausbildung von großflächig angelegten Verflechtungen unterstützt, weil diese, zu beobachten vor allem in arbeitsteiligen Ökonomien, ein erhebliches Maß an Berechenbarkeit erfordern und in der Folge Erwartungsverläßlichkeit schaffen. Ohne solche aus Interdependenzen sich ergebende Affektkontrolle, das heißt Selbstkontrolle und Selbstbeherrschung, sind nicht nur Aggressionshemmung und Gewaltverzicht nicht vorstellbar, sondern vor allem nicht die für eine Zivilisierung von Konflikten erforderliche Toleranz und Kompromißfähigkeit.

Gesellschaften, in denen sich weiträumige materielle und institutionelle Interdependenzgeflechte (»Volkswirtschaften«) herausbilden, werden zu sozial mobilen Gesellschaften. Dieser Umbauprozeß von traditional-stationären zu modernen Gesellschaften läßt sich stichwortartig wie folgt umschreiben: Entbäuerlichung bzw. Proletarisierung, Entdörflichung bzw. Urbanisierung; schließlich von großer Bedeutung Alphabetisierung, politische Selbstbewußtwerdung und eine entsprechende identitäts- und interessenmäßige Selbstorganisation von Menschen in vergleichbaren Sozialmilieus. *Demokratische Teilhabe* wird in einer sozial mobilisierten, pluralistisch verfaßten Gesellschaft eine wichtige Voraussetzung dafür, daß Konflikte verläßlich gewaltfrei bearbeitet werden: Diskriminierung jeglicher Art (Geschlecht, Rasse, Klasse und anderes) untergräbt solche Voraussetzung.

In sozial mobilisierten Gesellschaften mit einem erheblichen Politisierungspotential ist eine aktive Politik der Chancen- und Verteilungsgerechtigkeit, ergänzt um Maßnahmen der Bedürfnisgerechtigkeit (Sicherung der Grundbedürfnisse), unerläßlich, weil nur dann sich die Mehrzahl der Menschen in einem solchen politischen Rahmen fair behandelt fühlt. Die materielle Anreicherung von Rechtsstaatlichkeit ist eine konstitutive Bedingung der Lebensfähigkeit von demokratischen Verfassungsstaaten, weshalb diese gut daran tun, die Frage der Gerechtigkeit niemals zur Ruhe kommen zu lassen, zumal wenn die ihnen zugrunde liegenden Ökonomien, in der Regel Marktwirtschaften, systembedingt eher Ungleichheit als Gleichheit produzieren. Bemühungen um *soziale Gerechtigkeit* bezeichnen deshalb einen besonders kritischen Punkt hinsichtlich der Chance einer Selbststabilisierung von Prozessen ziviler Konfliktbearbeitung.

Gibt es in einer aufgegliederten, also zerklüfteten Gesellschaft faire Chancen für die Artikulation *und* den Ausgleich von unterschiedlichen Interessen, kann unterstellt werden, daß ein solches Arrangement verläßlich verinnerlicht wird, also eine Bereitschaft zur konstruktiven Auseinandersetzung mit Konflikten entstehen kann und kompromißorientierte Konfliktfähigkeit einschließlich der hierfür erforderlichen Toleranz zu einer selbstverständlichen Orientierung politischen Handelns wird. Das Gewaltmonopol, die Rechtsstaatlichkeit und die Demokratie – kurz: der demokratische Verfassungsstaat – verankern sich in politischer Kultur; eine solche *konstruktive Konfliktkultur* wird dann zur emotionalen Grundlage eines Gemeinwesens. Die materiellen Leistungen (»soziale Gerechtigkeit«) erweisen sich dabei als eine wichtige Brücke zwischen dem Institutionengefüge und dessen positiver emotionaler Absicherung (»Bürgergesinnung«). Es entstehen, um einen Begriff Ralf Dahrendorfs zu benutzen, entsprechende »Ligaturen«, also politisch-kulturelle bzw. sozio-kulturelle Tiefenbindungen.

Die genannten sechs Komponenten – einzeln und in wechselseitiger Rückkopplung – begründen das »*zivilisatorische Hexagon*« (Senghaas 1994, S. 17-49). Als ein konfigurativ zu denkendes Kunstgebilde definiert es im Hinblick auf politisierte Gesellschaften die Voraussetzungen und Bedingungen für eine dauerhafte zivilisierte Konfliktbearbeitung. Die Komponenten sind dabei wichtig, aber auch die Rückkopplungen, denn über sie finden die Komponenten eine Abstützung und Rückversicherung: Ohne gesichertes Gewaltmonopol keine Rechtsstaatlichkeit, auch keine gewaltfreie demokratische Partizipation; ohne Verteilungsgerechtigkeit keine Bestandsgarantie für eine als legitim empfundene Rechtsstaatlichkeit und demzufolge kein verläßlich eingehegtes Gewaltmonopol, auch keine Konfliktkultur; ohne demokratische Partizipation und Verteilungsgerechtigkeit keine Bürgergesinnung, usf.

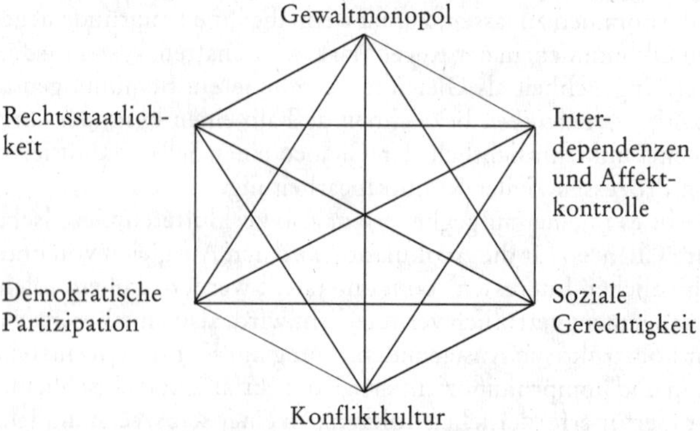

Begreift man das zivilisatorische Hexagon differenziert von seinen Komponenten und den Rückkopplungen her, so erschließt es sich als ein fragiles Kunstgebilde, das, so wie es von seinen Eckpunkten her sich aufbaut, von dort her auch immer zusammenbruchsgefährdet ist: Das Gewaltmonopol kann in einen Polizeistaat umkippen; Rechtsstaatlichkeit und demokratische Prozesse können sich als reine Fassade herausstellen und damit an Legitimität verlieren; überwältigende, nicht mehr durchschaubare Interdependenzen können zu Identitätsverlust und in der Folge zur erneuten Freisetzung von Affekten führen; Verteilungsungerechtigkeit gehört zu den politisch sensitivsten Gefährdungen. Wenn solche und andere abträglichen Sachverhalte sich bündeln, hat auch konstruktive Konfliktkultur keine Chance. Das zivilisatorische Hexagon ist also angesichts einbruchsgefährdeter Stellen ein immer erneut zu sicherndes Unternehmen. Um den Gefährdungen mit Erfolg entgegenzuwirken, bedarf es deshalb anhaltender Anstrengungen in allen von den sechs Eckpunkten bezeichneten Bereichen. Wie in analytischer, so muß dabei auch in praktischer Hinsicht konfigurativ gedacht werden.

3. Historische und aktuelle Erfahrungen

Im zivilisatorischen Hexagon wird unübersehbar die historische Erfahrung aus der neuzeitlichen Geschichte in Teilregionen Europas – dem Bereich der demokratischen Verfassungsstaaten – gebündelt. Historisch betrachtet hat sich hier seit dem Ende des europäischen Mittelalters zunächst das Gewaltmonopol herausgebildet – Folge lang anhaltender politischer Ausscheidungskämpfe (in aller Regel von Kriegen) um Vormachtstellungen. Zusammen mit der Herausbildung des Gewaltmonopols begannen sofort die Konflikte um die Kontrolle dieses Gewaltmonopols. Langfristig mündeten diese in die Institutionalisierung von Rechtsstaatlichkeit. Die Ausdifferenzierung und Vernetzung der sich modernisierenden Gesellschaften in der Folge großflächig werdender Verkehrswirtschaften und immer feinmaschigerer Kommunikationsstrukturen erfolgten zeitverschoben. Der Kampf um demokratische Partizipation, vorstellbar nur auf der Grundlage sozial mobil gewordener Gesellschaften, ging einher mit Auseinandersetzungen um soziale Gerechtigkeit, insbesondere um Verteilungsgerechtigkeit. Parallel dazu entfaltete sich schrittweise eine politische Konfliktkultur liberaler Prägung.

Die Variationen des Entwicklungsprozesses innerhalb dieses Grundmusters waren dabei durchaus bemerkenswert. So hatte England schon einen langen Kampf um Rechtsstaatlichkeit hinter sich, als sich in den großen Flächenstaaten des europäischen Kontinents das Gewaltmonopol noch absolutistisch-autokratisch behaupten konnte. In aller Regel hing der Kampf um demokratische Partizipation vom Ausmaß und der Geschwindigkeit der Transformation traditionaler Gesellschaften in moderne ab. Wo dabei gleichzeitig das Arbeitskräftepotential knapp war bzw. wurde, wurde der politische Kampf um soziale Gerechtigkeit erleichtert. Das war zum Beispiel in den Siedlerkolonien Europas (insbesondere in Neuseeland, Australien und Kanada) der Fall; sie waren überdies durch das Erbe des europäischen Feudalismus nicht vorbelastet, weshalb dort die Herausbildung des zivilisatorischen Hexagons, obgleich spät einsetzend, besonders schnell und im Hinblick auf alle sechs Komponenten erfolgte. In eine ähnliche Richtung weisende Erfahrungen durchliefen auch die skandinavischen Ländern, bei denen es viel früher als auf dem europäischen Kontinent zu einer Komplettierung und Abrundung des zivilisatorischen Hexagons gekommen ist. Ohnehin läßt sich erst in den demokratisch und marktwirtschaftlich organisierten Verfassungsstaaten des Westens (OECD) nach 1950 ein gewisses »Reifestadium« des zivilisatorischen Hexagons beobachten, ohne daß allerdings dadurch die oben konstatierten Einbruchsgefährdungen prinzipiell beseitigt worden wären.

Obgleich also eurozentrisch verwurzelt, ist das zivilisatorische Hexagon dennoch nicht in irgendwelchen originären »Kulturgenen« Europas verankert: Vor 500 Jahren zeigten sich erste Umrisse; vor 100 Jahren begann es sich in wenigen einzelnen Fällen auszudifferenzieren; noch in diesem Jahrhundert gab es dramatische Regressionen; und ob sich die relativ positive Erfahrung der letzten vierzig Jahre im OECD-Bereich bruchlos in die Zukunft verlängern lassen wird, ist keineswegs sicher. Sowenig sich also in Europa eine Ursprungsgewißheit feststellen läßt, sowenig gibt es für das zivilisatorische Hexagon in diesem Europa und in der westlichen Welt insgesamt eine Bestandsgarantie. Und da es sich bei diesem Gebilde um eine Summe von politisch-institutionellen Innovationen handelt, wäre es auch ganz abwegig zu unterstellen, Innovationen jenseits der heute bekannten Ausprägungen des Hexagons seien in den kommenden Jahrzehnten oder gar Jahrhunderten unwahrscheinlich.

Vielleicht kommen solche Innovationen in anderen Kulturbereichen zustande, beispielsweise in den kommenden Jahrzehnten im ostasiatischen bzw. südostasiatischen Raum. Hier könnte man von einem hexagonalen Entwicklungsprozeß sprechen, heute vor allem in Korea und Taiwan, tendenziell aber in allen erfolgreichen Entwicklungsländern Ost- und Südostasiens. Die dabei beobachtbare Sequenz ist wie folgt zu beschreiben: Ausgangspunkt sind diktatoriale Entwicklungsregimes, die in der Nachkriegszeit über ein weithin uneingehegtes Gewaltmonopol verfügten. Nach gängigen ökonomischen Maßstäben war die von ihnen verfolgte Entwicklungspolitik äußerst erfolgreich, insbesondere wenn man die Ergebnisse mit der Entwicklungspolitik in anderen Kontinenten der dritten Welt vergleicht. Die Konsequenz erfolgreicher Entwicklungspolitik dokumentiert sich in einer dramatisch schnellen Transformation traditionaler in moderne Gesellschaften, die sich sozialstatistisch immer mehr dem OECD-Durchschnitt annähern. Diese Umwandlung führt, wie immer schon in der Geschichte, zu politischen Anerkennungskämpfen, das heißt zu Auseinandersetzungen neuer Sozialschichten um politische Teilhabe. Demokratisierung steht also in diesen Gesellschaften auf der Tagesordnung. Eine ihrer Zielsetzungen ist die Durchsetzung rechtsstaatlicher Prinzipien, insbesondere einer rechtsstaatlichen Kontrolle des Gewaltmonopols. Da ein fulminantes Wirtschaftswachstum das Arbeitskräftepotential erschöpft und sich die Konfliktgruppen der sich modernisierenden Gesellschaft organisieren werden, wird sich die Auseinandersetzung um soziale Gerechtigkeit akzentuieren. Die interessante Frage wird dann sein, ob sich in einem eher konfliktabgeneigten Kulturbereich (wie dem konfuzianisch-buddhistischen) eine politische Kultur verankern kann, die zu Konflikten und Konfliktbearbeitung allmählich ein positives Verhältnis gewinnt.

Was also im Fernen Osten zu beobachten ist, ist das Szenario eines sich in spezifischer Sequenz entfaltenden Hexagons (»emergentes Hexagon«). Wie immer schon in der Geschichte geht es auch hier um ein Ringen um neue Formen der Koexistenz, im Kern also um Verfassungsfragen, deren Antworten zwar historisch inspiriert, aber keineswegs determiniert sein werden – ein Spielraum für politisch-institutionelle Innovation ist deshalb immer gegeben.

Die ostasiatische Erfahrung eines emergenten zivilisatorischen Hexagons kontrastiert deutlich mit dem Fehlschlag des realsozialistischen Experiments. In politischer, sozialer, ökonomischer und kultureller Hinsicht war der Realsozialismus auf das Gewaltmonopol – den Monopolanspruch der kommunistischen Partei – zugespitzt. Und obgleich der Realsozialismus die Transformation traditionaler in moderne Gesellschaften beförderte, insbesondere die Industrialisierung, Urbanisierung und Alphabetisierung, war er nicht fähig, die wachsende Komplexität von Gesellschaft, Ökonomie und Kultur durch entsprechend komplexer werdende politische Steuerungsinstrumentarien aufzufangen – und in der Folge den Monopolanspruch der einen Partei schrittweise abzubauen und sich einer pluralistischen Demokratisierung zu öffnen. Statt sich auf ein Szenario eines emergenten Hexagons einzulassen, kam es zur Machtbehauptung des Gewaltmonopols mit mehr oder weniger unverstellter Repression. So manövrierte sich der Realsozialismus in eine zivilisatorische Sackgasse: Die ihn kennzeichnende Planwirtschaft wurde trotz eines erheblichen und wachsenden Kapitalaufwandes immer leistungsschwächer, weshalb für die Masse der Bevölkerung an die Stelle von ideologisch versprochener Verteilungsgerechtigkeit eine sich verallgemeinernde Knappheit trat. Rechtsstaatlichkeit blieb unbekannt, die Selbstorganisation gesellschaftlicher Konfliktparteien war verpönt. Als schließlich soziale Bewegungen den Umbruch erzwangen, resultierte nicht selten aus Demokratisierung Chaotisierung – ein Vorgang, der im Lichte des zivilisatorischen Hexagons völlig begreifbar ist. Ethnisierung – der kleinste gemeinsame Nenner von Politik – wurde vielfach zum pseudo-biologistischen Fluchtpunkt politischer Bewegungen.

Im Lichte des zivilisatorischen Hexagons hat das Aufbauprogramm nach erfolgtem politischem Umbruch dramatische Ausmaße: Das Gewaltmonopol ist vielfach bürgerkriegshaft umstritten; rechtsstaatliche Kontrolle, bisher unbekannt, muß sukzessive aufgebaut, demokratisch-pluralistische Politik eingeübt werden. Dafür ist eigentlich eine politische Konfliktkultur erforderlich, die ihrerseits wiederum wenig Chancen hat, wenn nicht der Neuaufbau von effizienten Ökonomien die soziale Frage entschärfen hilft. Aufgaben stellen sich also in allen sechs Dimensionen des zivilisatorischen Hexagons auf einmal. Das ist historisch beispiellos: Es kann deshalb nicht überraschen, wenn alle betroffenen Gesellschaften sich mit diesen Aufgaben schwertun und ein Licht am Ende des Tunnels noch nicht erkennbar ist (wenngleich das Bild vom »Tunnel am Ende des Lichts« übertrieben sein mag).

Das emergente Hexagon im Fernen Osten verweist auf wachsende, wenn auch keineswegs schon auf gesicherte Chancen einer zivilisierten Konfliktbearbeitung im politischen Raum; das auf das Gewaltmonopol zugespitzte realsozialistische »Schrumpfhexagon« auf die Gewaltträchtigkeit eines solchen Gebildes unter den Vorzeichen einer sozial mobilen, politisierbaren Gesellschaft. Andere Erfahrungen kommen hinzu: In den großen lateinamerikanischen Gesellschaften, die in ihrer Geschichte schon über demokratische Erfahrungen verfügten, sind die Chancen für ein emergentes zivilisatorisches Hexagon immer noch gegeben. Zumindest ist bemerkenswert, daß Lateinamerika derzeit nicht zu den *trouble spots* der Welt gehört, ganz anders als weite Teile von Schwarzafrika, wo politische Institutionen, ökonomische und Infrastrukturen zerfallen, andererseits auch gewisse Demokratisierungsprozesse mit allerdings offenem Ausgang zu beobachten sind. Im Hinblick auf zivilisierte Konfliktbearbeitung mag Lateinamerika (wenngleich vielleicht nur vordergründig) optimistisch, Schwarzafrika eher pessimistisch stimmen. In anderen Teilen der Welt, so vor allem im arabisch-islamischen Bereich, stehen mancherorts angesichts einer sich ausweitenden Entwicklungskrise vorhandene Institutionen der Konfliktregelung wie der säkulare Staat unter dem politischen Beschuß fundamentalistischer Kräfte. Fatalerweise ist derselbe Sachverhalt in Indien zu beobachten, wo (demnächst) eine Milliarde Menschen nicht umhin kommen wird, den säkularen Staat als institutionelle Plattform einigermaßen zivilisierter Konfliktbearbeitung zu bewahren oder, ihn ersetzend, eine neue Plattform zu (er)finden.

Ob China, die schon existierende Milliardengesellschaft der Welt, in ein emergentes zivilisatorisches Hexagon hineinwachsen wird, ist eine spannende, aber offene Frage. Die Größenordnung der Aufgabe ist ohne Beispiel: Einübungen in das zivilisatorische Hexagon erfolgten bisher vor allem besonders erfolgreich in kleinen Ländern wie Skandinavien oder in Siedlerkolonien. Wie aber hat man sich einen solchen Vorgang bei einem Flächenstaat mit mehr als 1,3 Milliarden Menschen vorzustellen? Ist ein solcher Vorgang nach gängigen Erfahrungen überhaupt vorstellbar? Die Antwort ist offen, aber ein Sachverhalt ist bemerkenswert: Wie im übrigen Ostasien, so wächst auch in China jenen Kräften, die an der Herausbildung der einen oder anderen Variante des demokratischen Verfassungsstaats interessiert sind, eine neue, dynamisch sich entfaltende materielle Basis zu, während die Machtbasis der Kräfte des Status quo, gefangen in einer planwirtschaftlich alternden zentralistischen Ökonomie, eher schrumpft. Ganz anders als die Reformkräfte in der östlichen Hälfte Europas, die über keine neue ökonomische Basis verfügten, werden die Reformer Chinas in dem demnächst unausweichlich werdenden politischen Konflikt über die Richtung zukünftiger Entwicklung eigene politische Gewichte in die Waagschale werfen können. Das ist ein Unterschied zur Entwicklung in der östlichen Hälfte Europas von 1989/90 – ein Unterschied vielleicht noch nicht ums Ganze, aber immerhin bemerkenswert.

4. Analytischer Gewinn und praktische Folgen

In Kategorien des zivilisatorischen Hexagons zu denken hat bei Erörterungen der Voraussetzungen und Bedingungen zivilisierter Konfliktbearbeitung angesichts von Fundamentalpolitisierung eine Reihe von analytischen Vorzügen: Der Rahmen für eine gelungene oder eine mißlungene zivilisierte Konfliktbearbeitung wird als ein mehrdimensionales Gebilde analytisch aufgeschlüsselt. Die dabei thematisierten Differenzierungen – sechs Komponenten und ihre Rückkopplungen – sind aller Wahrscheinlichkeit nach eher noch defizitär als zu komplex. Sie erlauben jedoch sowohl modellplatonische oder idealtypische Variationen als auch Variationen im Hinblick auf erfahrungswissenschaftliche Befunde. Vergleichende Analyse unterstreicht dabei das Erfordernis einer konfigurativen Betrachtung.

Auch unter praktischen Gesichtspunkten ist ein Denken in Kategorien des zivilisatorischen Hexagons und im Hinblick auf Hexagon-Variationen lehrreich: Optimierungen werden genauso vorstellbar wie abzuwehrende Regressionen. Das aufgeschlüsselte Gebilde erlaubt Maßnahmen im Hinblick auf die »Gesamtarchitektur« wie auch punktuelle Eingriffe.

Im übrigen werden die mittel- und langfristigen Erfolgsaussichten kurzfristiger Maßnahmen der Konfliktbearbeitung nur dann abzuschätzen sein, wenn sie im konkreten Fall mit Lagebeurteilungen im Lichte der Erkenntnisse über das zivilisatorische Hexagon zurückgekoppelt werden.

Da die Fundamentalpolitisierung der Welt voranschreitet, tut man gut daran, zivilisierte Konfliktbearbeitung konzeptuell auf der Höhe der aus solcher Politisierung resultierenden politischen Brisanz – der erwartbaren Konflikt- und Gewaltträchtgkeit – zu thematisieren: Zivilisierte Konfliktbearbeitung muß dem zu bewältigenden Problem bzw. Problemknäuel gewachsen sein.

Barbarei ist ein Großbegriff, ebenso *Zivilität*. Das »zivilisatorische Hexagon« ist zureichend dimensioniert, um in beider Hinsicht als analytisch und praxeologisch fruchtbare Perspektive hilfreich zu sein. Den latenten *modernen* »Naturzustand« einzuhegen wird dann zu einer transparenten und bearbeitbaren Aufgabe.

Literatur

Senghaas, Dieter, *Wohin driftet die Welt? Über die Zukunft friedlicher Koexistenz*, Frankfurt am Main 1994.

–, (Hg.), *Den Frieden denken*, Frankfurt am Main 1995.

Ulrich Beck
Wie aus Nachbarn Juden werden
Zur politischen Konstruktion des Fremden in der reflexiven Moderne

Es waren Zygmunt Bauman und Shmuel Noah Eisenstadt, die auf die Bedeutung des Tagungsortes für das Thema der Konferenz »Modernität und Barbarei« hinwiesen. Eine Tafel vor dem Tagungsgebäude besagt:

»Platz der jüdischen Deportierten. – Im Jahre 1933 lebten in Hamburg 24.000 Juden. Hier begann der Weg tausender jüdischer Bürger Hamburgs, der in den Vernichtungslagern des Nazi-Regimes endete.«

Die Schwierigkeit der Wortwahl »jüdische Bürger Hamburgs« verweist auf das Problem, das ich behandeln möchte. Es waren nicht »Rassejuden« (Nürnberger Gesetze), sondern (jüdische) Nachbarn, die durch öffentlich geschürten Haß und bürokratische Maßnahmen zu »Fremden«, zu »Fremdblütigen«, zu »Rassejuden« »gemacht« und »aus dem deutschen Volkskörper ausgeschieden« wurden (so die nichts verschleiernde Sprache der »Gesetze zum Schutze des deutschen Blutes«).

In dem Buch *Aus Nachbarn wurden Juden* schreibt Hazel Rosenstrauch:

»Als die Macht Hitler und der NSDAP übergeben wurde, war das Leben der jüdischen Minderheit sehr viel mehr von der Angleichung an ihre Umgebung als von der Gemeinschaft bestimmt, die durch jahrhundertelange Verfolgung entstanden war. Hinter der Bezeichnung ›Jude‹ verbirgt sich eine Vielfalt weltanschaulich, religiös und regional bedingter Unterschiede. [...] Es gab religiöse Juden und solche, die bestenfalls zu den hohen Feiertagen in die Synagoge gingen und vom Judentum ungefähr soviel verstanden wie ihre christlichen Nachbarn vom Christentum; unter den Gläubigen befanden sich die Anhänger des reformierten Judentums und die Traditionalisten, die jeweils ihre eigenen Synagogen, Rabbiner und Schulen hatten. [...] Zu ›Rassejuden‹ wurden auch Kommunisten und Sozialisten aus jüdischen Elternhäusern, deren Selbstverständnis und Lebensform mit Judentum nicht mehr zu tun hatte, und christlich Getaufte, die manchmal erst, als sie den ›Ariernachweis‹ erbringen mußten, von ihren jüdischen Großeltern erfuhren. Es gab bewußt jüdische Sozialisten, Konservative und sogar eine kleine Gruppe deutschnationaler Juden, die sich mit völkisch verstandenem Deutschtum identifizierten« (Rosenstrauch 1988, S. 11 f.).

Der Reichsbund jüdischer Frontsoldaten, jüdische Sozialisten, deutschnationale Juden, die (auch für assimilierte Juden) exotischen Ostjuden – von all diesen Unterschieden, Gegensätzen, Widersprüchen mußte

»bewußt abgesehen werden, bevor ›der Jude‹ zum erfolgreichsten Symbol der Nazi-Propaganda werden konnte. [...] Die Zauberformel umfaßte alles, was Opposition war, was nicht in das einfache,von klaren Begriffen gezeichnete Weltbild der Nazis paßte. Gewerkschaftler, kritische Intellektuelle oder Künstler, die ›rassekundlich‹ nicht als ›jüdisch‹ abzustempeln waren, galten als ›Judenknechte‹, als ›jüdisch-entartet‹ oder ›jüdisch-bolschewistisch verseucht‹. [...] Die deutsche Gesellschaft bildete ja nur sehr künstlich, sehr kurz und formal eine ›nationale Einheit‹. Der ›einheitliche Jude‹ ist eine Variante der Sehnsucht nach der nationalen Einheit. Erst im Affekt gegen alles Unvertraute, gegen die Vielschichtigkeit einer demokratischen Gesellschaft mit all ihren Konflikten entstand die ›deutsche Volksgemeinschaft‹« (ebd., S. 16 ff.).

Dieser Aspekt läßt sich in einem bestimmten Sinne verallgemeinern: Wir sprechen auch heute nicht nur im Sinne staatsbürgerlicher, sondern auch kultureller Identität von »Zigeunern«, »Türken«, »Asylanten«, auch von »Deutschen«, »Franzosen«, »Schweden«, »Russen« usw., als würde damit Substantielles, würden damit Eindeutigkeiten bezeichnet, die sich bestimmen und abgrenzen lassen. Diesen (und anderen) Substantiven wohnt (gerade in der deutschen Sprache) eine essentialistische Schwere inne, welche die Unschärfen und Ambivalenzen, genauer: den sozialen und politischen Konstruktcharakter kultureller Identitäten, verschluckt und verschweigt.

Wie aus Nachbarn Juden *wurden*, ist gut dokumentiert.[1] Wie aus

1 »So fing es an: Vom Arier-Paragraphen zum Judenstern. Von Woche zu Woche wurden seit 1933 die Sondergesetze gegen Juden verschärft. Eine Dokumentation der systematischen Entrechtung, die alle Deutschen damals miterlebt haben«, hat Armin von Manikowsky zusammengestellt, in: *Stern* Nr. 6/79, vom 1. 2. 1979; siehe auch die Dokumentation von Hazel Rosenstrauch (1988): »Es waren also nicht irgendwelche »Banden« oder kriminelle Vereinigungen – wie mancher Gedenkstein am Ort früherer Synagogen heute suggeriert –, die jüdi-

Nachbarn Juden *werden* in Gegenwart und Zukunft, allgemeiner gefragt: wie aus Nachbarn *Fremde* und *Feinde* werden, ist das Thema dieses Beitrags. Diese Fragestellung möchte ich in fünf Schritten erörtern:

(1) Was meint die Kategorie »*Fremde*« in soziologischer Sicht?

(2) Wie läßt sich der Übergang zwischen einfacher und *reflexiver* Moderne begreifen?

(3) Wie ändert sich die *soziale Konstruktion von Fremden in der reflexiven Moderne*?

(4) Wie werden aus Fremdbildern *Feind*bilder? Und

(5) möchte ich abschließend in Form eines Ausblicks dem zur Zeit in Europa dominierenden Neonationalismus die Perspektive eines »Europas der *Individuen*« gegenüberstellen.

I

Was meint die Kategorie »Fremde«? Beginnen wir mit einigen Beispielen. Fremde – das sind nicht die Preußen in Preußen, sondern die Preußen in Bayern (oder umgekehrt der Münchner in Berlin). Fremde, das sind nicht die Türken in der Türkei, sondern die Türken in Berlin-Kreuzberg. Fremde, das sind deutsche Türken, Kinder von Türken, die in Deutschland geboren, aufgewachsen, zur Schule gegangen sind, vielleicht ursprünglich Münchnerisch sprechen, aber mit türkischem Paß reisen und sich in ihrem »Vaterland«, in der Türkei, wie Touristen fühlen. Fremde, das sind Afrodeutsche, die in ihrer Sprache, ihrer Identität, ihrer Vorliebe für deutsche Weihnachten und deutsche Küche »deutsch« sind, in einem allerdings sozial sehr wichtigen Merkmal nicht: sie haben schwarze Hautfarbe und werden daher so angesprochen und be-

sche Geschäfte und Einrichtungen schon vor der sogenannten ›Reichskristallnacht‹ zerstörten. Die Reichskanzlei mußte – um das Ansehen des tausendjährigen Reichs und die ›Ruhe in der Wirtschaft‹ besorgt – regulierend eingreifen, als die Überfälle über die geplanten Ausschreitungen hinaus sich verselbständigten. [...] Erst mit zunehmend perfekter Definition dessen, was ›dem deutschen Wesen fremd‹, was ›staatsfeindlich‹ und ›undeutsch‹ war, und erst nachdem die deutsche Bevölkerung und das Ausland eingestimmt waren, verzichteten die Nationalsozialisten auf Rücksichten, die das Feindbild komplizierten« (ebd., S. 31).

handelt, wie Durchschnittsdeutsche Schwarze ansprechen und behandeln: »Du verstehen?«. Fremde, das sind aber auch chinesische Amerikaner, die stolz auf ihre ethnische Identität sind, von China keine Ahnung haben, aber auf der Straße dauernd die Frage beantworten müssen, wo das nächste China-Restaurant ist.

Fremde, das sind deutsche Juden, die mit Begeisterung für Deutschland in den Ersten Weltkrieg gezogen – und gefallen sind, aber erst jetzt dafür von einem deutschen Verteidigungsminister mit einer Kranzniederlegung geehrt wurden. Fremde sind auch deutsche Juden, die sich mit ihren im Ersten Weltkrieg erworbenen Orden an der Brust, ungläubig, daß Patrioten so etwas Patrioten antun können, ins KZ abführen ließen. Fremde, das sind Menschen, die in ihrem Selbstverständnis Juden sind, sich in Deutschland und Europa fremd fühlen und aus dieser Fremdheit ihre (fragile) Identität gewinnen. Eines Tages hat es sie nach China verschlagen, und sie müssen zu ihrem Erstaunen, ja Entsetzen feststellen, daß in China die Kategorie Jude völlig nichtssagend ist. Hier werden sie zusammen mit ihren deutschen Gegenspielern in den großen Topf der »Europäer«, der »Weißen« gesteckt, wodurch sie in eine schwere Identitätskrise geraten.

Andererseits schreibt eine Afrodeutsche: »Ich war immer gern ›Mulattin‹« (sie schreibt: ›Mulattin‹), »auch in den bösen Zeiten des Nationalsozialismus. Ich habe Schwarz und Weiß in mir gut verkraften können. Ich erinnere mich, wie eine Kollegin mich in den bösen 40er Jahren einmal fragte, ob ich denn sehr unglücklich sei, als Mulattin leben zu müssen. Ich sagte: ›Nein, weißt du, was ich bis jetzt schon erlebt habe aufgrund meiner Abstammung, das wirst du in deinem ganzen Leben nie erfahren‹«.[2]

Nicht unglücklich, wo doch Fremdsein und in der Fremde sein der Stereotype nach Unglück bedeutet. Jude, wo man Deutscher sein will. Jude und Deutscher, nämlich »Weißer«, wenn man unter Chinesen ist. Als Chinese angesprochen werden, wenn man sich als Amerikaner, sozusagen als Ureinwohner fühlt. Der assimilierte Preuße in München. Der Franke, der plötzlich entdeckt, daß er Nichtbayer ist, daß die Münchner Bayern ihn ausbeuten, immer schon ausgebeutet haben: Was ist da der gemeinsame kategoriale Nenner? Gibt es ein begriffliches Merkmal oder mehrere, die diese

2 »Unser Vater war Kameruner, unsere Mutter Ostpreußin, wir sind Mulattinnen. Die Schwestern Frieda P. und Anna G. erzählen aus ihrem Leben«, in: Oguntoye u. a. (Hg.) 1992, S. 84.

Vollversammlung von Unglaubwürdigkeiten, ja, von Menschen mit mehreren Identitäten als Unter- und Zwischenfälle von »Fremden« identifizieren lassen?

Jawohl, das ist der Fall! Wer die Kategorie Fremde begreifen will, muß sich mit dem Widerspruch befreunden.[3] In einem allgemeinen Sinne kann man nur sagen, daß die Kategorie des Fremden *die Ordnungskategorien und -stereotypen der hiesigen Welt (der Welt der Hiesigen) gleichsam von innen her aufbricht*. Fremde passen in keines der Kästchen, in das sie passen sollen. Genau darin liegt eine ungeheure Irritation. Fremde sind, anders gesagt, das, was den Stereotypen der sozialen Ordnung nach eigentlich *ausgeschlossen* ist. Sie sind Juden, wenn sie Deutsche sein sollen, und Deutsche, wenn sie Juden sein sollen. Sie sind glücklich, wo sie unglücklich sein sollen (und umgekehrt). Sie sind Ein-Geborene, Nach-Geborene, Hiesige, obwohl die Hiesigen sie als »Fremde« ausgrenzen.

Wie sehr »Fremde« ihrem eigenen Selbstbild nach Hiesige – Nachbarn – sind, obwohl diese ihnen nach dem Leben trachten und sie selbst sie als Feinde bekämpfen müssen, macht eindringlich Jean Améry in seinem Buch *Jenseits von Schuld und Sühne* deutlich. Er schreibt über einen Zwischenfall als Widerstandskämpfer im Nationalsozialismus:

»Eines Tages nun ereignete es sich, daß der unter unserem Versteck wohnende Deutsche sich durch unsere Reden und unsere Hantierungen in seiner Nachmittagsruhe gestört fühlte. Er stieg hoch, pochte hart an die Tür, trat polternd über die Schwelle: ein SS-Mann mit den schwarzen Aufschlägen und den eingewebten Zeichen ausgerechnet des Sicherheitsdienstes!
Wir waren alle bleich vor tödlichem Schreck, denn im Nebenzimmer standen die Utensilien unserer, ach, den Bestand des Reiches so wenig gefährdenden Propagandaarbeit. Der Mann [...] stellte seine Forderung – und dies war für mich das eigentlich Erschreckende an der Szene – im Dialekt meiner engeren Heimat. Ich hatte lange diesen Tonfall nicht mehr vernommen, und darum regte sich in mir der aberwitzige Wunsch, ihm in seiner eigenen Mundart zu antworten. Ich befand mich in einem paradoxen, beinahe perversen Gefühlszustand von schlotternder Angst und gleichzeitig aufwallender familiärer Herzlichkeit« (Améry 1977, S. 85).

3 Der bestimmte Artikel – *der* Fremde oder *die* Fremden – ist damit ganz unangebracht, wendet er doch die kategoriale Unbestimmtheit des Begriffs ins Gegenteil.

Dieses Beispiel widerlegt, was oft als begriffliche Stereotype, auch in den Wissenschaften, für die Kategorie des Fremden für wesentlich erachtet wird: der Gegensatz zu den Hiesigen. Immer wieder wird die Behauptung variiert, daß in den Gegenbegriffen »wir-die«, »Hiesige–Fremde« eine wechselseitige Identitätsbildung sowohl des sozialen als auch des politischen Handelns liegt. Dabei wird die Kategorie des Fremden mit der Kategorie des Ausländers verwechselt. Ausländer – Franzosen, Engländer, Inder, Südafrikaner –, selbst wenn sie bei uns sind, wissen, wo sie hingehören. Sie gehorchen den nationalstaatlichen Ordnungsgesetzen der Welt. Fremde sind dagegen Franzosen, Afrikaner *bei uns*. Sie sind Nachbarn. Was vor allem heißt: Sie sind nahe. »Ich habe nichts gegen Fremde. Meine besten Freunde sind Fremde. Aber diese Fremde da ist von hier«, sagt Asterix. Die Kategorie Fremde meint: *die Distanzierung von Nahen durch Nahestehende*, die keineswegs im wechselseitigen Einverständnis erfolgen muß.

»Die Einheit von Nähe und Entferntheit« ist beim Fremden, schreibt Georg Simmel, so zu verstehen: »Distanz bedeutet, daß der Nahe fern ist, Fremdsein aber, daß *der Ferne nah ist*... [eigene Hervorgebung, U. B.] Die Bewohner des Sirius sind uns nicht eigentlich fremd [...], sondern sie existieren überhaupt nicht für uns, sie stehen jenseits von Fern und Nah. Der Fremde ist ein Element der Gruppe selbst, nicht anderes als die Armen [...]« (Simmel 1958/1908, S. 509). Diese Nähe des Fremden setzt damit auch (relative) Ruhe und Geschlossenheit der Lebensformen »Hiesiger« voraus; nur dann ist der Fremde »der Wandernde, der heute kommt und morgen bleibt« (ebd.). Anders ausgedrückt: In einer mobilen Welt gibt es, zu Ende gedacht, entweder *keine* Fremden mehr, oder *alle* sind Fremde (dazu später).

Fremde also sind Nachbarn, von denen es heißt (jetzt kommt es): Sie sind nicht wie »wir«! Fremde sind damit der Kategorie nach eine doppelte Provokation: Sie sind Hiesige, aber gehorchen nicht den Stereotypen, die die Hiesigen von sich selbst entwickeln und pflegen.

Wie leicht es bei den Hiesigen über die Merkmale ihrer Hiesigkeit – im Sinne einer Ironie der Vernunft – zu Irrtümern kommen kann, berichtet Hazel Rosenstrauch:

»Aus der Anfangszeit des dritten Reiches, als jüdische Kinder noch die allgemeinen deutschen Schulen besuchen durften, finden sich immer wieder Erzählungen darüber, wie in der Schule ein Kind als Demonstrationsobjekt vorgeführt und anhand seiner Physiognomie die Merkmale der nordischen Rasse erklärt wurden und die Schüler sich nur mühsam das Kichern verkneifen konnten, weil der SA-Mann ein jüdisches Kind aufgerufen hatte. [...] Es muß schwer gewesen sein, angesichts eines Goebbels, Göring oder auch Hitler an die Überlegenheit und Schönheit der arischen Rasse zu glauben« (Rosenstrauch 1984, S. 32).

Auch Nähe, auch die Eigenart des Eigenen ist kein Naturzustand, sondern muß angesichts von Widersprüchen sozial konstruiert werden. Sie spricht Münchnerisch und hat eine schwarze Hautfarbe. Darin liegt eine weitere Irritation: Wenn eine schwarze Münchnerin nicht nur möglich, sondern wirklich und lebendig ist, dann widerlegt allein diese Existenz durch ihr bloßes Dasein die Natürlichkeit der Grenzen und Stereotypen, auf denen die Hiesigen ihre soziale Welt und Ordnung aufgebaut haben. Fremde in diesem Sinne sind eine lebendige Widerlegung der scheinbar eindeutigen Grenzen und natürlichen Grundlagen, in denen in Nationalstaaten Zugehörigkeiten und Identitäten gefaßt sind.

Eng verbunden mit diesem zweiten Merkmal, daß Fremde die Verlebendigung des Ausgeschlossenen, des Zwischenkategorialen sind, läßt sich ein drittes Merkmal aufweisen: die *Relativität* der Fremdheit der Fremden. Ob etwas oder einer in der Eigen- oder Fremdperspektive als »fremd« wahrgenommen wird oder nicht, hängt – banalerweise und doch nicht banalerweise – von dem Bezugsrahmen der Selbstverständlichkeiten ab, der unbefragt vorausgesetzt wird. Jeder muß nur irgendeine Grenze passieren, um in die Lage des Fremden zu wechseln. Doch lassen Sie mich das Grundsätzliche an einer Geschichte verdeutlichen. Ende der dreißiger Jahre unterhalten sich in Paris zwei jüdische Emigranten über ihre Pläne. Der eine will nach Uruguay auswandern. »So weit weg?« staunt der andere. »Weit von wo?« fragt der erste zurück.

Diese Frage: »Weit von wo?« identifiziert den Blick mit dem Blick des Fremden. Dieser hat den Punkt verloren, von dem er näher oder entfernter sein könnte. Dieser Fremde hat für sich selbst den Bezugspunkt des Hierseins, des Zuhauseseins verloren. Es gibt Inländer und Ausländer, Freunde und Feinde – und es gibt Fremde, die kategorial in diese Schablonen nicht passen, diese Gegensätze unterlaufen, die quer liegen, irritieren. Die Relativität des Fremden, so wird hier deutlich, entsteht auch, weil der Fremde *ein Begriff ohne Gegenbegriff* ist.

Eine Afrodeutsche berichtet von dem Versuch, ihre Identität in Afrika zu finden:

»Bei einem Spaziergang am Strand beobachtete ich Kinder, die im aufgehäuften Müll offensichtlich nach etwas Verwertbarem suchten. Sie riefen mir nach: ›Weiße, Weiße‹, und ich war wieder abgestempelt und fühlte mich gebrandmarkt. Ich hatte geglaubt, mir eine schwarze, eine afrikanische Identität aneignen zu können, und dieses Mal wurde mir hinterhergerufen, ich sei weiß. Ich war fassungslos und konnte auch mit niemanden darüber reden. Sehr viel später fand ich eine Erklärung für diesen Vorfall: Mein Benehmen, die beobachtende Distanz, hatte mich verraten; ich war an jener Szene einerseits zu distanziert und andererseits zu interessiert für eine Einheimische vorbeigegangen. Mein Verhalten hatte mich als Europäerin gekennzeichnet. Da im Klischee die Europäer weiß sind, so war ich eben in diesem Moment zu einer Weißen geworden. Weiß war in diesem Fall eine soziale Kategorie, nicht anders wie es sich mit der Zuordnung für ›Schwarz‹ verhält«[4]

– Rasse als soziale Konstruktion. Die deutsche Schwarze wird von afrikanischen Schwarzen als Weiße beschimpft. Diese Umkehrung bringt nicht nur auf den Punkt, was die Relativität des Fremden meint; sie macht auch deutlich, wie wenig Fremde und Fremdheit naturalistisch-biologisch begriffen und identifiziert werden können.

Wie nun läßt sich dieser Befund theoretisch begreifen? Reinhart Koselleck schlägt vor, im Feld des politischen Handelns und der politischen Geschichte zwischen *symmetrischen* und *asymmetrischen Gegenbegriffen* zu unterscheiden. Zu den ersten zählt er allgemeine Gegenüberstellungen wie Freund und Feind; zu den zweiten, asymmetrischen, Gegenbegriffe wie Griechen–Barbaren, Christen–Heiden, Übermenschen–Untermenschen. Diese sind dadurch gekennzeichnet, daß ihr Gegensatz auf eine ungleiche Weise konträr ist. Man kann und muß hier danach fragen, wie die Gegenposition – Barbaren, Heiden, Untermenschen – jeweils negiert wird.

Meines Erachtens ist es wichtig, zu erkennen, daß die Kategorie des Fremden sich genau diesen Gegenbegriffen *entzieht*. Koselleck unterscheidet verschiedene Ordnungsbegriffe des Sozialen – einmal symmetrisch, das andere Mal asymmetrisch-hierarchisch. Die Kategorie des Fremden dagegen negiert *jegliche Art* von Ordnungsbegriffen.

4 E. Wiedenroth, »Was macht mich so anders in den Augen der Anderen?«, in: Oguntoye u. a. (Hg.) 1992, S. 169 f.

Fremde sind gerade nicht – jedenfalls in der Perspektive, die ich hier dargestellt habe – der Gegenbegriff zum Begriff der Hiesigen. Fremde *sind* Hiesige (Nachbarn); und sie sind es in bestimmten Hinsichten zugleich (manchmal aus der Eigenperspektive, manchmal nur aus der Fremdperspektive der Hiesigen) auch wieder nicht. Verallgemeinert gesagt: Die Kategorie »Fremde« ist *der Gegenbegriff (oder Querbegriff) zu allen Begriffen der sozialen Ordnung*. Und darin liegt seine Irritation, Provokation – schon als Begriff.[5]

Der Einstieg in diese Sicht liegt darin, daß Fremde gerade nicht Ausländer welcher Nationalität auch immer sind, die sich an die Stereotypen der nationalstaatlichen Ordnung halten. Selbst Feinde sind, zugespitzt gesagt, in gewisser Hinsicht weniger bedrohlich als Fremde, weil sie der etablierten Ordnung der Eigen- und Fremdstereotypen gehorchen. »Durch ihre schiere Gegenwart«, schreibt Zygmunt Bauman, »die gerade in keine der etablierten Kategorien paßt, irritieren Fremde die Gültigkeit der akzeptierten Unterscheidungen und Grenzen. Auf diese Weise rauben sie den Entgegensetzungen ihren ›natürlichen‹ Charakter, lassen deren Mehrdeutigkeit hervortreten, offenbaren die Zerbrechlichkeit der sozialen Ordnung« (Bauman 1990, S. 55). Mit anderen Worten, Fremde sind ein purer Beleg dafür, daß die »Natürlichkeit« der hiesigen Ordnung künstlich, konventionell ist. Durch den Widerspruch, den sie (bemessen an den geltenden Selbstbildern der sozialen Ordnung) verkörpern, beweisen sie immer wieder aufs neue, daß die Welt auch anders sein könnte.[6]

Daß Fremde Hiesige sind und gerade nicht Fremde, wie Hiesige meinen, ruft Michael Landmann in Erinnerung:

»Jüdische Relegionsausübung existierte in meinem Elternhaus nicht einmal in Relikten. [...] Das, wozu drei Generationen uns gemacht hatten, bestimmte uns stärker als der ferne, nur noch gewußte, verblassende Ursprung. Juden waren wir in ausgesprochenerem Maß in den Augen der Umwelt als in unseren eigenen [...].« Und er fährt fort: »Nach der wahnwitzigen Hinschlachtung von sechs Millionen Juden durch Hitler war ich nur noch eines: Jude. [...] Heiterkeit stellte sich nur mühsam, Lebens- und Menschenvertrauen nie ganz wieder her. [...] Eines blieb uns dennoch:

5 Diese Irritation kommt auch in dem lateinischen Begriff *hostis* zum Ausdruck, der Feind *und* Gast meint.

6 Dies gilt zum Beispiel auch für Homosexuelle, direkter noch für Bisexuelle.

kein Gesetz verwehrt schmerztiefe Liebe zu der deutschen Art« (Landmann 1978, S. 116, 120 f.).

Ich wiederhole diesen Satz: »Kein Gesetz verwehrt schmerztiefe Liebe zu der deutschen Art«! Mit einem Wort gesagt: Fremde sind *Ambivalenz als Existenz*.[7]

Wer die Kategorie »Fremde« klären, aufklären will, muß sich jedenfalls der aktuellen Gleichsetzung, Gleichschaltung von Fremden mit Ausländern, mit Asylbewerbern verweigern und den darin eingeschlossenen Abwertungen. Fremde können das Bereichernde sein, das die Grenzen des Eigenen und seine Bornierungen immer wieder Aufsprengende. Sie wecken die Neugierde, öffnen neue Welten und Perspektiven. Das gilt selbst noch in der profanen Verallgemeinerung: Das thailändische Restaurant um die Ecke, auch die Tourismusindustrie ist in diesem Sinne eine »Fremdenindustrie«. Sie vermarktet Fremdheit, lebt von dem kollektiven Wunsch, in den »schönsten Wochen des Jahres« (wie es heißt) sich an Fremdem wie an einem Jungbrunnen zu laben.

Deutsche sind beides: besonders spendenfreundlich gegenüber Menschen anderer Kulturen und Länder, die in Not geraten sind – Stichwort Rußland-Hilfe, wo ganze Güterhilfszüge unter öffentlicher Anteilnahme gen Osten rollten –, und andererseits werfen Deutsche Molotow-Cocktails auf hilflose Opfer, die sie als »Fremde« etikettieren. Manchmal trifft beides in einer Person zusammen. Wer gerade noch die eigene Kleiderkammer für die russische Winterhilfe geplündert hat, macht mobil gegen das Asylbewerberheim in der Nachbarschaft. Wie paßt das zusammen? Hier kreuzen sich zwei soziale Beziehungstypen: der hilfsbedürftige »Ausländer« weit weg und der »Fremde« mit amtlichem Sozialhilfeanspruch in der eigenen Nachbarschaft. Die Hilfsbereitschaft wächst mit dem Quadrat der Entfernung. Fremdenneid und Fremdenhaß wachsen in dem Maße, in dem Fremde ihre Fremdheit verlieren und – anders als zahlende Touristen – als Konkurrenten um knappe staatliche Versorgungsleistungen erlebt werden.

7 Diese existentielle Ambivalenz ist durchaus verallgemeinerbar; sie bestimmt zum Beispiel auch den Streit zwischen Feministinnen und Postfeministinnen: Was meint Weiblichkeit? Mit zunehmender Gleichstellung von Männern und Frauen geht auch die Eindeutigkeit des »Frauseins« verloren. Vielleicht wird »Ambivalenz als Existenz« zu einem biographischen Merkmal der reflexiven Moderne.

Fassen wir zusammen: Die Merkwürdigkeiten des Begriffs Fremde entstehen daraus, daß er *ein Begriff ohne Gegenbegriff* ist. Fremde sind gerade *nicht* dadurch bestimmt, daß sie sich gegen andere abgrenzen lassen; sie sind vielmehr dadurch bestimmt, daß sie alle polaren Ordnungskategorien des Sozialen unterlaufen bzw. von innen her aufsprengen. Fremde sind weder Feinde noch Freunde, weder Inländer noch Ausländer; sie sind nah und nicht nah, fern, aber hier; sie sind Nachbarn, die von Nachbarn als Nicht-Nachbarn – Fremde – ausgegrenzt werden. Die Fremdheit der Fremden wirkt beängstigend *und* verlockend.

Fremde sind gleich weit von Wissen und Nichtwissen entfernt; denn Fremde sind *da*, präsent im eigenen Wissens- und Wahrnehmungshorizont. Aber die Fremdheit des Fremden setzt zugleich pauschalisierendes Nichtwissen voraus. Verhaltensweisen von Fremden werden stereotyp auf das *ent*individualisierende Kollektivmerkmal – *der* Türken, *der* Zigeuner, *der* Juden, *der* Frauen usw. – zurückgeführt, nicht aber auf individuelle Motive, Gründe, Umstände, auf die Geschichte der Person. Das eigene Verhalten und das Verhalten der Eigenen wird dagegen – ebenfalls der Stereotype nach – genau umgekehrt *individualisierend* gedeutet und erklärt. Hier handelt der oder die einzelne Person und nicht als Kollektiv durch das Individuum hindurch.

Die Liste der Entegegensetzungen läßt sich verlängern, das Grundprinzip bleibt: Das Besondere der Kategorie »Fremde« läßt sich gerade nicht innerhalb der Entgegensetzungen sozialer Ordnungen fassen, sondern es liegt in der Entgegensetzung zu allen Entgegensetzungen, die ihrerseits keine Entgegensetzung kennt. Die Kategorie »Fremde« meint mit anderen Worten das Querliegen, Zwischen-allen-Stühlen-sitzen schlechthin: Ambivalenz als Existenz.

II

Dabei unterstellt diese Ambivalenz-Definition des Fremden noch eine relativ einfache Welt: Erstens, hier gibt es »uns«, die sich mehr oder weniger klar gegen »die« abgrenzen. Zweitens: die »Hiesigen« haben die abolute Mehrheit, Fremde sind eine im wahrsten Sinne des Wortes »flüchtige« Minderheit. Es ist dies, wie ich sagen will, die Konstellation der *einfachen* Moderne. Die soziale Konstruktion des Fremden erfolgt hier in Kontexten relativer Eindeutigkeit: Die Hiesigen haben ihren Ort im Gefüge sozialer Ordnung, gegen das »Fremde« ein- und ausgegrenzt werden.

Es ist nun gerade dies Gefüge der meist nationalstaatlich gedachten Grenzen und Zugehörigkeiten, das im Inneren und im Äußeren durch Prozesse »reflexiver Modernisierung« unterlaufen bzw. verändert wird: Im Inneren, in dem die Identität des Eigenen – regional, national, individuell – durch vielfältige Mobilitätsprozesse unscharf, fragwürdig und neu gemischt wird; im Äußeren, in dem die über- und zwischennationalen Verflechtungen und Lagen wachsen – von der Wirtschaft über Informationsnetzwerke und Telekommunikation bis zu Naturzerstörungen und grenzenlosem Verkehr von Giftstoffen in Luft, Wasser und Nahrungsmitteln. Dieses Stadium, in dem Modernisierung die Rahmenbedingungen und Ordnungskategorien industriegesellschaftlicher Modernisierung verändert, bezeichne ich als »reflexive Modernisierung«. Was damit gemeint ist, läßt sich durch drei Prinzipien theoretisch erläutern:

Erstens »*fabrizierte Unsicherheit*«; dieses Theorem meint nicht unbedingt, daß unsere Existenz auf einer individuellen oder kollektiven Ebene riskanter geworden ist. Allerdings haben sich die Entstehung und die Reichweite von Risiken verändert. Die Folgen der technischen und industriellen Entwicklung stellen die Normen – die Rationalität – ihrer bisherigen Bearbeitung in Frage (Stichwort: jenseits der privaten Versicherbarkeit). Fabrizierte Unsicherheit ist also nicht nur ein Resultat menschlicher Intervention in die gesellschaftlichen und natürlichen Bedingungen der Existenz; dieser Eingriff verletzt den »Sicherheitsvertrag«, der den Fortschrittskonsens der Industriegesellschaft getragen hat.[8]

Derartige zivilisatorische Gefährdungslagen lassen sich nicht mehr lokal oder national begreifen und bewältigen: »*Globalisie-*

8 Was hier »fabrizierte Unsicherheit« heißt, habe ich in Veröffentlichungen seit den *Gegengiften* (Beck 1988) »(Groß-) Gefahren« genannt und von »Risiken« unterschieden. Der Begriff »fabrizierte Unsicherheit« ist allerdings weiter; er bezieht sich nicht nur auf technische Entwicklungen, sondern zum Beispiel auch auf wirtschaftliche Umbrüche, Erosionen des Sozialstaates, des politischen Systems und des bürgerlichen Rechts- und Sicherheitsstaates; siehe dazu unter anderem Ewald 1993, Bonß 1993 sowie Giddens 1994.

rung«. Gemeint ist damit nicht oder nicht nur ein ökonomisches Phänomen; und es wäre auch falsch, Globalisierung mit dem Aufkommen eines »Weltsystems« gleichzusetzen. Ich verstehe unter »Globalisierung« (im Anschluß an Anthony Giddens) *Handlungen über Distanzen hinweg* – eine Entwicklung, die unter anderem durch Transformation von Raum und Zeit in der Folge globaler Kommunikationsmedien und Massentransportmöglichkeiten entsteht (Giddens 1990). Auf diese Weise bilden sich nicht nur weltweite Netzwerke, sondern lokale und personale Erfahrungshorizonte werden aufgebrochen, von innen her verändert. Unsere Alltagsaktivitäten werden mehr und mehr duch Ereignisse beeinflußt, die auf der anderen Seite der Erde geschehen. Umgekehrt haben lokale Lebensstile weltweite Auswirkungen und finden weltweite Verbreitung. Globalisierung in diesem Sinne ist ein komplexer Prozeß, der Konflikte erzeugt und neue Formen der Abgrenzung: So sind beispielsweise das Aufkommen lokaler Nationalismen und die Akzentuierung lokaler ethnischer Identitäten durchaus als Folgen der Globalisierung zu begreifen, der sie zu widersprechen scheinen. Dieser Zusammenhang ist augenblicklich gut in Rußland zu beobachten.

Drittens *Enttraditionalisierung* und *Individualisierung*. Gemeint ist damit: die Aufzehrung, Auflösung und Entzauberung der kollektiven und gruppenspezifischen Identitäts- und Sinnquellen (ethnische Identität, Klassenbewußtsein, Fortschrittsglauben) der Industriegesellschaft, die bis in die 60er Jahre hinein die westlichen Demokratien und Wirtschaftsgesellschaften gestützt haben. Die Folge ist: Alle Definitionsleistungen werden den Individuen selbst auferlegt. Das ist ein wesentlicher Aspekt »gesellschaftlicher Individualisierung«.

Was unterscheidet dieses »Individualisierungstheorem« von den parallelen Deutungen, die Georg Simmel, Émile Durkheim und Max Weber am Anfang dieses Jahrhunderts vorgelegt haben? Heute werden die Menschen *nicht* aus ständischen, religiös-kosmologischen Sicherheiten *in* die Welt der Industriegesellschaft, sondern *aus* der nationalstaatlichen Industriegesellschaft *in* die Turbulenzen der Weltrisikogesellschaft entlassen. Den Menschen wird also das Leben mit den unterschiedlichsten, einander widersprechenden globalen und persönlichen Risiken zugemutet (Beck/Beck-Gernsheim 1994).

Individualisierung meint nicht nur Auflösung, sondern ermöglicht umgekehrt auch die Erfindung von Traditionen. Die Idyllen – Omas Apfelkuchen, Vergißmeinnicht und Kommunitarismus – haben Hochkonjunktur.

Fabrizierte Unsicherheit, Globalisierung und Individualisierung lassen sich in diesem Sinne als Teilmomente einer Theorie »*reflexiver Modernisierung*« entwickeln.[9] Gemeint ist damit zunächst nicht Reflexion über Modernisierung, sondern »Reflexivität« im Sinne von ungewollter, oft auch ungesehener Selbstinfragestellung, Selbstveränderung, Selbstaufhebung. Modernisierung untergräbt – und verändert! – die Voraussetzungen und Rahmenbedingungen industriegesellschaftlicher Modernisierung; eben im Sinne fabrizierter Unsicherheit, Globalisierung und Individualisierung. Diese haben eines gemeinsam: Sie entstehen in der Kontinuität einfacher Modernisierung, und sie stehen damit in der Tradition der soziologischen Klassik, hebeln aber mit den Grundlagen des nationalstaatlichen Industriekapitalismus auch die Grundlagen der alten Soziologien, der alten soziologischen Kontroversen aus. Daß die Soziologie zum Antiquariat der Industriegesellschaft werden könnte, liegt also paradoxerweise in der Modernisierung der Moderne begründet, für die der Soziologie bislang die Begriffe und Theorien fehlen.

Unter Bedingungen reflexiver Modernisierung kann die soziale Konstruktion des Fremden nicht mehr auf kulturelle Selbstverständlichkeiten geschlossener sozialer Kreise zurückgreifen; insbesondere die Bestimmung des Eigenen wird problematisch. Denn Individualisierung bedeutet: Die Kultur des Eigenen zersplittert, differenziert sich aus. Wer in Ostfriesland geboren ist, geht vielleicht in Münster und Hameln zur Schule, arbeitet in Bamberg und heiratet nach Freiburg, während der Ehemann seinen Beruf in Leipzig ausübt; ihren Urlaub verbringen sie in Teneriffa oder auf den griechischen Inseln, und beruflich haben sie viel einerseits in skandinavischen, andererseits in osteuropäischen Ländern und Sprachen zu tun. Das heißt, die individualisierte ist die mobile Existenz gebundener Nichtseßhaftigkeit – im Längs- und Querschnitt des Lebenslaufes.

Die Konsequenz formuliert Sighart Neckel: »Was Georg Simmel als das Kennzeichen des Fremden verstand – ›der Wandernde, der heute kommt und morgen bleibt‹ – ist im Zeitalter der Indivi-

9 Vgl. Beck 1993; Beck/Giddens/Lash 1996.

dualisierung dabei, selbst zur allgemeinen Lebensform zu werden« (Neckel 1994, S. 47 f.).

Mit anderen Worten: Die reflexive Moderne verallgemeinert die Kategorie des Fremden; eines ihrer zentralen Merkmale ist das *universeller Fremdheit.* Immer mehr Menschen verlieren in Herkunft und Stellung ihre soziale Eindeutigkeit. Die Identitäten mischen sich. Die Grenzen tragen – (be)grenzen – nicht mehr. Menschen leben mit Fremden zusammen, denen sie fremd sind. »Moderne Gesellschaft kann nur deshalb Fremdheit generalisieren, weil sie gleichzeitig Fremdheit als Sonderstatus dadurch aufhebt, daß *alle* Fremde sind. Paradox formuliert: Nur dort können alle Fremde sein, wo es keine Fremden mehr gibt« (Hahn 1994, S. 162). Die Frage ist also nicht mehr: Wie gehen »wir« mit »Fremden« um?, sondern die Frage lautet: Wie gehen Fremde der einen oder anderen Art mit sich selbst um? Und wie verschiebt, wie verwandelt sich die Kategorie und Lage von Fremden unter den Bedingungen ihrer Verallgemeinerung?

Beispielsweise Erving Goffman hat die Folgen der Verallgemeinerung von Fremdheit untersucht. Er spricht davon, daß mit der Durchsetzung der Moderne in den Alltagsbeziehungen der Menschen an die Stelle von »wir« und »die«, Mißtrauen und Furcht, so etwas wie *»civil inattention«* – zivile Gleichgültigkeit, zivile Unaufmerksamkeit – tritt. Übrigens eine hochaktive Haltung, die sorgfältig hergestellt, aufrechterhalten und ausbalanciert werden muß.

In der multinationalen, vielsprachigen Schweiz (vielleicht einem Musterland der verallgemeinerten Fremdheit, einem Klein-, einem Tascheneuropa im Schweizer Format), spricht man von »toleranter Ignoranz« oder »ignoranter Toleranz«. Hier liegt sicherlich auch ein wesentlicher Grund für die moralische Indifferenz, mit der viele öffentliche Übergriffe und Gewalttätigkeiten gegen »Fremde« geschehen lassen. Es handelt sich aber auch um ein hochfragiles, leicht zerbrechliches Verhaltensmuster, das auf Gegenseitigkeit beruht und in den mehr und mehr gewaltverdächtigen Dschungel-Metropolen nur begrenzt praktiziert werden kann.

III

Heißt das, daß in der reflexiven Moderne das Verhältnis zu Fremden unproblematisch wird? Nein, das Gegenteil ist der Fall. Das läßt sich im einzelnen an den Folgen reflexiver Modernisierung zeigen. Individualisierung bedeutet auch: die Identität des Eigenen verschwimmt. Globalisierung meint insbesondere: die Mauern der Entfernungen brechen zusammen; immer mehr Fremde und Fremdheiten geraten in den Horizont des eigenen Lebens. Fabrizierte Unsicherheit bedeutet unter anderem: überall lauern Gefahren, und niemand tut etwas dagegen. *Eine* mögliche Folge ist: Viele Menschen erfahren ihre global gewordene, eigene Welt als durch universelle Fremdheit gefährdet. Dagegen wird inzwischen auf allen Ebenen, in allen Winkeln der Gesellschaft mobil gemacht. Es kommt zu einer die gesamte Gesellschaft erfassenden *Politisierung der Sicherheitsfrage.*[10] Fremde tun daher gut daran, rät Ronald Hitzler, sich in unvertrautem Terrain »*mit* statt *ohne* Vorurteile[n]« darüber zu bewegen, was ihnen droht.

»Sich abschotten, einschließen, einbunkern, das sind bis jetzt zwar noch die verbreitesten Reaktionsweisen auf die Angst vor dem, was sich ›da draußen‹ abspielt, was einen in vielfältigen ›Masken‹ zu bedrohen scheint. Türriegel, Vorlegeschlösser, Mehrfachsicherungen, Alarmgeber und Überwachungskameras breiten sich von den Großbürger-Villen in die Kleinbürger-Quartiere aus: Wohnen hinter einem Wall von Sperrmechanik und Einfriedungselektronik. Trillerpfeifen, Pfeffersprays, Tränengaspistolen, Elektroschocker gehören zur individuellen städtischen Survival-Ausrichtung« (Hitzler 1994, S. 58 f.).

Eine Multikultur »der Ego- und Ethno-Zentrik, der Enge, des Mißtrauens, des Neids, der Nörgelei, des An- und Einspruchs, eine Multikultur der aktiven Abgrenzungen und der ignoranten Intoleranz« entsteht (ebd.). Damit aber *verändern sich die Kontexte, Akteure, Instanzen und Ressourcen der sozialen Konstruk-*

10 Dabei wird mit dem Pauschalbegriff »Unsicherheit« vermengt, was im Englischen als »insecurity« und »unsafety« mit guten Gründen getrennt wird: Verunsicherung durch die Auflösung traditierter Lebensstile oder die Bedrohung durch enthemmte Gewalt und Kriminalität. Nicht zuletzt die gezielte Dramaturgie von Wertezerfall und (organisierter) Kriminalität verschafft dem Neonationalismus in Europa Durchsetzungsmacht.

tion von Fremden: »Seit einiger Zeit«, berichtet Agnes Heller aus den USA,

»hat eine ›Rassenrhetorik‹ die Rhetorik der ›sozialen Frage‹ ersetzt, das heißt, auch für Rassenfragen wurden bestimmte Spielregeln institutionalisiert. Diese institutionellen Sprachregelungen für Rassen- und Geschlechterfragen sind sogar in der Privatspäre verbindlich. Nicht einmal in seiner eigenen Wohnung, unter seinen Freunden, sollte man verbotene Worte aussprechen oder Witze (über Schwarze, Juden, Homosexuelle) erzählen, weil das falsch ausgelegt werden könnte. Und wer angezeigt wird, kann leicht seinen Job verlieren. [...] Nur die Selbstdarstellung einer Gruppe gilt noch als einzig legitime Form der Darstellung genau dieser Gruppe. Jegliche Darstellung durch andere (z. B. die Darstellung Schwarzer durch Weiße, der Frauen durch Männer, Homosexueller durch Heterosexuelle) gilt per Definition als ›rassistisch‹ und ›sexistisch‹. Der einzig legitime Verkehr zwischen den Rassen (und Geschlechtern) ist der Kampf; die Alternative dazu ist gegenseitige Selbst-Isolierung und deren Normalisierung. Die modernen Rassisten wiederholen die alten rassistischen Argumente: Der andere kann nicht wie wir empfinden, er hat eine andere Erkenntnistheorie, er kann nicht einmal verstehen, was wir denken, wie wir (unter ihm) leiden und so weiter. MacKinnon, für die die Zensur der Schlüssel zur Rechtschaffenheit ist, ›weiß‹ (woher, so möchte man fragen), daß Männer (selbstverständlich nur Männer), die pornographische Erzeugnisse konsumieren, auch an Pornographie denken, während sie unterrichten. Schaltet die Gedankenpolizei ein!« (Heller 1994, S. 25).

Die neue Vergrenzung der Welt, die Trennung und Befestigung von Eigenem und Fremdem, wird hier sozusagen als globale Bürgerinitiative, in *subpolitischer* Regie, mit den Mitteln und Instanzen der *Zivilgesellschaft* betrieben.

»Es geht um Disziplinierung und Bestrafung. Und es geht um Kontrolle. Man kontrolliert die Sexualität, die Sprachgewohnheiten, das Verhalten und die Darstellungsformen – und zwar bis ins kleinste Detail –, wenn Unregelmäßigkeiten zum Verlust von Arbeitsplatz, Medien- oder Ausstellungsraum und anderen führen. Bereits zu einem sehr frühen Zeitpunkt, als sich nur wenige dahingehend äußerten, bemerkte Foucault bereits, daß die verheerendsten Machtdiskurse unserer Zeit nicht durch den modernen Staat ausgelöst werden, sondern eher von den Kräften und Instanzen der ›zivilen‹ Gesellschaft hervorgebracht und geführt werden. Die ›zivile‹ Gesellschaft erweist sich somit als völlig unzivil« (ebd., S. 26).

In Europa, wo die Gesellschaft nie den Staat dominierte, sondern immer der Staat die Gesellschaft, kommt es zum Szenen- und

Strategiewechsel – vereinfacht gesprochen – vom *kulturell* zum *bürokratisch* konstruierten Fremden. Der »bürokratische Fremde« ist im Unterschied zum »kulturellen Fremden« nicht unbestimmt und kategorial unfaßbar. Er ist keine urprünglich kulturelle, sondern eine bürokratische Kategorie. Dies wird mit dem neudeutschen Haßbegriff »Asylant« deutlich. Dieser Begriff (dem beispielsweise im Englischen nichts entspricht, in der Sprache der UNO ist von »refugees«, Flüchtlingen die Rede) hat seinen Ursprung in der Verwaltung, im Rechts- und Amtsdeutsch. Hier wird unterschieden nach »Asylbewerbern« und »Asylberechtigten«. Dabei handelt es sich um eine amtlich definierte und kasernierte Gruppe von Fremden. Es ist interessant, daß der Begriff »Flüchtling« in der juristischen und politischen Sprache der Bundesrepublik für Deutsche reserviert ist. Ein Flüchtling ist *per definitionem* Deutscher. Diana Wong schreibt:

»In Ermangelung einer präzisen juristischen und soziologischen Bestimmungsmöglichkeit läuft der Begriff ›Asylant‹, wenn man so will, Amok im gesellschaftlichen Diskurs. Wer damit gemeint ist, bleibt unklar und widersprüchlich. Verschiedene Antworten sind zu bekommen: die anerkannten Asylbewerber oder nicht-anerkannten Asylbewerber oder nur die Asylbewerber oder ein Sammelbegriff für alle ausländischen Flüchtlinge. Was damit gemeint ist, bleibt auch unklar und widersprüchlich: die echten politisch Verfolgten, die Armutsflüchtlinge, die Wirtschaftsflüchtlinge, die ausländischen Kriminellen, die schwarzen Drogenhändler. Seine semantische Durchschlagskraft wird erhöht durch die zahlreichen suggestiven, einprägsamen, bei näherem Zusehen jedoch inhaltsleeren Wortbildungen, für die er als Grundbegriff dient, wie: Asylantenflut, Asylantenstrom, Asylantenkatastrophe, Asyltourismus, Scheinasylant. Die Verkürzung von Asylanten aus Assi, womit Asoziale im Volksmund gekennzeichnet werden, liegt nahe« (Wong 1992, S. 410 f.).

Erfahrung mit »Asylbewerbern« sind staatlich vorgezeichnet, organisiert. Es sind dies das Ausländeramt, das Sozialamt, das Einwohnermeldeamt usw., vor allem aber die zugewiesenen Wohnblocks und Wohncontainer in der eigenen Nachbarschaft.

Auf dem Terrain des Ausländer- und Flüchtlingsrechts wurde vorweggenommen, was insgesamt droht: »die *neue Politik des starken Staates*« (Heribert Prantl):

»Das Wort ›organisierte Kriminalität‹ wird benutzt wie ein Generalschlüssel, der alles aufsperrt – jedes Tabu, jedes Grundrecht. Das Rechtsschutzsystem, aufgebaut in den letzten 45 Jahren, wird aufgeweicht.

Nicht nur im Strafrecht, auch im Verwaltungsrecht werden ›gerichtsfreie Spielräume‹ gefordert. Konservative Politik betrachtet umfassende demokratische Kontrolle als hinderliche Bevormundung. Grundrechte werden offenbar hinfällig, wenn der starke Staat meint, daß es ohne sie ›besser‹ geht [...]« (Prantl 1993).

Das heißt: Die Wahrnehmungs- und Handlungsfolien der Risikogesellschaft werden auf die »liberalstaatlichen Zivilisationsrisiken« (Ronald Hitzler) übertragen. Die Stelle der ökologischen Gefahren nimmt ein genereller Anomieverdacht ein. Werden dort die Grundlagen der industriellen Produktion in Frage gestellt, so werden hier die Grundlagen des liberalen Rechtsstaats neu verhandelt.

»Die Politik ist dabei, einen neuen Staat zu entwickeln: Im Sicherheitsstaat des Jahres 2000 wird es nicht mehr darum gehen, Straftaten zu verfolgen und konkreten Gefahren vorzubeugen, sondern schon denkbare Risiken zu vermeiden. In diesem Staat wird daher jeder einzelne Bürger als Risikofaktor betrachtet und behandelt werden. Ein solcher Staat, der sich als Risikovermeidungsorganisation versteht, wird der Bevölkerung immer weniger Freiheiten lassen. Deren Angst vor Kriminalität ist, ebenso wie die Angst vor Flüchtlingen, eine staatlich geförderte Angst. Sie hat zur Folge, daß jede staatliche Maßnahme, so sie nur mehr Sicherheit verspricht, allgemeine Billigung findet. Die Menschen in einem solchen Staat werden sich zunächst in einem gut bewachten Ferienclub wähnen – und zu spät bemerken, daß es sich um ein nobles Gefängnis handelt. Die Art von ›Gemeinsinn‹, wie ihn konservative Politik neuerdings verlangt, paßt dorthin: Sie meint den Verzicht auf Individualität und auf die Rechte des einzelnen« (Prantl 1993; vgl. Hesse 1994, Ewald 1993).

IV

Aus der bisherigen Argumentation läßt sich eine wesentliche Konsequenz ziehen. Wer, wie Karl Otto Hondrich, die Ausbrüche von Gewalt und die Renationalisierungstendenzen in Europa auf unterdrückte Herkunft, auf ethnische Identität, Volkskultur oder -sprache zurückführt (Hondrich 1994), begeht – mindestens – zwei kategoriale Fehler: Erstens *essentialisiert* er kulturelle Identität, und zweitens verwechselt er diese mit dem *Machtkalkül von Feindbildern*. Darin verbirgt sich auch ein prinzipieller Einwand gegen die Ingroup-Outgroup-Logik, die ja nicht nur für soziobiologische und ethologische Aggressivitäts- und Konlikttheorien charakteristisch ist, sondern auch in der Soziologie von Émile Durkheim über Georg Simmel und Max Weber bis in die Gruppentheorien des Interaktionismus und Existenzialismus Verwendung findet: Diese besagt nichts über die soziale Konstruktion und Dramaturgie *spezifischer* Feindbilder.

Es ist in diesem Sinne notwendig, neben der Frage, wie die Bilder von Fremden kulturell, zivilgesellschaftlich oder politisch bürokratisch konstruiert werden, klar zwischen (alltagsweltlichen) *Fremdstereotypen* einerseits und *Feindbildern* andererseits zu unterscheiden. Die Frage, die diese Unterscheidung rechtfertigt, lautet: Warum werden nur *bestimmte* kulturelle Identitäten, warum werden andere *nicht* zu nationalen und staatlichen Feindbildern dramatisiert? Und warum wechseln Feind- und Freundbilder oft so schnell? So war im vorrevolutionären Amerika das »Mutterland« England (gleiche Sprache, gleiche ethnische Identität, gleiche politisch-republikanische Grundüberzeugung) der »natürliche Feind«, später im 20. Jahrhundert in zwei Weltkriegen der »natürliche Verbündete«. Was in einem bestimmten sozialen Raum, einer bestimmten Epoche als »Eigenes« und »Fremdes« gilt, ist nicht natürlich, sondern schwer vorhersehbar und -sagbar, ist eine empirisch-historische Frage.

Gottfried Benn notiert unter dem Stichwort »Der Inhalt der Geschichte«:

»Um mich zu belehren, schlage ich ein altes Schulbuch auf, den sogenannten kleinen Ploetz. [...] Ich schlage eine beliebige Seite auf, es ist Seite 337, sie handelt vom Jahre 1805. Da findet sich: 1x Seesieg, 2x Waffenstillstand, 3x Bündnis, 2x Koalition, einer marschiert, einer verbündet sich, einer vereinigt seine Truppen, einer verstärkt etwas, einer rückt heran, einer nimmt ein, einer zieht sich zurück, einer erobert ein Lager, einer tritt ab, einer erhält etwas, einer eröffnet etwas glänzend, einer wird kriegsgefangen, einer entschädigt einen, einer bedroht einen, einer marschiert auf den Rhein zu, einer durch ansbachisches Gebiet, einer auf Wien, einer wird zurückgedrängt, einer wird hingerichtet, einer tötet sich – alles dies auf einer einzigen Seite, – das Ganze ist zweifellos die Krankengeschichte von Irren« (Benn 1989, S. 362).

Genau diese »Krankengeschichte von Irren« *widerlegt* den Schluß von einem soziobiologisch (ethologisch oder anthropologisch) diagnostizierten Konfliktpotential auf die jeweilige Hick-Hack- oder Schlachtordnung. Beispielsweise haben deutsche Auswanderer, die aus den ständischen Beengungen und Beklemmungen des feudalen Europa kamen, in den USA in guter Nachbarschaft mit Schwarzen gelebt, haben Mischehen geschlossen, geduldet, verteidigt, in einem Ursprungsland der Demokratie, in dem damals Sklaverei noch gesetzlich geschützt war. Es gibt keinen Schluß von der Soziobiologie oder Soziologie sozialer Fremd- und Eigenstereotypen auf die Sozialgeschichte von Feindbildern. Diese sind im Kontext von Staat, Nationalstaat, Militär, also in ihrer Bedeutung für die Legitimation des staatlichen Machtmonopols zu sehen und zu begreifen.

Und doch hat sich die Legende bis heute ihre blutige Kraft bewahrt, die besagt: Das Eigene muß sich gegen das Fremde ab- und eingrenzen, damit es seine Identität gewinnt und bewahrt. Man könnte sie die *territoriale* Theorie der Identität nennen. Diese unterstellt einen durch (mentale) Zäune befestigten Raum, damit Selbstbewußtsein möglich wird. Doch wenn man diese Vorstellung von dem Kontext, aus dem sie entstanden ist, nämlich dem Nationalstaat, ablöst, verliert sie jede Plausibilität. Den Irrtum, der vielfältig kodifiziert und tränenreiche Geschichte geworden ist, könnte man den *Gefängnis-Irrtum* der Identität nennen. Man muß die Menschen nicht, auch nicht in den weiten Räumen einer Nation, gegeneinander abschließen, orientieren und organisieren, damit sie ihrer selbst bewußt und sicher werden. Das ist ein Hottentotten-Glauben *der* Modernen; ob hingegen die Hottentotten sich ihm verschworen haben, ist sehr fraglich. Warum sollte man sich nur in staatlichen Gefängniszellen identisch und sicher begegnen und gegenübertreten können? Gerade das Öffnen und Mischen der »Gefangenen« bietet der Identitätsfindung und -bildung viel Stoff und Gelegenheit.

Hier wird ein weiterer Denkfehler deutlich, auf den insbesondere Zygmunt Bauman aufmerksam gemacht hat: Die Abgrenzungslogik der Identität verbleibt noch ganz in der Eindeutigkeitsmetaphysik, von der die Moderne beseelt ist. Man stellt Identität als *eindeutige* Identität vor, als Entweder-Oder, Drittes ausgeschlossen! Die Möglichkeiten ambivalenter Identität, im Mischen mit Vielheit, mit Fremdheit, Eigenes zu erringen und errichten, bleiben fast vollständig aus dem Blick (Bauman 1992). Auch weiß die Gefängnistheorie der Identität wenig von dem Reichtum, den das Fremde für das Eigene und sein Hineinverwandeln ins Fremde bedeutet.

»Feindbilder« sind dramaturgisch gesteigerte und ins Legitime gewendete, kulturell erzeugte (verfügbare) Vorurteile und Fremdstereotypen, die funktionalisiert werden für den Auf- und Ausbau des staatlichen Macht- und Militärapparats. Feindbilder – im Unterschied zu Fremdstereotypen und Rassenvorurteilen – ermöglichen eine Umwertung der Werte. Hier darf, muß (im Kriegsfall) getötet werden. Für Feindbilder gibt es keine Schlichtungsinstanz, kein Gericht. Feindbilder stellen eine zweite, neben-, außer-, ja gegendemokratische Legitimationsquelle des modernen (National-) Staates dar; diese gewinnt gerade mit den Schwierigkeiten demokratischer Konsensbildung für staatliche Akteure an Attraktivität.

Die Konsequenz lautet: Wir sind kulturell und sozialwissenschaftlich vom Rückgriff auf Tradition oder ethnische Identität zur Legitimierung von Fremdheit und Ingroup-Outgroup-Differenzen abgeschnitten. Anders gesagt: *Ethnizität ist keine ursprüngliche Variable sozialer Differenzierung; sie ist durch und durch ein politisch-bürokratisches Konstrukt* (Neckel 1994). Es gibt keinen Schluß von wie auch immer beschaffener, definierter kultureller Andersartigkeit, Verschiedenheit in Eigen- und Fremdwahrnehmungen und der politischen Dramaturgie und Konstruktion von Fremd- und Feindbildern. Diese Inszenierungen *bedienen* sich der Bemäntelung des Natürlichen, der Herkunft, des Ursprünglichen und Substantiellen, aber sie vollziehen tatsächlich Entscheidungen, Selektionen, Konstruktionen, die Erfindungen gleichkommen.

In der reflexiven Moderne wird die Konstruktion von Fremden im doppelten Sinne politisiert: Zum einen werden durch die Politisierung der Sicherheitsfrage die Kontrollinstrumente der Zivilgesellschaft und des starken Staates mobilisiert; zum anderen tritt an die Stelle des kulturellen Fremden die Figur des bürokratisch (konstruierten) Fremden; der Diskurs über kulturelle Andersartigkeit wird zu einem Diskurs über Feindbilder aufgeladen, die den Auf- und Ausbau des präventiven Sicherheits- und Schutzstaates legitimieren sollen.

Die in vielen Theorie- und Forschungstraditionen der Sozialwissenschaften (und Soziobiologie) verbreitete Rede von der Ingroup-Outgroup-Logik *verdeckt* diesen Selektions-, Herstellungs- und Politisierungsprozeß. Hier hätte auch eine Kritik der systemtheoretischen Rede von Exklusion/Inklusion anzusetzen: Sie unterschlägt mit der Allgemeinheit des Gedankens die Gemeinheit der besonderen Ausgrenzungsprozesse im administrativen und politischen System, in der Medienöffentlichkeit usw. Unsichtbar wird so die wichtige Rolle, die auch Intellektuelle in der Grundierung, Bereitstellung von Legitimationsfolien innehaben, aus denen die Scherenschnitte des Fremden gefertigt und in die Fließbandproduktion gegeben werden können. Auch wenn Ingroup-Outgroup-Beziehungen mit nationaler Identität (Patriotismus, Nationalismus) gleichgesetzt werden, läßt sich dieser Selektionsprozeß nachweisen: Warum nicht regionale Identitäten kombinieren mit einem europäischen Selbstbewußtsein? Warum nicht zum Beispiel fränkischer Separatismus, gemischt mit berufsständischem Stolz und einer zivilisatorischen Identität, die ihr Selbstbewußtsein aus der Bekräftigung von technischer und rechtlicher Rationalität bezieht? Ich sage nicht, daß alles mit allem kombinierbar ist. Aber ich sage: daß mit den Vervielfältigungen, Individualisierungen und Globalisierungen von sozialen Welten, in die das eigene Leben eingespannt ist, ein fast unerschöpfliches Mosaik von Abgrenzungsmöglichkeiten entsteht. So wird es naiv (vielleicht strategisch naiv), von »Inklusion« und »Exklusion« zu sprechen. An ihre Stelle tritt die Frage nach der Einheit der Differenz von Inklusion und Exklusion.

Das ist der Horizont, der die Fragestellung nach der sozialen und politischen Definition und Konstruktion von Fremden und Feindbildern sowohl sozialwissenschaftlich als auch politisch öffnet. Er trägt dem Realismus kultureller Gewaltpotentiale Rechnung, ohne deswegen in einen politischen Fatalismus zu verfallen. Das zentrale Augenmerk wird auf die alltäglichen, öffentlichen, politischen und administrativen Konstruktionsprozesse gelenkt – und deren Verhinderung. Wie gesagt: Wie aus Nachbarn Juden *(gemacht) werden*. Dieses »werden« ist erstens nicht passiv, sondern aktiv gemeint; es schließt zweitens bewußt die Vergangenheitsform »wurden« aus, weiß also um aktuelle Bedrohungen, und ruft drittens auf zur frühen, fröhlichen Verteidigung und Weiterentwicklung der offenen Gesellschaft und des liberalen Rechtsstaates.

V

Alain Touraine gab kürzlich ein Interview zur gesellschaftlichen Lage in Westeuropa. »Sie sehen Westeuropa also in eine Phase der Destabilisierung und der sozialen Spannung stürzen?« faßt der Interviewer zusammen, »Hören Sie«, antwortet Touraine (sinngemäß), »so optimistisch bin ich nicht«. Diese Wendung »so optimistisch bin ich nicht« ist, wie Soziologen wissen, noch mehrdeutig; sie könnte auch bedeuten: es geht leider *nicht* bergab. Aber Touraine meint:

»Was da auf uns zukommt, ist nicht Instabilität, sondern der Zerfall der politischen Systeme. Wenn wir weiter wie Rentiers handeln, ist ungewiß, ob die westeuropäischen Länder moderne, wohlhabende und fortschrittliche Staaten bleiben werden. [...] Ich bin entsetzt über die völlige Abwesenheit von Analysen und neuen Ideen. Wo bleibt die Linke? Sie schweigt. Was sagen die Gewerkschaften? Sie sind stumm. Was schlagen die Intellektuellen vor? Kein Anschluß unter dieser Nummer...« (Touraine 1994, S. 23).

Doch auch das allgemeine Gejammere ist wenig hilfreich, wenn das Vakuum, das durch den Zusammenbruch der Ost-West-Ordnung entstanden ist, nicht im Sinne einer Reform der industriellen Moderne aufgefüllt wird (Beck 1993). Im Kontext von Globalisierung, Individualisierung und fabrizierter Unsicherheit gibt es dafür hier und heute *ein* Wort, *eine* Arena, *ein* Ziel: das von den Intellektuellen sträflich vernachlässigte *Europa*. Nicht (oder nicht nur) das Europa der Institutionen und Bürokratien, sondern das Europa *der Individuen*.

Individualisierung scheint aus sich heraus alle soziale Identität stiftenden Ideen abzustoßen. Das Gegenteil ist – auch – der Fall. Der Kampf um das eigene Leben »verbindet« Franzosen mit Engländern, Polen mit Italienern, Deutsche mit Finnen und Portugiesen und zwar nicht von oben und außen oktroyiert, sondern im Kern des eigenen Selbstverständnisses. Der Ausdruck »verbindet« hat dabei aber eine besondere Bedeutung. Er meint nicht ein europäisches Nationalbewußtsein im Sinne des 19. Jahrhunderts, sondern dessen Zerfall: das (kollektive) Ringen um ein eigenes Leben in unentwirrbarer Vielfalt. Man könnte vom »Europa der Individuen« als der *Nicht*-Identität des Nationalen sprechen.

Dieser Streit um ein eigenes Leben (das inzwischen auch zum globalen geworden ist) unterscheidet durchaus den europäischen

Weg von dem anderer Kulturen. Er verweist, vielfach gebrochen, auf den altgriechischen Anfang Europas, die italienische Renaissance, die Reformation, die englische und französische Revolution, die amerikanische Unabhängigkeitserklärung, ja er verbindet die *Kritik der reinen Vernunft* mit dem Zusammenbruch des Ostblocks, sogar mit dem ganz alltäglichen Kampf der Menschen – durch »wilde« Ehen, Scheidung, Wiederverheiratung, mehrere Elternschaften hindurch –, das eigene und das soziale Leben neu aufeinander abzustimmen. In diesem oft nervigen Streit für und gegen den alltäglichen Individualismus – in Familie, Jugend, Arbeit, Politik – ist Europa lebendig. Die europäische Frage, die die Menschen tatsächlich umtreibt, ist die Frage: Wie lassen sich die historisch gewachsenen Ansprüche auf ein eigenes Leben mit den veralteten Vorgaben des Sozialen in den Institutionen verbinden?

Zugegeben: auch dieses Europa der Individuen ist ein Risiko. Aber, um ein Bild von Niklas Luhmann aufzugreifen (Luhmann 1993, S. 43): Wir müssen diesen Frosch küssen, auch wenn wir nicht wissen, ob er sich dadurch in einen Prinzen verwandeln wird.

Literatur

Améry, Jean, *Jenseits von Schuld und Sühne*, Stuttgart 1977.

Bauman, Zygmunt, *Thinking Sociologically*, Cambridge 1990.

–, *Moderne und Ambivalenz. Das Ende der Eindeutigkeit*, Hamburg 1992.

Beck, Ulrich, *Gegengifte*, Frankfurt am Main 1988.

–, *Die Erfindung des Politischen*, Frankfurt am Main 1993.

Beck, Ulrich, und Elisabeth Beck-Gernsheim (Hg.), *Riskante Freiheiten*, Frankfurt am Main 1994.

Beck, Ulrich, Anthony Giddens und S. Lash, *Reflexive Modernisierung*, Frankfurt am Main 1996.

Benn, Gottfried, *Essays und Reden*, Frankfurt am Main 1989.

Bonß, Wolfgang, »Unsicherheit als soziologisches Problem«, in: *Mittelweg 36*, Februar/März 1993.

Ewald, François, *Der Vorsorgestaat*, Frankfurt am Main 1993.

Giddens, Anthony, *The Consequences of Modernity*, Stanford 1990; deutsche Übersetzung: *Die Konsequenzen der Moderne*, Frankfurt am Main 1992.

–, *Beyond Left and Right*, Cambridge 1994.

Hahn, Alois, »Die soziale Konstruktion des Fremden«, in: W. M. Sprondel (Hg.), *Die Objektivität der Ordnungen und ihre kommunikative Konstruktion*, Frankfurt am Main 1994.

Heller, Agnes, »Die Zerstörung der Privatspäre durch die Zivilgesellschaft«, in: *Ästhetik und Kommunikation*, Heft 85/ 86, Mai 1994.

Hesse, H. A., *Der Schutzstaat*, Baden-Baden 1994.

Hitzler, Ronald, »Mobilisierte Bürger«, in: *Ästhetik und Kommunikation*, Heft 85/ 86, Mai 1994.

Hondrich, Karl-Otto, »Grenzen gegen die Gewalt«, in: *Die Zeit*, Nr. 5, 28. Januar 1994, S. 4.

Landmann, Michael, »Mein Judentum«, in: H. J. Schultz (Hg.), *Mein Judentum*, München 1978.

Luhmann, Niklas, »Europa als Problem der Weltgesellschaft«, in: 2. Leutherheider Forum (Hg.), *Europa als Problem der Weltgesellschaft*, Krefeld 1993.

Neckel, S., »Gefährliche Fremdheit«, in: *Ästhetik und Kommunikation*, Heft 85/ 86, Mai 1994.

–, »Politische Ethnizität«, Manuskript, Berlin 1994.

Oguntoye, K., u. a. (Hg), *Farbe bekennen*, Frankfurt am Main 1992.

Prantl, Heribert, »Es wird ungesund in Deutschland«, in: *Süddeutsche Zeitung* vom 13./14.August 1993, Wochenendbeilage, S. V 2/27.

Rosenstrauch, Hazel, *Aus Nachbarn wurden Juden*, Berlin 1988.

Simmel, Georg, »Exkurs über den Fremden«, in: ders., *Soziologie. Untersuchungen über die Formen der Vergesellschaftung* (1908), Berlin 1958.

Touraine, Alain, »Der Staat zerbricht«, in: *Die Woche* vom 7. April 1994.

Wong, D., »Fremdheitsfiguren im gesellschaftllichen Diskurs«, in: J. Matthes (Hg.), *Zwischen den Kulturen?*, Göttingen 1992.

Hans Joas
Modernität und Krieg

Ulrich Beck zu kommentieren, empfinde ich nicht als dankbare Aufgabe. Ich habe zum einen nämlich große Sympathie für seine zeitdiagnostische Sensibilität, die erfrischenden Wirkungen seiner oft kühnen Behauptungen, seinen Witz und den ermutigenden Appell, der in seiner »Erfindung des Politischen« steckt. Diese Sympathie mindert die Differenz, aus der eine spannende Kontroverse einzig entstehen kann. Zum anderen aber finde ich manche logische Inkonsistenz und oft einen schlichten Mangel an Belegen in seinen Schriften und Vorträgen, große Freude an Paradoxien und zuviel Pathos des Epochenbruchs. Hier Korrekturen zu fordern oder selbst zu liefern läßt den Kritiker immer schlecht aussehen: als humorlos, rechthaberisch oder kleinlich. Insbesondere der prophetische Gestus, mit dem Beck seine Arbeiten präsentiert, hat natürlich seine Verführungskraft, sollte aber doch auch vorsichtig machen.

Schon 1986 signalisierte der Begriff *Risikogesellschaft* eine Diagnose vom epochalen Bruch. Damals fehlte allerdings der Bezug zu militärischen Risiken erstaunlicherweise noch. Nach 1989 verstärkt und verallgemeinert Beck diese Diagnose. Wenn er jetzt – und ich stütze mich nicht nur auf seinen heutigen Vortrag, sondern auch auf sein Buch *Die Erfindung des Politischen* – *alle* sozialstrukturellen und politischen Kategorien für lächerlich veraltet erklärt, proklamiert, daß die ganze Soziologie neu erfunden werden muß (Beck 1993, S. 12), die Existenz eines funktionierenden Sicherheitssystems im heutigen Europa schlicht in Abrede stellt (ebd., S. 18), alle Selbstverständlichkeiten des westlich-demokratischen Kapitalismus in Auflösung sieht (ebd., S. 58), Italien zum Beleg für die totale Individualisierung des Wählens macht (ebd., S. 223), dann scheint er mir hier und andernorts – kalkuliert oder nicht – doch weit übers Ziel hinauszuschießen. Wenn er den amerikanischen Kommunitarismus als modische Idylle bezeichnet und neben »Omas Apfelkuchen« stellt[1], dann möchte ich dies einen flauen Witz nennen dürfen, der nicht gerade tiefschürfendes

1 Vgl. Becks Beitrag in diesem Band, S. 331.

Interesse für diese produktive intellektuelle und politische Strömung in den heutigen USA verrät. Aber hier geht es nicht um eine Analyse der Beckschen *Rhetorik* und ebensowenig um eine detaillierte Liste einzelner Korrekturpunkte, sondern um eine theoretische Diskussion.

I

Das Begriffsfeld »Moderne« ist ganz zentral für Becks Denken. Ohne sein Verständnis von »Modernisierung« je eindeutig zu machen, verwendet Beck sehr häufig diesen Begriff. Die Industriegesellschaft, die wir hinter uns lassen, wird als »halbierte Moderne« bezeichnet. Die Moderne bringt aber auch, so Beck, ständig Tendenzen der Gegenmodernisierung hervor. Die heutige Wende zu nationalistischen Orientierungen in Europa ist für Beck ein solcher Fall von Gegenmodernisierung. Aber auch die Abhängigkeit der Technikentwicklung von wirtschaftlichen Verwertungsimperativen nennt er »gegenmodern«. Den eingetretenen Epochenbruch versucht er mit dem Begriff der »reflexiven Modernisierung« zu fassen, einem Begriff, der ihm immer mehr zum Sammeltitel für die analysierten Gegenwartstendenzen von fabrizierter Unsicherheit, Globalisierung und Individualisierung wird.

Worin bestehen meine Schwierigkeiten mit diesen Begriffsverwendungen? Vielleicht ist es am einfachsten, mit der Redeweise von der Industriegesellschaft als einer »halbierten Moderne« anzufangen. Ausdrücken will Beck damit, daß die Industriegesellschaft immer schon auf kulturelle Ressourcen von Wertorientierungen und Gemeinschaftsbindungen angewiesen war, die nicht identisch sind mit den Maximen individualistischer Nutzenverfolgung. Diese anderen Orientierungen nennt Beck oft »ständegesellschaftlich«. Damit wäre die Industriegesellschaft natürlich eine halbierte Moderne; ihre andere Hälfte gehört dann der Ständegesellschaft zu. Beck beeilt sich aber, hinzuzufügen, daß die »ständische Seite kein traditionelles Relikt, sondern industriegesellschaftliches *Produkt* und *Fundament* ist« (Beck 1986, S. 118). Damit denkt er also nicht an eine Aufzehrung kultureller Ressourcen aus vorindustrieller Zeit während der Entwicklung der Industriegesellschaft, sondern durchaus an die Neubildung von Wert-

und Gemeinschaftsbindungen während ihrer Geschichte. Aber dann sind diese der industriellen Gesellschaft ja gar nicht wesensfremd. Warum sprechen wir dann noch von einer halbierten Moderne? Dies könnten wir doch nur dann tun, wenn für uns eine vollständige Moderne möglich wäre. Wie aber könnte diese aussehen? Sollen wir sie uns als eine Gesellschaft ohne alle Werte und Bindungen denken, die über die Logik des Wirtschaftens hinausgehen? Hier wäre zunächst zu fragen, ob Beck selbst eine solche soziale Ordnung überhaupt für denkbar hält. Seine Ausführungen zum Veralten der Familie lassen vermuten, daß er die Frage bejahen würde. Die wahre und vollständige Moderne wäre dann eine Gesellschaft der totalen Individualisierung in Becks Sinn. Aber eben diese kann doch kein normatives Leitbild sein, sondern stellt eher – auch für Beck – eine Horrorvision dar. Tatsächlich sieht Beck die fortschreitende Individualisierung als einen der Auslöser von Gegenmodernisierungsprozessen. Aber auch dieser Begriff wird wegen der Unklarheit in Becks Moderne-Begriff zweideutig. Zunächst verwendet er ihn mit negativem Wertakzent; dies gilt auch überall da, wo er die künstliche Fraglosigkeit, die »nachgeahmte Substantialität« (Habermas) der Gegenmoderne attackiert. Doch wenn die vervollständigte Moderne im obigen Sinn ein Schreckensbild ist, dann muß es auch eine positiv zu bewertende Gegenmoderne geben. Dann kann ja nicht jede neuentstehende Bindung in modernistischem Ton verdammt werden. Beck schwankt zwischen der Diagnose eines Konflikts zwischen Moderne und Gegenmoderne und eines Konflikts verschiedener Arten von Moderne. Er müßte sich also entscheiden. Er müßte entweder den Begriff der Moderne für eine Gesellschaft reservieren, deren Wertsystem an universalistischen Prinzipien ausgerichtet ist. Dann fallen nicht alle Wertbindungen und Gemeinschaften unter die Begriffe der »Ständegesellschaft« oder »Gegenmoderne«, sondern nur jene, die einen Bruch mit solchen universalistischen Prinzipien vollziehen. Ein solcher Begriff wäre normativ positiv, würde aber empirisch keinesfalls jede Entwicklung der Individualisierung und Globalisierung zu bezeichnen erlauben. Oder Beck müßte nur diese soeben genannten Entwicklungen als Modernisierung bezeichnen; aber dann wird die Moderne – gemessen an Wertmaßstäben, auch und gerade an universalistischen – eine höchst vieldeutige Geschichte. Beides zugleich kann Beck nicht haben. Er kann nicht von ihm mißbilligte Entwicklungen als

»Gegenmodernisierung« bezeichnen und zugleich eine Theorie anbieten, welche eine vollständige »Modernisierung« praktisch ausschließt.

Doch – so stelle ich mir Ulrich Becks Entgegnung vor – ich ignoriere ja seinen Schlüsselbegriff der »reflexiven Modernisierung«. Hier finde ich zunächst unglücklich, daß Beck – wie in einem Wortspiel – Reflex und Reflexion aneinanderrückt. Jede Reaktion auf fortschreitende Modernisierung ist gewiß ein Reflex; nur die diskursive Infragestellung der Organisationsprinzipien der Gesellschaft ist aber ihre Reflexion. Auch wenn es zutrifft, daß die Reflexion selbst eine von vielen möglichen Reaktionen darstellt, ist diese Unterscheidung wichtig. Die These von der Reflexion im Konzept der »reflexiven Modernisierung« scheint mir sehr attraktiv. Dieser Gedanke ähnelt dem, was Michael Walzer »the art of separation« nennt – und was ich als »Demokratisierung der Differenzierungsfrage« zu fassen versucht habe (Walzer 1984; Joas 1990; Joas 1992, S. 326 ff.). Aber Becks Vision wird von seiner Unterstellung eines epochalen Bruchs beeinflußt. Aus meiner Perspektive gesteht die Theorie der reflexiven Modernisierung der üblichen Modernisierungstheorie eher zuviel als zuwenig zu, insofern sie diese nur für historisch überholt, für ungültig seit der Ausbreitung ökologischer Folgeschäden industriellen Wirtschaftens erklärt, ohne sie bereits in ihrem Kernbereich radikal in Frage zu stellen. Wurde denn die Modernisierungstheorie *jemals* den Problemen von Krieg und Gewalt in der Moderne gerecht?

II

Um Becks Antwort auf diese Frage zu prüfen, wende ich mich seiner Rede von der »militärisch halbierten Demokratie«, dem einschlägigen Theorem in *Die Erfindung des Politischen*, zu. Die Industriegesellschaft war also, wenn wir Beck Glauben schenken, nicht nur eine halbierte Moderne; auch die Demokratie war nur halbiert. Ihre andere Hälfte stellen das Militär, seine Befehlsstrukturen und die Feindbilder und Ausgrenzungen des Nationalstaats dar. »Militär und Demokratie verhalten sich wie Feuer zu Wasser« (Beck 1993, S. 125). Dieser Gedanke läßt sich leicht nachvollziehen. Die Differenz des militärischen und eines demokratischen

Organisationsprinzips fällt jedermann rasch ins Auge. Es stellt sich freilich sofort wieder die Frage, ob dies allein ein starkes Argument sein kann. Wer sagt denn, daß Gesellschaften nur ein einziges Organisationsprinzip zu haben pflegen? Für eine solche Hintergrundannahme liefert Beck keine Rechtfertigung. Noch verwirrender wird die Lage aber, wenn er in diesem Zusammenhang schreibt: »Die Demokratie hat mit der Volksherrschaft auch das Volksheer, mit dem allgemeinen Wahlrecht auch die allgemeine Wehrpflicht und mit dem Nationalen die nationale Begeisterung geschaffen und geschürt, im Krieg zu sterben und zu töten« (ebd., S. 124). Nun sieht es also umgekehrt so aus, als sei die Demokratie Urheberin einer Intensivierung der Kriegführung. Beck schränkt zwar selbst ein: »Daß das Militärwesen demokratisiert wurde, kann man also nur in dem Sinne sagen, daß es *verallgemeinert* wurde. Der demokratisch legitimierte Staat nahm sich das Recht, *alle* Bürger – notfalls mit Gewalt – zu den Waffen zu bitten« (ebd., S. 125). Aber erneut wäre es ja nicht nötig gewesen, das Demokratie-Ideal und die Einbeziehung der ganzen Bevölkerung in das Kriegsgeschehen unter demselben Begriff abzuhandeln. Vor allem aber sind die historischen Behauptungen selbst, die ja durchaus einen zentralen Bereich des Zusammenhangs von Modernität und Gewalt betreffen, zweifelhaft. Wenige Bemerkungen sollen hier genügen.[2]

Die Vorstellung, die allgemeine Wehrpflicht sei »das legitime Kind der Demokratie« (Theodor Heuss), ist gerade in Deutschland sehr verbreitet. Doch gibt es mancherlei, was uns stutzig machen sollte. Als in Preußen 1814 die allgemeine Wehrpflicht eingeführt wurde, gab es gewiß keine Demokratie. Durch die ganze wenig demokratische preußisch-deutsche Geschichte blieb die Wehrpflicht bestehen, bis 1919 zu Beginn der ersten deutschen

2 Vgl. zu diesen Bemerkungen die folgenden Beiträge aus der aktuellen Diskussion über die allgemeine Wehrpflicht: Manfred Messerschmidt, »Der Staatsbürger muß sich über die Uniform legitimieren. Die allgemeine Wehrpflicht wirkte bis 1945 vor allem als Katalysator gesellschaftlicher Militarisierung«, in: *Frankfurter Rundschau* vom 31. 8. 1993, S. 16; Wolfram Wette, »Kein Kind der Demokratie«, in: *Die Zeit* vom 19. 2. 1993, S. 5; Martin Kutz, »Nachschub für das Menschenschlachthaus: Wehrpflicht und Dienstpflicht im industrialisierten Krieg«, in: *Führungsakademie der Bundeswehr, Fachgruppe Sozialwissenschaften. Beiträge zur Lehre und Forschung* 3 (1993).

Demokratie die Regierung Scheidemann den Siegermächten des Ersten Weltkriegs den Verzicht auf sie anbot. Wiedereingeführt wurde sie 1935 durch Adolf Hitler. Während des Kaiserreichs waren die Wehrpflichtigen von der Wahrnehmung des Wahlrechts gerade ausgeschlossen. Bei der Einberufung versuchte man die politisierten städtischen Jugendlichen auszusparen. Zudem war im 19. Jahrhundert die allgemeine Wehrpflicht eher eine preußisch-deutsche Besonderheit als die internationale Regel. Gerade die großen Demokratien kannten sie nicht. Großbritannien und die USA griffen erst im Ersten Weltkrieg zu diesem Mittel und immer mit der Absicht, sie in Friedenszeiten wieder abzubauen. Aber geht die allgemeine Wehrpflicht denn nicht auf die Französische Revolution und alte Ideen der »republikanischen« Tradition politischen Denkens zurück? In einem bestimmten Sinne gewiß; wir sollten aber nicht vergessen, daß auch die Französische Revolution sie als Mittel nur für die Stunde der Not konzipiert hatte und daß die republikanischen Ideen über die Miliz und Bürgerwehr gerade im Gegensatz standen zum Unterhalt eines stehenden Heeres durch die Fürsten. Es gehört deshalb schon Phantasie dazu, die Demokratie zum Ausgangspunkt der allgemeinen Wehrpflicht zu machen.

Aber gerade wenn man diese Verknüpfung bestreitet, erklärt man damit noch nicht alle militärische Verteidigung zum prinzipiellen Gegensatz zur Demokratie. Alle Gesellschaften mit funktionaler Differenzierung kennen mehrere Organisationsprinzipien; dies raubt Becks rhetorischem Topos der »Halbierung« viel von seiner Kraft.

III

Nach diesen kommentierenden Bemerkungen wäre es nun angebracht, der Frage nachzugehen, wie die bisherige Modernisierungstheorie eigentlich mit der Tatsache des Krieges und der Gewalt in der Moderne umgegangen ist und nach ihrer ganzen Anlage umgehen konnte, welche theoretischen Mittel sie uns also für diesen einen Aspekt moderner Barbarei zur Verfügung stellt und wie wir sie verändern müssen, um dem Druck der Probleme besser zu entsprechen.

Die Modernisierungstheorie geht zunächst aus von der Annahme einer gewaltfreien Moderne. Der Übergang vom gewalttätigen Austrag innergesellschaftlicher Konflikte zu gewaltfreien Prozeduren der Konfliktregelung gehört zu den definitorischen Bestandteilen moderner Gesellschaften. Aber nicht nur die Lösung von Großkonflikten in politischen Verfahren ohne Gewalt gilt als modern; auch für die individuelle Kriminalität wird ein Formwandel des Verbrechens von der spontanen Gewalttat zur affektiv kontrollierten Eigentumskriminalität behauptet. Elias' Zivilisationstheorie mit ihrer These einer steigenden Affektkontrolle bei komplexeren Verflechtungen der Gesellschaftsmitglieder paßt hier genau ins Bild. Was die Rolle der Gewalt in der zwischenstaatlichen Dimension betrifft, so sind viele modernisierungstheoretische Beiträge eher stumm. Wenn es aber gestattet ist, die Modernisierungstheorie in eine Kontinuität nicht nur mit den soziologischen Klassikern, sondern sogar mit den klassischen Traditionen des Liberalismus in der Sozialphilosophie zu stellen, dann läßt sich behaupten, daß der Traum von der gewaltfreien Moderne von ihr weitergeträumt wird. Im Weltbild des Liberalismus mußten Kriege und gewaltsam ausgetragene Konflikte als Relikte einer untergehenden Epoche erscheinen, die noch nicht vom Licht der Aufklärung erhellt war. Der frühe Liberalismus betrachtete die zeitgenössischen Kriege als Folge aristokratischen Kriegergeistes oder der unkontrollierten Launenhaftigkeit von Despoten. Aristokratischer Kriegergeist und Despotismus galten dabei selbst als Überbleibsel primitiver Entwicklungsphasen der Menschheit; das *zivilisierte* Leben sollte auch ein *ziviles* sein, in dem kriegerische Eigenschaften und Bedürfnisse nicht durch Religion und Moral bloß untersagt, sondern gemildert und auf sportlichen oder wirtschaftlichen Wettstreit (»le doux commerce«) umgeleitet werden könnten. Wenngleich das Zeitalter der Gewaltlosigkeit damit zwar noch nicht völlig erreicht sein mochte, so schien man als aufgeklärter Liberaler doch den weiteren Weg und die Schritte zur Perfektionierung einer vernünftigen Ordnung zu kennen. Mit unterschiedlichen Gewichtungen wurden freier Handel, bürgerliche Mitbestimmung in der Außenpolitik, Rechtsstaatlichkeit und Vertragsförmigkeit zwischenstaatlicher Beziehungen als liberale Friedenskonzeptionen formuliert. Wie die Folter und öffentlich zelebrierte Marter aus dem Bereich der Strafjustiz verschwinden müßten, so auch der Krieg und jegliche Gewalt gegen Personen und Sachen aus der modernen, das heißt bürgerlichen Gesellschaft. Mit scharfer Ablehnung der Gewalt geht in diesem Weltbild damit eine gewisse Bagatellisierung ihrer Präsenz einher. Ein nach vorne gerichteter, zukunftsoptimistischer Blick betrachtet das aussterbende schlechte Alte mit Ungeduld und ohne echtes Interesse.[3]

Die weiteren Schritte kann ich hier nicht behandeln.[4] Es geht um die Bedeutung defensiver Modernisierung; den Konnex von Modernisierung, Krieg und Revolution; die Entstehung des Faschismus aus dem Geiste des Weltkriegs; die Rolle des Kriegs bei der Entstehung der Moderne und die innere Prägung der Modernisierung durch die Erfahrungen von Krieg und Bürgerkrieg. Aus dieser stufenweisen Reflexion auf die Schwierigkeiten der Modernisierungstheorie mit dem Thema Krieg und Gewalt ziehe ich vier Konsequenzen für eine Relativierung, eine gebrochene Fortsetzung der Modernisierungstheorie. Zum einen wird am Thema Krieg anschaulich, wie wenig Modernisierung als ein homogenes Ganzes mit gleichläufigen Entwicklungen der Kultur, der Wirtschaft und der Politik zu denken ist. Komplizierte Diskrepanzen zwischen gesellschaftlichen Teilbereichen, Rückwirkungen von Modernitätsverlusten und die Verteidigung alter Ordnungen mit modernen Mitteln sind hier zu konstatieren. Zweitens erhöht der hier vorgetragene Gedankengang den Druck auf die Rechtfertigung der normativen Prämissen, die der Modernisierungstheorie zugrundeliegen. Wenn die Modernisierungstheorie die Ansprüche von Linearität und Teleologie, den Ton historischer Unvermeidlichkeit fahren läßt, dann können sich normative Ziele wie das der Demokratisierung nicht mehr aus funktionalen Leistungen rechtfertigen. Dies schließt den Gedanken funktionaler Vorzüge der Demokratie nicht aus. Aber bekanntlich werden funktionale Vorzüge keineswegs immer realisiert, und das Problem der normativen Begründung ist nicht identisch mit dem Nachweis funktionaler Leistungen. Drittens zeigt die Untersuchung der Bedeutung des Krieges für den sozialen Wandel unübersehbar die Wirkung internationaler Konstellationen auf die Chancen von Modernisierungsprozessen auf. Der Rückfall in eine aufs Endogene begrenzte Debatte ist hier gewissermaßen der Geburtsfehler

3 Dies habe ich näher ausgeführt in meinem Aufsatz »Der Traum von der gewaltfreien Moderne«, in: *Sinn und Form* 46 (1994), S. 309-318.

4 Vgl. aber jetzt meinen Aufsatz »Die Modernität des Krieges«, in: *Leviathan* 24 (1996), S. 13-27.

der Soziologie. Und viertens schließlich erinnert uns die kulturelle Verarbeitung der Kriege an die innere Zwiespältigkeit, die »Antinomien« der modernen Kultur. Steigerung von Rationalität kann sehr Verschiedenes bedeuten, und die möglichen Gegenbegriffe zur Rationalität sind vielfältig. – Bei einem solchen langwierigen Umbau der Modernisierungstheorie scheint mir Becks Stichwort von der »reflexiven Modernisierung« allerdings nur ein kleiner Schritt zu sein.

Literatur

Beck, Ulrich, *Risikogesellschaft. Auf dem Weg in eine andere Moderne*, Frankfurt am Main 1986.

–, *Die Erfindung des Politischen*, Frankfurt am Main 1993.

Joas, Hans, »Die Demokratisierung der Differenzierungsfrage«, in: *Soziale Welt* 41 (1990), S. 8-27.

–, *Die Kreativität des Handelns*, Frankfurt am Main 1992.

–, »Der Traum von der gewaltfreien Moderne,« in: *Sinn und Form* 46 (1994), S. 309-318.

–, »Die Modernität des Krieges«, in: *Leviathan* 24 (1996), S. 13-27.

Walzer, Michael, »Liberalism and the Art of Separation«, in: *Political Theory* (1984), S. 315-330.

Jan Philipp Reemtsma
Die Königstochter hat den Frosch nicht geküßt

Die Königstochter hat den Frosch nicht geküßt. Sie hat ihn gegen die Wand geworfen. Sie war eben nicht gehorsam, folgte dem Vater nicht, handelte nicht moralisch, und der Knall brachte Erlösung und Glück für alle Beteiligten. Eigentlich müßten wir das alle wissen, denn wir haben es alle (»Heinerich, der Wagen bricht!«) einmal gehört oder gelesen. Trotzdem hält sich die andere Variante.

Das Glücksversprechen des Märchens – Du hast nicht Glück, weil du ein guter Mensch bist, sondern weil du der Held der Geschichte bist –, in dem die Absolutheit menschlichen Glückwünschens und die Kontingenz der Umstände in eine, je nach Standpunkt, beglückende oder beunruhigende Konstellation treten, war für unser 19. und 20. Jahrhundert zuviel. Wir wollten, daß Glück nach Verdienst und Verantwortung gehe. Nichts dagegen, nur ist ja eben evident, daß das nicht der Fall ist. Darum kommt in der erneuten Verkehrung des Bildes – ich küsse einen Frosch, dem ich gar nichts schulde, vielleicht erbe ich ein halbes Königreich – eine ebenso börsenspekulatorische wie magische Komponente ins Spiel. Es ist die Umkehrung des letzten Faustschen Wunsches: »Könnt' ich Magie von meinem Pfad entfernen!« (Bloß nicht!) Nur holt uns in der Beschwörung die Kontingenz, vor der wir fliehen wollten, wieder ein: Magie und Kontingenz sind siamesische Zwillinge, die einander gegenseitig durch Bannflüche aus der Welt zu schaffen versuchen.

Ich insistiere darauf deshalb, weil die *Beschwörung* von »Europa« (»nur *ein* Wort, *eine* Arena, *ein* Ziel«) voraussetzt, dieses Europa nur als das schönere Europa von Renaissance und Aufklärung wahrzunehmen. Wenn ich den Bogen vom altgriechischen Anfang über die Renaissance, die Reformation, die englische, französische und amerikanische Revolution bis zur Gegenwart schlage, schlage ich ihn auch über den Peloponnesischen Krieg, dessen Zusammenhang mit der Erfindung des *zoon politikon* Christian Meier so präzise beschrieben hat, über die Inquisition, die Jacquerie und die Bauernkriege in England und Deutschland, über Reconquista und Conquista, über jene Grausamkeiten, die Montaigne sich in einen Turm einschließen ließen, über den Teutschen Krieg, der später der Dreißigjährige Krieg hieß, über den Krieg, der Hobbes' *Leviathan* schuf, über die Vendée, den Verkauf von Bettwäsche aus Pockenhospitälern an nordamerikanische Indianer, den Ersten Weltkrieg, den Gulag, den Zweiten Weltkrieg. Über die Shoah. All das keine asiatischen, sondern europäische Taten. Und wie auch immer die *Kritik der reinen Vernunft* und der Kollaps des Gulagsozialismus zusammmenhängen mögen – über den Zusammenhang zwischen der *Kritik der praktischen Vernunft* und Dachau hat Günther Anders einmal nachgedacht. Man nehme es und das folgende so: Wenn das eine Referat die hellen Töne bevozugt, bedient sich das andere der dunkleren Farben – vielleicht ergibt sich so eine gelungene Licht-Schatten-Verteilung. Bertie Suttons *Geteiltes Europa.*

Gewiß, nicht Europa schlechthin wurde beschworen, sondern ein »Europa der Individuen«, jenseits der kollektiven Phantasmen und deren Realisierungen, der Nation vor allem. Es ist mir wichtig, bevor ich meine Skepsis zum Ausdruck bringe, deutlich zu sagen, daß mir diese Vorstellung durchaus sympathisch ist. Das heißt, ich kann mich dem politischen Appell, den ich heraushöre, durchaus anschließen. Wie groß das Maß an Optimismus ist, das ich mit diesem Appell verbinde, steht auf einem anderen Blatt. Ich glaube nämlich nicht, daß der Gedanke weit trägt, das identitätsstiftende Band des »Kampfes ums eigene Leben« müßte sich doch letztlich als stärker erweisen denn alle ethnische Mystik, aller nationale Egoismus. Wäre es so, dann hätten wir längst die Weltgesellschaft, vor deren Möglichkeit schon Kant in seinem *Zum ewigen Frieden* resigniert hat. Dann hätten wir nur ökologische Probleme, die aus Unwissenheit, keine solchen, die aus ökonomischem Egoismus entstanden sind. Der Kampf ums eigene Leben verbindet endlich nicht nur Polen, Deutsche, Engländer, Portugiesen (ich darf hinzufügen: Rumänen, Russen, Ukrainer, Sinti und Roma), sondern auch Bosnier, Serben, Kroaten, bosnische Serben, Muslime und so weiter – hier hat der Kampf ums Leben eine spezielle Form angenommen. Auch ist mir der letztlich nicht europäisch zu begrenzende, sondern traditionell kosmopolitisch zu verstehende Appell, daß man zuerst Mensch sei, erst dann alles andere, lieb und wert. Aber der hat schon bei den Bauern der

Latona nicht funktioniert – *quamvis sint sub aqua, sub aqua maledicere temptant.*

Aber solche Skepsis ist natürlich auch irgendwie billig – jedenfalls wenn ich bei ihr stehenbliebe, denn dann wäre sie nur stammtischhaft begründet: so ist eben der alte Adam. Ich stimme auch der Diagnose zu, daß Europa (die Welt) nicht einfach durch irgendwelche »zugrundeliegenden Strukturen« (»ein unterirdisches Adersystem der Geschichte«) bestimmt wird. Kräfte, die in die eine Richtung wirken, erzeugen andere, die anders gerichtet sind, jede Handlung oder Haltung ist auch immer zu verstehen als Antwort auf Vorhergegangenes, und so verstehe ich Ulrich Becks politischen Appell auch nicht als Prognose, daß es so oder so sein werde, sondern eben als Aufforderung, eine Chance zu ergreifen, und sei es bloß die einer historischen Lotterie: als Setzen auf »Rot«, kann sein, daß »Schwarz« kommt, kann aber auch sein, daß das Roulette so konstruiert ist, daß das Setzen die Bahn der Kugel beeinflußt – nur: in welcher Weise?

Die »fabrizierten Unsicherheiten«, die Unsicherheiten »jenseits der privaten Versicherbarkeiten«, sind keine Eigenschaften der Moderne – Ulrich Beck hat darauf hingewiesen. Wir kennen sowohl die Selbstvernichtung von Zivilisationen durch Krieg (mit ziemlicher Sicherheit die Maya-Kultur, vielleicht das archaische Griechenland), wir haben nicht nur in Uganda, sondern wieder im Dreißigjährigen Krieg Beispiele für Kriegskatastrophen, die nicht durch den Einsatz politischer Mittel, sondern erst durch Erschöpfung beendet werden, wir kennen ökologische Großkatastrophen bis zurück zur Vernichtung des eiszeitlichen Wildtierbestandes durch unsere angeblich so naturverbundenen Vorfahren. Nur: Waren das früher Katastrophen, die »hereinbrachen« (der Dreißigjährige Krieg wird bei Schiller ebensowenig wie der Peloponnesische bei Thukydides als *politisches* Versagen analysiert), so wissen wir heute eben eine Menge über allerlei Interdependenzen – nicht, daß wir sie alle kennten und sozusagen per Computermodell erfassen könnten, aber wir wissen *um* sie. Und dennoch stimmt der Anfangssatz des Referates von Ulrich Beck: »Wir leben in einer unbekannten Gesellschaft«.

In seinem Buch *Die Erfindung des Politischen* zitiert Beck Musil: »Der heutige Zustand des europäischen Geistes ist meiner Ansicht nach kein Verfall, sondern ein noch nicht vollzogener Übergang, keine Überreife, sondern Unreife.« – Ich könnte dem ein Zitat aus Paul Austers *Im Land der letzten Dinge* entgegensetzen, einem Roman über ein in nicht einmal allzuferne Zukunft hochgerechnetes New York: »Dies ist vielleicht das größte Problem von allen. Das Leben, so wie wir es kennen, hat aufgehört, und doch ist niemand in der Lage zu begreifen, was an seine Stelle getreten ist.« Dies Gefühl durchzieht das Jahrhundert, und die Vermutung liegt nahe, daß es in enger Verbindung steht mit den Perzeptionsproblemen, die seine Katastrophen mit sich gebracht haben. Ein Beispiel: Distanziert betrachtet, ist es eher merkwürdig, daß das Reden über Auschwitz von Anfang an mit dem Appell, dies dürfe nie vergessen werden, begleitet war. Warum sollte ein derartig monströses Verbrechen denn vergessen werden? Bestand da irgendeine Gefahr? Doch nur dann, wenn man es so wendet: das Verbrechen war zu monströs, als daß ihm ein sicherer Platz im kollektiven Gedächtnis garantiert gewesen wäre.

Eine Theorie des zwanzigsten Jahrhunderts müßte an solchen Perzeptionsproblemen ansetzen, und sie wird sich ihnen und ihren Konsequenzen für das eigene Denken stellen müssen, wenn sie nicht – hier stimme ich Ulrich Beck wieder ganz zu – am Antiquarischwerden der Soziologie mitschuldig werden will, obwohl das dann vielleicht noch ihr geringstes Problem wäre. Sie müßte vor allem – und jetzt komme ich auf einen letzten Punkt des Hauptreferates, über den ich etwas sagen möchte – eine Möglichkeit erwägen, obwohl diese scheinbar in ein Paradox hineinführt. Eine Theorie des zwanzigsten Jahrhunderts könnte Veränderungen konstatieren, die sozusagen an die anthropologische Substanz der Moderne gehen, und diese könnten von einer Art sein, daß die Fähigkeit einer Gesellschaft, Selbstbeschreibungen von sich zu liefern, über welche sie zu Diskussionen über ihr Selbstverständnis kommt (kommen kann), selber, sagen wir: beschädigt ist.

Ich spiele dabei auf etwas an, das bei Adorno und Horkheimer das »Verschwinden des Individuums« heißt, bei ihnen aber, wenn ich das richtig sehe, stets als ein regressives Phänomen angesehen worden ist. Sie kennen das: Überforderung des Menschen im modernen Kapitalismus, Flucht in kulturindustrielle Massenversorgung – aber auch in die Hochkultur: Strawinskys »Sacre du Printemps« gedeutet als regressiver Taumel ins Nachgeahmt-Barbarische. Analysen, die eine Re-Nationalisierung, gar Re-Ethnisierung behaupten, bedienen sich einer im Grunde ganz ähnlichen Argumentationsweise: aus dem unübersichtlichen Neuen flüchtet man ins sicherheitsversprechende Alte. Beck hat recht, wenn er dem scheinbar Alten sein Alter bestreitet. Es gibt kein »re-«, schon jede Nachahmung ist ein Neues, dieser Art von Fortschritt entkommt man nicht. Und vielleicht sind Neo-Nationalismus und Neo-Ethnizismus (es sind Verlegenheitsvokabeln) nicht einmal Nachahmungen.

Vielleicht ist der Ausdruck »Individualisierung« für das Unkräftigwerden bestimmter alter emotionaler und intellektueller Bezugsfelder und institutioneller Rahmenbedingungen irreführend. Denn vielleicht bleibt am Ende der Moderne (oder in ihrer Vollendung) nicht »das Individuum« übrig (und auch nicht das Individuum, das sich Entlastung in der Regression sucht), sondern sozusagen ein anthropologisches Nachfolgemodell. Unter Individuum verstehe ich ein Einzelwesen, das über die Fähigkeit verfügt, mit der permanenten Kollision eigener Triebansprüche mit Umweltanforderungen klarzukommen, ohne ins Ritual auszuweichen; soll heißen: ein Wesen, das auf sich gestellt in seiner innerpsychischen Verfassung und in seinem Handeln entsprechende Kompromisse zu schließen und diese für sich und sozial produktiv zu machen vermag. Das Individuum entwickelt dabei sowohl Neurosen als auch bestimmte soziale Tugenden wie Umsicht, Voraussicht, die Fähigkeit, arbeitsteilig zu arbeiten, Triebaufschub zu leisten und so weiter. (Das sind Tugenden, mit denen man ein Unternehmen, einen Staat und ein KZ oder ein Krankenhaus leiten kann, einen Kongreß planen, einen Roman schreiben und eine Theorie entwickeln.) Historisch haben Menschen die Fähigkeit entwickelt, als Individuen zu agieren, weil sie etwas davon hatten: die Fähigkeit wurde sozial belohnt, ihr Mangeln sozial negativ sanktioniert. Möglich wäre, daß das Individuum im Laufe dieses Jahrhunderts immer weniger davon hat, eins zu sein. Norbert Elias hat darauf hingewiesen, daß die »Gesellschaft der langen Wege« erlebte Anstrengung und dieser Anstrengung zurechenbaren Erfolg immer weiter auseinanderzieht. Das Individuum erlebt nicht mehr die Bestätigung, die es braucht, um überzeugt »Ich« zu sich zu sagen: »Das habe *ich* geschafft!« (oder: »Das habe ich erlitten!«). Wer sein eigenes Leben »managt«, muß den Überblick behalten, er muß es als Kontinuum begreifen können. Und er muß die Phantasie einer gewissen Autonomie hegen können – doch »auf sich gestellt« kann sich das Individuum vergessen – ich weise noch einmal auf Paul Austers *Im Land der letzten Dinge* hin: Es ist (unter anderem) der Widerruf des *Robinson Crusoe*, in dem Sinne, wie Schönbergs »Überlebender von Warschau« der Widerruf des Finales der »Neunten Symphonie« war.

Dazu kommt, daß unser Jahrhundert die elementaren Sicherheitsversprechen, die den Kern der modernen politischen Philosophie seit Hobbes ausmachen, gebrochen hat. Die Vorstellung einer auf bestimmte Zonen begrenzbaren Gewalt und die von der steten Verengung dieser Zonen ist zusammengebrochen. Damit hat die Idee einer Berechenbarkeit des sozialen Umfeldes, die das Individuum braucht, um eines zu sein – darum schloß sich Montaigne in den Turm ein und erfand das Ich, darum führte Paul Fleming in poetisch genialer Volte gegen das Kriegsrasen allein sein Ich ins Feld –, zumindest schwer zu kittende Risse erhalten.

Ich komme zurück zu Ulrich Beck. Wenn an meinen Gedanken etwas dran sein sollte, tangieren sie nicht die Wünschbarkeit, aber möglicherweise die Vorstellung von der Möglichkeit einer Welt (eines Europa) der Individuen. Es könnte sein, daß in dem Augenblick, in dem die Subjekte aus den (bisherigen) Strukturen freigesetzt werden – nicht mehr belohnt, in Angst und Schrecken versetzt (auch die Deportation ist ein Freigesetztwerden aus [gewohnten] Strukturen) –, sie auch nicht mehr die Kraft haben, Subjekte in der Art zu sein, wie wir sie in den letzten etwa 300 Jahren in Europa gekannt haben. Und was heißt: nicht mehr die Kraft haben? Sie haben Kraft zu anderem, das uns als letzten Ausläufern und vielleicht wenig eindrucksvollen Endmoränen der Moderne als Barbarei erscheint – oder wie wir es auch nennen müssen, wollten wir nicht intellektuellen und moralischen Selbstmord begehen. Ich stimme zu: »Strukturen können nicht mehr nur reproduziert, sie müssen erfunden, ausgehandelt, entschieden, gerechtfertigt werden – in Betrieben und Organisationen ebenso wie in Familien und Politik. Es gilt: Repolitisierung der Politik und der Gesellschaft.« Ich stimme zu: Ohne eine Neuerfindung der Politik dürfte es zappenduster aussehen. Vielleicht sehen aber auch bloß *wir* nichts mehr, bzw. der Frosch platzt, während wir ihn zu küssen meinen. Der Prinz könnte uns sogar um einiges ekliger sein als der Frosch, den wir kennen. Und das will was heißen.

M. Rainer Lepsius
Modernität und Barbarei
Schlußbemerkungen

Die Konferenz, die jetzt zu Ende geht, ist eine sehr anspruchsvolle Konferenz gewesen. Das Anspruchsniveau ergab sich schon aus der Themenstellung »Modernität und Barbarei«, und es wurde noch erhöht durch den Untertitel »Soziologische Zeitdiagnose am Ende des 20. Jahrhunderts«. Nun sind wir in der Tat am Ende des 20. Jahrhunderts angelangt, und Sie werden mit mir übereinstimmen, daß es in vieler Hinsicht kein erfreuliches Jahrhundert war, insbesondere, wenn wir uns das Titelwort »Barbarei« noch einmal vergegenwärtigen.

Wenn wir in Deutschland über dieses Thema reden, dann ist Barbarei ja kein abstrakter Begriff, Barbarei hat einen sehr konkreten Bezug. Dieser ist von Hans Mommsen noch einmal sehr deutlich vor Augen geführt worden. Es ist der Völkermord, die Shoah, und – worauf Hans Mommsen ebenfalls hingewiesen hat – das einem Völkermord vergleichbare Verhalten der Deutschen bei der Behandlung russischer Kriegsgefangener, der systematischen Versklavungspolitik gegenüber den Polen und den Völkern der ehemaligen Sowjetunion, der Entmündigung der Tschechen. Dieser zweite Aspekt der Barbarei ist im deutschen Bewußtsein vielleicht schwächer ausgeprägt als der erste des Holocaust, aber auch ihn dürfen wir nicht vergessen. Er wird für die Bundesrepublik wichtiger werden, zumal wir wieder in direkte Beziehungen zu den slawischen Ländern Europas treten. In gewisser Weise diente die DDR als eine Art Puffer vor den Konsequenzen der deutschen Geschichte gegenüber den slawischen Völkern, ihrer Unterdrückung, Aussiedlung und »Umvolkung«.

Wir sind an das Ende dieses Jahrhunderts gekommen mit zwei spezifischen ideologischen Einbrüchen der erreichten Zivilstandards, dem Kommunismus und dem Nationalsozialismus. Und wir sind mit diesen Einbrüchen in erreichte Zivilisationsmuster in eine Situation geraten, die in einem Spannungsverhältnis steht zu dem, was wir allgemein als »Moderne« zu benennen pflegen. Es handelt sich um keinen atavistischen Rückfall, wie das hier auch gesagt worden ist, sondern um die Resultate geplanten Handelns, staatlich verfaßter Willensbildung mit Hilfe bürokratischer Verwaltungsstäbe. Es sind die Rationalitätsstrukturen, die der Barbarei ihren ganz außerordentlichen, nicht nur quantitativen, sondern auch qualitativen Charakter gegeben haben. Es ist nicht der Ausbruch der Irrationalität, der uns hier zu beschäftigen hat, sondern es handelt sich darum, daß diese Barbarei unter ganz spezifischen, angebbaren Rationalitätskriterien instrumentell vollzogen worden ist, nicht spontan, nicht aus Emotion, nicht aus einer interaktiven Gewaltauslösung, sondern intentional und programmatisch. Individuell zurechenbare Grausamkeiten sind massenhaft vorgekommen, doch diese wurden freigesetzt durch Befehle, gerechtfertigt durch Ideologien, sozial gebilligt durch die Aufhebung von Sanktionen für moralische Standards.

In vielen Vorträgen ist das Objekt der Barbarei in einer Diffusität verblieben, die mir nicht willkommen ist, weil es, je diffuser das gemeinte Objekt bleibt, um so schwieriger ist, eine konkrete kategoriale Problemstellung auf ein solches Objekt zu richten. Nicht jede Gewalthandlung ist Barbarei, nicht jede Ausgrenzung führt zur Barbarei, nicht jede moralische Indifferenz billigt Barbarei. Ich möchte empfehlen, die alltägliche Gewalt, die mitleidlose Diskriminierung, die kognitiven Zerstörungen abzuheben von Barbarei, in der diese zwar alle eingeschlossen sind, zu der aber noch zwei Elemente dazukommen: die Rechtfertigung der Intention und die Billigung der Handlung. Vielleicht dient dies einer genaueren Herausarbeitung der kulturellen und sozialen Bedingungen für Barbarei, einer soziologischen Problemstellung. Auch Soziologen teilen die moralische Betroffenheit und das Erschrecken angesichts von Barbarei, aber sie versuchen, sie auch in möglichst genaue Handlungskontexte und Deutungsbezüge zu stellen, ihre Auslösung und Billigung in kollektiven Deutungsmustern und sozial strukturierten Handlungsvollzügen zu verorten. Verbleibt die Barbarei ein komplexes Phänomen des Atavismus, des Einbruchs der Zivilisation, der »Dialektik der Aufklärung«, so wird sie leicht in eine Einzigartigkeit inkapsuliert und aus ihrer sozialen Strukturierung gelöst, sie wird dann soziologisch amorph.

Die zweite Bemerkung, die ich machen wollte, bezieht sich auf das in meinen Augen unglückliche Wort der »Modernität«. Es trägt alle Mängel von unbestimmten Subsumtionsbegriffen in sich, denen man höchst Unterschiedliches zurechnen kann. Es ist ein Begriff, der gewissermaßen zu einer »Assoziationssoziologie« einlädt und zu keiner begrifflichen Präzisierung führt. Und auch alle Unterteilungen der »Modernität« in »Postmodernität«, »Teilmodernität« oder »reflexive Modernität« helfen nicht viel, da die »Modernität« als solche nicht mit einer hinreichenden Bestimmtheit fixiert wird. Das Schlimme an solchen Begriffen – und deswegen bin ich so entschieden gegen ihre Verwendung – ist, daß sie eine alltagssprachliche Konnotation von »Selbstverständlichkeiten« transportieren, die in keiner Weise präzisiert werden und die daher soziologisch amorph bleiben. Wenn wir uns dennoch mit der »Modernität« beschäftigen wollen, muß diese Amorphität dadurch aufgelöst werden, daß wir auf einer niedrigen Ebene die jeweils gemeinten Phänomene genauer spezifizieren, also nicht freien Assoziationen Spielräume öffnen und alle Gegensätzlichkeiten, die in diesen Assoziationen auftauchen, durch »Teilmodernität«, »Postmodernität« wiederum in einen schillernden Bezugsrahmen zu der unbestimmten Modernität entlassen. Ich möchte daher empfehlen, von solchen Kategorien in einer soziologischen Fachdiskussion Abschied zu nehmen und eine Begriffsbildung zu benutzen, die die Chance hat, einen höheren Informationsgehalt zu gewinnen. Ich bin zu sehr Weberianer, um auf eine idealtypische, in sich kohärente Konstruktion von Eigenschafträumen soziologischer Begriffe zu verzichten. Vielleicht kann man ja einen Idealtypus der »Moderne« konstruieren und über dessen Eigenschaften dann auch ein Mehr oder Weniger von »Moderne«, eine Veränderung in den Mischverhältnissen der Eigenschaften, einen Übergang von einem Typus zu einem anderen, etwa zur »Postmoderne«, feststellen. Allerdings scheint mir dies nicht möglich zu sein, wenn man der »Moderne« höchst unterschiedliche Eigenschaften in einer gewissen Beliebigkeit zuschreibt, etwa wirtschaftliches Wachstum und politische Partizipationserhöhung, Individualismus und zunehmende Empathie oder Selbststeuerung von Teilsystemen und Zerfall von »Ligaturen«. Alle diese Kategorien stehen in je eigenen Problemstellungen und Strukturzusammenhängen, ihre gegenseitige Bezogenkeit bleibt unbestimmt, sie haben auch jeweils eine eigene historische Zeit. Auch der Versuch, die »Moderne« auf die Aufklärung oder das »Projekt der Aufklärung« zu beziehen, hilft soziologisch nicht weiter. Ideen wirken nicht ohne Vermittlung mit Interessen und ohne Konkretisierung durch Institutionen.

Wegen der Unbestimmtheit der Bezugsbegriffe habe ich meine Vorbehalte gegen diese Tagung. Nur Claus Offe hat uns Distinktionen angeboten, die Barbarei soziologisch erfassen sollen, aber vielleicht ist die von ihm erstrebte Allgemeinheit zu weitgespannt, bleiben die Handlungskontexte der Akteure zu unbestimmt. Was sind »die Konstruktionsfehler einer Zivilisation«, wie kommt es zu »einer Erosion von Hemmschwellen zivilisatorischer Ansprüche«, was ist ein »Rückfall ins Jenseits des Sozialen«? Differenzierungen, Diskriminierungen, Ausschließungen, Unterlegenheit in Verteilungskämpfen treten beständig auf, sind insofern »normal« und führen nicht umstandslos zum Entzug von Menschenrechten.

Wenn ich mir den zweiten Titel anschaue, nämlich »Soziologische Zeitdiagnose am Ende des 20. Jahrhunderts«, bin ich eher noch betroffener. In den soziologischen Zeitdiagnosen, die ich hier gehört habe, kann ich eigentlich keinen Fortschritt gegenüber den Zeitdiagnosen vom Anfang des Jahrhunderts erkennen. Bei dem von mir sehr verehrten und hochgeschätzten Generationsgenossen Dahrendorf ist das Reflexionsniveau gut anzugeben auf der Ebene von »Alexis de Tocqueville«, einer »Elitentheorie« und »Theorie der intermediären Verbände«. Der von mir außerordentlich geschätzte Kollege Beck, dessen unverwüstliche Energie, seine eigene Wahrnehmung kundzutun, und dessen Vermögen, dafür auch öffentliche Resonanz zu finden, ja, seine professionspolitisch einzigartige Rolle, die Soziologie in der Öffentlichkeit überhaupt noch wahrnehmbar werden zu lassen, ich bewundere, insistiert darauf, daß wir keine Begriffe hätten, um uns den von ihm genannten Problemen zuzuwenden. Das überzeugt mich nicht, es müßte meines Erachtens nachgewiesen werden, welche Begriffe, Problemkonstruktionen und Theoreme nicht mehr greifen. Leben wir wirklich »in Phantomwelten des real nicht mehr existierenden Westlers«, ist die »BRD« wirklich ein unbekanntes Land, weil es die DDR nicht mehr gibt? Führen Globalisierung und Individualisierung zu einer Entwertung soziologischer Handlungstheorie, Institutionentheorie? Ist das alltägliche »Chaos der Liebe« schon Barbarei? Insofern habe ich den Eindruck, daß wir zwar auf einer Reflexionsstufe sind, die durchaus eine Sensibilität für Gegenwartsprobleme hat, aber wir sind nicht auf einer Reflexionsstufe, die eine soziologisch professionelle Durchdringung der gestellten Probleme erkennbar macht. Mein Gesamteindruck ist der, daß die soziologische Aufgabe der Zeitdiagnose am Ende des 20. Jahrhunderts auf der hier angebotenen Ebene einer impressionistischen Beschreibung von komplexen Phänomenen nicht zu leisten ist. Ich glaube aber, daß wir im Grunde doch besser dastehen, als es manchmal den Anschein hat, wenn wir die großen Zeitprobleme desaggregieren auf eine Ebene, die eine soziologische Zugänglichkeit erlaubt. Soziologie ist eine spezielle Wissenschaft, die von den großen Zeitproblemen, vor denen wir stehen, in einer spezifisch ausgewählten Fragestellung Teilantworten zu geben vermag, sie ist keine generelle Diagnoselehre, Sinnstiftung und Deutungsmacht. Je mehr wir Deutungswissenschaft sein wollen, desto mehr versäumen wir unsere eigene analytische Kraft. Nach meinem Dafürhalten bleibt eigentlich nur eine Strategie: Fixierung der Fragestellung, Präzisierung des jeweils Gemeinten und empirische Konkretisierung der Zurechnung von Phänomenen auf möglicherweise festzustellende Kausalitäten oder doch wenigstens Entsprechungen von Elementen dieser Gesellschaft.

Es betrübt mich immer, wenn die Zurechnung von geschilderten Effekten auf soziale Konfigurationen, um einen weichen Ausdruck zu nehmen, auf soziale Strukturen, institutionelle Konfigurationen oder Wertvorstellungen so vage bleibt, daß man im Grunde, wie Dahrendorf das ja sehr schön darstellte, dann sagen muß: Das Glück der englischen Gesellschaft ist die abgehobene Elitenherrschaft. Das hat die Teilmodernisierung hervorgerufen, die im ganzen die Barbarei vermieden hat. Und dann sagte er, in Deutschland habe es ja auch eine Elitenherrschaft gegeben, und die Gesellschaft sei ja auch nur in Teilen modern gewesen, so daß es unklar bleibe, warum in Deutschland die Barbarei ausgebrochen ist. Er sagte das wenigstens deutlich, daß er vor einer Situation stehe, bei der er die Zurechnung nicht vollziehen könne. Wir implizieren aber zumeist vage Zurechnungen auf den »deutschen Sonderweg«, auf das »Projekt der Aufklärung«, auf die »Utopie der Moderne«, und das finde ich ganz fatal. Diese Zurechnungen ergeben sich natürlich um so leichter, je weniger man sie auf vergleichender Forschung aufbaut.

Was sind die sozialen Kontexte, Bedingungskonstellationen, die eine größere oder geringere Immunisierung gegen barbarische

Zustände ermöglichen? Gibt es eine soziologisch informierte Strategie, die wir einschlagen sollten, wenn wir als Ziel vor Augen haben, im 21. Jahrhundert solche Ausbrüche in dem Geltungsbereich sozialer Ordnungen, in dem wir leben, zu vermeiden? Herr Luhmann hat in seinem Vortrag ausdrücklich darauf hingewiesen, in welcher Weise ausdifferenzierte Teilsysteme in der Lage sind, Probleme zu verarbeiten, wie weit sie Probleme externalisieren, Personen in eine Exklusion treiben. Herr Eisenstadt hat darauf hingewiesen, daß der Utopiegehalt von monotheistischen Religionen in einer spezifischen Weise im Ideensystem und in der Verwaltung von Ideensystemen kontrollierbar bleiben muß. Ich will nicht alle Personen, die als Referenten und Diskutanten zu dieser Tagung beigetragen haben, aufführen. Becks Sorgen sind natürlich erstens legitime und zweitens geteilte Sorgen, sind auch meine Sorgen. Anlaß zur Sorge gibt nicht nur die Erfahrung der Barbarei, wie sie in Deutschland zutage getreten ist, wie sie anderswo auch heute aufbricht. Anlaß zur Sorge geben auch die ungewisse ökologische Zukunft und die Sicherung der Legitimitätsbasis der Zivilgesellschaft mit ihren Mängeln. Das Programm Max Webers war die institutionelle Sicherung der Geltung konträrer Wertbeziehungen als Voraussetzung der Freiheit und die Vermittlung dieser Institutionen auf einer Ebene der hinreichenden Konkurrenz untereinander, um ein stets prekäres Gleichgewicht zu erhalten. Dieses Programm bedarf der genauen Analyse seiner Voraussetzungen, Funktionserfordernisse und Kontingenzen. Doch es gibt auch andere Programme. Worauf es ankommt, ist die empirisch gehaltvolle und präzise Angabe der zum Teil recht kleinen Differenzen zwischen Optionen und ihren voraussehbaren Konsequenzen. Das ist für mich noch immer die Aufgabe der Soziologie, auch am Ende dieses Jahrhunderts.

Hinweise zu den Autorinnen und Autoren

Zygmunt Bauman, Professor (em.) für Soziologie an der Universität Leeds. Arbeitsschwerpunkte: Theorie der Moderne und Postmoderne, Moderne und Gewalt, Ethik.
Neuere Veröffentlichungen: *Thinking sociologically*, Oxford 1990; *Dialektik der Ordnung. Die Moderne und der Holocaust*, Hamburg 1992; *Moderne und Ambivalenz. Das Ende der Eindeutigkeit*, Hamburg 1992; *Postmoderne Ethik*, Hamburg 1995; *Ansichten der Postmoderne*, Hamburg/Berlin 1995.

Ulrich Beck, Prof. Dr., geb. 1944; seit 1992 Professor für Soziologie an der Universität München, Herausgeber der Zeitschrift *Soziale Welt*. Arbeitsschwerpunkte: Theorie der Moderne, Soziale Ungleichheit, Arbeit und Ökologie.
Ausgewählte Veröffentlichungen: *Risikogesellschaft. Auf dem Weg in eine andere Moderne*, Frankfurt am Main 1986; *Die Erfindung des Politischen. Zu einer Theorie reflexiver Modernisierung*, Frankfurt am Main 1993; *Reflexive Modernisierung* (zusammen mit Anthony Giddens und Scott Lash), Frankfurt am Main 1995.

Johannes Berger, Prof. Dr. phil., geb. 1939; Professor für Soziologie an der Universität Mannheim. Arbeitsschwerpunkte: Soziologische Theorie, Gesellschaftstheorie und Wirtschaftssoziologie.
Neuere Veröffentlichungen: »Der Konsensbedarf der Wirtschaft«, in: Hans-Joachim Giegel (Hg.), *Kommunikation und Konsens in den modernen Gesellschaften*, Frankfurt am Main 1992; »Vollbeschäftigung als Staatsaufgabe«, in: Dieter Grimm (Hg.), *Staatsaufgaben*, Baden-Baden 1994; »The Economy and the Enviroment«, in: Smelser/Swedberg (Hg.), *The Handbook of Economic Sociology*, Newbury Park 1994.

Wolfgang Bonß, Prof. Dr. sc. pol., geb. 1952; Professor für Soziologie an der Universität der Bundeswehr München, Mitglied des Hamburger Instituts für Sozialforschung. Arbeitsschwerpunkte: Soziologische Theorie, Arbeit und Arbeitslosigkeit, Unsicherheit und Risikoforschung.
Ausgewählte Veröffentlichungen: *Einübung des Tatsachenblicks*, Frankfurt am Main 1982; *Arbeitslosigkeit in der Arbeitsgesellschaft* (zusammen mit R. Heinze), Frankfurt am Main 1984; *Wissenschaft als Kontext – Kontexte der Wissenschaft* (zusammen mit R. Hohlfeld und R. Kollek), Hamburg 1993; *Vom Risiko. Unsicherheit und Ungewißheit in der Moderne*, Hamburg 1995.

Lars Clausen, Prof. Dr., geb. 1935; Professor für Soziologie und Leiter der Katastrophenforschungsstelle der Universität Kiel, federführender Herausgeber des Gesamtwerkes von Ferdinand Tönnies.
Neuere Veröffentlichungen: *Produktive Arbeit, destruktive Arbeit*, Berlin/ New York 1988; *Krasser sozialer Wandel*, Opladen 1994; *Gesellschaften im Umbruch*, Frankfurt am Main 1996.

Sir Ralf Dahrendorf, Prof. Dr., geb. 1929; Warden des St. Anthony's College, Prorektor der Universität Oxford und Mitglied der Liberaldemokratischen Fraktion des britischen Oberhauses.
Neuere Veröffentlichungen: *Der moderne soziale Konflikt*, Stuttgart 1993; *LSE – The History of the London School of Economics 1895- 1995*, Oxford 1995.

Shmuel N. Eisenstadt, geb. 1923; Professor (em.) für Soziologie an der Hebräischen Universität Jerusalem. Arbeitsschwerpunkte: Gesellschaftstheorie, Vergleichende Zivilisationsanalyse, Modernisierungstheorie.
Neuere Veröffentlichungen: *Die Transformation der israelischen Gesellschaft*, Frankfurt am Main 1987; *Order and Transcendence: The Role of Utopias in the Dynamics of Civilizations,* 1988; *Jewish Civilization. The Jewish Historical Experience in a Comparative Perspective*, New York 1992; *Power, Trust and Meaning*, Chicago 1995; *Die Antinomien der Moderne*, Frankfurt am Main 1996; (Hg.), *Kulturen der Achsenzeit*, 2 Teile, Frankfurt am Main 1987; (Hg.), *Kulturen der Achsenzeit II*, 3 Teile, Frankfurt am Main 1992.

Uta Gerhardt, Prof. Dr., geb. 1938; seit 1993 Professorin für Soziologie an der Universität Heidelberg, Lehr- und Forschungspositionen an der FU Berlin, in Konstanz und London, am Klinikum Gießen, sowie in San Francisco, Wisconsin (Madison) und Harvard. Arbeitsschwerpunkte: Medizinsoziologie, Nationalsozialismus und Nachkriegszeit.
Neuere Veröffentlichungen: *Gesellschaft und Gesundheit. Begründung der Medizinsoziologie*, Frankfurt am Main 1991; *Talcott Parsons on National Socialism*, New York 1993; *Talcott Parsons and the Transformation of Germany from Totalitarism to Democracy After World War II*, 1995; *A Hidden Agenda of Recovery: The Psychatric Conceptualization of Re-Education for Germany in the U.S. During World War II*, 1996.

Bernhard Giesen, Prof. Dr., geb. 1948; Professor für Soziologie an der Justus-Liebig-Universität Gießen. Arbeitsschwerpunkte: Soziologische Theorie, Historische Makrosoziologie, Kultursoziologie.
Ausgewählte Veröffentlichungen: *Makrosoziologie*, Hamburg 1980; (Hg.) *The Micro-Makro Link*, Berkeley (Cal.) 1987; *Die Entdinglichung*

des Sozialen, Frankfurt am Main 1990; *Die Intellektuellen und die Nation*, Frankfurt am Main 1993.

Alois Hahn, Prof. Dr., geb. 1941; seit 1974 Professor für Soziologie an der Universität Trier, Gastprofessuren an der École des Hautes Études en Sciences Sociales in Paris, der École Pratique des Hautes Études in Paris, der Universität Paris I und an der Clark University Worcester (Mass.). Arbeitsschwerpunkte: Familien-, Religions- und Kultursoziologie, Gesundheit und Krankheit.
Ausgewählte Veröffentlichungen: *Religion und der Verlust der Sinngebung*, Frankfurt am Main 1974; (zusammen mit W. H. Eirmter und R. Jacob:) *Aids und die gesellschaftlichen Folgen*, Frankfurt am Main 1993; (Hg.) *Religion und Kultur* (zusammen mit Th. Luckmann und J. Bergmann), Sonderband der *Kölner Zeitschrift für Soziologie und Sozialpsychologie*, 1993.

Hans Joas, Prof. Dr., geb. 1948; Professor für Soziologie unter besonderer Berücksichtigung Nordamerikas an der Freien Universität Berlin, John F. Kennedy Institut. Arbeitsschwerpunkte: Soziologische Theorie; Soziologie von Krieg, Frieden und Gewalt; Sozialstruktur und soziale Probleme der USA.
Neuere Veröffentlichungen: *Pragmatismus und Gesellschaftstheorie*, Frankfurt am Main 1992; *Die Kreativität des Handelns*, Frankfurt am Main 1992; (Hg., zusammen mit W. Knöbl), *Gewalt in den USA*, Frankfurt am Main 1994.

M. Rainer Lepsius, Prof. Dr. Dr. h. c., geb. 1928; Professor (em.) für Soziologie an der Universität Mannheim (1963-1981) und der Universität Heidelberg (1981-1993), Mitglied der Heidelberger Akademie der Wissenschaften, Mitherausgeber der Max-Weber-Gesamtausgabe und der *Kölner Zeitschrift für Soziologie und Sozialpsychologie.* Arbeitsschwerpunkte: Allgemeine, historische und politische Soziologie.
Neuere Veröffentlichungen: *Interessen, Ideen und Institutionen*, Opladen 1990; *Demokratie in Deutschland*, Göttingen 1993.

Niklas Luhmann, Prof (em.) Dr., geb. 1927; Studium der Rechtswissenschaften und Tätigkeit in der öffentlichen Verwaltung; von 1968 bis 1993 Professor für Soziologie an der Universität Bielefeld. Arbeitsschwerpunkte: Allgemeine Systemtheorie, Theorie sozialer Systeme, Gesellschaftstheorie.
Neuere Veröffentlichungen: *Das Recht der Gesellschaft*, Frankfurt am Main 1993; *Soziologische Aufklärung*, Bd. 6, Opladen 1995; *Gesellschaftsstruktur und Semantik*, Bd. 4, Frankfurt am Main 1995; *Die Kunst der Gesellschaft*, Frankfurt am Main 1995.

Max Miller, Prof. Dr., geb. 1944; seit 1992 Professor für allgemeine und theoretische Soziologie an der Universität Hamburg. Arbeitsschwerpunkte: Gesellschaftstheorie, Methodenlehre, Kultursoziologie.
Ausgewählte Veröffentlichungen: *The Logic of Language Development in Early Childhood*, New York 1979, *Kollektive Lernprozesse. Studien zur Grundlegung einer soziologischen Lerntheorie*, Frankfurt 1986.

Hans Mommsen, Prof. Dr., geb. 1930; seit 1968 Professor für neuere Geschichte an der Ruhr-Universität Bochum, Fellow des Institute for Advanced Study Prinston und des Wissenschaftskollegs Berlin. Arbeitsschwerpunkte: Mitteleuropäische Arbeiterbewegung, politische und soziale Entwicklung Deutschlands in der Zwischenkriegszeit, Drittem Reich und Widerstand.
Neuere Veröffentlichungen: *Die verspielte Freiheit. Der Weg der Republik von Weimar in den Untergang 1918-1933*, Berlin 1990; *Der Nationalsozialismus und die deutsche Gesellschaft*, Reinbek 1991; *From Weimar to Auschwitz. Essays in German History*, New York 1991.

Wolf-Dieter Narr, Prof. Dr., geb. 1937; seit 1971 Professor für Politische Wissenschaft an der Freien Universität Berlin. Arbeitsschwerpunkte: Demokratietheorie, Menschenrechte, Gewalt und Sicherheit.
Ausgewählte Veröffentlichungen: *Wir Bürger als Sicherheitsrisiko. Berufsverbot und Lauschangriff*, Reinbek 1977; *Die Bundesrepublik Deutschland. Entstehung, Entwicklung, Struktur*, Königstein 1979; (zusammen mit A. Schubert), *Weltökonomie. Die Misere der Politik*, Frankfurt am Main 1994.

Gertrud Nunner-Winkler, Dr. habil., geb. 1941; Mitarbeiterin am Max-Planck-Institut für Psychologische Forschung München. Arbeitsschwerpunkte: soziokognitive und moralische Entwicklung, Adoleszenzkrisenverläufe und Probleme der Identitätsbildung.
Ausgewählte Veröffentlichungen: *Chancengleichheit und individuelle Förderung*, Opladen 1971; (zusammen mit R. Döbert) *Adoleszenzkrisen und Identitätsbildung*, Frankfurt am Main 1975; (Hg.) *Weibliche Moral*, Frankfurt am Main 1991.

Claus Offe, Prof. Dr. rer. pol., geb. 1940; seit 1995 Professor für Politikwissenschaft an der Humboldt Universität Berlin. Arbeitsschwerpunkte: Politische Soziologie, Demokratietheorie, Transformationsforschung und Sozialpolitik.
Neuere Veröffentlichungen: *Contradictions of the Welfare State*, London 1984; *Disorganized Capitalism*, Oxford 1985; *Der Tunnel am Ende des Lichts. Erkundungen der politischen Transformation im Neuen Osten*, Frankfurt am Main 1994.

Jan Philipp Reemtsma, Dr. phil., geb. 1952; seit 1984 Vorstand des Hamburger Instituts für Sozialforschung. Arbeitsschwerpunkte: Rolle der Gewalt im Prozeß der Zivilisation, deutsche Literatur des 18. und 20. Jahrhunderts.
Neuere Veröffentlichungen: (Hg.) *Folter. Zur Analyse eines Herrschaftsmittels*, Hamburg 1991; *Das Buch vom Ich. Christoph Martin Wielands »Aristipp und einige seiner Zeitgenossen«* , Zürich 1993; *Der Vorgang des Ertaubens nach dem Urknall. Reden und Aufsätze*, Zürich 1995.

Karl-Siegbert Rehberg, Prof. Dr., geb 1943; Professor für Soziologie an der Technischen Universität Dresden, Herausgeber der Arnold-Gehlen-Gesamtausgabe, Mitherausgeber des *Jahrbuchs für Soziologiegeschichte*. Arbeitsschwerpunkte: Soziologische Theorie, Institutionenanalyse, Geschichte der Soziologie, Kultursoziologie.
Neuere Veröffentlichungen: (Hg.), *Norbert Elias und die Menschenwissenschaften. Studien zur Erforschung und Wirkungsgeschichte der Zivilisationstheorie*, Frankfurt am Main 1995; *Klassiker der Wissenschaften* (zusammen mit Frank R. Hausmann), Aachen 1995.

Dieter Senghaas, Prof. Dr., geb. 1940; Professor für internationale Politik und internationale Gesellschaft an der Universität Bremen. Arbeitsschwerpunkte: Friedens-, Konflikt- und Entwicklungsforschung.
Neuere Veröffentlichungen: *Konfliktformationen im internationalen System*, Frankfurt am Main 1988; *Friedensprojekt Europa*, Frankfurt am Main 1992; *Wohin driftet die Welt? Über die Zukunft friedlicher Koexistenz*, Frankfurt am Main 1994.

Hans-Georg Soeffner, Prof. Dr. phil., geb. 1939; seit 1994 Professor für Soziologie an der Universität Konstanz. Arbeitsschwerpunkte: Wissenssoziologie, Kultur-, Religions- und Rechtssoziologie.
Neuere Veröffentlichungen: *Auslegung des Alltags – Der Alltag der Auslegung. Zur wissenssoziologischen Konzeption eines sozialwissenschaftlichen Hermeneutik*, Frankfurt am Main 1989; *Die Ordnung der Rituale. Die Auslegung des Alltags*, Bd. 2, Frankfurt am Main 1992; »Geborgtes Charisma. Populistische Inszenierung«, in: W. Gebhardt u. a. (Hg.), *Charisma – Theorie, Religion, Politik*, Berlin/New York 1993, S. 155-201.

Cora Stephan, Dr., geb. 1951; Politikwissenschaftlerin, Publizistin. Arbeitsschwerpunkte: Politische Kultur in der Bundesrepublik Deutschland, Krieg und Gesellschaft im 20. Jahrhundert.
Neuere Veröffentlichungen: *Der Betroffenheitskult. Eine politische Sittengeschichte*, Berlin 1993; *Neue deutsche Etikette*, Berlin 1995.

Johannes Weiß, Prof. Dr. phil., geb. 1941; seit 1982 Professor für Soziologische Theorie und Philosophie der Sozialwissenschaften an der Universität Kassel. Arbeitsschwerpunkte: Theoretische Soziologie, Philosophie der Sozialwissenschaften, Kultursoziologie.
Ausgewählte Veröffentlichungen: *Weltverlust und Subjektivität. Zur Kritik der Institutionenlehre Arnold Gehlens*, Freiburg 1971; *Max Webers Grundlegung der Soziologie*, München 1975; *Vernunft und Vernichtung. Zur Philosophie und Soziologie der Moderne*, Opladen 1993.

suhrkamp taschenbücher wissenschaft
Soziologie, Theorie der Gesellschaft

Eder: Die Entstehung staatlich organisierter Gesellschaften. stw 332
– Geschichte als Lernprozeß ? stw 941
– Die Vergesellschaftung der Natur. stw 714
Eder (Hg.): Klassenlage, Lebensstil und kulturelle Praxis. stw 767
Eisenstadt: Die Transformation der israelischen Gesellschaft. stw 1009
Eisenstadt (Hg.): Kulturen der Achsenzeit. 2 Bde. stw 653
– Kulturen der Achsenzeit II. stw 930
Elias: Engagement und Distanzierung. stw 651
– Die Gesellschaft der Individuen. stw 974
– Die höfische Gesellschaft. stw 423
– Studien über die Deutschen. stw 1008
– Über den Prozeß der Zivilisation. 2 Bde. stw 158/159
– Über die Zeit. stw 756
Korte (Hg.): Gesellschaftliche Prozesse und individuelle Praxis. Bochumer Vorlesungen zu Norbert Elias' Zivilisationstheorie. stw 894
Evers/Nowotny: Über den Umgang mit Unsicherheit. stw 672
Fend: Sozialgeschichte des Aufwachsens. stw 693
v. Friedeburg: Bildungsreform in Deutschland. stw 1015
Frisby: Georg Simmel. stw 926
Fromm: Die Gesellschaft als Gegenstand der Psychoanalyse. stw 1054
Garz (Hg.): Die Welt als Text. stw 1031
Gebauer/Wulf (Hg.): Praxis und Ästhetik. Neue Perspektiven im Denken Pierre Bourdieus. stw 1059
Gerhardt: Gesellschaft und Gesundheit. stw 970
Gerhardt/Schütze (Hg.): Frauensituation. stw 726
Geulen: Das vergesellschaftete Subjekt. stw 586
Geulen (Hg.): Perspektivenübernahme und soziales Handeln. stw 348
Giddens: Die Klassenstruktur fortgeschrittener Gesellschaften. stw 452
Giegel (Hg.): Kommunikation und Konsens in modernen Gesellschaften. stw 1019
Giesen: Die Entdinglichung des Sozialen. stw 908
Giesen (Hg.): Nationale und kulturelle Identität. stw 940
Goffman: Das Individuum im öffentlichen Austausch. stw 396
– Interaktionsrituale. stw 594
– Rahmen-Analyse. stw 329
– Stigma. stw 140
Goldmann: Soziologie des Romans. stw 470
– Der verborgene Gott. stw 491
Goudsblom: Soziologie auf der Waagschale. stw 223

205/2/8.92

205/3/8.92

suhrkamp taschenbücher wissenschaft
Soziologie, Theorie der Gesellschaft

– Brechungen. stw 922
– Recht und Politik. stw 923
– Prinzipien der Wirklichkeit. stw 924
Kern/Schumann: Industriearbeit und Arbeiterbewußtsein. stw 549
Kettler/Meja/Stehr: Politisches Wissen. stw 649
Kippenberg/Luchesi (Hg.): Magie. Die sozialwissenschaftliche Kontroverse über das Verstehen fremden Denkens. stw 674
Kocka (Hg.): Interdisziplinarität. stw 671
Korte: *siehe unter Elias*
Lenhardt: Schule und bürokratische Rationalität. stw 466
Lenski: Macht und Privileg. stw 183
Lepenies: Melancholie und Gesellschaft. stw 967
Lepenies (Hg.): Geschichte der Soziologie. 4 Bde. stw 367
Löwenthal: Schriften 1-5. stw 901-905
Luckmann: Die unsichtbare Religion. stw 947
Lüderssen/Sack (Hg.): Vom Nutzen und Nachteil der Sozialwissenschaften für das Strafrecht. 2 Bde. stw 327
– Seminar: Abweichendes Verhalten I-IV. 4 Bde. stw 84-87
Luhmann: Funktion der Religion. stw 407
– Legitimation durch Verfahren. stw 443
– Soziale Systeme. stw 666
– Die Wissenschaft der Gesellschaft. stw 1001
– Zweckbegriff und Systemrationalität. stw 12
– *siehe auch Haferkamp/Schmid*
– *siehe auch Welker; Welker/Krawietz*
Luhmann/Fuchs: Reden und Schweigen. stw 848
Luhmann/Pfürtner (Hg.): Theorietechnik und Moral. stw 206
Luhmann/Schorr: Reflexionsprobleme im Erziehungssystem. stw 740
Luhmann/Schorr (Hg.): Zwischen Absicht und Person. stw 1036
– Zwischen Anfang und Ende. stw 898
– Zwischen Intransparenz und Verstehen. stw 572
– Zwischen Technologie und Selbstreferenz. stw 391
Luhmann/Spaemann: Paradigm lost: Über die ethische Reflexion der Moral. stw 797
Mannheim: Konservatismus. stw 478
– Strukturen des Denkens. stw 298
– *siehe Kettler/Meja/Stehr*
Mead: Geist, Identität und Gesellschaft. stw 28
– Gesammelte Aufsätze. Bd. 1. stw 678
– Gesammelte Aufsätze. Bd. 2. stw 679
– *siehe auch Joas*
Meja/Stehr (Hg.): Der Streit um die Wissenssoziologie. stw 361

205/4/8.92

suhrkamp taschenbücher wissenschaft
Soziologie, Theorie der Gesellschaft

Mommsen: Max Weber. stw 53
Moore: Ungerechtigkeit. stw 692
Müller: Sozialstruktur und Lebensstil. stw 982
Münch: Dialektik der Kommunikationsgesellschaft. stw 880
– Die Struktur der Moderne. stw 978
– Theorie des Handelns. stw 704
Niemitz (Hg.): Erbe und Umwelt. stw 646
Nowotny: Eigenzeit. stw 1052
Oakes: Die Grenzen kulturwissenschaftlicher Begriffsbildung. stw 859
Oser: Moralisches Urteil in Gruppen. stw 335
Otto/Sünker (Hg.): Politische Formierung und soziale Erziehung im Nationalsozialismus. stw 927
– Soziale Arbeit und Faschismus. stw 762
Parsons: Gesellschaften. stw 106
– *siehe auch Schluchter (Hg.): Verhalten*
– *siehe auch Schütz/Parsons*
Plessner: Die verspätete Nation. stw 66
Rammstedt: Deutsche Soziologie 1933-1945. stw 581
– *siehe auch Simmel*
Ribeiro: Der zivilisatorische Prozeß. stw 433
Rosenbaum: Formen der Familie. stw 374
– Proletarische Familien. stw 1029
Rosenbaum (Hg.): Familie und Gesellschaftsstruktur. stw 244
Rossi: Vom Historismus zur historischen Sozialwissenschaft. stw 699
Roth: Politische Herrschaft und persönliche Freiheit. stw 680
Sachße/Engelhardt (Hg.): Sicherheit und Freiheit. stw 911
Schluchter: Aspekte bürokratischer Herrschaft. stw 492
– Rationalismus der Weltbeherrschung. stw 322
– Religion und Lebensführung. 2 Bde. stw 961/962
Schluchter (Hg.): Max Webers Sicht des antiken Christentums. stw 548
– Max Webers Sicht des Islam. stw 638
– Max Webers Sicht des okzidentalen Christentums. stw 730
– Max Webers Studie über das antike Judentum. stw 340
– Max Webers Studie über Hinduismus und Buddhismus. stw 473
– Max Webers Studie über Konfuzianismus und Taoismus. stw 402
– Verhalten, Handeln und System. Talcott Parsons' Beitrag zur Entwicklung der Sozialwissenschaften. stw 310
Schöfthaler/Goldschmidt (Hg.): Soziale Struktur und Vernunft. stw 365
Schröter: »Wo zwei zusammenkommen in rechter Ehe …« stw 860
Schütz: Das Problem der Relevanz. stw 371

205/5/8.92

205/6/8.92